国家社科基金
GUOJIA SHEKE JIJIN HOUQI ZIZHU XIANGMU
后期资助项目

中国社会主义政治经济学史

（1949—1978）

Research on the History of Socialist Political Economics in China (1949-1978)

周绍东　著

中国社会科学出版社

图书在版编目（CIP）数据

中国社会主义政治经济学史 ：1949-1978 / 周绍东著. -- 北京 ：中国社会科学出版社，2024. 7. -- ISBN 978-7-5227-3747-8

Ⅰ. F120. 2

中国国家版本馆 CIP 数据核字第 20249NL364 号

出 版 人　赵剑英
责任编辑　刘　艳
责任校对　陈　晨
责任印制　李寡寡

出　　版　中国社会科学出版社
社　　址　北京鼓楼西大街甲 158 号
邮　　编　100720
网　　址　http://www. csspw. cn
发 行 部　010－84083685
门 市 部　010－84029450
经　　销　新华书店及其他书店

印刷装订　北京君升印刷有限公司
版　　次　2024 年 7 月第 1 版
印　　次　2024 年 7 月第 1 次印刷

开　　本　710×1000　1/16
印　　张　26. 75
字　　数　480 千字
定　　价　156. 00 元

凡购买中国社会科学出版社图书，如有质量问题请与本社营销中心联系调换
电话：010－84083683

国家社科基金后期资助项目

出 版 说 明

后期资助项目是国家社科基金设立的一类重要项目，旨在鼓励广大社科研究者潜心治学，支持基础研究多出优秀成果。它是经过严格评审，从接近完成的科研成果中遴选立项的。为扩大后期资助项目的影响，更好地推动学术发展，促进成果转化，全国哲学社会科学工作办公室按照"统一设计、统一标识、统一版式、形成系列"的总体要求，组织出版国家社科基金后期资助项目成果。

全国哲学社会科学工作办公室

目　　录

第三篇　中观层面的生产方式演进

第四篇　微观层面的生产方式演进

第五篇　社会主要矛盾与生产关系调整

第六篇　构建中国社会主义政治经济学的艰辛探索

绪　论

中国社会主义政治经济学，是对中华人民共和国成立以来社会主义经济建设的经验总结和理论升华，是当代中国的马克思主义政治经济学。以1978年改革开放作为分界线，中国社会主义政治经济学划分为两个部分，本书整理的是从1949年到1978年（前三十年）这一特定历史阶段的社会主义政治经济学思想。

如何评价“前三十年”的经济发展成就和社会主义政治经济学理论体系的构建成果，是具有重大理论和现实意义的命题。1981年党的十一届六中全会一致通过了《关于建国以来党的若干历史问题的决议》（以下简称《决议》），《决议》在评价新中国成立以来32年历史时指出：“新中国建立的时间不长，我们取得的成就只是初步的……但是，三十二年来我们取得的成就还是主要的，忽视或否认我们的成就，忽视或否认取得这些成就的成功经验，同样是严重的错误。”这段评价，为我们准确认识“前三十年”的经济发展成就提供了依据。2013年1月5日，习近平同志在新进中央委员会的委员、候补委员学习贯彻党的十八大精神研讨班上发表的重要讲话中，在论述改革开放前后两个历史时期的关系时，明确提出：“不能用改革开放后的历史时期否定改革开放前的历史时期，也不能用改革开放前的历史时期否定改革开放后的历史时期。”“两个不能否定”的判断，坚持了《决议》中评价历史阶段的辩证法，为我们准确把握“前三十年”中国社会主义政治经济学提供了实践依据。

在“前三十年”，我国建立起高度集中的计划产品经济体制，依靠这种体制，我们既取得了巨大的发展成就，同时也暴露出信息传递不畅、创新激励不足、经济结构不合理等一系列问题。也正是出于改革计划产品体制的要求，1978年以来，我们建立起社会主义市场经济体制并不断加以完善。然而，20世纪90年代以来，以新一代信息技术为代表的新科技革命迅猛发展，为解决传统计划产品经济中的诸多问题提供了新的技术方案，为此，有不少学者和实务界人士提出了“新计划经济”、“大数据计划经济”等概念①。在这种时代背景下，梳理、回顾和反思“前三十年”计划产品经济的学术研究，在此基础上挖掘内在逻辑关系，揭示客观经济规律，形成具有借鉴价值的理论判断，为在新的改革十字路口进行历史性抉择提供智力支持，已经成为广大哲学社会科学工作者肩负的重大使命，这同时也就揭示了本书的创作目的和研究意图。

一　本书的研究意图

（一）在新的时代背景下重新梳理中国社会主义政治经济学思想脉络

作为当代思想史的组成部分，中国社会主义政治经济学思想史的创作高潮出现在 20 世纪 80 年代。但是，随着 1992 年社会主义市场经济体制确立下来后，改革朝着更深层次推进，政治经济学理论体系本身的创新速度却相对放缓了，相应地，社会主义政治经济学思想和学说的梳理工作也随之陷入了低潮。2012 年以来，中国特色社会主义政治经济学理论体系的构建提上议程，涌现出社会主义主要矛盾转换、新发展理念、供给侧结构性改革、现代化经济体系、高质量发展等一系列话语创新，政治经济学迎来了新的一轮热潮。在这轮研究热潮中，创作新中国成立以来的社会主义政治经济学思想史，其目的在于：在新的时代背景下，结合社会主义市场经济体制演进和现代化经济体系的构建，重新梳理中国社会主义政治经济学思想脉络，在实践发展中寻找规律事实，在理论演进中探索内在逻辑，在观点比较中甄别学术价值，以揭示理论与实践之间的内在互动机制，为当前进一步继续深入推动改革进程提供历史借鉴。

---

① 早在 1998 年，美国学者安迪就从计算机网络技术的快速发展出发，探讨了重构计划经济在技术上的可能性。安迪指出，计算机的并行处理能力允许模拟社会生产、交换、消费、分配四个环节间的比例关系。局域网络与因特网之间的密切联系使得自我管理的经济单位之间可以彼此共享数据库与经济模型工具，正是这种技术功能为计划经济重构提供了可能性。参见翼飞《美国学者论信息技术与实行社会主义计划管理的可行性》，《国外理论动态》1998 年第 4 期。2017 年，马云在一次演讲中提到，未来三十年市场经济和计划经济将会被重新定义。大数据让计划和预判成为可能。需要注意的是，马云在这里提到的计划经济，是不同于以往传统的指令性计划经济的“新计划经济”。马云的这一观点引发了学界在这一问题上的理论争鸣。参见张旭昆《大数据时代的计划乌托邦——兼与马云先生商榷》，《探索与争鸣》2017 年第 10 期。

（二）对“中国特色社会主义政治经济学”进行理论溯源

中国特色社会主义政治经济学是我国社会主义经济建设的经验总结和理论升华，也是马克思主义政治经济学中国化的重要成果。由于中国特色社会主义政治经济学属于中国特色社会主义理论体系的组成部分之一，因此，目前大多数研究把中国特色社会主义政治经济学时间上的研究起点界定在 1978 年即改革开放伊始①。本书认为，历史传承不宜轻易将其分割，正如中国特色社会主义理论体系需要向“前三十年”进行回溯一样，中国特色社会主义政治经济学也不应否定“前三十年”政治经济学理论工作者艰苦探索的重大意义。正是从这个层面上来说，可以将新中国成立作为中国特色社会主义政治经济学的历史起点，将 1949 ~ 1978 年的政治经济学思想作为中国特色社会主义政治经济学前史部分进行系统梳理。

（三）为政治经济学思想史创作提供新的思路

目前，经济思想史的创作主要包括编年体、人物体以及专题体三种方式，总的来看，经济思想史创作在贯彻“史论结合、论从史出”这一基本原则上，还存在一些亟待解决的问题。由于缺乏贯穿始终的理论主线，一些经济思想史著作接近于大型文献综述或是专业视角的人物传记，一定程度上削弱了经济思想史梳理理论发展线索并为经济实践发展提供历史借鉴的作用。

本书坚持“史论结合、论从史出”的思想史创作原则，首先界定政治经济学研究对象——“生产方式及其与之相适应的生产关系”，并从宏观、中观和微观三个层面挖掘生产方式的内涵，指出生产方式的本质含义是物质资料与劳动者结合的方式，而这种结合方式的背后隐藏的是人与人

---

① 目前有关中国特色社会主义政治经济学历史开端的研究，主要有三种观点。第一种观点以 1949 年作为历史开端甚至上溯到新民主主义革命时期，参见王珏《中国社会主义政治经济学四十年》，中国经济出版社，1991；王毅武《中国社会主义经济思想史研究》，青海人民出版社，1991。第二种观点以 1956 ~ 1957 年作为历史开端，参见张问敏《中国政治经济学史大纲（1899 ~ 1992）》，中共中央党校出版社，1994；顾海良《中国特色社会主义政治经济学的始创及理论结晶——毛泽东〈论十大关系〉和〈关于正确处理人民内部矛盾的问题〉研究》，《毛泽东研究》2016 年第 5 期。第三种观点以 1978 年改革开放作为历史开端，参见胡寄窗、谈敏《新中国经济思想史纲要（1949 ~ 1989）》，上海财经大学出版社，1997；胡希宁、张锦铨《二十世纪中国经济思想简史 马克思主义经济学在中国》，中共中央党校出版社，1999；于连坤等《当代中国特色社会主义经济学思想研究》，人民出版社，2005。

在生产中的相对地位及其结成的关系。社会主义政治经济学正是要研究这三个层面的生产方式或生产关系，同时关注生产关系的两大集中表现形式和存在形式——生产资料所有制和产品分配方式。其次，本书按照以上理论结构安排各种过往经济思想在社会主义政治经济学思想史中的位置，将各种观点和学说按照“生产力—生产方式—生产关系”的框架串联起来，形成一个既按照时间顺序发展的历史结构，同时又服从理论体系本身展开的逻辑结构。

（四）为中国特色哲学社会科学体系构建提供新的可能性

在新的时代背景下探索构建中国特色哲学社会科学体系，是摆在我国哲学社会科学工作者面前的重大命题，也是理论工作者肩负的重大历史使命。中国特色哲学社会科学体系的构建，不可能通过各个学科各自为政、单兵突进来完成，这一体系的形成，必然是在历史唯物主义和辩证唯物主义的指导下，文史哲、经济学、法学、政治学、社会学、人类学、艺术学、民族学等多学科协同共进的结果。在这一过程中，马克思主义唯物史观是哲学上的方法论基础，史学和思想史学是研究上的时间纵轴，包含经济、法律、政治、社会、管理、文化等在内的“大政治经济学”较有可能成为中国特色哲学社会科学体系的主干。可以发现，中国特色社会主义政治经济学史兼具以上几个方面的特征，创作中国特色社会主义政治经济学史是构建中国特色哲学社会科学体系进程中一次新的尝试，其成果也有望为“社会主义新文化”提供一个理论注解。

二　本书的研究对象

本书的研究对象是1949～1978年中国社会生产方式及其与之相适应的生产关系所发生的系统性变迁，在进行这个界定之前，首先需要对政治经济学的研究对象进行分析。

恩格斯在《反杜林论》第二编《政治经济学》第一章“对象和方法”中开宗明义地阐明，“政治经济学，从最广的意义上说，是研究人类社会中支配物质生活资料的生产和交换的规律的科学”。此外，“随着历史上一定社会的生产和交换的方式和方法的产生，随着这一社会的历史前提的产生，同时也产生了产品分配的方式方法”。因此，政治经济学是“一门研究人类各种社会进行生产和交换并相应地进行产品分配的条件和形式的科学”[①]。恩格斯对政治经济学研究对象的界定，需要从两个方面来把握：第一，政治经济学研究所涉及的范围包括生产、交换和分配；第二，政治经济学研究对象是生产、交换和分配的规律，或者是研究生产、交换和分配的条件和形式。综合以上两点来看，由于范围和研究对象是有差异的，如果把政治经济学研究对象界定为“生产、交换和分配”，这种界定将流于空泛，而实际上，政治经济学研究的是“生产、交换和分配的条件和形式，及其反映出的科学规律”。

相较而言，斯大林有关政治经济学研究对象的界定更为清晰，在《苏联社会主义经济问题》的“关于尔·德·雅罗申柯同志的错误”一节中，斯大林指出：“政治经济学的对象是人们的生产关系，即经济关系。这里包括：（一）生产资料的所有制形式；（二）由此产生的各种不同社会集团在生产中的地位以及他们的相互关系，或如马克思所说的，‘互相交换其活动’；（三）完全以它们为转移的产品分配形式。这一切共同构成政治经济学的对象。”[②]

有大量研究分析了两者对政治经济学研究对象定义的差异性，其中有不少意见认为，斯大林对恩格斯定义的修改是有严重错误的[③]。本书并不打算探讨两者的差异或者对错问题，因为这本身可能就根源于两位经典作家分析和讨论问题的出发点或视角的不同，本书尝试回答的问题是：两种定义所反映的共同点在何处？

将政治经济学研究对象界定为“人类各种社会进行生产和交换并相应地进行产品分配的条件和形式”，关键在于如何理解其中的“条件和形式”。生产、交换和分配是人类劳动活动的三种主要形式，劳动活动是劳动者和生产资料相结合的过程。因此，“生产和交换并相应地进行产品分配的条件和形式”，核心是指生产、交换和产品分配过程中生产资料与劳动力结合的形式，也即马克思主义经典作家笔下的“生产方式”。

那么，如何理解斯大林的“三分法”定义？我们认为，斯大林对政治经济学研究对象的界定与恩格斯的“生产方式”定义在本质上是一致的，这种一致性可以通过马克思在《资本论》第一版序言中所阐述的研究对象定义得到证明，“我要在本书研究的，是资本主义生产方式以及和

① 《马克思恩格斯选集》第3卷，人民出版社，2012，第525~528页。

② 斯大林：《苏联社会主义经济问题》，人民出版社，1961，第58页。

③ 如孙冶方认为斯大林的定义将交换删除，相对于恩格斯的定义来说是一个巨大的退步。参见孙冶方《论作为政治经济学对象的生产关系》，《经济研究》1979年第8期。

它相适应的生产关系和交换关系”①。很明显，恩格斯的定义突出强调了前一部分，也即“生产方式”，而斯大林的定义突出强调了后一部分，也即“生产关系和交换关系”。进一步而言，斯大林提出的政治经济学研究对象，着重阐释的是人类生产、交换和分配这些活动背后的规律，也即在这一过程中形成的人与人之间的关系。这个定义的优点就在于，它将事物本身（生产、交换和分配活动）和事物本质（隐藏在这些活动背后的规律）结合起来进行研究对象的界定，这就显得比较完整。从更一般的理解来看，生产方式要解决的是劳动者与生产资料的结合问题，表面上来看仍然是一个“人—物”关系，但从生产方式的本质含义而言，“人—物”关系背后仍然是“人—人”关系。

但是，斯大林“三分法”定义还具有一个明显的特点，它将“生产资料所有制”和“分配关系”与“各种不同社会集团在生产中的地位以及它们的相互关系”并列起来作为政治经济学研究对象，甚至把“生产资料所有制”作为后两者的前提条件加以强调。我们认为，“生产资料所有制”和“分配关系”要研究的仍然是人与物之间的关系，本质上是“人们在劳动中结成的关系”的外在表现形式和存在形式。

结合马克思《资本论》的“特殊”定义②、恩格斯“生产方式”现象与本质统一定义、斯大林“三分法”定义，我们认为，政治经济学研究对象至少应包括以下几个方面内容。

（1）政治经济学研究生产资料和劳动力的结合方式及其内在规律，这里的生产资料和劳动力的结合方式就是指“生产方式”。可以从不同层面理解生产资料和劳动力的结合方式，如宏观、中观和微观的生产方式。

（2）生产资料和劳动力结合方式的内在规律是指人们在这一过程中形成的地位以及结成的经济关系，也即生产关系，而生产关系是在生产、

① 马克思：《资本论》第1卷，人民出版社，2004，第8页。

② 这里的“特殊”是指，生产方式可以作“一般”和“特殊”两个层面的理解，所谓生产方式（一般），是指在抽象掉生产资料所有制的前提下劳动者与生产资料的结合方式，在这个层面上，生产方式是生产力和生产关系的矛盾统一体，它影响的是一般性的人与人之间的关系，也包括人与自然之间的关系。生产方式（特殊）的含义是：任何生产过程都不单纯是劳动过程，同时又是一个具有特殊的社会规定性的过程。在资本主义社会，其生产的社会形式是雇佣劳动者与资本相结合进行生产，雇佣劳动者必须服从资本所有者的生产调度和指挥。马克思在《资本论》序言中对其研究对象的阐述，主要是基于生产方式（特殊）作出的界定。本·法因和艾伦·列泼德将前者称为抽象层次上的生产方式，把后者称为具体层次上的“社会形态”，参见 Ben Fine and Ellen Leopold, *The World of Consumption*, London and New York: Routledge, 1993。

交换和分配等不同的环节展开的。

(3) 生产方式与生产关系是密不可分的整体，政治经济学绝不应将两者割裂开来进行研究，政治经济学研究的是作为整体的生产方式和生产关系。

(4) 生产关系最主要的表现形式和存在形式是生产资料所有制关系，以及与之相适应的产品分配关系。

在对政治经济学研究对象的综合把握基础上，本书将研究对象界定为：1949～1978 年中国社会生产方式及与之相适应的生产关系所发生的系统性变迁。

三　本书拟解决的重点和难点问题

我们提炼和总结了十个问题，通过对“前三十年”我国政治经济学研究进行梳理来给出答案，这也就构成了本书的重点和难点。

第一，经过三十年的建设，到 1978 年改革开放前夕，我国经济发展的整体水平如何？如何基于政治经济学的视角对这一历史时期的生产力发展水平进行评价？

第二，到 1957 年，我们宣称“过渡时期”已经结束，正式进入社会主义发展阶段。这一判断是否具有科学依据？如何认识“过渡时期”的主要历史任务？

第三，1956 年党的八大作出的有关社会主义主要矛盾的判断为何在后期发生了变化？如何站在“生产力—生产关系”、“经济基础—上层建筑”的高度看待八届十中全会作出的“千万不要忘记阶级斗争”的号召？

第四，对于计划经济体制中的信息传递和劳动激励问题，在这一时期出现了哪些理论进展？

第五，在这一历史时期，对商品经济在社会主义阶段的继续发展，采取了什么样的理论态度？

第六，起始于 1958 年的“大跃进”运动，带来的是系统性的经济危机还是暂时性的经济失衡？“大跃进”体现了计划经济体制的优势还是缺陷？

第七，在生产资料优先增长规律指导下的重工业优先发展战略是否导致了我国经济结构失衡？如何评价我国工业化初期的非均衡发展战略？在这一历史时期，以“三线建设”为代表的生产力区位调整对我国区域经济布局产生了哪些影响？在这一历史时期，我国是如何处理劳动力和生产资料在国内外的组合和搭配的？如何认识这一时期的对外经济关系？

第八，如何理解和把握社会主义公有制的多种形式？如何看待集体所有制（包括城市合作社和农村人民公社）向全民所有制的过渡？

第九，如何看待按劳分配与资产阶级法权之间的联系？

第十，在这一历史时期，马克思主义政治经济学中国化的进程在理论体系构建上取得了哪些成就？“前三十年”的社会主义政治经济学为中国特色社会主义政治经济学进行了哪些理论准备？

需要指出的是，本书对这些关键问题的回答，一方面梳理了 1949 ~ 1978 年这一历史阶段的政治经济学思想，力图还原“当时人”对“当时问题”的思考，客观反映这一时期的政治经济学研究的状况。另一方面，对于一些具有争议性的问题以及重大历史节点的关键事件，还有针对性地选取了一些具有代表性的现时代经济思想史成果，采取“回望”的方式，考察当代人如何思考和评价这一时期的经济建设实践。通过对比两个不同历史阶段的政治经济学研究成果，以期达到更为客观真实的结论。对于后一方面，我们集中关注了社会主义改造、和平赎买、“大跃进”、人民公社、计划经济运行机制、中央与地方关系、鞍钢宪法、三线建设、社会主义对外经济关系等重难点问题。围绕这些重大命题，我们选择了一些改革开放后的经济思想史论著，对其主要观点进行了梳理、提炼和总结，这也是本书与既往的经济思想史研究不同之处。

四　本书的结构安排

从史论结合的要求来看，经济思想史本身就是历史上经济学说的再现，经济思想史著作的结构框架与学说本身的内容必须契合，经济思想史的研究对象与经济学说本身的研究对象应协调一致。基于对中国社会主义政治经济学研究对象和重难点问题的分析，本书的结构安排如下。

全书分为六篇，共二十二章。第一篇包括第一章和第二章，阐述了 1949 ~ 1978 年这一历史时期我国生产力发展总体概况。第一章对新中国成立以来至改革开放前的经济发展状况进行了基于实物指标的定量测度，构建了一个不同于 SNA 体系下国民经济核算思路的实物型经济增长指数。第二章就中、苏、美、印四国同时期的经济发展状况进行了对比。

第二篇为宏观层面的生产方式演进，按照历史与逻辑相统一的思路，阐述了这一历史时期宏观生产方式及生产关系的系统性变迁，包括六章内容。第三章回顾了计划经济体制建立历程，从组织机构、计划编制和执行机制、资金和劳动力配置方式等方面进行了梳理。第四章提炼总结了新中国成立初期计划经济体制运行过程中暴露出来的问题，集中对信息收集传递和激励创新等问题进行了分析。尽管初步建立起计划经济体制，但市场配置劳动力和生产资料的生产方式仍然存在，商品和货币关系仍然在继续发展，第五章探讨了与之相关的一些问题。第六章回顾了 1957 ~ 1978 年国家计划经济体制的完善过程，并进行了理论综述。第七章围绕 1957 年后计划经济体制运行中的突出问题进行了探讨，特别是针对高速度发展、综合平衡和国民经济有计划按比例发展等宏观生产方式重大问题展开了思想史梳理。社会主义基本经济制度建立后，商品经济继续发展，价值规律仍然在社会经济生活中扮演着重要角色，第八章研究了相关的理论问题。

第三篇包括第九章至第十二章共四章内容，分别从产业间、区域间、国内外和中央—地方四个角度出发，站在中观层面，系统梳理计划经济体制背景下的社会主义生产方式及其生产关系思想。

第四篇是微观层面的生产方式演进。第十三章、第十四章分别选取了城市工商企业和农村人民公社内部的生产方式演进进行思想史梳理，微观地揭示了这一历史时期经济主体之间生产关系的发展演变状况。

第五篇集中探讨了“显性”生产关系演进状况。包括五章内容。第十五章探讨了社会主义主要矛盾问题，从总体上概述了社会主义制度下人们在生产中形成的地位及其关系。第十六章和第十七章梳理了社会主义基本经济制度和收入分配体制的建立过程。第十八章、第十九章分别探讨了这一历史时期生产资料所有制理论和产品分配理论的发展。

第六篇是中国社会主义政治经济学理论探索篇，包括三章内容，其中，第二十章介绍了中国社会主义政治经济学理论体系建设的发端。第二十一章回顾了 20 世纪 50 年代末 60 年代初全国上下学习苏联政治经济学的理论学习高潮。第二十二章梳理了从 60 年代开始的社会主义政治经济学接续探索历程。

最后是结语。我们把 1949 ~ 1978 年的中国社会主义政治经济学总体上作为中国特色社会主义政治经济学重要的“理论准备”。

第一篇

生产力发展水平：一个背景

唯物史观认为，生产力是人类社会最为活跃的元素。生产力水平对于经济社会发展有决定性作用，也是一切经济思想的立论基点和发展背景。但首先需要阐明的是，生产力是否属于政治经济学的研究对象？从这个问题的思想史源头来看，在20世纪20年代的苏联政治经济学界，流行的是鲁滨派的观点，他们把生产力看作没有社会内容的物质技术现象，认为政治经济学应当只研究生产关系而舍弃生产力。斯大林在《苏联社会主义经济问题》中作出了“政治经济学的对象是人们的生产关系，即经济关系”这一明确判断①。斯大林逝世后，许多经济学家都提出，斯大林的这种规定把生产力完全排除在政治经济学的对象之外，导致了政治经济学脱离生产力单纯研究生产关系的倾向，而这种倾向极大地束缚了政治经济学的研究视野和理论阐释力②。

在本书绪论中，我们已经提出了如何在经济思想史的创作过程中把握政治经济学研究对象问题的看法，具体来说，就是要坚持唯物史观“生产力—生产方式—生产关系”分析范式，紧密联系生产力研究生产方式（一般），紧密联系生产关系研究生产方式（特殊）。生产力为我们提供了研究各个历史时期生产方式的运行背景，生产力水平的变化和技术本身的进步，为生产方式演进提供了最基本的动力。不从生产力和技术角度分析生产方式，就无法获知生产方式演变的内在机制，也就不可能把握好这一历史时期经济思想产生和发展的物质生产条件。为此，在本书的起始部分，专门阐述这一时期的生产力水平变化的情况，这就等于在阐述经济思想之前首先将这一时期的经济史展现出来。

本篇包括两章内容，第一章对我国生产力水平在1949～1978年这一时期的恢复和发展情况进行了回顾，第二章设计了一个基于实物指标的经济增长指数，对“前三十年”（1949～1978年）的经济增长状况进行定量评价和国际比较。本篇为后续内容给出了生产力发展水平的历史背景。

---

① 《斯大林选集》下卷，人民出版社，1979，第594页。

② 《经济研究》编辑部：《建国以来社会主义经济理论问题争鸣（1949～1984）》，中国财政经济出版社，1985，第2页。

第一章　过渡时期生产力水平的恢复和发展

本章对 1949 ~ 1957 年我国经济发展进行了统计测度，对这个时期我国生产力要素的数量提升和质量改善状况进行了分析。

第一节　1949 ~ 1957 年我国经济发展的统计测度

本节整理总结了社会主义过渡时期我国经济建设成就，通过数据、图表等形式反映了 1949 ~ 1957 年间我国经济发展客观情况，并与处于同一历史发展阶段的其他国家进行对比，形成对该阶段我国经济社会发展速度和质量的全方位认识。

一　国民经济恢复时期的经济发展

新中国成立伊始，失业率居高不下，物价飞涨，各类生产活动大规模停滞，桥梁、公路等基础设施受到严重毁坏，再有国际上以美国为首的敌对势力封锁，以及国内反动势力破坏等负面因素影响，国民经济近乎处于崩溃的边缘。除此以外，我国经济还存在一系列诸如发展不均衡、生产力水平落后等历史遗留问题。据统计，1949 年各项经济事业发展均大大落后于历史最高水平。例如在工业方面，总产值对比最高年份减少超过一半，全国钢产量比 1943 年减少 82.9%，棉纱产量下降 26.5%，原煤产量下降 47.6%；农业方面，全国农林渔牧业总产值仅 326 亿元[①]，其中农业较最高年下降超过 20%，粮食产量较最高产年份下降 24.5%，棉花产量下降 47.6%[②]；交通运输方面，由于长时间的战争损毁以及敌对势力恶意破坏，新中国成立初期我国铁路线路被破坏超过 1 万公里，3200 多座桥

① 国家统计局国民经济综合统计司：《新中国 60 年统计资料汇编》，中国统计出版社，2010。

② 周鸿：《中华人民共和国国史通鉴（第一卷 1949 ~ 1956）》，红旗出版社，1993，第 14 页。

梁和200多通隧道遭到严重损毁，京浦、京汉、粤汉、陇海、浙赣等主要干线无一全线通车，公路通车不到原有线路的80%①。

1950年6月6日，中国共产党第七届中央委员会第三次全体会议在北京召开。全会为三年经济恢复时期党的工作制定了政策路线和行动纲领，毛泽东作了《为争取国家财政经济状况的基本好转而斗争》的书面报告，报告深刻分析和总结了新中国成立以来我国各项经济工作的开展成果和国内外形势，指出党和政府要继续推进完成全国土地改革，合理调整现有工商业并大规模削减国家机构所需经费，以保证党在这一时期的中心任务——用三年时间实现国家财政经济状况的根本好转的目标顺利完成，为接下来计划经济体制建立和社会主义改造创造条件。具体来说，1949～1952年的国民经济恢复时期，我国经济社会的改观主要体现在以下几个方面。

（一）稳定物价，统一财政经济

国民党政府滥发货币造成了严重的通货膨胀，新中国面临的首要经济问题是抑制物价的超常波动。人民政府先后与趁火打劫、扰乱市场秩序的投机资本进行了“银元之战”和“米棉之战”，陆续掌控了金融市场与商品市场的主动权，恢复了我国市场的正常秩序，物价水平趋于合理稳定。1950年3月24日，政务院通过《关于统一管理1950年度财政收支的决定》，通过统一收入、统一全国物资管理和统一全国现金管理形成了统一的财政经济管理体制。1950年底，国家财政赤字由原概算的18.7%减少为4.4%，国家正式发行人民胜利折实公债，国家财政收支逐渐平衡，物价趋于稳定。1951年，国家财政收入总额超过支出，初步实现了财政盈余。截至1953年底，财政收入较1950年增加三倍有余，财政收支体系逐步完善（见表1－1），结束了旧中国几十年财政收支不平衡的局面，对于全面恢复国民经济、改善民生、恢复市场秩序有重要意义。

表1－1 1950～1953年中国财政收支情况

年份	财政收入（亿元）	财政支出（亿元）	收支差额（亿元）
1950	62.17	68.05	-5.88
1951	124.96	122.07	2.89
1952	173.94	172.07	1.87

① 国家统计局：《1949～1952中华人民共和国经济档案选编（交通通讯卷）》，中国物资出版社，1996，第487、957页。

（二）农业生产的恢复和发展

我国是落后的农业大国，长期战争和不稳定的国内政治秩序使本就不发达的农业生产雪上加霜，人民的基本温饱都难以得到保障。新中国成立后，党和政府充分认识到农业生产对于恢复国民经济与实现国家工业化的重要性，采取积极有效的措施，加速恢复和发展农业生产。

1950 年 6 月 30 日，中央人民政府颁布了《中华人民共和国土地改革法》，遵循“依靠贫雇农，团结中农，中立富农，有步骤有分别地消灭封建剥削制度发展农业生产”的总路线，没收地主的土地，分给无地或少地的农民耕种，同时也分给地主应得的一份，让他们自己耕种，自食其力。从而彻底废除地主阶级封建剥削的土地所有制，实行农民的土地所有制。为进一步促进农业生产发展，1950 年，国家安排了 2.74 亿元的资金支持农业生产，1951 年增加到 4.19 亿元，1952 年上升为 9.04 亿元，分别占这三年国家财政支出的 4%、3.4% 和 5.1%，这些资金主要用于农业事业费和农村救济费支出[①]。此外，国家还鼓励垦荒，耕地面积从 1949 年的 14.68 亿亩扩大到 1952 年的 16.19 亿亩，累计开拓农耕用地超过 1.5 亿亩，全国农业总产值从 1949 年的 326 亿元上升到 1952 年的 461 亿元，期间累计增加 41.4%[②]。

（三）工业生产的恢复和发展

三年恢复时期，工业生产的发展总体上快于农业生产，1952 年全国工业主要产品的产量，绝大部分已经超过我国历史上的最高年产量[③]。据统计，三年中，国家重点改造了原有的重工业企业，并新建企业 3300 多个，其中大中型企业占 4%。1952 年工业总产值达到 349 亿元，超过了 1936 年的历史最高水平，较 1949 年增长近 2.5 倍[④]。从工业总产值的构成来看，一方面，1949 年我国国有企业和集体企业产值占工业总产值的比例仅为 26.8%，到了 1952 年则提升至 44.8%，反映出在党和政府领导下国有企业产值和占比的逐年提升；另一方面，非公有制工业企业产值虽

---

① 龚关：《中华人民共和国经济史》，经济管理出版社，2010，第 29 页。

② 国家统计局国民经济综合统计司：《新中国 60 年统计资料汇编》，中国统计出版社，2010。

③ 郭季青：《中苏经济合作与社会主义工业化——为庆祝十月革命三十六周年而作》，《新建设》1953 年第 11 期。

④ 国家统计局国民经济综合统计司：《新中国 60 年统计资料汇编》，中国统计出版社，2010。

然占比下降，但其产值的绝对值有明显提高，截至 1952 年底，非公有制工业企业产值达 192.6 亿元，对比 1949 年增长 87.9%，这对于新中国快速恢复工业生产有积极推动作用（见表 1－2）。

表 1－2　　1949～1952 年全国工业总产值及其构成

年份	工业总产值（亿元）	工业总产值（亿元）	
		国有和集体企业	非公有制企业
1949	140.0	37.5	102.5
1950	191.0	63.9	127.1
1951	264.0	94.4	169.6
1952	349.0	156.4	192.6

（四）基础设施建设的恢复发展

新中国成立后，尽快恢复和建设基础设施，是保障国民经济恢复的必要条件，1950～1952 年国家财政用于基本建设的支出累计超过 86 亿元[①]。其中恢复交通运输业是重中之重。公路方面，我国公路里程数由 8.07 万公里上升到 12.67 万公里，公路货运量由 7963 万吨增长到 1952 年的 13158 万吨。铁路方面，从 1949 年到 1950 年中旬，全国累计修复铁路 8300 多公里，占全国总通车线路的 40.4%，1950 年底原有铁路网基本恢复[②]，除此之外，我国政府还组织兴修了近 1200 公里的新铁路，基于此，我国的铁路系统货运量由 1949 年的 5589 万吨上升到 1952 年的 13217 万吨。除此以外，在邮路和营业网点建设，城市管道、道路建设等方面，均取得了不菲的成就（见表 1－3）。基础设施的快速恢复和发展，为党和政府开展一系列经济工作奠定了坚实基础。

表 1－3　　全国基础设施建设情况（部分）

年份	铁路营业里程（万公里）	公路里程（万公里）	全国货运量（万吨）	铁路货运量（万吨）	公路货运量（万吨）	邮电业务总量（亿元）	营业网点（处）
1949	2.18	8.07	16097	5589	7963	1.50	26328

① 国家统计局国民经济综合统计司：《新中国 60 年统计资料汇编》，中国统计出版社，2010。

② 赵德馨：《中华人民共和国经济专题大事记：1949～1984》，河南人民出版社，1989，第 138 页。

续表

年份	铁路营业里程（万公里）	公路里程（万公里）	全国货运量（万吨）	铁路货运量（万吨）	公路货运量（万吨）	邮电业务总量（亿元）	营业网点（处）
1950	2.22	9.96	21554	9983	8887	1.68	36975
1951	2.23	11.44	25331	11083	10388	2.30	43753
1952	2.29	12.67	31516	13217	13158	2.53	49541

（五）商业的调整和发展

由于产业结构调整和紧缩银根控制物价等原因，我国资本主义工商业的发展过程中出现了产品滞销、商店歇业、失业增加的萧条局面。新中国成立初期，资本主义工商业在国民经济中占有重要地位，1950 年 6 月七届三中全会上，毛主席明确提出把调整工商业作为实现国家财政经济状况基本好转的前提之一。通过调整工商业公私关系、改进对私营工商业的管理办法、调整产销和改善劳资关系等手段，使我国的私营工商业有了进一步的恢复和发展。至 1952 年底，我国社会消费品零售总额达 276.8 亿元，较 1949 年增长了 162.3%；国际贸易方面，1952 年我国进出口总额达 64.6 亿元，较 1950 年的 41.3 亿元增长了 56.4%①。

二　过渡时期我国经济发展状况

经过 1949～1952 年的恢复期，我国实现了政治、经济、文化、教育等各方面事业的恢复和初步发展。在此背景下，中国共产党根据过渡时期的具体情况和基本任务，制定了过渡时期总路线：在这个过渡时期，逐步实现国家的社会主义工业化，并逐步实现国家对农业、手工业和资本主义工商业的社会主义改造。这条总路线的主要内容可以概括为“一化三改”、“一体两翼”。“一化”，即逐步实现国家的社会主义工业化，这是主体。“三改”，即逐步实现对农业、手工业、资本主义工商业的社会主义改造，这是“两翼”。在这条总路线的指引下，中国共产党创造性地开辟了一条适合中国国情的社会主义改造道路，比较顺利地在我国建立了社会主义制度。

制订和实施第一个五年计划，是过渡时期的重大战略步骤，也标志着我国大规模工业化建设的开始。在苏联援助下，我国集中主要力量进行 156 个建设单位为中心的，由限额以上的 694 个建设单位组成的工业建

① 国家统计局：《伟大的十年》，人民出版社，1959，第 146～150 页。

设，初步建立起我国社会主义工业基础。同时，积极发展集体所有制的农业生产合作社，建立手工业生产合作社；把资本主义工商业纳入各种形式的国家资本主义轨道①。

“一五”计划作为新中国第一个五年计划，其胜利完成对于我国的工业化进程发展有重大历史意义。在此期间，我国国民生产总值由1952年底的679.0亿元跃升到1957年的1069.3亿元，累计增长57.5%②，通过执行优先发展工业特别是重工业的现代化发展战略，实现了国民经济建设与社会各项事业发展的巨大成就，人民的物质文化生活水平得到显著提升。

（一）工业发展

“一五”期间，我国工业生产能力得到大幅提升，截至1957年底，我国工业总产值达704亿元，相比1952年增长了101.7%。在工业化和社会主义改造的协同推动下，国有工业企业的总产值累计增长了161%，集体工业企业总产值更是在五年间增长超过1075.4%，二者产值之和占全国工业总产值的比例从1952年底的35.8%上升到1957年底的72.8③。非公有制工业企业产值占比虽有所减小，但绝对量的增加依然显著。工业结构方面，重工业在全部工业中的比重由1952年的35.5%上升到45%，与此相对应，轻工业比重由64.5%下降到55%。“一五”期间实施的工业建设项目有1万多个，其中限额以上有921个，比计划规定的项目数增加了227个。到1957年底，全部投入生产的有428个，部分投入生产的有109个④。1953~1957年第一个五年计划的成就，不仅超越了1840年以来旧中国100年的发展成果，也是从1953年至1980年的5个五年计划中增长最快、效益最好的时期，为社会主义工业化奠定了物质基础。

（二）农林渔牧业

“一五”期间，我国在1953年、1954年和1956年遭受了严重的自然灾害，为了避免农业与工业发展的脱节、保证五年计划的顺利完成，国家大幅提高了对农业生产的支持力度。国家财政的支农支出逐年递增，从

① 《中华人民共和国发展国民经济的第一个五年计划（1953~1957）》，人民出版社，1955，第18页。

② 国家统计局国民经济综合统计司：《新中国60年统计资料汇编》，中国统计出版社，2010。

③ 国家统计局国民经济综合统计司：《新中国60年统计资料汇编》，中国统计出版社，2010。

④ 《关于发展国民经济的第一个五年（1953~1957年）计划执行结果的公报》，中国统计出版社，1959。

1952 年底的 2. 69 亿元上升到 1957 年的 7. 99 亿元，增长幅度达 197%。我国农林渔牧业总产值从 1952 年底的 461 亿元增长至 1967 年底的 537 亿元，其中农业产值累计上升 12. 1%，林、牧、渔业产值也有不同程度的发展，分别累计增长 157. 1%、25% 和 66. 7%①。在土地利用方面，我国在耕地面积、农作物总播种面积和粮食面积方面也有不同程度发展。截至 1957 年底，我国主要农副产品产量基本超过原定计划，如粮食产量为计划的 102%，棉花总产量为计划的 100. 3%，水产品产量超原定计划 61%②。总的来看，我国农业在过渡时期得到长足发展，不仅保证了口粮的自给自足，也为我国工业的发展提供了强有力的原材料保障。

（三）商业贸易

伴随着国家对资本主义工商业的社会主义改造，我国商业也在过渡时期取得了长足的发展。截至 1956 年底，资本主义工商业中占产值 99. 6%、占职工总数 99% 的企业已转变为公私合营企业，个体和私营商业总户数的 82. 2% 和从业人员的 85. 1% 转变为国营、合作私营、公私合营商店或合作商店、合作小组，基本上完成了对资本主义工商业的社会主义改造③。从 1952 年到 1957 年，我国社会消费品零售总额从 276. 8 亿元上升到 474. 2 亿元，累计增幅 71. 3%，其中批发零售业累计增幅 89. 1%，住宿和餐饮业累计增幅 71. 6%。对外贸易方面，我国进出口总额从 1952 年的 64. 6 亿元上升到 1957 年的 104. 5 亿元，累计增幅 61. 8%。

（四）基础设施

"一五"期间，国家用于基础设施建设的支出年年递增，从 1952 年底的 46. 68 亿元上升到 1957 年底的 123. 71 亿元，五年间累计支出总额达 553. 1 亿元，有力支持了全国各项经济社会事业的快速发展。交通运输方面，新建了宝成、鹰厦等 33 条铁路，铁路里程从 2. 29 万公里增加到 2. 67 万公里，累计增长 16. 6%。新建了新藏、康藏、青藏等公路，公路里程从 1952 年底的 12. 67 万公里增加到 1957 年的 25. 46 公里，累计增长 100. 9%。内河航道里程从 1952 年底的 9. 5 万公里增加到 1957 年底的 14. 41 万公里，累计增加 51. 7%。邮电方面，邮路及农村投递线路总长度累计增加 93. 29 万公里，增幅达 72. 3%，大大促进了我国邮电业的发展，

---

① 国家统计局国民经济综合统计司：《新中国 60 年统计资料汇编》，中国统计出版社，2010。

② 柳随年、吴敢群：《中国社会主义经济简史（1949～1983）》，黑龙江人民出版社，1985，第 181～190 页。

③ 编写组：《中华人民共和国史稿（简明读本）》，学习出版社，2015，第 78 页。

邮电业务总量由1952年的2.53亿元增长到1957年的4.34亿元，累计增长71.5%。教育方面，普通高等学校经过院系调整，1967年全国共有高校229所，比1952年增加了28所，中学数量增长158.2%，普通小学数量增长3.9%，特殊教育学校也从无到有建立起来。国家在教育事业上的大力投入，为此后全面建设社会主义工业化国家积累了大量人才储备。

三 中外经济发展状况对比

为了更为客观全面地评价“一五”时期我国的经济社会发展水平，本部分围绕我国第一个五年计划时期的经济社会发展状况进行中外对比研究，主要包括三个部分内容：第一，与苏联的第一个五年计划进行对比；第二，与印度独立后的第一个五年计划时期进行对比；第三，与同时期的其他国家进行对比。

（一）中国与苏联的第一个五年计划对比

苏联的第一个五年计划始于1928年，1932年顺利完成，中苏两国的第一个五年计划虽然是在不同时期、不同国情和不同空间下实施的，但两国当时所处的国际环境、政权性质、意识形态和经济发展基础都有很多共性，制订和实施计划的理论依据、指导思想以及计划管理体制等诸多方面亦存在相似之处①。

我国在过渡时期的总路线和第一个五年计划，是结合苏联经验和我国实际情况而提出的。中国“一五”计划执行伊始，国内工业发展情况比苏联1928年还要落后得多。就主要的工业产品来看，苏联在1928年铁、铜等工业用品产量均比1952年的中国要高，在社会主义经济比重方面，我国也要低于同发展时期的苏联。可以说，中国第一个五年计划的实行基础比苏联更为落后，计划实现难度也更大（见表1－4）。

表1－4 中苏两国第一个五年计划的工业发展基础

发展基础	中国（%）	苏联（%）
工业总产值中的国营经济比例	41.5	82.4
社会商业零售额中的国营经济比例	34.1	76.0

① 本段图表数据参见杨坚白《我国第一个五年计划和苏联第一个五年计划的比较分析》，《统计工作通讯》1955年5月号。

续表

发展基础	中国（%）	苏联（%）
工业总产值中的大工业比例	37.8	45.2
工业总产值中的机器制造业比例	5.2	9.8
工业总产值中的重工业比例	39.7	39.7

两国政府都展开了对社会各个部门的大规模投资，从投资分配的情况来看，我国的工业部门投资比例要高于苏联，而农业部门则相对较少，这主要是因为两国的发展背景不同，一方面中国集中力量发展工业特别是重工业，另一方面在农业上苏联已经完成了集体化，开始推进农业机械化进程（见表1－5）。

表1－5　　中苏两国第一个五年计划基础建设投资比例

部门	中国（%）	苏联（%）
工业部门	58.2	49.0
农、林、水利部门	7.6	19.2
运输邮电部门	19.2	18.8
贸易、银行和物资储蓄部门	3.0	1.9
社会文教及其他	12.0	11.1

我国第一个五年计划期间经济增长迅速，工业生产在原有基础上增加了一倍。虽然较苏联的工业增长速度略低，但部分工业产品的生产增长却高于苏联，如原油、生铁等（见表1－6）。

表1－6　　中苏两国第一个五年计划国民经济增长状况

部门	中国		苏联	
	1957年为1952年的百分比	每年平均增长百分比	1932年为1928年的百分比	每年平均增长百分比（%）
工业总产值	198.3	14.7	202.0	19.3
大工业	207.0	15.7	230.0	23.2
现代工业	204.1	15.3	—	—
工场手工业	172.6	11.5	—	—
个体手工业	160.9	9.9	—	—

续表

部门	中国		苏联	
	1957 年为 1952 年的百分比	每年平均增长百分比	1932 年为 1928 年的百分比	每年平均增长百分比（%）
货物运转量	220.3	17.1	177.7	15.3
铁路货物运转量	201.0	15.0	181.3	16.0
社会商品零售总额	180.0	12.5	315.8	33.2

在经济结构改造方面，第一个五年计划完成后，苏联社会经济结构发生了根本的变化，1933 年底基本实现了农业集体化的目标，参与集体农庄的农户占 65%，集体农庄和国营农场的播种面积已占全国播种面积的 83%。中国 1956 年底也基本上完成了对农业、手工业和资本主义工商业的社会主义改造，96% 的农户参加了农业生产合作社，92% 的手工业者参加了手工业合作组织，99% 的私营企业实现了全行业公私合营。1952 年至 1956 年底，国营经济在国民收入中的比重从 19.1% 上升到 32.2%，合作社经济从 1.5% 上升到 53.4%，公私合营经济从 0.7% 上升到 7.3%，资本主义经济下降到了 0.1% 以下①。

（二）中国与印度的第一个五年计划对比

印度虽然是资本主义国家，但其实施国家干预政策和发展计划是比较早的，另外，印度在人口、社会经济发展基础以及执行计划的时间等方面都与新中国有诸多相似之处，对比中国和印度的五年计划，有助于我们深入了解社会政治制度和意识形态在经济发展中的作用。

印度的第一个五年计划始于 1951 年，结束于 1955 年。印度的国家编制计划并不具备法律效力，其计划指标的性质和力度介于苏联和中国等社会主义国家"指令性"计划与西方资本主义国家"指示性"计划之间。在制订第一个五年计划时，印度政府把计划重点放在了农业生产的发展上，这与我国侧重发展工业特别是重工业有所不同。总体来说，印度第一个五年计划的目标值与实际值都要低于中国的第一个五年计划，印度计划经济增长目标为 2.1%，实际增长 3.5%，中国计划经济增长目标为 8.6%，实际增长 10.9%。虽然具体数值有所不同，但两国都完成并超出了最初的既定目标。1955 年底印度粮食产量达 6700 万吨，增长了 21%，

① 鲍志效：《论中苏两国第一个五年计划的相似性》，《湘潭大学学报》（社会科学版）1990 年第 4 期。

国民总收入增长了17%，在国家财政的投入方面，印度政府在农业方面的投资高达37%，大大高于中国的7.6%，在交通运输部门的投资为24.4%，社会服务部门的投资为22.4%。但印度也有很多计划指标没有完成，如钢铁、铝等工业产品。人均产出增长率方面，印度的增长率未到2%，而中国的人均产出增长率达6.5%①。此外印度政府未充分注意小工业和乡村工业在经济恢复中的作用，使得劳动力就业面临严峻挑战，1956年印度失业人数高达550万②。

(三) 同一时期中国与世界其他国家的发展情况对比

在1952年，相对于苏联、东欧各社会主义国家在第一个五年计划前夕的情况而言，我国的工业基础也是极为薄弱的。以现代工业在工农业总产值中的比重为例，1928年，苏联的这个指标为45.2%，波兰1949年为65.5%，捷克1948年为75%，而中国1952年只有26.7%。1953~1957年间，世界各主要国家的经济发展总体上是向上的趋势，除英国、美国之外，中、苏、德、法、日等国经济都处于较快的增长水平。对比同一时间段中国与世界其他国家的经济发展水平，可以发现，中国不仅在与国内其他历史时期的纵向对比上处于比较快的水平，而且在同期与世界其他国家相比也是相对快的。从工业总产值的角度考察，同期我国的工业增长速度在全世界范围内都处于前列（见表1-7)。

表1-7 1953~1957年我国工业总产值增长速度与主要国家比较③

	中国	苏联	美国	英国	西德	法国	日本
平均增长速度（%）							
1953~1957年	18.0	11.6	3.6	3.8	10.1	7.9	15.0
环比增长速度（即以上年为100）（%）							
1953年	130.2	111.9	108.1	105.7	108.7	101.0	122.5
1954年	116.3	113.2	93.3	106.0	112.0	110.0	108.0
1955年	105.6	112.4	112.9	105.1	115.1	109.1	108.1
1956年	128.2	110.6	103.1	100.5	107.7	110.8	123.3
1957年	111.1	110.0	100.0	101.8	105.8	109.0	116.1

① 董志凯:《中华人民共和国经济史（下）》，社会科学文献出版社，2011，第982页。
② 武士国:《印度的计划工作》,《计划经济研究》1983年第4期。
③ 董志凯:《中华人民共和国经济史（下）》，社会科学文献出版社，2011，第973页。

第二节 过渡时期我国生产力各要素的数量提升和质量改善

生产力包括劳动力、劳动工具和劳动对象三大构成要素，劳动工具和劳动对象同属于生产资料范畴。本节对我国过渡时期的劳动力和生产资料的数量提升和质量改善进行统计测度，并分析这一时期劳动生产率的改善状况，从另一角度认识我国生产力的内涵提升。

一 劳动力的数量提升和质量改善

从1949年到1957年，我国的总人口增加了1.05亿人，涨幅为12.5%，总就业人员增加幅度为14%，略快于人口增长，三大产业的增长速度有所不同，第一产业就业人口增加11.5%，第二产业就业人口增加39.9%，第三产业就业人口增加23.3%[①]，第二产业就业人数的增长大大高于第一、第三产业，这也是由这一时期工业优先发展导向决定的。

劳动力素质的提升重点在于教育发展。1949～1957年，高等学校的在校学生数量从11.7万人增加到44.1万人，累计提高276.9%，高级中学的在校学生增长了336.7%，初级中学的在校学生数量增长了546.3%，小学入学率在1957年底达到70%。在这一时期，虽然不同层次的教育事业取得了丰硕成果，为建设社会主义工业化国家奠定了人才基础，但至1957年底，全国每万人中受高等教育的只有7人，受中等教育的有86人，受初等教育的有955人，教育事业仍处于比较落后的地位，依然有很大的提升空间[②]。

我国在向外国特别是苏联引进成套设备的同时，也重视技术引进和人才引进，一方面聘请苏联专家来华工作，另一方面派遣国内人员去苏联和东欧国家学习。经过“一五”时期的建设，我国工业技术水平大为提高。1957年全国工业工程技术人员达49.6万人，比1952年增长200%，占工业职工的比重由1.1%提高到2.2%。到过渡时期结束，我国已能设计一

---

① 国家统计局国民经济综合统计司：《新中国60年统计资料汇编》，中国统计出版社，2010。

② 国家统计局国民经济综合统计司：《新中国60年统计资料汇编》，中国统计出版社，2010。

些比较大型的、技术复杂的工程项目，如年产 150 万吨钢的钢铁联合企业、年产 240 万吨煤的煤矿、设备总额 100 万千瓦的水电站等。随着工业设备增加和工人技术能力显著增长，“一五”计划完成后，我国已有能力独立建造一些新型的现代化设备①。

二　生产资料的数量提升和质量改善

生产资料生产能力在新中国成立前一直处于比较低的水平且发展缓慢。例如，在解放前，我国生铁在历史上的最高产量不过 180 万吨，钢不过 90 万吨，机器制造业基本上是空白。1952 年，虽然生铁和钢的产量都超过了解放前的数字，但生铁产量也只有 100 万吨，铜只有 135 万吨，相对于世界上其他主要国家依然处于比较落后的境地。第一个五年计划期间，全部工业生产中生产资料所占比重，1957 年较 1952 年提高了 5.7%。从国家投资方面考察，生产资料工业投资占比达到 88.8%，消费资料工业投资占 11.2%。1957 年底，我国机器制造业在工业总产值中的比例仅有 6.2%，技术水平相对落后，一些大型机器和精密仪器依然无法实现自主生产。

从投资项目上来看，第一个五年计划时期，以从苏联引进的 66 个机械制造厂为中心开展了大规模建设，其中，机械装备项目 25 项（后合并为 22 项）。民用机械工业的发展以冶金设备、运输机械、金属切削机床为重点，适当发展电气设备、炼油化工设备和农用机械，重点建设了重大项目 73 个，其中包括苏联援建的“156 项”中的 25 项，民主德国设计项目 2 个和引进捷克斯洛伐克制造技术自行设计的上海汽轮机厂、上海锅炉厂和上海电机厂。这些重大项目的建设投产，使我国的汽车、拖拉机、发电设备、工程机械等产业迅速从无到有地发展起来，先后形成了哈尔滨、洛阳、武汉、重庆、西安、兰州等一批新的机械工业基地。以第一机械工业部为例，据统计，1957 年一机部系统生产总值比 1952 年增长 2.6 倍，平均年增 29.5%，主要产品产量快速增长，国民经济建设所需设备自给率得到很大提高（见表 1－8）②。

---

① 中国国家统计局：《中国统计年鉴（1984）》，中国统计出版社，1985，第 27 页。

② 中国机械工程学会：《中国机械史通史卷（下）》，中国科学技术出版社，2015，第 442 页。

表 1 - 8　　第一个五年计划时期主要机械产品增长情况

产品名称	1952 年	1957 年	1957 年比 1952 年增长倍数
矿山设备（万吨）	0.18	5.29	28
冶金设备（万吨）	0.02	1.38	68
起重设备（万吨）	0.7	3.18	3.5
石油设备（万吨）	—	0.59	—
金属切削机床（万台）	1.37	2.8	1
发电设备（万千瓦）	0.54	19.7	37
汽车（辆）	—	7904	—
轴承（万套）	117.9	1060	8
内燃机（商品量）（万马力）	4	69	16

随着先进生产工具和科学技术的应用，我国的主要工业产品都实现了跨越式增长。1957 年与 1952 年相比，纱的产量增加了 28.7%，布的产量增加了 30.2%，缝纫机的产量增加了 321.2%，自行车的产量增长了 907.5%，原油产量增长了 231.8%，钢的产量增加了 296.3%，水泥产量增长了 139.9%，等等①。

农业方面，为提高农产品产量，我国大规模推广化肥和各种先进农用机械的使用。1953 ~ 1957 年间新式农机推广基本上实现了翻倍增长，具体情况如表 1 - 9 所示②。

表 1 - 9　　1953 ~ 1957 年新式农具推广数量统计　　（单位：部）

农机种类	1952 年存量	1957 年存量	1957 年比 1952 年增长倍数
犁类	238867	170080	-0.29
耙类	720	46447	63.5
播种机	556	8699	14.6
镇压器	402	7207	16.9
中耕器	32773	137989	3.2
收割机	997	384	-0.6

① 中国国家统计局：《中国统计年鉴（1981）》，中国统计出版社，1982，第 221 ~ 227 页。

② 农业部计划局：《第一个五年计划期间农业统计资料汇编》，中国统计出版社，1994，第 156 页。

续表

农机种类	1952 年存量	1957 年存量	1957 年比 1952 年增长倍数
脱粒机	1753	135533	76. 3
其他	373	1890	4. 1
总计	276441	508229	0. 84

除各类新式农机外，农业生产资料的增长还体现在化肥施用量、用电量、农药喷洒等方面（见表 1 – 10）[①]。

表 1 – 10　　各类农业生产资料数量使用增长情况统计

生产资料种类	1952 年存量	1957 年存量	1957 年比 1952 年增长倍数
化肥	7. 8 万吨	37. 3 万吨	3. 8
农药	1717 吨	148985 吨	85. 8
农用柴油	1. 0 万吨	12. 9 万吨	11. 9
电力	0. 5 亿千瓦时	1. 4 亿千瓦时	1. 8
农业机械总动力	1. 8 亿瓦特	12. 1 亿瓦特	5. 7
拖拉机	1307 台	14674 台	10. 2
联合收割机	284 台	1789 台	5. 3
排灌动力机械	128000 马力	564000 马力	3. 4

新型农业生产资料的投入促进了我国农业的发展，以粮食产量为例，1957 年粮食总产量为 3900. 7 亿斤，比 1952 年增长 19%，平均每年递增 3. 5%。其中稻谷总产量为 1735. 5 亿斤，比 1952 年增长 26. 8%；小麦总产量为 472. 8 亿斤，比 1952 年增长了 30. 4%；玉米总产量为 428. 8 亿斤，比 1952 增长 27. 2%。此外，大豆总产量从 1952 年的 190. 4 亿斤增长到 1957 年的 200. 9 亿斤，增长 5. 5%；薯类作物总产量从 1952 年的 326. 5 亿斤，增加到 1957 年的 438. 4 亿斤，增长了 34. 3%[②]。

三　劳动生产率的提高

在过渡时期，随着劳动者劳动技能提高、先进生产工具推广应用、劳

① 中国国家统计局：《建国三十年全国农业统计资料》，中国统计出版社，1980，第 251 ~ 253 页。

② 董志凯：《中华人民共和国经济史（下）》，社会科学文献出版社，2011，第 566 ~ 567 页。

动组织方式和分配激励方式的改进，我国劳动生产率不断提高，这对经济社会发展起到了重大推动作用。以1980年的不变价格计算，1952年国营独立核算企业全员劳动生产率为4184元，1957年提高到6362元，上升了52.1%，平均每年增长8.7%。在整个过渡时期，劳动生产率提高对工业产值的贡献率大为提高，国民经济恢复时期这一指标为48.0%，“一五”计划时期达到59.8%，提高了11.8个百分点①。

第三节 1958～1965年我国经济发展状况

1958年5月，中共八届二次会议确认了“鼓足干劲，力争上游，多快好省地建设社会主义”的社会主义建设总路线，反映我国广大人民群众寻求改变我国落后的经济社会文化的迫切愿望。与此同时，“大跃进”与“人民公社化”运动也在批评“反冒进”的过程中开展。1962年后，国民经济调整工作在全国范围内展开，经过几年的调整，有效整顿了“大跃进”时期造成的经济混乱局面，实现了国民经济的恢复和发展。这一阶段，我国的社会总产值及其他主要经济指标基本上是按照先增长再降低随后又一次增长的路径运行，国民经济在曲折中发展（见表1－11）。

表1－11 **1958～1965年社会总产值**

单位：亿元，本表按当年价格计算

年份	社会总产值	农业	工业	建筑业	运输业	商业
1958	2138	566	1083	202	90	197
1959	2548	497	1483	235	121	212
1960	2679	457	1637	248	131	206
1961	1978	559	1062	90	76	191
1962	1800	584	920	74	62	160
1963	1956	642	993	97	66	158
1964	2268	720	1164	151	72	161
1965	2695	833	1402	177	91	192

资料来源：中国国家统计局：《中国统计年鉴（1984）》，中国统计出版社，1985，第20页。

① 董志凯：《中华人民共和国经济史（上）》，社会科学文献出版社，2011，第522～523页。

一　农业发展

在“大跃进”背景下，中共中央于1958年提出1960年农副业总产值比1958年增加15%，粮食产量从5401亿斤增加到5940亿斤，增产10%；棉花从4820万担增加到5300万担，增产10%；生猪从1.8亿头增加到2.4亿头，增长33%。而实际上，如果与修正核实后的1959年相比，若要达到既定生产目标，1960年的农业总产值要增长77%，其中粮食产量须增长74.4%，棉花要增长55%，生猪要增长两倍以上①。事实证明，生产指标远超实际的层层加码忽视了客观经济发展规律，经济社会正常运行和秩序也受到消极影响。

1960年，中央提出“调整、巩固、充实、提高”八字方针，强调把农业发展放在国民经济发展的首要地位。但是，三年困难时期，农业发展受到的影响很大。1962年农作物播种面积较1957年减少25523万亩，下降10.8%。按1957年不变价格计算，1962年底农业总产值比1957年下降了19.9%，年均下降4.3%。主要农产品产量皆出现较大幅度下降。

至1965年底，农业总产值达到590亿元，超过1957年的水平。相较于1952年主要农产品产量，各主要农产品也实现了较大幅度的增产（见表1－12、表1－13）②。可以看出，经过恢复调整，各主要农产品产量基本恢复到1957年的水平，1963～1965年也成为新中国成立以来农业发展第二个速度较快的时期，对提高人民生活质量、刺激农业经济活力、提高社会生产水平、恢复和发展国民经济都有重要意义。

表1－12　1957～1965年农业总产值（按1957年不变价格计算）

年份	农业总产值（亿元）	增长率（%）
1957	537	3.6
1958	550	2.4
1959	475	－13.6
1960	415	－12.6
1961	405	－2.4

① 武力：《中华人民共和国经济史：1949～1999》，中国经济出版社，1999，第493页。

② 中国国家统计局：《中国统计年鉴（1984）》，中国统计出版社，1985，第132～147页。

续表

年份	农业总产值（亿元）	增长率（%）
1962	430	6.2
1963	480	11.6
1964	545	13.5
1965	590	8.3

表1-13 1957～1965年主要农产品产量

（市制计算：粮食单位为亿斤，其他为万担）

年份	粮食	棉花	油料	黄红麻	甘蔗	甜菜	桑蚕茧	茶叶	烤烟
1957	3900.9	3280.0	8391.9	601.9	20784.9	3002.1	135.7	223.2	512.1
1958	4000.0	3937.5	9539.0	534.99	25105.3	6155.0	147.1	270.8	773.1
1959	3400.0	3417.6	8208.0	452.0	17958.6	6336.4	140.7	304.7	661.0
1960	2870.0	2125.8	3881.0	403.9	16516.7	3193.0	124.7	271.6	372.3
1961	2950.5	1600.0	3627.0	245.3	8536.2	1593.4	74.2	158.6	191.5
1962	3200.0	1500.0	4006.6	264.3	6886.7	677.5	74.5	147.7	257.5
1963	3400.0	2400.0	4916.8	396.7	15602.9	1038.8	81.9	167.0	468.4
1964	3750.0	3325.4	6736.9	469.8	24321.5	2608.0	103.8	184.3	647.0
1965	3890.5	4195.5	7250.7	558.4	26782.9	3968.7	132.9	201.1	744.2

二 工业发展

“大跃进”在工业上的问题集中表现在如下几个方面：第一，大炼钢铁，盲目追求钢铁产量增加；第二，制订不切合实际的计划指标，盲目追求增长、高产；第三，大搞群众运动，仅1958年一年，“全民炼钢”运动中就建立起60万座土高炉，参加采矿、炼钢的群众多达5000万人。1958～1962年，工业总产值平均每年只递增3.8%，工业净产值年均增长1.8%，在1961～1962年间甚至出现负增长的现象。具体到主要工业产品产量来看，1957～1960年原煤产量、发电量、钢产量等都出现了大幅度增长。此后随着大跃进的结束，各产品产量或有所降低，或增长速度减缓（见表1-14、表1-15）①。为贯彻1961年党的八届九中全会提出的“调

① 中国国家统计局：《中国统计年鉴（1991）》，中国统计出版社，1992，第394页；《中国统计摘要（1999）》，中国统计出版社，2000，第99、103～105页；《中国统计年鉴（1998）》，中国统计出版社，1999，第465～472页。

整、巩固、充实、提高”的八字方针，中央提出将1963～1965年作为调整时期，调整农业、轻工业、重工业的比例关系，提出加强农业，注意发展轻工业；加强对国民经济的统一管理，克服混乱现象；减少职工和城镇人口；稳定市场供应；等等。

表1－14　　1957～1965年工业总产值（按当年价格计算）

年份	工业总产值（亿元）	增长率（%）
1957	704.0	11.4
1958	1083.0	54.8
1959	1483.0	36.2
1960	1637.0	11.2
1961	1062.0	－38.2
1962	920.0	－16.6
1963	993.0	8.5
1964	1164.0	19.7
1965	1402.0	26.4

表1－15　　1957～1965年主要工业品产量

年份	原煤（亿吨）	原油（万吨）	发电量（亿千瓦时）	钢（万吨）	钢材（万吨）	水泥（万吨）	硫酸（万吨）
1957	1.31	146	193	535	415	686	63.2
1958	2.70	226	275	800	591	930	74.4
1959	3.69	373	423	1387	897	1227	106.1
1960	3.97	520	594	1886	1111	1565	133.0
1961	2.78	531	480	870	613	621	90.4
1962	2.20	575	458	667	455	600	96.8
1963	2.17	648	490	762	533	806	130.6
1964	2.15	848	560	964	688	1209	170.4
1965	2.32	1131	676	1223	881	1634	234.0

三　基础设施建设

基础建设方面，“大跃进”时期的建设项目普遍在1961年放慢了建设速度。1961 年的基础设施建设投资为 123.37 亿元，仅为 1960 年的 32%，1962 年进一步下降为 67.62 亿元，比上年继续下降 45.2%（见表 1－16、表 1－17）[①]。1964 年随着国民经济运行态势开始全面好转，在基建方面开始进行大规模“三线建设”。至 1965 年底，国民经济调整任务全面完成，基础设施建设投资额也达到 1961 年以来的最高水平。

表 1－16　　1958～1965 年基础设施建设投资情况　　单位：亿元

年份	能源	运输	邮电	水利	全国合计
1958	41.27	32.04	1.95	24.25	266.96
1959	57.82	50.72	2.52	29.38	344.65
1960	63.44	53.48	2.55	35.63	384.07
1961	27.46	14.50	0.46	11.05	123.37
1962	15.69	4.85	0.23	8.39	67.62
1963	16.50	7.54	0.26	12.49	94.16
1964	21.67	14.90	0.57	15.65	138.69
1965	25.62	29.18	1.33	15.89	170.89

表 1－17　　1958～1965 年交通邮电能源的发展状况

种类	1957 年	1962 年	1965 年	1962 年比 1957 年增长百分比	1965 年比 1962 年增长百分比（%）
铁路通车里程（万公里）	2.99	3.46	3.64	15.7	5.2
公路通车里程（万公里）	25.46	46.35	51.45	82.1	11.0
内河通航里程（万公里）	14.41	16.19	15.77	12.4	－2.6
民用航空航线（万公里）	2.64	3.53	3.94	33.7	11.6
邮电局所数量（万处）	4.54	4.45	4.38	－2.0	－1.6
发电量（亿度）	193	458	676	16.0	－47.6

第四节　1966～1978 年我国经济发展状况

1966 年“文化大革命”爆发，在“文化大革命”初期的两年内，国民经济总量下降，但之后经济增长逐步恢复，十年间国民经济依然保持着

① 曾培炎：《新中国经济 50 年：1949～1999》，中国计划出版社，1999，第 311～314 页。

一定的增长速度，在部分领域还取得了一些比较突出的成就。“文化大革命”结束后的 1977 年和 1978 年，社会总产值分别增长了 10.5% 和 13.5%（见表1－18）。

表 1－18　　1966～1978 年社会总产值

单位：亿元，本表按当年价格计算

年份	社会总产值	农业	工业	建筑业	运输业	商业
1966	3062	910	1624	197	102	229
1967	2774	924	1382	155	86	227
1968	2648	928	1285	132	83	220
1969	3184	948	1665	222	99	250
1970	3800	1058	2080	271	117	274
1971	4203	1107	2375	311	128	282
1972	4396	1123	2517	323	136	297
1973	4776	1226	2741	335	144	330
1974	4859	1277	2730	376	142	334
1975	5379	1343	3124	437	160	315
1976	5433	1378	3158	435	155	307
1977	6003	1400	3578	462	179	384
1978	6846	1567	4067	569	205	438

资料来源：中国国家统计局：《中国统计年鉴（1984）》，中国统计出版社，1985，第 20 页。

一　农业发展

1966～1978 年，全国农业总产值年均增长 4.5%，粮食产量从 4280.0 亿斤增加到 6095.3 亿斤，增长了 42.4%。除棉花外，其他各类主要农产品产量也实现了一定程度的增长（见表 1－19—表 1－21）①。但是人均粮食占有量始终在 300 公斤左右徘徊，其他主要农产品人均占有量依然保持在 1957 年的水平上。直到 20 世纪 70 年代末，主要农产品依然实行统购统销，低标准凭票供应的紧张状况未见根本好转，全国农村约有 2.5 亿人口（占人口总数的 26%）的温饱问题没有得到解决②。

① 中国国家统计局：《中国统计年鉴（1984）》，中国统计出版社，1985，第 132～147 页。

② 曾培炎：《新中国经济 50 年：1949～1999》，中国计划出版社，1999，第 247 页。

表 1－19　　1966～1971 年农业总产值（按 1957 年不变价格计算）

年份	农业总产值（亿元）	增长率（%）
1966	641	8.6
1967	651	1.6
1968	635	－2.5
1969	642	1.1
1970	716	11.5
1971	738	3.1

表 1－20　　1971～1978 年农业总产值（按 1970 年不变价格计算）

年份	农业总产值（亿元）	增长率（%）
1971	1090	3.1
1972	1088	0.2
1973	1179	8.4
1974	1228	4.2
1975	1285	4.6
1976	1317	2.5
1977	1339	1.7
1978	1459	9.0

表 1－21　　1966～1978 年主要农产品产量

（市制计算：粮食单位为亿斤，其他为万担）

年份	粮食	棉花	油料	黄红麻	甘蔗	甜菜	桑蚕茧	茶叶	烤烟
1966	4280.0	4673.5	—	698.6	22816.4	5253.9	156.5	211.3	1152.3
1967	4356.4	4707.9	—	795.5	25280.6	5202.2	169.1	225.3	1133.9
1968	4181.1	4708.6	—	791.0	20681.9	4309.4	209.7	235.6	881.3
1969	4219.4	4158.6	—	687.6	20993.7	4772.6	225.6	243.9	890.0
1970	4799.1	4554.0	7543.6	628.7	26914.0	4205.5	243.0	272.0	797.3
1971	5002.8	4209.5	8226.0	607.0	26277.4	4250.2	246.6	305.0	915.2
1972	4809.6	3916.3	8235.3	757.0	32832.6	4644.4	272.0	339.0	1046.6
1973	5298.7	5123.5	8372.7	1115.9	33929.1	5356.9	291.9	363.8	1225.5
1974	5505.4	4921.5	8828.4	1259.6	32864.8	4577.0	326.9	396.4	1176.9
1975	5690.3	4761.6	9041.5	1398.7	33333.7	4952.7	305.9	421.0	1401.5

续表

年份	粮食	棉花	油料	黄红麻	甘蔗	甜菜	桑蚕茧	茶叶	烤烟
1976	5726.1	4110.9	8015.6	1461.4	33261.4	5864.4	325.6	466.9	1674.8
1977	5654.5	4097.5	8034.8	1722.4	35504.7	4912.4	335.9	504.2	1942.4
1978	6095.3	4334.0	10435.8	2175.5	42232.8	5404.6	346.6	536.0	2104.5
累计增长率（%）	42.4	-7.3	—	211.4	85.1	2.9	121.5	153.7	82.6

二　工业发展

“文化大革命”时期，我国工业总产值虽然在部分年份中出现了停滞，1967年和1968年甚至连续两年出现倒退现象，幅度分别为14.9%和7.0%，但总体上仍然保持着一定的增长速度，10年间工业总产值增长了1.02倍。工业整体效益出现了下降，1966～1976年间的工业企业效益指标与“一五”时期相比，全民所有制独立核算工业企业每百元资金实现的利税，由“一五”时期的20.9元下降到19.3元；每百元固定资产原值实现的利税，由20.9元下降到12.1元；每百元工业产值实现的利润，由21.3元下降到12.6元；每百元产值占用的流动资金，由25.5元增加到36.9元；每百元销售收入成本，由69元增加到74.8元。1976年全国国营工业企业亏损额达177亿元，比1965年增加了两倍①。同时，地方工业和“五小”工业发展较快。至1975年底，地方“五小”工业的钢、原煤、水泥、化肥年产量分别占全国的6.8%、37.1%、58.8%、69%。全国小化肥厂1300多个，合成氨产量比1964年增长18倍，使农业化肥施用量增长了4倍多，农业机械产量和使用量皆有大幅度提升②。

12年间，主要工业产品基本实现了翻倍增长，其中原煤2.45倍、发电量3.11倍、钢2.07倍、水泥3.24倍、硫酸2.27倍。石油工业是发展最快的部门经济，我国陆续勘探和开发出大庆、胜利、大港等油田，1978年原油产量达10405万吨，是1966年的7.15倍，使我国由“贫油国”成为世界第八大产油国（见表1－22、表1－23）③。

① 曾培炎：《新中国经济50年：1949～1999》，中国计划出版社，1999，第287页。

② 武力：《中华人民共和国经济史：1949～1999》，中国经济出版社，1999，第698～702页。

③《中国国家统计局：中国统计年鉴（1991）》，中国统计出版社，1992，第394页；《中国统计摘要（1999）》，中国统计出版社，2000，第99、103～105页；《中国统计年鉴（1998）》，中国统计出版社，1999，第465～472页。

表1－22　　1966～1978 年农业总产值（按1957 年不变价格计算）

年份	工业总产值（亿元）	增长率（%）
1966	1624.0	15.8
1967	1382.0	－14.9
1968	1285.0	－7.0
1969	1665.0	29.6
1970	2117.0	27.2
1971	2414.0	14.0
1972	2565.0	6.3
1973	2794.0	8.9
1974	2792.0	－0.1
1975	3207.0	14.9
1976	3278.0	2.2
1977	3725.0	－0.1
1978	4237.0	13.7

表1－23　　1966～1978 年主要工业品产量

年份	原煤（亿吨）	原油（万吨）	发电量（亿千瓦时）	钢（万吨）	钢材（万吨）	水泥（万吨）	硫酸（万吨）
1966	2.52	1455	825	1532	1035	2015	290.9
1967	2.06	1388	774	1029	718	1462	198.3
1968	2.20	1599	716	904	666	1262	141.5
1969	2.66	2174	940	1333	926	1829	234.3
1970	3.54	3065	1159	1779	1188	2575	291.4
1971	3.92	3941	1384	2132	1389	3158	357.9
1972	4.10	4567	1524	2338	1561	3547	400.5
1973	4.17	5361	1668	2522	1684	3731	468.1
1974	4.13	6485	1688	2112	1466	3709	442.7
1975	4082	7706	1958	2390	1622	4626	484.7
1976	4.83	8716	2031	2046	1466	4670	450.8
1977	5.50	9364	2234	2374	1633	5565	537.5
1978	6.18	10405	2566	3178	2208	6524	661.0

三　基础设施建设

基础建设方面，这一时期我国完成了大量建设项目，大型项目包括成昆铁路、湘黔铁路、焦枝铁路、青藏铁路、宝成铁路电气化、南京长江大桥、连云港码头、同步卫星通信地面站、辽河油田、大港油田、甘肃盐锅峡、刘家峡水电站、丹江口水电站、大庆—秦皇岛输油管道、三门峡水利枢纽改建等。随着四人帮的倒台，中国基础设施建设开始走向正轨。1978年对基础建设的规模和投资大大增加，当年基本建设投资较上年增长31%，能源工业的投资比上年增长45.8%，交通运输的投资增长了28.2%，水利投资增长了21.8%（见表1－24、表1－25）。

表1－24　**“三五”（1967～1970年）、“四五”（1971～1975年）、“五五”（1976～1980年）时期基础设施区建设投资情况**

单位：亿元

时期	总计	工业	建筑业	地质勘探	农林水利气象
“三五”	976.03	541.51	17.38	4.57	104.27
“四五”	1763.95	977.97	28.57	11.76	173.08
“五五”	2342.17	1231.71	43.43	29.53	246.08

资料来源：中国国家统计局：中国统计年鉴（1984），中国统计出版社，1985，第306页。

表1－25　**“三五”（1967～1970年）、“四五”（1971～1975年）、“五五”（1976～1980年）时期基础设施区建设投资情况**

单位：亿元

时期	运输邮电	商业、饮食业、服务业、物资供销	科研文教卫生和社会福利	城市公共事业	其他
“三五”	150.01	21.04	27.44	17.38	92.43
“四五”	317.59	50.41	55.45	33.61	115.51
“五五”	302.5	87.35	127.82	95.12	178.68

资料来源：中国国家统计局：《中国统计年鉴（1984）》，中国统计出版社，1985，第306页。

本章小结

应当说，在经济学说史和经济思想史中梳理有关生产力的发展状况及研究成果是一项具有挑战性的工作。生产力是否属于政治经济学的研究对象，这个命题本身就存在很大争议。本书之所以专门安排一章内容阐述生产力，主要有两个方面的考虑。第一，经济史和经济学说史（经济思想史）是密不可分的，任何经济学说和经济思想都是对经济实践的意识反映，本章为以后各章提供了经济运行的现实环境和研究背景。第二，与同类型经济思想史著作单纯梳理学者思想的做法不同，本书坚持“史论结合、论从史出”的原则，始终围绕“生产力—生产方式—生产关系”的唯物史观框架，以劳动者与生产资料的结合方式（即生产方式）为核心研究对象，联系生产力研究生产方式（一般），联系生产关系研究生产方式（特殊），因此，将生产力作为重要的研究内容，也是服从本书框架结构要求的一种体现。

生产力发展水平为生产方式演进提供了物质基础和技术背景。本章将“前三十年”划分为三个阶段，梳理了这一时期经济发展状况。在国民经济恢复和社会主义过渡时期，不仅对工农业发展速度、体量进行了描述，还进行了国别比较。社会主义改造完成之后，分 1958 ~ 1965 年、1966 ~ 1978 年两个阶段进行了刻画。由于这个时期已经形成了“产业”概念，因此从农业发展、工业发展和基础设施建设三个方面描述了国民经济发展水平的提升状况。

第二章　1949～1978年的中国经济增长：基于实物指标的国际比较

本章我们设计了一个基于实物指标的经济增长指数，对“前三十年”中国经济增长状况进行一个总体评价，并对中国、美国、苏联和印度四国在同一时期的经济增长状况进行了比较。与SNA体系（国民经济核算体系）采用货币值计算国民经济规模的做法不同，我们采用的是一个基于实物指标体系的测算方法，这种方法是与MPA体系（物质产品平衡表体系）的做法保持一致的。

第一节　采用GDP指标衡量“前三十年”中国经济增长的缺陷

国内生产总值（GDP）指一个国家或地区所有常驻单位，在一定时期内生产的全部最终产品和服务价值的总和，GDP常被认为是衡量国家或地区经济状况的指标。GDP作为SNA的核心指标，是衡量一个国家的总体经济状况的重要指标①。然而，将GDP指标运用于中国“前三十年”经济增长核算，会带来以下问题。

第一，“前三十年”我国使用的是物质产品平衡表体系（MPA）来进行国民经济核算。MPA采用的是限制性生产观，它对生产的定义只限于

① SNA是一种国民经济核算体系，适用于市场经济条件下的国民经济核算，首创于英国，继而在经济发达国家推行，现已为世界上绝大多数国家和地区所采用。它以全面生产的概念为基础，把国民经济各行各业都纳入核算范围内，将社会产品分为货物和服务两种形态，完整地反映全社会生产活动成果及其分配和使用的过程，并注重社会再生产过程中资金流量和资产负债的核算。它运用复式记账法的原理，建立一系列宏观经济循环账户和核算表式，组成结构严谨、逻辑严密的体系。

物质产品生产和生产性劳务，相应地，社会产品只是物质产品生产部门和提供生产性劳务部门的生产成果。所以，MPS 把工业、农业、建筑业、货物运输业和商业通称为五大物质生产部门，并将这五大物质生产部门的生产活动成果作为社会产品价值核算的内容。至于其他部门如文化教育、医疗卫生、公用事业、生活服务等，由于不生产物质产品，被称为非物质生产部门。这些部门所提供的服务活动，无论是为生产服务的，还是为其他部门或居民服务的，都不计算其产值，只作为对物质生产部门所创造价值的再分配。SNA 则采用综合性生产观，它将所有创造效用并取得收入的活动，不管是生产物质产品还是提供各类服务，一律看作生产活动。因此，SNA 将服务部门与物质生产部门等同看待，归入生产部门。也就是说，SNA 的生产范围除了农业、工业、建筑业、货物运输业、商业等物质生产部门，还包括了除个人自我服务以外的各个社会服务领域。SNA 的社会产品——商品，是有形的物质产品与无形的劳务产品的合称，SNA 核算范围不仅包括物质产品，也包括劳务。因此，根据 MPA 体系计算得出的中国“前三十年”社会产品价值小于根据 SNA 体系核算的国内生产总值，并造成低估中国“前三十年”价值形态的国民收入。

第二，SNA 采用市场价格评价物品与劳务，它没有把在市场之外进行的经济活动所创造的价值包括进来。中国“前三十年”采用的是计划经济体制，自由市场发挥作用的范围很小，国家对大部分工农产品进行统购统销，资源主要由政府直接配置。在这种情况下，社会产品的价值不会通过竞争性的市场体系而反映为市场价格，同时，还有一部分工农产品价格被国家通过强制手段压低，从而造成当时核算的国民收入比市场价格形态的国民收入要低很多。因而，受低价格的影响，把工农业产值直接作为 GDP，会导致对中国“前三十年”实际经济规模的第二次低估。

第三，GDP 采用的是“国土原则”，即只要是在该国或该地区范围内生产或创造的价值，无论是外国人还是本国人创造的价值，均计入该国或该地区的 GDP。我国在“前三十年”受到西方资本主义国家的经济封锁，处于半封闭状态，很难通过引进外资和外国劳动力来发展经济，这使得中国经济增长和价值创造主要都是依靠国内投资而形成的。而改革开放后的中国，除利用本国的资本和劳动力外，还有大量的外资和外国劳动力可供利用。因而，受 GDP 核算口径的影响，“前三十年”的实际经济规模被再一次低估。

总之，受到以上这些因素的影响，中国“前三十年”以价值形态计算的国民收入会被一而再，再而三地低估，这使得GDP指标已经不能真实反映当时中国经济增长状况，这也要求我们开发出不同于价值形态经济增长指标的定量测算方法，对“前三十年”中国经济增长状况进行实事求是的评价。

第二节　构建基于实物指标的经济增长指数

为了避免用价值形态计算国民收入所带来的弊端，可采用实物形态来衡量国民收入。具体做法是：第一步，选择一批具有代表性的工农业产品（包括商贸流通业的货运量等指标）。第二步，运用层次分析法确定这些产品和服务的相对重要性，计算指标权重。第三步，将各指标进行指数化处理。第四步，利用各指标的增长指数和指标权重，计算经济增长指数。在此之前，有必要先介绍一下国民收入的价值形态和实物形态，以及用价值形态和实物形态计算国民收入的各自的优点和弊端。

一　国民收入的价值形态和实物形态

国民收入是衡量一国或一地区经济增长状况的基本指标，它是指物质生产部门的劳动者在一定时期所创造的价值，是一国生产要素（包括土地、劳动、资本、企业家才能等）所有者在一定时期内提供生产要素所得的报酬，即工资、利息、租金和利润等的总和。在使用价值上，国民收入则由体现新创造价值的生产资料和消费资料构成。国民收入有价值形态和实物形态两种表现方式，其中，价值形态的国民收入等于社会总产值减去已消耗生产资料价值，而实物形态的国民收入等于社会总产品减去已消耗生产资料。

采用价值形态表示国民收入，可利用商品共有的价值属性，换算成同一的货币单位求和，从而用总价值来表示国民收入和经济增长状况，但计算得出的国民收入易受市场价格变动的影响，不能完全反映经济增长的真实情况和所创造的实际价值。实物形态国民收入采用实际产量的增长来衡量经济增长状况，这自然能够比较真实直观地体现经济发展水平，然而，由于实物种类繁多，又具有不同的度量单位（如一台机器、两千克粮食、三吨运量等），多样化的量纲使得无法进行实物加总，这也导致单纯采用实物形态计算国民收入在事实上是不可能的。

为了解决这一“两难”问题，笔者考虑在实物形态的国民收入基础上构建一种经济增长指数，具体做法是：首先选择具有代表性的实物指标衡量国民收入，再通过实物增长率的指数化处理实现指标的无量纲化，以此解决实物种类繁多和单位不一而无法直接加总计算国民收入的问题，同时又避免了采用价值形态计算国民收入的货币名义值波动问题。

二 基于实物指标的经济增长指数构建

在经济体中，农业、工业和商贸流通业包含了一国经济的绝大部分内容，是一国经济发展的基石和主体所在，只要抓住主要的工农业产品和商贸流通业指标，就能反映出一国经济的发展概况。笔者的思路是：在工农业和商贸流通业内部选取若干实物形态产品的产量来反映一国工农业和商贸流通业的发展概况，并将其综合起来反映一国的国民收入和经济增长的基本面貌。当然，农业、工业和商贸流通业，以及工农业和商贸流通业各种不同的产品在经济体中所处地位和重要性是不同的，对此，我们拟采用层次分析法来确定指标的相对权重。

笔者选取小麦、稻谷、棉花等主要农产品来反映一国农业增长状况，选取原油、发电量、钢铁产量等主要工业品来反映一国工业增长状况，选取铁路货物周转量、公路货物周转量、水路货物运输量等实物指标来反映一国商贸流通业增长状况，并根据三方面增长状况的综合来反映一国经济的总体增长状况。

通过层次分析法计算各指标的权重。层次分析法（AHP）是指将与决策有关的元素分解成目标、准则、方案等层次，在此基础之上进行定性和定量分析的决策方法。它分为建立层次结构模型、构造判断（成对比较）矩阵、层次单排序及其一致性检验、层次总排序及其一致性检验四个步骤。其中，构造判断（成对比较）矩阵是关键步骤。构造判断（成对比较）矩阵是指，在确定各层次、各因素之间的权重时，不把所有因素放在一起比较，而是采用相对尺度，两两相互比较，以尽可能减少性质不同的诸因素相互比较的困难，提高准确度，并按其重要性程度评定等级。按两两比较结果构成的矩阵称作判断矩阵，判断矩阵具有如下性质：

$$a_{ij} = \frac{1}{a_{ij}} \tag{1}$$

a_{ij}为要素 i 与要素 j 重要性比较结果。表 2－1 列出了 9 个重要性等级及其相关赋值。

表 2－1 要素 i 与要素 j 的相对重要性及数值表示

因素 i 比因素 j	量化值
同等重要	1
稍微重要	3
较强重要	5
强烈重要	7
极端重要	9
两相邻判断的中间值	2，4，6，8

经过层次单排序及其一致性检验、层次总排序及其一致性检验，就能确定某一层次所有因素对于最高层（总目标）相对重要性的权值。对主要农产品、主要工业品、主要运力在农业、工业、商贸流通业中的相对重要性，以及农业、工业、商贸流通业在国民经济增长中的相对重要程度，对判断矩阵赋值如表 2－2—表 2－5 所示。

表 2－2 主要农产品判断（成对比较）矩阵

	小麦	稻谷	原棉	水产品	猪	牛
小麦	1	1/3	1/3	5	3	5
稻谷	3	1	3	5	3	5
原棉	3	1/3	1	3	1	3
水产品	1/5	1/5	1/3	1	1/3	1
猪	1/3	1/3	1	3	1	3
牛	1/5	1/5	1/3	1	1/3	1

表 2－3 主要工业品判断（成对比较）矩阵

	原油	电力	原钢	水泥	汽车
原油	1	1	1	5	7
电力	1	1	1	3	5
原钢	1	1	1	3	5
水泥	1/5	1/3	1/3	1	1/3
汽车	1/7	1/5	1/5	3	1

表2-4 商贸流通业主要运力判断（成对比较）矩阵

	铁路货物周转量	公路货物周转量	水路货物运输量
铁路货物周转量	1	3	3
公路货物周转量	1/3	1	1
水路货物运输量	1/3	1	1

表2-5 农业、工业和商贸流通业判断（成对比较）矩阵

	农业	工 业	商贸流通业
农业	1	1/3	1
工业	3	1	3
商贸流通业	1	1/3	1

经过层次单排序及其一致性检验、层次总排序及其一致性检验后得出，在对农业增长的贡献份额中，小麦产量权重为20%，稻谷为37%，棉花为19%，水产品为6%，猪出栏量为13%，牛出栏量为5%。在对工业增长的贡献份额中，原油产量的权重为32%，发电量为27%，原钢产量为26%，水泥产量为7%，汽车产量为8%。在对商贸流通业增长的贡献份额中，铁路货物周转量的权重为60%，公路货物周转量为20%，水路货物运输量为20%。在对经济总量增长的贡献份额中，农业增长的权重为20%，工业增长的权重为60%，商贸流通业增长的权重为20%。

设1949年农业产量指数为1，1978年小麦、稻谷、棉花、水产品、猪、牛产量指数分别为a_1、a_2、a_3、a_4、a_5、a_6，1978年农业产量指数为a，1949~1978年小麦、稻谷、棉花、水产品、猪、牛产量的年复合增长率①分别为A_1、A_2、A_3、A_4、A_5、A_6，1949~1978年农业年复合增长率为A，则：

$$a_1 = 0.2 \times (A_1 + 1)\hat{}30$$
$$a_2 = 0.37 \times (A_2 + 1)\hat{}30$$
$$a_3 = 0.19 \times (A_3 + 1)\hat{}30$$
$$a_4 = 0.06 \times (A_4 + 1)\hat{}30$$
$$a_5 = 0.13 \times (A_5 + 1)\hat{}30$$

① 复合增长率的计算公式为：$P = \sqrt[n]{P_2/P_1} - 1$，$P_2 = P_1 \times (P+1)\hat{}n$（$P$是年复合增长率，$n$是年数，$P_1$是初值，$P_2$是终值）。

$$a_6 = 0.05 \times (A_6 + 1)\hat{}30$$

$$a = a_1 + a_2 + a_3 + a_4 + a_5 + a_6$$

$$A = \sqrt[30]{a/1} - 1$$

设 1949 年工业产量指数为 1，1978 年原油、发电、原钢、水泥、汽车产量指数分别为 b_1、b_2、b_3、b_4、b_5，1978 年工业产量指数为 b，1949～1978 年原油、发电、原钢、水泥、汽车产量的年复合增长率分别为 B_1、B_2、B_3、B_4、B_5，1949～1978 年工业年复合增长率为 B，则：

$$b_1 = 0.32 \times (B_1 + 1)\hat{}30$$

$$b_2 = 0.27 \times (B_2 + 1)\hat{}30$$

$$b_3 = 0.26 \times (B_3 + 1)\hat{}30$$

$$b_4 = 0.07 \times (B_4 + 1)\hat{}30$$

$$b_5 = 0.08 \times (B_5 + 1)\hat{}30$$

$$b = b_1 + b_2 + b_3 + b_4 + b_5$$

$$B = \sqrt[30]{b/1} - 1$$

设 1949 年商贸流通业运力指数为 1，1979 年铁路、公路、水路运力指数分别为 c_1、c_2、c_3，1978 年商贸流通业运力指数为 c，1949～1978 年的铁路货物周转量、公路货物周转量、水路货物运输量的年复合增长率分别为 C_1、C_2、C_3，1949～1978 年商贸流通业年复合增长率为 C，则：

$$c_1 = 0.6 \times (C_1 + 1)\hat{}30$$

$$c_2 = 0.2 \times (C_2 + 1)\hat{}30$$

$$c_3 = 0.2 \times (C_3 + 1)\hat{}30$$

$$c = c_1 + c_2 + c_3$$

$$C = \sqrt[30]{c/1} - 1$$

设 1949 年的经济总量指数为 1，1978 年的经济总量指数为 d，1949～1978 年经济年复合增长率为 D，则：

$$d = 0.2 \times a + 0.6 \times b + 0.2 \times c$$

$$D = \sqrt[30]{d/1} - 1$$

三　基于实物指标的“前三十年”中国经济增长状况

通过对相关统计资料的整理，计算了我国 1949～1978 年主要农产品、工业产品和商贸流通业实物指标的年复合增长率（见表 2－6—表 2－8）。

表2－6 中国主要农业品产量和年复合增长率（1949～1978年）

	1949年	1978年	年复合增长率
小麦	1380	5385	4.64%
稻谷	4865	13695	3.51%
棉花	44.5	216.7	5.42%
水产品	45	466	8.1%
猪	5775	30129	5.66%
牛	4393	7072	1.6%

注：小麦、稻谷、棉花、水产品产量单位为万吨，猪、牛出栏量单位为万头。

表2－7 中国主要工业品产量和年复合增长率（1949～1978年）

	1949年	1978年	年复合增长率
原油	12	10405	25.3%
发电	43	2566	14.6%
原钢	15.8	12431.4	24.89%
水泥	66	6524	16.55%
汽车	0.01	14.91	27.58%

注：原油、原钢、水泥产量单位为万吨，发电量单位为亿度，汽车产量单位为万辆。

表2－8 中国商贸流通业主要运力和年复合增长率（1949～1978年）

	1949年	1978年	年复合增长率
铁路货物周转量	184	5345.19	11.89%
公路货物周转量	8.14	274.14	12.44%
水路货物运输量	2543	43292	9.91%

注：铁路货物周转量、公路货物周转量单位为亿吨公里，水路货物运输量单位为万吨。

可计算得出，1978年中国农业产量指数为4.13，农业年复合增长率为4.84%；1978年中国工业产量指数为472.04，工业年复合增长率为22.78%；1978年中国商贸流通业运力指数为27.57，商贸流通业年复合增长率为11.69%；1978年中国经济总量指数为380.92，年复合增长率为21.91%（见图1、图2）。

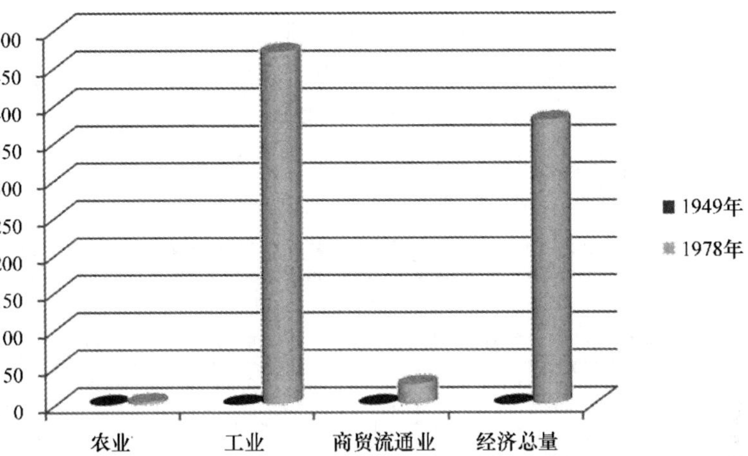

图 1　我国农业、工业、商贸流通业、经济总量的增长指数

注：1949 年产出指数为 1。

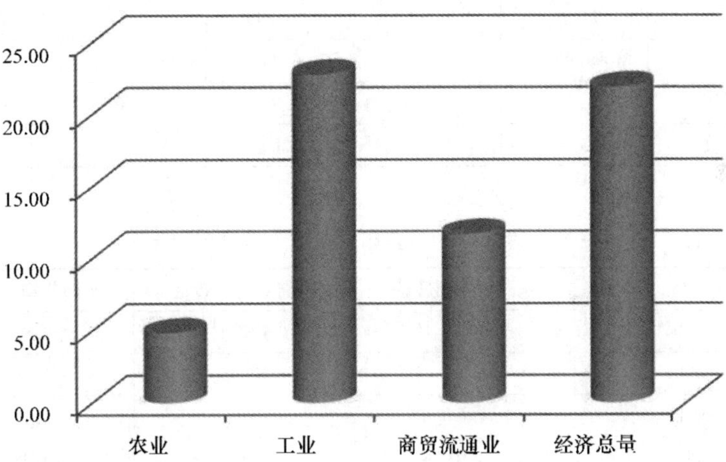

图 2　我国农业、工业、商贸流通业、经济总量的年复合增长率（1949～1978 年）

第三节　“前三十年”中国经济增长的国际比较

为了对“前三十年”中国经济增长表现形成更为深入的认识，笔者选取了苏联、美国和印度三个国家进行国际比较。苏联是当时世界上最大的社会主义国家，美国是最大的资本主义国家，印度是与中国几乎同时取得民族独立而采用资本主义制度模式的发展中国家。通过对相关统计资料的整理，计算得出1949～1978年中国、苏联、美国、印度的主要农产品、主要工业品、主要运力的年复合增长率（见表2－9—表2－11）。

表2－9　　**1949～1978年中苏美印主要农产品年复合增长率**　　单位：%

	小麦	稻谷	棉花	水产品	猪	牛
中国	4.64	3.51	5.42	8.10	5.66	1.60
苏联	5.60	8.15	3.99	5.86	5.25	2.43
美国	1.48	4.03	－1.28	1.08	－0.23	1.23
印度	5.98	2.79	3.24	4.70	3.21	1.03

表2－10　　**1949～1978年中苏美印主要工业品年复合增长率**　　单位：%

	原油	发电	原钢	水泥	汽车
中国	25.30	14.60	19.34	16.55	27.58
苏联	9.93	9.53	6.44	9.59	7.00
美国	1.72	6.51	1.90	2.60	0.94
印度	13.49	10.92	6.85	7.67	5.09

表2－11　　**1949～1978年中苏美印主要运力年复合增长率**　　单位：%

	铁路货物周转量	公路货物周转量	水路货物运输量
中国	11.89	12.44	9.91
苏联	6.46	10.45	6.16
美国	1.64	5.11	3.11
印度	4.93	8.66	4.38

根据经济增长指数公式计算得出，中国、苏联、美国、印度在1978年的农业产量指数分别为4.13、6.55、2.41、3.13，1949～1978年的年复合增长率分别为4.841%、6.465%、2.975%、3.877%，“前三十年”中国农业年复合增长率超过了美国和印度，和苏联相差不大。中国、苏联、美国、印度在1978年的工业产量指数分别为472.04、13.02、3.04、23.2，1949～1978年的年复合增长率分别为22.78%、8.93%、3.78%、

11.05%，“前三十年”中国工业年复合增长率远超苏联、美国和印度，大约是苏联的 3 倍、美国的 7 倍、印度的 2 倍。中国、苏联、美国、印度在 1978 年的商贸流通业运力指数分别为 27.57、9.07、2.37、5.68，1949～1978 年的年复合增长率分别为 11.69%、7.63%、2.92%、5.96%，“前三十年”中国商贸流通业的年复合增长率超过苏联、美国和印度，大约是苏联的 1.5 倍、美国的 3 倍、印度的 2.4 倍（见图 3—图 5）。

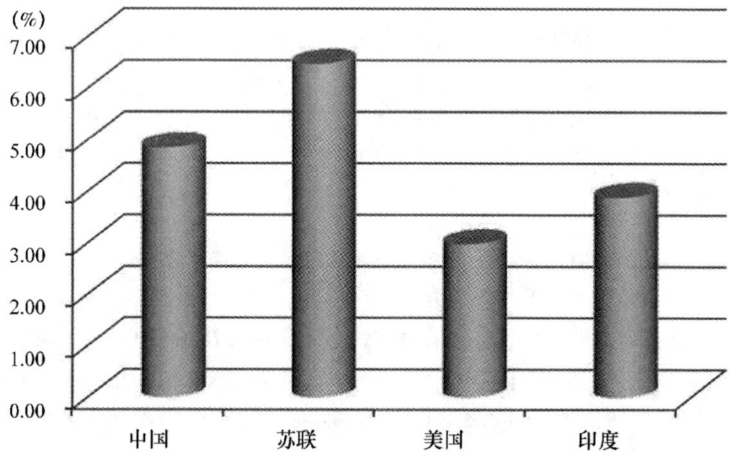

图 3　1949～1978 年中苏美印农业年复合增长率

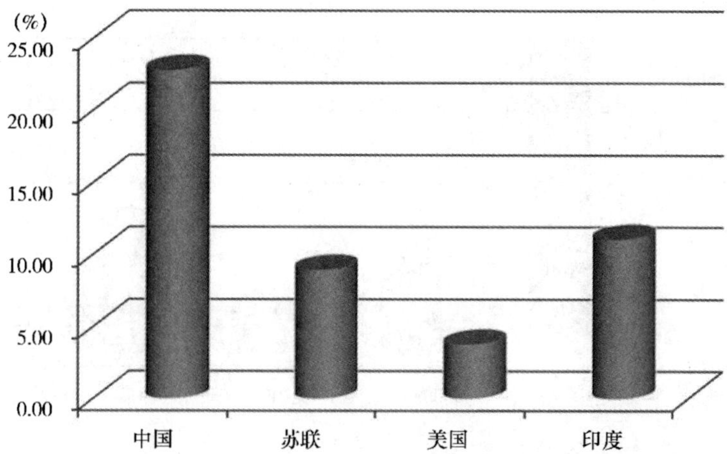

图 4　1949～1978 年中苏美印工业年复合增长率

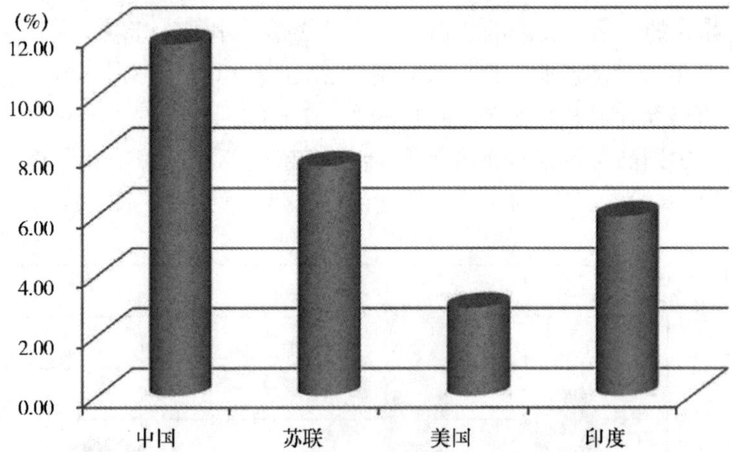

图5　1949～1978 年中苏美印商贸流通业年复合增长率

根据经济增长指数公式计算得出，1949～1978 年中国、苏联、美国和印度的经济总量的年复合增长率分别为 20.8%、8.3%、3.47%、9.61%。“前三十年”中国经济增长率超过同期苏联、美国和印度，大约为苏联的 2.5 倍、美国的 6.8 倍、印度的 2.2 倍（见图6、图7）。

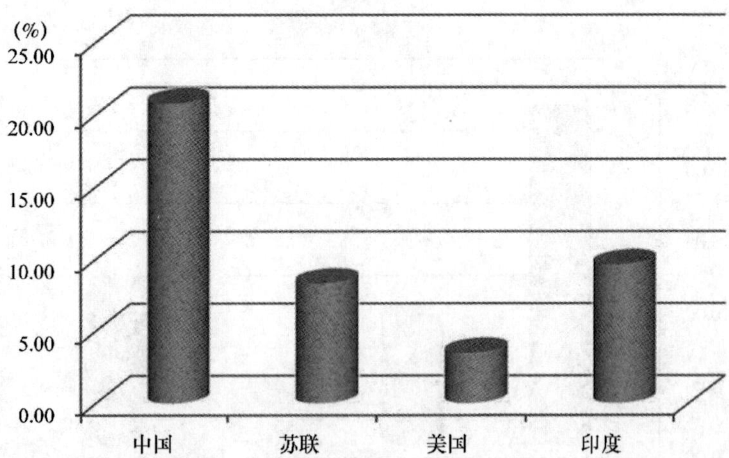

图6　1949～1978 年中苏美印经济总量年复合增长率

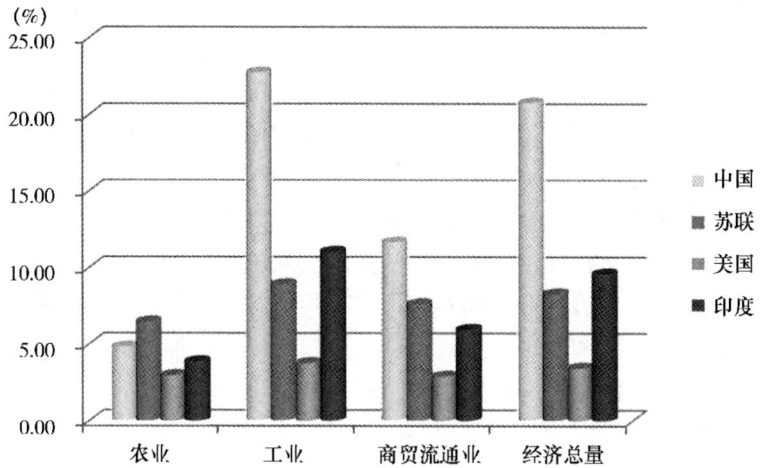

图 7　1949～1978 年中苏美印农业、工业、商贸流通业、经济总量的年复合增长率

本章小结

显然，采用总量指标来判断“前三十年”为改革开放后的时期提供了怎样的物质基础是不可取的，无论是从总值还是人均值来分析，要求一个“一穷二白”的国家只用三十年就成长为世界经济强国，这本身就不符合经济发展规律。因此，只能从相对量视角出发，测算我国“前三十年”的经济增长速度，从而对这一历史时期的经济表现作出合理判断。本章设计了一个基于实物指标的经济增长指数，通过计算得出：“前三十年”中国农业年均复合增长率为 4.84%，工业为 22.78%，商贸流通业为 11.69%，中国经济总量的年均复合增长率为 20.8%。如采用 GDP 指标，则 1949～1978 年中国经济总量的年复合增长率为 6.44%。显然，用 GDP 指标计算得出的“前三十年”中国经济增长率明显低于基于实物指标的经济增长率，这表明，用 GDP 指标衡量经济增长有可能造成对“前三十年”中国实际增长水平的严重低估。在国际比较方面，除农业外，“前三十年”的中国工业、商贸流通业和经济总量增长率超过了同期苏联、美国和印度。基于计算结果，我们认为，“前三十年”的高速经济增长体现了社会主义经济制度的巨大优越性，展现出良好的经济发展势头，为中国经济在 1978 年后的腾飞打下了坚实的物质基础，进行了充分的物质准备。

而只有通过实物指标增长状况的比较，才能够全面、完整地反映这一客观事实。

当然，笔者所构建的经济增长指数也有不完善之处。首先，我们选择部分工农业产品作为衡量经济增长的代表性指标，但这种做法的主观性是比较明显的；其次，在确定这些指标的份额和权重时采用层次分析法，而判断矩阵的赋值同样具有很强的主观性。降低判断矩阵赋值的主观性，更加客观地根据各指标在经济增长中的实际贡献确定权重，还需要进一步努力。总之，由于用价值形态和实物形态来衡量经济增长具有各自的优势和劣势，如何在思路和方法上进行创新，构建出一种更加完善的经济增长指数来全面反映经济增长的真实水平，这还需要进一步探索。

第二篇

宏观层面的生产方式演进

第二篇“宏观层面的生产方式演进”包括六章内容，采用历史与逻辑相统一的方法，分为两个单元。第一个单元包括第三、第四、第五章，研究时间段为1949～1957年，围绕计划经济体制的建立和商品经济的惯性发展展开思想史梳理，对中国社会主义过渡时期生产方式演进的主要形式——计划经济体制的建立进行了回顾，并总结了当时围绕计划体制弊端的理论研究。计划配置和市场配置是劳动力与生产资料结合的两种基本方式，也即生产方式的两种基本形式。在这一时期，中国社会的生产方式发生了系统性变迁，这就是从新中国成立初期的半自然半商品经济体制向市场和计划相结合的新民主主义经济体制转变，再向全面的指令性计划经济体制转变。

第三章探讨计划经济体制的建立，第四章分析这一时期计划经济体制暴露出的问题和应对策略，第五章探讨这一时期对商品和货币经济关系的理论研究。在计划经济体制的建立方面，我们从宏观、中观和微观三个层面探讨了这一全新生产方式的运行模式。从宏观层面上来看，我国社会主义过渡时期生产方式向计划体制的转变主要体现在以下几个方面。一是行政组织上各种计划管理机构的建立。这又分为中央计划管理的组织机构建设和地方计划管理组织机构建设两个既有区别又有联系的方面。二是计划编制和执行方式逐步成熟，并以法律法规的形式固定下来。其中，又特别以国民经济核算体系的建立作为重要的统计基础。三是国家以计划统筹的方式对劳动力和生产资料进行配置。从中观层面上来看，计划体制在社会经济的各个方面发挥着资源配置的功能，本书将这种功能分为以下五个方面，也即产业结构调整、流通结构调整、资金结构调整、对外经济结构调整、区域经济布局调整，并对这些方面的经济思想进行回顾。从微观上来看，计划经济体制主要是指微观经济主体中的劳动力与生产资料的结合方式，本书梳理了社会主义过渡时期企业内部（主要是工业企业）的管理机制和劳动组织方式、农业合作社内部的管理机制和劳动组织方式以及劳动者个人的劳动力配置活动。

在计划经济体制在过渡时期暴露出的问题方面，本书第四章将其总结为信息传导、创新激励和分权集权三方面内容，并对当时针对所提出的问题解决方案进行了思想史回顾。在信息处理方面，新生的国家政权既没有任何可资借鉴的统计资料和计划工作经验，同时又面临着如何收集和统计经济活动中巨量的信息并进行处理和决策的紧迫问题。在激励和创新方面，从1956年开始全国普遍实行八级工资制，这种等级化的工资制度虽然发挥了重要的稳定作用，但同时也出现了一些激励不足或激励不相容问题，特别是在新产品开发和技术创新活动中，由于技术不确定性和需求不确定性非常大，从而对计划的稳定性、可控性和可预期性提出了重大挑战，同时也会因为激励措施不当而抑制技术开发的积极性。在分权集权方面，地方政府与中央政府在财权、事权等方面展开了复杂的利益博弈。在面对以上这些问题时，经济理论界和计划工作者也提出了相应的应对思路和解决途径。

在商品和货币关系的惯性发展方面，本书第五章提出，我国社会主义过渡时期社会经济形态演进的主要形式是建立计划经济体制，急于启动商品经济形态向产品经济形态的演进，但是，商品货币关系仍然凭借惯性力量沿着社会经济形态演进的“第一条路径”向前发展，这个发展轨迹并没有完全由于人为塑造的“第二条路经”而中断。因此，本书按照“商品生产—价值规律—价格机制—市场行为”的逻辑顺序进行结构安排，展现了过渡时期有关商品货币关系研究的思想史脉络。

本篇的第二个单元包括第六、第七、第八章，主要梳理了 1957 ~ 1978 年宏观生产方式的变迁过程，从宏观层面分别对计划经济体制的完善、国民经济有计划按比例发展规律以及商品经济与价值规律等问题进行了思想史回顾。从宏观层面上进行界定，这一历史时期生产关系演进的主线有两条，一是计划经济体制的完善，二是商品货币经济关系的惯性发展。对计划经济体制的实践发展进行理论提炼，由此提出的“国民经济有计划按比例发展规律”也被视为社会主义社会基本经济规律，也正是在理解和把握这一客观规律的基础上，这一历史时期的国民经济始终在高速发展和综合平衡之间保持着张力，并进行过多次积极有效的调整。当然，即使在计划经济体制已经基本建成的背景下，商品经济在这一历史时期继续向前发展着，这使得这个时期的生产关系呈现出一种混合形态。因此，如何看待计划经济体制与商品货币关系的并存状态，对商品经济保持什么样的理论观点，如何采取政策措施，也是这一历史时期政治经济学研究的焦点所在。

第三章　生产方式的系统性变迁：计划经济体制的建立

计划配置和市场配置是劳动力与生产资料结合的两种基本方式，也即生产方式的两种基本形式。在本书涉及的时期，中国社会的生产方式发生了系统性变迁，这就是从新中国成立初期的半自然半商品经济体制向市场和计划相结合的新民主主义经济体制转变，再向全面的指令性计划经济体制转变。本章首先对新中国成立初期的宏观经济调控思想进行简要回顾，进而根据全书一以贯之的逻辑思路，从宏观、中观和微观三个层面，对计划经济体制的建立及其相应的政治经济学思想进行了梳理和回顾。

新中国成立后，出于迅速恢复国民经济的需要，也鉴于复杂的国内经济形势，所实施的经济政策仍然是对商品市场进行一定的调控和干预，尚未形成系统的计划管理方法①。1953 年后，随着国内外局势的缓和与大规模社会主义建设的展开，在所有制层面进行社会主义改造的同时，经济体制也逐步由市场调节主导转向计划管理主导，并逐步建立起一套完整的计划管理体系。伴随着社会主义三大改造运动的开展，计划经济体制也逐步建立起来。1954 年 9 月 20 日第一届全国人民代表大会第一次会议通过的《中华人民共和国宪法》在序言中指出："我国人民在过去几年内已经胜利地进行了改革土地制度、抗美援朝、镇压反革命分子、恢复国民经济建设等大规模的斗争，这就为有计划地进行经济建设、逐步过渡到社会主义社会准备了条件。"在这部宪法的总纲中，对社会主义计划经济体制进行

---

① 1949 年 9 月 29 日，中国人民政治协商会议第一届全体会议通过了起临时宪法作用的《中国人民政治协商会议共同纲领》，《共同纲领》在第四章"经济政策"中明确提出："国家应在经营范围、原料供应、销售市场、劳动条件、技术设备、财政政策、金融政策等方面，调剂国营经济、合作社经济、农民和手工业者的个体经济、私人资本主义经济和国家资本主义经济，使各种社会经济成分在国营经济的领导之下，分工合作，各得其所，以促进整个社会经济的发展。"

了如下规定："国家用经济计划指导国民经济的发展和改造，使生产力不断提高，以改进人民的物质生活和文化生活，巩固国家的独立和安全。"①

由于在当时的社会历史条件和认识条件下，计划经济体制被认为是与社会主义公有制完全相适应的经济体制和资源配置方式，因此，从党内到学术界，几乎毫无例外地选择了计划体制作为这一时期的经济体制，并积极推动市场与计划相结合的经济体制迅速向高度集中的统一计划体制过渡。在宏观经济管理机构、产业结构和区域经济结构调整、对内对外经济关系、企业内部管理体制、商贸流通和消费行为等各个方面，都在较短的时间内建立起了一整套计划经济体制。

第一节 新中国成立初期的国民经济恢复和整顿

中华人民共和国成立初期，战争尚未完全结束，国际形势十分严峻，国民经济濒临崩溃，恶性通货膨胀愈演愈烈。在这种形势下，党和政府利用政权力量，开展了恢复生产和稳定经济的一系列工作，并取得了显著成效。从生产方式系统性变迁的视角来看，这段时期的主题是半自然半商品经济体制向市场和计划相结合的新民主主义经济体制转变。在这一时期，国营经济、集体经济、私营经济和个体经济都普遍存在着，社会主义生产资料所有制改革尚未展开，因此，这一时期经济思想的主线是如何对国民经济进行宏观调控。同时，由于新中国成立伊始，高校体系和科研机构还未恢复，特别是经济学者对新民主主义和社会主义经济规律尚不熟悉，这一时期的经济思想多是以党和政府的政策文件形式出现的，鲜见学术探讨。这一时期的宏观经济调控政策主要有四个方面的内容。

一是采用扩大供给的方式强力治理恶性通货膨胀。新中国成立伊始，如何治理困扰国民党政府的恶性通货膨胀，是摆在党和政府面前的第一道难题。1949 年 10 月至 1950 年 3 月，中国共产党先后发动"银元战"和"米棉战"，一方面采取非常措施逮捕在金融领域兴风作浪的不法分子，另一方面统一调运粮食和棉纱在全国抛售，扩大供给，促进物价下降，沉重打击了投机倒把的不法商人，基本稳定了全国经济局面。

二是集中资源保障战争需要。朝鲜战争爆发后，党提出了军事第一、

① 转引自萧国亮、隋福民《中华人民共和国经济史（1949～2010）》，北京大学出版社，2011，第 98 页。

稳定市场第二、建设第三的方针，也即“边打边稳边建”的原则。陈云在第二次全国财经会议上提出：“战争第一，这是无疑问的。一切服从战争，一切为了战争的胜利。没有战争的胜利，其他就无从说起。现在争执之点，在于何者是第二，何者是第三。这种争执，在过去各个时期未曾发生过，也不会发生。我认为第二应该是维持市场，求得金融物价不要大乱；第三才是其他各种带投资性的经济和文化的支出。”这就表明了财政预算的优先顺序，“带投资性的支出列在第三，就是说，要在照顾第一、第二之后，剩有多少钱，便办多少事。总之，以没有赤字为原则”①。

三是加大对基础设施和工农业的财政直接投资力度。新中国成立伊始，由于农业和轻工业所占比重较大，恢复也较快，对国家税收的贡献比较大，因此，对于工农业投资和基础设施建设的优先顺序问题也曾有过各种不同的意见，如优先发展农业和私营工商业，重点发展轻工业，等等②。针对这些意见，党和国家领导人坚持重工业化的发展导向，对投资顺序作出了一系列稳妥的安排。1950 年 6 月 6 日，陈云在党的七届三中全会上说：“中国是个农业国，工业化的投资不能不从农业上打主意。搞工业要投资，必须拿出一批资金来，不从农业上打主意，这批资金转不过来。”③ 这表明，在新中国成立伊始，党和国家领导人就已经初步明确了以重工业作为主战场迅速实现工业化的发展战略，而这一战略必然是非平衡的甚至在一定时期内有损其他产业特别是农业利益的。

四是开展国家主导的统制贸易活动。新中国成立伊始，党和政府就力求发展对外经济关系，而这种对外经济关系，在新中国成立初期的国际环境下，只能采取统制贸易的形式。并且，这一时期的对外贸易在性质和方向上也具有过渡时期的鲜明特点。在 1949 年召开的中共七届二中全会上，毛泽东就指出：“人民共和国的国民经济的恢复和发展，没有对外贸易的统制政策是不可能的。”“对内的节制资本和对外的统制贸易，是这个国家在经济斗争中的两个基本政策。”④ 1949 年 9 月，政治协商会议将统制外贸写入《共同纲领》，使其成为新中国对外贸易的基本政策。但是，对于统制贸易，党和政府也提出需要注意统制的程度，采取切实有效的方式推动对外贸易的发展。刘少奇在 1949 年曾指出：“为了把进出口管好，国

① 《陈云文选》第 2 卷，人民出版社，1995，第 112 ~ 115 页。

② 顾龙生：《中国共产党经济思想史》（1921 ~ 2011），山西经济出版社，2014，第 284 ~ 288 页。

③ 《陈云文选》第 2 卷，人民出版社，1995，第 97 页。

④ 《毛泽东选集》第 4 卷，人民出版社，1991，第 1433 页。

家要管制对外贸易，对它加以统制。过去因受帝国主义侵略不能统制，今天必须统制。不这样，帝国主义势力仍旧会入侵。但今天管制应放宽些，不要统制太严，统制死了，不要因统制而妨害正当的进出口贸易。”①

然而，在当时的国际环境下，新中国发展国际经济关系遭到了西方资本主义国家的重重封锁，1951 年 5 月 18 日，美国操纵联合国通过了对中国的禁运案。针对美国的无理行为，中国政府针锋相对，坚决斗争。在这种严峻的国际经济环境下，新中国的对外开放不得不放在当时的社会主义阵营内部，重点是苏联。1950 年 4 月中苏两国贸易协定和贷款协定签订后，当年，两国间的贸易额在中国内地对外贸易中的比重就由 1949 年的第三上升为第一。到 1952 年，中国与苏联、东欧及亚洲社会主义国家的贸易总额已占到中国内地对外贸易总额的 81. 26%。除了在对外贸易上与社会主义阵营国家展开合作，新中国在技术合作、人员交流和资金援助等方面的对外开放也取得了一系列成就。

第二节　计划经济体制的建立：宏观层面

从宏观层面上来看，生产方式向计划体制的转变主要体现在以下几个方面。第一，行政组织上各种计划管理机构的建立。这又分为中央计划管理的组织机构建设和地方计划管理组织机构建设这两个既有区别又有联系的部分。第二，计划编制和执行方式逐步成熟，并以法律法规的形式固定下来。其中，又特别以国民经济核算体系的建立作为重要的统计基础。第三，国家以计划统筹的方式对劳动力和生产资料进行配置，这种计划配置方法涵盖了宏观、中观、微观三个层面，本节主要是对其宏观层面的主要做法——资金积累的财政手段和劳动力配置手段进行了介绍。

当然，从宏观上来看，生产资料公有制是计划经济实施最重要的宏观背景和经济条件。在当时的理论认识中，公有制和计划经济是密不可分的两个概念，即认为以生产资料公有制为基础的国民经济是计划经济②。对这一认识，我们在后续研究中还将做进一步探讨，而公有制经济作为计划

① 中共中央文献研究室：《刘少奇论新中国经济建设》，中央文献出版社，1993，第81 页。

② 当时认为，生产资料公有制把许许多多的企业联结成一个统一的整体，社会生产各方面、各部门不是彼此孤立而是彼此密切联系的，这就必然要求采用国民经济计划的方式来管理经济活动，这种看法在当时具有很强的普遍性。参见集思《计划经济和国民经济计划化》，《学习》1956 年第 5 期。

经济的宏观背景，将在社会主义所有制改造的相关章节中加以分析。

一　学习苏联计划管理办法

对于刚刚成立的新中国而言，学习苏联的计划管理方法是一个必选项。苏联计划经济模式的典型特点是其作为指令性计划的"强制性"。为了尽快完成从落后农业国向工业国的转变，苏联必须保持较高的增长速度，苏联官方数据显示：在1928～1932年第一个五年计划期间，苏联国民收入的年平均增速为16.8%。[①] 为了实现这种高增长，就必须采取高度集中的计划管理方法。斯大林认为，与资本主义国家的计划相比，苏联的国民经济计划的特点是"指令性的计划，这种计划各领导机关必须执行"[②]。在三个五年计划期间，苏联采取了一系列旨在"进一步加强计划性，加强国家在工业生产领域内的领导作用"以及"旨在通过行政手段来加强生产纪律"的措施。譬如，20世纪50年代初，苏联采用的企业经济计划指标包括生产计划、生产技术发展计划、基本建设投资计划、物资技术供应计划、劳动计划、原材料消耗计划、生产费用和成本计划、财务计划等30余项[③]。按照美国历史学家格申克龙的估计，在这种指令性计划的强力引导下，苏联的机器、钢铁、煤炭、石油、电力五大工业部门在1928～1937年的年平均增长率分别达到了18.9%、18.5%、14.6%、11.7%和22.8%[④]。

新中国成立的第二天，苏联就率先宣布承认，并很快与我国建立了友好关系。1949年12月至1950年2月，毛主席率团访问苏联。1950年2月14日，双方签订《中苏友好同盟互助条约》。1953年5月，中苏两国在莫斯科签订《关于苏维埃社会主义共和国联盟政府援助中华人民共和国中央人民政府发展中国国民经济的协定》，在这项协定中，苏联承诺援助我国新建和改建91个建设项目，加上1950年已确定的50项和1954年协议增加的15个项目，合计156项建设项目，这些项目都列入了我国"一五"计划。这些项目的建设，极大地加快了我国社会主义经济增长速

① 参见苏联科学院经济研究所编《苏联社会主义经济史·苏联社会主义经济基础的建立（1926～1932年）》（第3卷），王逸琳等译，生活·读书·新知三联书店，1982，第30页。

② 《斯大林全集》第10卷，人民出版社，1954，第280页。

③ 王跃生：《苏联经济》，北京大学出版社，1989，第9页。

④ 〔美〕亚历山大·格申克龙：《经济落后的历史透视》，张凤林译，商务印书馆，2009，第295页。

度，当然也不可避免地把苏联经济管理模式引入进来，在我国计划管理模式中增加了较为浓烈的指令性计划色彩①。

二 实施计划管理的组织机构建设

（一）中央政府的计划管理机构建设

完善的政府组织机构，是开展计划管理的重要保证。新中国成立后，人民政府建立了一整套经济建设的计划管理机构。首先，1949 年 10 月 1 日，中央人民政府政务院财政经济委员会（中财委）成立，中财委由原中央财经部和东北财经办事处合并组成，具体负责领导指挥全国财经工作，陈云任主任，薄一波、马寅初任副主任（1951 年后增补李富春）。中财委的主要职责是：审批中央各部委提出的建设项目，分配全国经济建设投资额度。批准实施中央各部编制的专业计划。集中力量系统调查研究我国经济情况，作为审核计划的基础材料②。

其次，1952 年成立了“中央人民政府国家计划委员会”，其主要职责是制订国民经济发展的年度计划和中长期计划，高岗任主席。1954 年 9 月第一届全国人民代表大会第一次会议后，国家计划委员会在国务院的直接领导下进行工作，成为国务院在国民经济计划工作方面的助手③。此后，1956 年 7 月，国务院又成立了国家经济委员会，专门负责年度计划的编制和执行工作，而国家计委则主要从事中长期计划的编制，更多地投入调查研究和综合研究工作。

再次，中央人民政府相继设立了财政部、铁道部、邮电部、交通部、贸易部、劳动部、重工业部、燃料工业部、纺织工业部、食品工业部、轻工业部、农业部、林垦部、水利部、人民银行总行、海关总署等经济管理部门。还通过十几个全国性商业贸易公司和全国性的供销合作社系统来调控商品市场，对各种所有制的企业单位进行计划管理。

最后，在一些特殊部门，计划管理机构也逐步建立起来。以对外贸易部门为例，新中国成立后，成立了对外贸易的行政管理机构——中央人民政府贸易部对外贸易司，不但与社会主义国家进行国际经济往来，同时也努力与西方国家展开国际贸易。1952 年 9 月，内贸和外贸分口管理，中

---

① 王丹莉：《“弹性”的计划——“一五”计划完成前后新中国领导人的有关思考》，《党的文献》2017 年第 1 期。

② 参见赵晓雷主编《中国现代经济思想的发展》（顾海良、洪银兴主编：《新编经济思想史》第十卷），中国财经出版传媒集团、经济科学出版社，2016，第 72 页。

③ 王光伟：《国家计划委员会的工作任务》，《计划经济》1956 年第 2 期。

央人民政府成立了外贸部，同时在各大行政区设立外贸部特派员。各大行政区撤销后，在各省和直辖市成立对外贸易局。

（二）地方政府计划管理机构建设

在这一时期，各大行政区、省、市也都成立财经委员会，负责统一指挥本地区经济工作。1956 年 2 月，国务院常务会议批准通过了《地方各级人民委员会计划委员会暂行组织通则》（以下简称《通则》）。《通则》指出：地方各级计划委员会是本级人民委员会的组成部分，受本级人民委员会的直接领导，在计划业务上接受上级计划委员会和国家计划委员会的领导。省、自治区、直辖市、设区的市的计划委员会设主任 1 人，副主任若干人，委员 5 人至 9 人。自治州、县、自治县、不设区的市的计划委员会设主任 1 人，副主任、委员各若干人①。

在这一时期，中央计划部门与地方计划部门逐步形成了分工配合的格局，基本原则是：在工业上，凡地方工业计划产品中，属于中央各工业部掌握的产品，应先由中央各工业部进行统一平衡；由商业部门统购和加工的产品，先由中央地方工业部协同商业部进行统一平衡；属于地方控制的产品，由地方自己平衡；国家计划委员会在中央各工业部和省市计划平衡的基础上，再做全国的统一平衡。在农业计划中，对于国家掌握的粮食和技术作物等主要农产品应该列入地方计划，同时关系到当地人民生活的农副产品、土特产品和各种出口物资，其中主要的也应当尽可能地列入地方计划②。总体而言，这一时期中央和地方的计划分工是根据产品类型展开的，呈现出“工业主要由中央计划、农业主要由地方计划、商业由中央和地方共同计划”的局面。

（三）工业企业“条条”管理体制的形成

从全国范围看，1954 年以前，除了华北地区，国营工业企业基本上由各大行政区管理。1954 年大行政区撤销后，重要的国营工业企业陆续收归中央各工业部（局）直接管理，按工业行业建立起了“条条管理”的计划经济管理体制。1956 年，随着社会主义改造的基本完成，一个以高度集中为特点的企业计划管理体制基本形成。中央各工业部（局）直接管理的工业企业由 1953 年的 2800 个增加到 1957 年的 9300 个，其工业总产值占到全部国营工业总产值的 50% 左右。重要的生产资料都由国家统一分配。1953 年国家统配物资和部管物资为 227 种，1957 年增加到 532

① 转引自《计划经济》1956 年第 4 期。

② 李富春：《不断地提高计划工作的水平》，《计划经济》1955 年第 1 期。

种；国营工业企业的利润和基本折旧基金全部上缴国家，基本建设投资、技术措施费、新产品试制费和零星的固定资产购置费都由国家财政拨款，企业只有少量的奖励基金和福利基金可以支配①。

在此基础上，工业局还进一步设立专业公司，专业公司下设工厂，形成了一个“一竿子到底”的条条体制。在计划实施方面，工业局负责生产计划平衡，审核工厂的生产计划，制定技术经济定额，并向公司发布计划指标。工业局还统一组织产品“销售”和原材料供应。各专业公司则直接对外承接任务，签订合同，向工厂布置生产任务。此外，在财务、人事等方面，工业局和专业公司基本上是根据企业管理事务的重要性程度进行分工，核心和重要事务由工业局统筹管控，专业公司更多地负责执行计划和监督工厂的具体活动②。

三 计划编制和执行机制的初步建立

（一）经济计划的编制和执行

在这一时期，经济计划的编制和执行都处于摸索阶段，1951 年 5 月，中财委计划局试编出了 1951 年国民经济计划要点，这是中国第一次编制全国性的经济计划。在此基础上，1952 年 8 月，中财委编制出了“一五”计划的草案，1955 年 3 月编制完成。1955 年 7 月，第一届全国人大第二次会议通过了《中华人民共和国发展国民经济的第一个五年计划》。

通过不懈探索，计划编制的范围、方法和程序也逐步固定下来。国民经济计划主要包括生产和基本建设计划、运输计划、物资技术供应计划、劳动工资计划、商品流转计划、社会文化设施计划、成本物价计划以及财政计划等。计划编制程序基本上分为三个步骤：首先自上而下地布置编制计划的方针、任务和控制指标，然后自下而上地将计划草案逐级上报，再自上而下地逐级批准下达计划。为此，1952 年 1 月，中财委颁布了《国民经济计划编制暂行办法》，重申了上述编制程序③。马纪孔以基本建设计划为例，描述了计划工作的大体流程和程序。基本建设是指固定资产的

① 祝兆松主编：《上海计划志》，上海社会科学院出版社，2001，第 494 页；徐之河、徐建中：《中国公有制企业管理发展史（1927～1965）》，上海社会科学院出版社，1992，第 137～138 页。

② 林超超：《20 世纪 60 年代中国工业托拉斯的兴起及其体制困境》，《中国经济史研究》2015 年第 1 期。

③ 萧国亮、隋福民：《中华人民共和国经济史（1949～2010）》，北京大学出版社，2011，第 102 页。

简单再生产和扩大再生产，在国民经济建设中发挥着重要的基础性作用。马纪孔指出，基本建设计划工作主要包括三个方面的内容：一是确定基本建设的工作总量，也就是投资总额；二是确定基本建设的构成，也即投资的分配；三是明确新建形成的固定资产的动用[①]。

在这一时期，由于经济计划实践尚处于摸索阶段，学术界的理论探讨主要集中在计划编制方法等具体问题上，从宏观上对计划经济体制展开的理论分析尚不多见，比较有代表性的是马纪孔、胡昌暖和马寅初等的研究。马纪孔提出国民经济计划编制需要遵循国家性、党性、科学性、指令性和统一性五大原则[②]。国家性表明国民经济计划是由国家机关来编制并执行的，编制经济化必须从国家利益出发，保证国家经济的独立，国防的稳固和人民生活的不断提高。党性主要是指经济计划必须体现党在建设社会主义、共产主义总目标下的总路线。科学性就是要求在确定计划的任务时应从社会发展的规律出发，国民经济计划应在各方面适合于客观的经济法则的要求。指令性是指国民经济计划统一着整个社会再生产，即产品的生产、分配、流通、消费和积累的全部过程。计划的指令性，要求各部门、各企业和经济机关，均应依照国家规定的指标，全面地完成计划，并按照规定日期完成计划[③]。统一性，表明国民经济是一个统一的机体，要求各部门、各企业和各地区的计划互相配合协调，使再生产的各方面，即生产、分配、流通、消费和积累诸方面保持适当比例而相互适应。

胡昌暖较早地系统阐述了国民经济计划的编制方法，他提出经济计划编制方法主要是指平衡法[④]。平衡法就是根据客观经济规律的要求并在党的方针、政策指导下，用于确定国民经济各个部分在发展中的正确比例关系的一种方法。在运用平衡法时，需要编制物资平衡表、劳动力平衡表和货币平衡表三张报表，这也成为这个时期经济计划编制的一贯做法。除了平衡法，胡昌暖也较早地认识到，国民经济运行中很多信息收集工作难度很大、成本很高，很多平衡表所需要的经济信息甚至是不可能收集到的，因此，除了运用精度高的平衡法，还可以采用固定比例法、动态关系法、

① 马纪孔：《基本建设与国家工业化》，《教学与研究》1953 年第 3 期；马纪孔：《基本建设的计划工作》，《教学与研究》1953 年第 3 期。马纪孔时任中国人民大学经济计划系主任。

② 马纪孔：《国民经济计划的基本原则》，《教学与研究》1953 年第 6 期。

③ 特别需要注意的是，这个时期的经济计划都是指令性的。而在后续，理论界认识到经济计划包括指令性计划和指导性计划两类。

④ 胡昌暖：《关于国民经济计划的编制方法》，《教学与研究》1953 年第 6 期。

指数法、预算调查法和定额法等精度不太高的经济计划编制方法。尽管当时这些方法是作为平衡法的辅助方法和特殊补充方法提出来的，从另一个侧面也可以看作对计划经济体制所进行的一种反思。由此，集思进行了总结，平衡法的表现形式是编制各种平衡表，通过平衡表把国民经济各部分的发展情况联系到一起加以比较，从而正确地规定它们之间的比例关系①。

与具体的计划编制方法相比，马寅初较早地对计划编制进行了宏观层面的探讨，其中又特别以他的“团团转”综合平衡思想为代表。马寅初由此为综合平衡的计划编制方法进行了更为明确的界定，“社会主义经济建设的计划是建筑在按比例发展规律之上的（同时也利用价值规律），依据按比例发展规律并且可以做出一个全面的综合平衡工作”②，在综合平衡的原则指导下，马寅初提出了“团团转”这一独特的计划编制方法，“由于计划经济包括了许多部门和许多环节，我研究的方法，是挑选几个主要环节，而后再一个接着一个地全面地综合地说清楚各个环节间的平衡环节，以物价政策开始，最后仍以物价政策终结。换句话说，我是用团团转的方法来说明全部综合平衡理论的”③。

（二）国民经济核算体系的建立

在这一时期，以马克思主义再生产理论为基础的国民经济核算体系也逐步建立起来，在这个核算体系中，国民收入统计是核心内容。当时采用的国民收入统计方法是“生产法”，即指计算各个物质生产部门的净产值总和，与计算物质生产部门经济主体收入总和的“分配法”相比，生产法避免了重复计算，因此也是当时社会主义国家普遍采用的国民收入统计方法。

除了在实践中建立起国民经济核算的统计机构和工作部门，经济学理论界也对国民收入统计方法进行了一些初步分析，并对社会主义国家和资本主义国家的国民收入统计进行了比较研究。苏绍智、胡鉴美认为，资本主义国家主要采用“分配法”来进行国民收入统计，这种方法主要有两

① 集思：《计划经济和国民经济计划化》，《学习》1956 年第 5 期。

② 马寅初：《联系中国实际来谈谈综合平衡理论和按比例发展规律》，《人民日报》1956 年 12 月 28～29 日第 7 版。

③ 马寅初：《联系中国实际来谈谈综合平衡理论和按比例发展规律》，《人民日报》1956 年 12 月 28～29 日第 7 版。需要指出的是，马寅初提出的“团团转”并不是一个循环概念，这里的“团团转”是一个否定之否定的螺旋上升的综合平衡方法，但这一点遭到了当时很多学者的质疑和批评。本书后续部分将对围绕这个问题的争论进行深入探讨。

个方面的缺陷。第一，“分配法”认为任何收入都是劳动的报酬，因而国民收入应该是一切个人收入和企业收入的简单总和。因此，这里的收入既包括工人农民劳动新创造出来的价值，即生产中的原始收入，也包括通过再分配而获得的派生收入，这掩盖了资产阶级收入的本质和来源。第二，在“分配法”中，除了工农业等部门的收入，像财政、管理、服务这些部门的收入也被计算在内，这导致严重的重复计算，同时也夸大了资本主义国家的国民收入①。

针对以上两个方面的判断，我们认为：第一，西方国家采用的国民收入统计方法，不仅包括分配法（收入法），还包括支出法，也即统计经济主体的支出总和来“反向”计算国民收入。第二，针对服务业收入是否应计入国民收入，这个问题涉及物质资料统计核算体系（System of Material Product Balances，MPS）和“国民经济帐户体系”（System of National Accounts，SNA）的差异性，我们将在后续研究中继续探讨。

四　资金积累的计划配置

资金是生产资料和生活资料的价值和货币存在形式，如何在经济活动中配置资金是生产方式的重要内容之一。从宏观上来看，资金配置的方式主要包括财政和金融两种途径。财政手段是政府运用强制力的资金配置途径，而在现代经济体系中，金融成为微观经济主体配置资金、实现资金融通的主要方式。

（一）资金配置的财政手段及理论探讨

财政对国民经济起着至关重要的作用，沈经农指出：“财政同经济的关系也就是经济活动个别环节同整个经济链条之间的关系”，“财政和经济是相互依存的，但是它们的地位是不同的；经济居于主导地位，财政处于从属地位。因为财政系统本身并不创造物质财富，它积累起来的资金是要靠其他经济部门的物质生产活动来提供的，而财政分配资金的目的，也是为发展经济服务的。财政这种为经济服务的作用是要通过国民收入分配和再分配的过程来实现的”②。

在这一时期，政府财政管理思路经历了从统收统支到分级管理的转变。1950 年 3 月，根据政务院《关于统一国家财政经济工作的决定》，在财政收支方面，实施统收统支，将财政集权于中央。除按公粮（农业税）

---

① 苏绍智、胡鉴美：《社会主义社会的国民收入》，上海人民出版社，1956，第 53 ~ 55 页。
② 沈经农：《论财政和经济的相互依存关系》，《财政》1957 年第 3 期。

总额5% ~15%计征的公粮附加税和若干小的税种之外，全部公粮和税收都归中央调度使用。政府支出也按照中央规定的人员编制定额和供给标准执行。与此同时，政务院发布了《全国税政实施要则》，全国共设货物税、工商业税等14种税，初步形成了以货物税、营业税、所得税为主体税种，其他税种相辅助的复合税制。

但是，统收统支的财政格局很快暴露出问题，特别是这种体制很不利于调动地方政府积极性，因此，从1953年开始，中央政府着手调整财政体制，逐步向统一领导下的分级管理转型，由收支两条线转为各级政府收支挂钩。原大行政区撤销后，逐步形成中央、省、县三级管理体制，地方被赋予了一定的财权自主权，但中央政府仍然承担着国家重点经济建设的支出。第一个五年计划时期，在全国财政支出中，中央财政支出占74.1%，地方仅占25.9%[①]。

在财政的收支结构上，社会主义国家财政与资本主义国家财政也呈现出相当大的差异性。从财政收入来看，资本主义国家财政收入中占第一位的是税收，在支出上的最大项目是军费开支。如美国1955年财政年度的国家财政预算咨文中，军费开支达到财政总支出的68%，如果加上用于退伍军人的开支，总的军费开支比重达到了85%。而对于社会主义国家来说，一方面，财政收入中的最大项目是公有制企业上缴的利润（1955年这一部分占到我国财政总收入的75.75%）。另一方面，财政支出中的最大项目为经济建设和社会文化设施建设支出（1955年这一部分占到我国财政支出的60.67%）[②]。

1956年国家预算执行过程中出现了约18亿元的赤字，有学者对此进行了具体分析。[③] 王传纶认为，这一失误不在于增加了支出，而是在于：当我们增加支出时，没能够密切地结合经济发展的具体情况，及时地调节资金分配的方向，恰当地调整各项支出的规模。在社会主义建设高潮中，各方面对财政和信贷的要求很多，应当抓住重点、分清轻重缓急，才能用有限的财力来保证社会主义经济的发展和生产的高涨。此外，还应该密切注意各种物资供应的情况。这背后的更深层次的问题是，如何处理物资平衡和货币平衡的关系，也即价值和使用价值的矛盾问题，以及如何有效地

---

① 萧国亮、隋福民：《中华人民共和国经济史（1949~2010）》，北京大学出版社，2011，第102页。

② 贺卓：《国家预算的阶级内容》，《学习》1955年第8期。

③ 参见王传纶《在预算赤字问题上的两种根本不同的态度》，《教学与研究》1958年第5期。

进行较长时间的有效计划问题。

（二）资金配置的金融手段及理论探讨

在这一时期，信用合作社作为国家资金计划配置的补充形式，取得了长足的发展。由于这一时期采取了重工业优先发展的战略，国家对农业和农村的资金支持是有限的，这就客观上要求采用一种不同于直接计划的方式把农民的闲散资金集中起来，农村信用合作社正是在这一背景下发展起来的，农村信用合作社也由此与农村生产合作社、供销合作社共同构成了独具特色的农村合作化体系。王沛霖指出，农村信用合作社在农业合作化进程中发挥非常重要的作用①。由于我国农业合作社运动经历了互助组、初级社到高级社等不同阶段，特别是在初级社阶段，由于农民以其拥有的土地入股，因此，在农民获得的收入中，既有劳动报酬（工分），也有土地报酬（地租），这就不可避免地形成了农民之间的收入差距，那些拥有较好土地和生产资料的农民的收入自然较高，这就为农村高利贷的复活创造了条件，而农村信用合作社的兴起，有效地打击了高利贷，限制了农村资本主义的发展。此外，与农业生产合作社发展采取分阶段改造的做法类似，农村信用合作社的建设也采取了信用互助小组、供销合作社信用部和信用合作社三种循序渐进的形式。

五　劳动力的计划配置

作为生产力的核心要素之一，劳动力资源的合理配置是关系国民经济发展的重大问题。从微观层面上来看，劳动力配置是企业资源配置中的重要内容。新中国成立后，政府负责安排的人员范围不断扩大，从大中专毕业生和部分复员转业军人开始，逐渐发展到城镇中需要就业的全部人员，最终形成了以政府统包统配和固定工制度为主要特征的劳动就业制度。这种就业制度，对于稳定社会秩序，把劳动力供给同单位用工需要结合起来，都具有重要意义。到 1957 年，我国不仅安排了旧社会遗留的 400 万失业人员，而且职工人数发展到 3205 万人，其中“一五”期间就净增了 1673 万人②。

但是，微观层面上的就业包分配制度很快就暴露出不少问题。对企业而言，用工只能采取国家统一计划、统一招收、统一分配的形式，企业一旦招进职工，没有特殊情况既不能辞退他们，又不能让其自由流动，职工

① 王沛霖：《农村信用合作在农业社会主义改造中的作用》，《学习》1954 年第 6 期。

② 张明龙：《新中国 50 年劳动就业制度变迁纵览》，《天府新论》2000 年第 1 期。

只进不出。对于劳动者而言，由于不存在劳动力市场，尽管通过包分配的形式进入单位，得到较为充分的保障，但基本上无法通过竞争机制自由选择就业岗位，劳动力流动也被控制在极少的范围内。这种完全采用行政命令的方式配置劳动力资源，势必造成单位富余人员过多，严重影响了劳动生产率的提高。

不仅如此，即使实行了劳动力的统一计划配置，社会上仍然出现了比较严重的失业问题，特别是劳动部门登记失业率比较高。针对这一现象，马寅初作了比较深入的分析。他指出：在大量登记“失业”人员中，有相当一部分并不是真的失业，而是在劳动力包分配制度下的“自愿失业”。这些人员对国家分配的工作不满意，只愿意在本地而不愿去外地，只愿做固定工作而不愿做临时工作，只愿从事脑力劳动而不愿从事体力劳动，只愿做轻活而不愿做重活，只愿做干净的活而不愿做脏活，只愿做待遇高的工作而不愿做待遇较低的工作。对于这种人员，马寅初认为应该称之为“甘愿失业者”，而不能纳入失业范畴进行统计，这实际上也指出了国家包分配制度的一些缺陷①。

针对包分配制度呈现出的一些问题，刘少奇（1958）提出了要建立“两种教育制度、两种劳动制度”的观点，他指出：“我想，我们国家应该有两种主要的学校教育制度和工厂农村的劳动制度。一种是现在的全日制的学校教育制度和现在工厂里面、机关里面八小时工作的劳动制度。这是主要的。此外，是不是还可以采用一种制度，跟这种制度相并行，也成为主要制度之一，就是半工半读的学校教育制度和半工半读的劳动制度。”② 1964 年，刘少奇先后到河北、山东、安徽、湖北、湖南、广东、广西等地视察、调查，多次阐述“两种劳动制度、两种教育制度”的观点，这也得到了毛泽东和其他中共领导人的充分肯定和重视。同年 12 月，周恩来在三届全国人大一次会议上所作的《政府工作报告》中，专门阐述了“两种劳动制度、两种教育制度”。在此精神指示下，地方也相应开展了劳动制度改革③。

从中观层面上来看，劳动力在产业间和区域间发生流动，同时，劳动力配置从根本上来看还是一个宏观的生产方式问题。在西方发展经济学看来，劳动力在城乡之间的流动是发展中经济体实现城市化的必经之路，农

---

① 马寅初：《失业问题》，原载《我的经济理论、哲学思想和政治立场》，财政出版社，1958。转自《新人口论》，北京出版社，1979，第 49～52 页。

② 《刘少奇选集》（下卷），人民出版社，1985，第 324 页。

③ 中国中共党史学会：《刘少奇经济思想研究》，天津人民出版社，2000，第 346 页。

村剩余劳动力向城市的转移，是消灭城乡二元对立的根本途径。仅从1950年到1953年，我国城市人口增长了40%，而全国总人口的年增长率仅为2.5%。可见，在这一时期，农村居民向城市流动已经成为事实。但是，农村居民盲目地向城市流动，特别是以临时工的形式输出劳务，虽然一定程度上解决了城市劳动力短缺的状况，但也造成了很多问题。为此，1954年，国家开始普遍建立农村户口登记制度，政策表述也由“劝止进城”和“动员返乡”层层加码到“限制招工”乃至“遣返原籍”①。1958年颁布的《中华人民共和国户口登记条例》，成为各种行政部门限制与控制个人迁徙和居住自由的法律依据。这就出现了计划经济时期的一种悖论现象，即在工业化迅速推进的同时，人口向城市的流动被限制在很小的范围内，甚至出现了两次大的“反城市化”浪潮。工业化与城市化呈现出背道而驰的局面。1962年，城乡人口净迁出率为-11.85%，1961~1965年间，全国城镇人口平均每年递减4.41%。“文化大革命”期间，出于经济和政治上的多重考虑，政府大力动员广大城市知识青年“上山下乡”，从60年代中期开始，政府动员了1600多万知识青年上山下乡②。

由于本书在后续章节还要讨论这一时期的城乡关系问题，因此在这里我们并不打算翔实地回顾有关城乡劳动力流动的文献，但需要指出的是，城乡间的劳动力流动是与计划经济发展模式紧密联系在一起的。温铁军认为：随着中苏交恶，苏联停止了中国工业投资，这使得中国政府不得不完全依靠自身财政继续维持扩大再生产，这就必然导致巨大的财政赤字。而重工业优先发展战略又使得我国工业的资本有机构成不断攀升，这对于劳动力就业而言是不友好的。因此，温铁军认为，计划经济时期的城乡人口流动的实质是把城市工业无法消化的剩余人口向农村转移的过程，他甚至认为：“当时知识青年都会背诵的语录是‘我们也有两只手，不在城里吃闲饭’，那确实是大实话。”③

当然，农村本身的发展也会形成劳动力需求，李远岑提出，农村金融、贸易、文化教育、行政机构等非生产性事业的发展就需要大量劳动力的参与。此外，农业本身还存在区域间的劳动力调剂需要、农业多种经营

① 张海鹏：《中国城乡关系演变70年：从分割到融合》，《中国农村经济》2019年第3期。

② 对于上山下乡知识青年的总人数，因时间统计口径的不同而有不同说法。潘鸣啸结合《中国劳动工资统计资料：1949~1985》提供的数据，认为从1967年到1979年这13年间，大约有1650万知青被送到农村，我们采用了这一数据。参见潘鸣啸《上山下乡运动再评价》，《社会学研究》2005年第5期。

③ 温铁军：《我们是怎样失去迁徙自由的》，《中国改革》2002年第4期。

引致的劳动力调剂需要等。因此，不能仅仅参照发达国家的城市人口比重，机械地要求我国在较短时间内实现农村人口向城市人口的转变，而要认识到这是一个长期的过程①。这一研究与新型城镇化思想具有相似之处，即使放在现时代，对于乡村振兴也具有很强的启发意义。

本章小结

本章着力解答的问题是：党和政府在社会主义改造时期迅速建立起计划经济体制的根本原因是什么？从本书的逻辑框架来看，生产方式变迁的动力主要有两种类型，一是从生产力出发推动生产变迁变革，二是从生产关系也即基本经济制度出发实施生产方式（特殊）的变革。从经济思想史探讨这一问题，其根本目的在于从历史发展的角度厘清经济制度与经济体制之间的关系，也就是要探究社会主义基本经济制度与计划体制之间的逻辑联系是怎样“历史地”形成的，而对于这一历史过程和思想发展历程的回顾，对于更好地理解社会主义基本经济制度与市场经济的结合问题，具有重要的参考镜鉴作用。

将社会基本经济制度与经济体制区分开加以对待，是我国政治经济学理论界取得的重大研究成果，也是马克思主义政治经济学的重大理论进展。笔者认为，作为资源配置方式，计划经济体制和市场经济体制都是生产方式在宏观层面上的表现形式，而生产力、生产方式、生产关系三者具有极为复杂的联系，必须将生产方式区分为“一般”和“特殊”两个层面进行分析，才能厘清三者之间的动态关系。一方面，作为“一般”意义上的宏观生产方式，一个经济体实施什么样的经济体制主要是由生产力发展水平决定的。另一方面，作为“特殊”意义上的宏观生产方式，一个经济体实施什么样的经济体制，则主要是由社会基本经济制度决定的。因此，新中国成立后逐步建立起高度统一的计划经济体制，不仅与当时的生产力水平有关，同时也是由社会主义改造后的基本经济制度（包括公有制和按劳分配制度）决定的。

作出这一判断后，需要进一步探讨两个问题。第一个问题：面对低下、落后的生产力水平，中国共产党需要采用什么样的经济体制来配置极其有限的资源，以便在尽量短的时间内实现工业化以保卫新生的人民政

① 李远岑：《现阶段我国农业中的剩余劳动力问题》，《教学与研究》1957 年第 2 期。

权？这实际上涉及计划与市场两大体制经济效率的历史比较，这可以通过经济史的梳理来作出解答。第二个问题：通过社会主义三大改造，新中国逐步建立起公有制占据绝对主导地位的所有制结构，那么，计划和市场体制究竟哪一种更适合这样的基本经济制度？从经济史和经济思想史的脉络来看，直到 1953 年，中国共产党仍是以并重的态度看待计划管理和市场调节的，也就是说，当时的经济体制仍然是指令性计划和指导性计划的结合。但是，随着 1953 年开始的社会主义三大改造的迅猛展开，直接的、指令性的计划管理迅速由局部覆盖整个国民经济，而市场机制则被视为资本主义经济法则，作为计划经济的对立面，被限制和缩小到尽可能小的范围里①。

从改革开放以来的经济实践和理论界的认识来看，公有制与市场经济是完全可以结合在一起并发挥合力的，那么，新中国成立伊始，我国主导的经济体制就已经是市场体制（至少是半自然半市场的体制）。这里的历史之谜在于：在当时的经济体制背景下，中国共产党为什么没有继续培育市场体制并使之适应于公有制制度，而是要全盘推倒旧的市场体制而重构计划体制呢？相对于第一个问题而言，这个问题就不仅仅涉及经济史的内容，而是要结合经济思想史来进行理解了。一个可能的解释是，经过国民经济恢复时期后，中国共产党和理论界都发现，市场调节的生产方式造成了国民经济运行中的很多问题，其中又特别地表现为供求关系失衡，而重要产品的供求失衡，对于迅速实现国民经济工业化是极其不利的。在这种情况下，市场调节体制逐渐被认为是与私有制、资本主义生产关系密不可分的。换句话说，此时，中国共产党和理论界形成的基本判断是：要把市场调节机制及其价格形成功能同生产资料私有制分开，可能是不现实的。当然，新中国成立后我们所建立起来的计划经济体制，与苏联那种完全“原生”的指令性计划体制仍然是有一些差异的。一方面，革命战争时期形成的工农武装割据历史，使得中国共产党非常重视发挥中央和地方两个层面的积极性，这使得我们的计划决策具有“自上而下”和“自下而上”相结合的特点。另一方面，也同中国共产党领导层对中国国情的深刻把握有关。

围绕以上这些内容进行的史实梳理和文献回顾，就构成了本章的基本框架，同时，也成为后续研究的重要线索。

---

① 顾龙生：《中国共产党经济思想史（1921～2011）》，山西经济出版社，2014，第 345～346 页。

第四章　计划经济体制所暴露出的问题及其应对措施

本章总结了计划经济体制暴露出的弊端和问题，将其总结为信息传导和行为激励这两个方面的内容，并对当时针对所提出的应对举措和解决方案进行了思想史回顾。本章第三节梳理回顾了这一时期对社会主义经济法则和社会主义经济规律的政治经济学研究。

在这一时期，尽管我国计划经济体制才刚刚建立起来，但在实践中很快就暴露出一些问题，这些问题表面上来看属于计划经济的一些固有"弊端"，实际上，从更深层次来看直接指向了社会主义经济核算可行性的问题。具体来说，这一时期的计划经济体制问题比较集中地体现在信息处理和行为激励这两个方面。在信息处理方面，新生的国家政权既没有任何可资借鉴的统计资料和计划工作经验，同时又面临着如何收集和统计经济活动中的巨量信息并进行处理和决策的紧迫问题①。在行为激励方面，从 1956 年开始全国普遍实行八级工资制，这种等级化的工资制度虽然发挥了重要的稳定作用，但同时也出现了一些激励不足或激励不相容问题，特别是在新产品开发和技术创新活动中，由于技术不确定性和需求不确定性非常大，对计划的稳定性、可控性和可预期性提出了重大挑战，同时也会因为激励措施不当而抑制技术开发的积极性。为了解决信息处理和行为激励两个方面的问题，我们对计划经济体制进行了反思和改革，积累了丰

① 在米塞斯看来，在以生产资料私有制的经济体制中，合理的经济计算的可能性在于用货币表现的价格提供了使这种计算成为可能的必要条件，而社会主义经济中不存在这种以货币表现的价格制度，因此无法确定某一种产品是否需要，也不能确定生产它的过程中劳动和原材料是否有浪费。因此社会主义还不一定能够不要货币，允许利用货币来交换消费品是可以设想的。但是，由于各种生产要素的价格不能用货币表现，因此在经济计算中货币就起不了什么作用。然而，在新中国成立之后建立起来的计划经济体制中，不仅生产资料，即使消费资料也大部分通过计划供应。这就使得米塞斯所指的"经济核算难题"更为严重。

富的计划经济管理经验。譬如，在中央政府与地方政府的分权集权方面，两者在财权、事权等方面展开了复杂的利益博弈，由于中央政府与地方政府关系逐渐具备了一些灵活性，为更好地收集、整理和传递信息提供了可能性。同时，地方政府相应获得了更大的收益空间，这本身就成为地方推动经济发展的重要激励。

第一节 计划经济体制中的信息问题

计划是全面指导各种经济活动的依据，它既要考虑到技术的因素，又要考虑到经济的因素，既要保证国家当前的政治任务，又要符合客观经济规律的要求。如果计划能够充分考虑并预见到一切有利的因素和不利的因素，那么各项工作就有可能以最少的人力、物力、财力消耗而收到最大的经济效果。但是如果计划不能充分地收集和整理信息，那么会造成决策失误并带来极大的损失。周恩来在《关于发展国民经济的第二个五年计划的建议的报告》中提出“计划所造成的浪费是最大的浪费”，也是基于这个考虑作出的论断，这实际上提出了计划经济体制如何处理信息这一重大理论和实践问题。

一 计划体制中信息问题的主要表现

李富春在《计划经济》创刊号上刊文提出：我国计划工作目前存在的主要问题，概括地说，就是计划水平不高，还不能与经济建设任务的要求完全适应，具体表现为我们制订出的计划不准、不全[①]。这里的“不准、不全”所揭示出的问题，其本质在于计划体制在信息收集和处理过程中遭遇到很大困难。在纷繁复杂的经济现象面前，计划体制首先要做的事就是对经济运行的数据、资料等信息要素进行收集、整理、分析，并在此基础上进行判断和决策。但这一工作的难度是极大的。李富春将我国计划工作“不准、不全”的原因总结为四个方面。第一，旧中国没有留下任何系统的、全面的统计资料。第二，这个时期我国经济成分十分复杂，各种生产资料所有制都还存在，特别是对小商品经济和资本主义经济的生产和经营无法进行直接的国家计划，只能通过加工订货、收购包销、代销经销、价格和税收等手段对其生产经营进行调节。第三，有计划地进行经

---

① 李富春：《不断地提高计划工作的水平》，《计划经济》1955 年第 1 期。

济建设这在我国历史上是第一次，缺乏必要的知识。第四，也是主要原因，就是对国民经济情况的全面系统的了解和研究还很不够，对经济生活中重大问题的研究不够，对新中国经济特点和发展规律的掌握不够。

需要进一步分析的是，这种计划不准、不全的问题，主要是由计划体制建立时间短、不成熟造成的，还是计划体制内在不可避免或者说难以纠正的深层次缺陷？撇开所有制与计划体制的关系不谈，是不是加强对国民经济的了解、研究和分析，就可以编制出充分反映经济规律的计划并能有效地贯彻执行？在这一时期，很多研究已经初步涉及计划体制中的信息瓶颈问题。

第一，从计划总体的信息精确度来看，这个时期计划与现实之间的差距是比较大的。譬如，在原材料工业中，在 1956 年国民经济计划草案中，钢材生产量将比 1955 年增长 50%，水泥生产量将比 1955 年增长 43%，这样的增长速度已经是很高了，但实际上，1956 年的钢材需要量比 1955 年增长了 69%，水泥需要量比 1955 年增长了 59%，需要的增长速度大大地超过了生产的增长速度[①]，对于如此重要的工业产品总量指标，计划与现实的差距都这样大，更不用说具体的产品计划了。在机械行业，张有萱也提出，我国机械制造工业的生产活动具有较大的盲目性，对社会需要的了解不足，对于一般的普通中小型机器，某些产品的生产供应超过了国内需要，但国家建设迫切需要的机器产品严重依赖进口。也就是说，机械行业已经存在结构性的失衡，而计划工作并没有很好地解决这个问题[②]。

第二，计划体制中信息问题还表现在计划缺乏平衡衔接，各个部门编制的计划协调不足。这表现在两个方面。一是横向部门之间的协调问题。湖南计划委员会给出的例子是：在湖南省 1956 年度的计划编制中，给常德地区下达的黄麻收购数是 82000 担，但生产指标的控制数是 74000 担，之所以出现这种情况，原因在于前者归属于商业计划，后者归属于农业生产计划[③]。二是上下级之间信息交流的严重不畅。万典武、刘显培在分析商业计划的编制和执行情况时，就曾指出，县级商业企业或商业行政部门逐级编制上报到中央商业部，再由商业部逐级审查批准和下达计划，来回得经过六七个环节，加上我国地区辽阔、交通不便和工作迟缓等因素，编制和下达计划的时间很长，基层单位从上报计划草案到收到正式计划，往

---

① 课题组：《争取钢材、水泥的供需平衡》，《计划经济》1956 年第 5 期。

② 张有萱：《当前在机器制造工业生产计划中应当抓住的两个主要环节》，《计划经济》1955 年第 5 期。

③ 湖南计划委员会：《湖南省编制 1956 年度计划的情况》，《计划经济》1956 年第 2 期。

往需要四五个月的时间，有的地区和企业甚至在整个季度都处在无计划指导的状态。同时，各级计划部门也为繁重的编制、上报、审查、批准、下达等工作所累，根本无暇开展调查研究工作①。

第三，信息传导的精确性得不到保证，还会产生修订计划过程中产生计划的多重性，这导致信息问题更为严重。赵辉提出：由于计划与企业运行的实际情况差距比较大，为了更好地组织生产和平衡供销，就不得不另编一套“增产节约计划”，这样企业便有国家批准的分季度的年度计划、管理局结合订货颁发的分月的季度计划、企业编制的作业计划等。这使得工人群众不知何为国家计划，计划类型的多重性同计划信息的准确性交互影响，因为计划信息不准所以就多，因为计划太多，计划部门就忙于编、审、改、批等事务，无法顾及检查计划的执行情况，这导致计划信息更为不准②。

二　解决信息问题的主要思路和方法

（一）合理划定计划管理的范围

在这一时期，存在一种认为计划无所不包的观点。实际上，国家计划只能调节一切经济活动中最主要的部分，即对国民经济的发展最有决定意义的部分。例如，国民收入中积累与消费的比例的确定，国家基本建设投资的分配和其他财政开支的分配，主要产品的生产和调拨计划的确定，主要商品的收购和销售任务的确定，主要产品的调拨价格和收购价格的确定，社会购买力和商品供应之间的平衡，以及劳动力的调配和工资基金的控制等。

对于计划经济体制中的信息收集、传导和处理问题，薛暮桥作出过一个定性判断。他认为，即使是国营企业生产的消费品，其产量的调节也不能直接由计划决定，而是由国营商业部门从供销关系中进行调节。这是因为：“人民对于日用百货的需要是多种多样的。不但品种繁多，而且每一品种中间还有许多不同的规格（如尺寸大小质量好坏等）和花色。任何有本领的计划部门决不能把人民需要完全调查清楚。”这表明，在这一时期，学界对于计划体制中的信息传导问题已经有了初步认识，这种信息传导中的困难决定了计划管理不能覆盖国民经济的一切活动，需要采用直接

---

① 万典武、刘显培：《国营商业的季度计划改由省（市）审批以后》，《计划经济》1956年第8期。

② 赵辉：《关于提高工业生产计划准确性的初步意见》，《计划经济》1956年第7期。

计划、间接计划和价值规律调节三种方式相结合进行国民经济管理[①]。

（二）把集中性和灵活性结合起来，调整中央与地方经济关系

1957年10月，中共八届三中全会通过了《关于改进工业管理体制的规定（草案）》、《关于改进商业体制的规定（草案）》和《关于改进财政管理体制和划分中央和地方对财政管理权限的规定（草案）》。这三个文件总的精神是调整中央与地方、政府和企业之间的关系，适当地把一部分工业管理、商业管理、财政管理的权力下放给地方，以便发挥地方和企业的主动性和积极性，把国家计划的集中性和地方实践的灵活性结合起来。1958年9月《中共中央、国务院关于改进计划管理体制的规定》提出：在全国统一计划中，主要工农业产品（如钢铁、粮食等）的生产指标、全国基本建设投资、重大建设项目等事项由中央负责计划管理。而在确保完成国家的各项任务之后，地方政府有权对本地区的工农业生产指标、建设项目和规模、投资及物资使用进行适当的调整和安排。围绕这些文件，理论界进行了讨论，其中比较集中的观点是要把指令性计划和指导性计划结合起来[②]。譬如，陈大伦提出，“在我国社会主义计划经济的条件下，全国各地区各企业的生产和建设工作都必须服从国家的统一计划，这是一个不可动摇的原则，我国原来的工业企业的计划管理体制是基本上符合这种要求的。存在的问题是企业主管人员对本企业的管理权限太小，工业行政部门对于企业中的业务管得过多，因而限制了企业的主动性和积极性”[③]。对于扩大企业的计划管理权限引起的顾虑，他认为，企业在执行指导性计划（非指令性指标）可以有一定的机动调整权限，这并不会伤害国家计划的严肃性。

20世纪60年代后期，为了恢复在“文化大革命”中受到严重冲击的工业生产，激发地方开展生产活动的动力，中央又启动了一轮大规模的企业管理权力下放。1969年2月召开的全国计划座谈会讨论了《中央各部关于企业管理体制下放的初步设想》，对长期以来形成的“条条”机制进行了新的调整，提出由地方各级革委会对企业实行一体化领导，建立一个倾向于“块块”的管理体制。此后，陆续由企业下放到地方。经过几年

① 薛暮桥认为，直接计划管理、间接计划管理和价值规律调节适用于不同的国民经济领域，我们认为，这种分类管理的思想是计划经济与商品经济相结合的理论先驱。参见薛暮桥《再论计划经济与价值规律》，《计划经济》1957年第2期。

② 《中共中央文件选集》（第29册），人民出版社，2013，第83～85页。

③ 陈大伦：《关于工业企业计划管理体制的改进问题》，《计划经济》1958年第1期。

时间的调整，中央直属企业减少到500多个，仅为1965年的5%左右①。同时，实行地方财政包干，调整中央和地方的财权事权关系，以进一步减少中央对企业的纵向计划管控，增强企业与地方之间的横向联系，提高计划灵活性。

（三）广泛开展调查研究，坚持“从群众中来、到群众中去”

群众路线不仅是党在新民主主义革命时期的重要工作方法，同时也成为社会主义经济建设的“法宝”。李富春提出：“要作好计划工作，必须深入实际、深入群众，切实作好调查研究工作，摸清中国经济情况和它的发展趋势，摸清各地区各方面经济上的特点，掌握编制计划的确切根据。”② 他批评了国家计划委员会往往忙于日常经济事务，缺乏系统的调查研究，从而带来计划下达过迟、变动过多的错误。

在这一时期，作为国家经济计划工作的主要负责人，陈云认为，国家计划部门不能完全陷入具体的计划编制、修订和执行工作，而是要重点放在研究战略性问题上。1956年7月21日，在全国各省、自治区、直辖市商业、农产品采购厅局长和供销合作社主任会议上，陈云提到：“过去旧商人中，有一种头戴瓜皮帽、手拿水烟袋的，他们专门考虑‘战略性问题’，比如什么货缺，应该什么时候进什么货。我们县商店的经理一天忙得要死，晚上还要算账到十二点，要货时，再开夜车临时凑。看来，我们的县商店，也应该有踱方步专门考虑‘战略性问题’的人。”③ 陈云使用了形象的语言，这段话的含义十分丰富。陈云已经认识到，国家计划部门的主要任务，不仅包括制订和执行计划，还需要进行深入的调查研究工作，以便把握宏观的战略方向。

第二节 计划体制中的激励和创新问题

激励和创新动力不足是计划经济体制备受诟病的弊端之一，在这一时期，很多研究提出了新产品开发不足的问题，这实际上已经接近“创新瓶颈”这一概念了。另外，由于劳动者激励问题在创新过程中体现得尤为明显，故本节将这两部分内容结合起来进行思想史回顾。首先阐述技术

---

① 周太和主编：《当代中国的经济体制改革》，中国社会科学出版社，1984，第137页。

② 李富春：《为了社会主义道路、加强全国的计划工作》，《新华半月刊》1956年第21期。

③ 王兵：《向“瓜皮帽、水烟袋”学习思考战略性问题——陈云反复强调和倡导的一个领导方法有感》，《新湘评论》2012年第9期。

创新与激励问题[①]的一些现实表现，其次对社会主义劳动竞赛进行分析，再次结合农业合作化运动中的渐进式改造方法，探讨如何发挥个人和集体两方面积极性的问题。最后进行一些评价。

一 创新与激励问题的现实表现

（一）新产品开发和创新激励

较早提出新产品的研制和生产存在缺陷的是张有萱，他总结了这个问题的三方面表现。一是缺乏一个通盘的长期计划，不能有效地部署力量和加强这一工作，有的试制重复，浪费了技术力量，有的本来可以制造的产品，也没有能组织力量进行制造；二是不能通过计划把各个部门有效地配合起来，加强协作，因此使得某些产品在试制和制造的过程中，出现了若干困难不能加以克服；三是缺乏对新产品生产的逐级计划管理制度，对某些新产品生产计划缺乏认真的督促检查[②]。在认识到问题的基础上，张有萱提出了以加强计划管理为核心的改进思路，这包括：首先摸清对新产品的需要，制订长期的新产品发展计划，再建立起严格的逐级计划、逐级检查的制度。加强新产品生产的配合协作计划，组织力量及时解决问题。

但是，新产品研制生产面临的问题与成熟产品有所不同，新产品研制过程中将面临很大的不确定性，这种不确定性既有来自技术的，也有来自需求的。仅仅通过加强计划也不可能把这些不确定性的因素完全考虑进去，王仲毅（1956）提出，新产品试制计划的编制必须建立在深入调查用户需求的基础上，而不能只是单方面地追求“新奇”，一个案例是：重工业部钢铁局给太原钢厂布置1955年度新产品试制计划中曾经规定要在平炉冶炼40铬合金钢，结果因为这一项新产品找不到用户，不得不修改原先的计划。但是，针对这些情况，王仲毅也仍然在计划本身寻找解决办法，提出了以下几个方面的措施[③]。第一，编制新产品试制计划时尽可能地对主要设备、附属设备、技术力量以及企业的专业条件进行研究。第二，必须建立严格的修改计划审批制度和计划执行情况的检查制度，重点对新产品试制、生产的进度进行具体规定，这包括新产品试制协议的签订

① 这里的激励问题既包括物质激励，也包括精神激励。在本书第五章中还专门针对物质激励和收入分配问题进行了分析。

② 张有萱：《当前在机器制造工业生产计划中应当抓住的两个主要环节》，《计划经济》1955年第5期。

③ 王仲毅：《编制和执行新产品试制计划应当注意的几个问题》，《计划经济》1956年第3期。

时间，试制所需要的准备工作时间，正式试制的时间，给用户提供样品的时间，用户对新产品进行鉴定的时间，等等。第三，通过合理的奖励制度来促使工人职员们关心和积极参加新产品的试制和生产工作。对于新产品试制的奖励，不仅要考虑到工人，也要考虑到科技人员，还要考虑到科室管理人员。这实际上已经接近于提出了创新激励的重要原则，技术创新本身是一个非常复杂、具有很高不确定性的工作，很难把创新完全归功于某个特定岗位、特定工种的劳动者，因此，创新激励的覆盖面应比一般的生产活动更广一些，才能产生好的激励效果。在这一点上，我们认为王仲毅的研究是具有开拓性的。

在提高技术创新效率、改善新产品研制过程的讨论中，赵辉（1956）提出了一种具有综合性的做法，这就是编制技术发展计划。这种技术发展计划是企业生产计划的先导，具体内容包括科学研究及试验工作计划，新产品试制及新产品生产准备工作计划，技术组织措施计划，合理化建议计划等。编制工作由企业总工程师直接领导，吸收生产、技术、计划科长、总机械师、总动力师和中心实验室主任等参加，草案编出以后要经过群众讨论，最好由企业先进生产者会议通过。重工业部和钢铁管理局收到企业上报的技术发展草案以后，应当组织会审和研究定案，并在下达生产计划的控制数字的同时就批准企业这项计划及其投资。① 应该说，把技术发展与生产发展协同起来进行综合考虑，是这一计划的最大特点，但同时也增加了计划编制和审核的工作量。

（二）*地方政府的经济发展激励*

与信息传递、创新激励这些微观问题不同，中央和地方的分权集权是一个偏向于宏观层面的问题。宏观问题具有微观基础，中央和地方的分权集权也可以从微观上寻找原因，譬如中央和地方信息沟通存在技术上的障碍，同时，处理好中央和地方之间关系的关键也在于如何有效地激励地方政府。但是，中央和地方的分权集权困境无法完全归因于微观上的这些原因，需要从更深层次进行思想史回顾和理论分析。这个问题不仅始终伴随着计划经济体制，即使在改革开放后建立起来的市场经济体制中，如何处理中央和地方之间的关系，也是经济思想史需要关注的重要内容。

在《论十大关系》中，毛泽东深刻地指出当时中央政府和地方政府之间关系的症结所在："现在几十只手插到地方，使地方的事情不好办。立了一个部就要革命，要革命就要下命令……表报之多，闹得泛滥成灾。

① 赵辉：《克服生产计划中的保守思想》，《钢铁》1956 年第 4 期。

这种情况，必须纠正。”① 实际上，在此之前，毛泽东就已经针对统计报表过多、过滥的问题做过批示，中央为此专门下文。毛泽东甚至认为：“县以上党、政、民各级机关所发统计报表，在农村中已泛滥成灾，达到了完全不能容忍的程度。”②

为了解决中央政府对地方政府插手过多、管得太死的问题，在这一时期，中央对纵向管理体制进行了一些改革。总的思路是：一方面要维护中央政府的权威，加强中央的统一领导，建立和完善全国的统一计划和统一纪律，但另一方面，也需要发挥地方的积极性，注意当地的特殊情况。在这一时期的行政体制改革中，以大区制的撤销最具代表性。

在革命时期，党中央在全国先后设立了十几个中央派出机构，如西北局、北方局、华北局、华东局等，作为党中央的地方代表机关，代表中央领导某一区域的工作。经过合并重组和机构调整，到 1949 年形成了西北、华北、东北、华东、中南和西南六大局。新中国成立后，依托这六大局，先后成立了东北人民政府、华北人民政府和华东、中南、西北、西南四个军政委员会。在这一时期，由于各地解放时间不同，地区差异较大，中央政府直接管理省区的条件尚不成熟，因此由大行政区代为管理，对于迅速稳定政权、恢复生产和社会秩序，既是客观条件的必然要求，也产生了积极的实际效果。

但是，随着计划经济体制的逐步稳固，大区制的缺陷日益暴露出来。一方面，由于各大区掌握了所辖区域的财政权力，大部分税收掌握在大区政府手中，而支出则由中央政府负担，这种不合理的财政状况直接“倒逼”中央政府开展统一财税体制的改革。另一方面，更重要的是，大区在中央和省、市、自治区之间增加了一个管理层级，使得中央与地方之间的博弈关系更加错综复杂，在计划体制的信息传导路线中又多了一个信息节点，这对于解决信息传导的精确性问题十分不利。

1954 年 4 月，中共中央政治局扩大会议决定撤销大区一级党政机关，6 月 19 日，中央人民政府委员会第 32 次会议通过了《关于撤销大区一级行政机构和合并若干省、市建制的决定》，大区制随之结束了自身的历史使命，中央与地方之间的层级关系演变为“中央—省市—县”这一纵向结构。撤销大区后，中央掌握的经济资源大大增强，中央各部委直属企业从 1953 年的 2800 个增加到 1957 年的 9300 个。但与此同时，各部委直接

① 《毛泽东文集》第 7 卷，人民出版社，1999，第 31 页。

② 《毛泽东文集》第 6 卷，人民出版社，1999，第 283 页。

管理企业，又造成企业经营缺乏灵活性等问题。“中央—地方”关系的处理，一直伴随着我国社会主义经济建设的整个历史进程，成为政治经济学重点关注的问题。

二　劳动竞赛与精神激励

（一）社会主义劳动竞赛

市场经济依靠价格机制、供求机制和竞争机制展开激励，那么计划经济体制的激励可以依靠哪些方法和手段？在社会主义国营企业内部，这种激励不仅包括精神激励，也包括物质激励，开展激励的手段主要是通过劳动竞赛来实施的。通过社会主义劳动竞赛的方式对劳动者进行激励，其作用机理在于：在社会主义生产资料公有制的前提下，劳动者的利益是作为一个整体存在的，劳动者的工作效率与其劳动成果具有密切的联系。这同时也反映了社会主义生产目的和基本经济规律的意义，由于社会主义生产的目的是满足整个社会和人民群众的物质文化需要，这为社会主义劳动竞赛提供了根本动力，也为解决计划经济体制的激励问题提供了理论支撑。

这一时期的政治经济学研究已经认识到社会主义经济制度中的创新激励具有独特的优势。伍丹戈比较了资本主义制度和社会主义制度的创新激励差异①，他提出了四个方面的理由。第一，在社会主义制度下，只要先进的技术经验能够节省社会劳动，提高劳动生产率，它就会被采用或开发出来，而不像资本主义生产方式中必须有利可图才会开发。第二，在社会主义制度下，由于劳动者之间是同志们的互助关系，因此不存在对技术经验的保密，先进生产者愿意传播其生产经验和技术诀窍。这不同于资本主义生产方式中工人为防止失业而保守技术秘密②。第三，社会主义制度下劳动成果的共享性使得劳动者自觉地向先进生产者学习。第四，党和政府以及企业工会都会对先进的生产经验进行广泛宣传和鼓励支持。

特别需要指出的是，应处理好社会主义劳动竞赛与解决信息传递问题之间的关系。新中国成立后，我国工业上的各种生产效率都很落后，很多技术人员对于旧的技术经济标准都很迷信，认为这些标准不能超越。新中国成立后，工人阶级的生产积极性和创造性不断提高，随着劳动竞赛的展开，将不断有新的生产记录和工作方法出现，这一方面刷新着技术经济定

---

① 伍丹戈：《社会主义制度下的劳动和工资》，上海人民出版社，1956，第18～20页。

② 值得注意的是，这个观点已经接近于技术外溢的概念，只不过这里的“技术外溢”主要是指企业内部、工人之间的技术交流。

额，同时也对经济核算制提出了动态化的要求。需要妥善处理好信息传递的精确性和劳动竞赛的动态性之间的关系，使两者形成相互促进的态势，也即在劳动竞赛中提高经济核算的准确性，同时又通过经济核算和信息传递的精确性促进劳动竞赛的开展，激励工人不断提高劳动生产率。

（二）精神激励

进入20世纪60年代，那种强调自上而下、强调专业化管理和重视物质激励的所谓“苏联模式”遭到否定，而是主张用“政治挂帅”、“思想革命化”的方式来解决经济运行中存在的问题。毛泽东指出，苏联教科书的缺点是没有讲政治，而过分强调物质（个人）利益，把物质刺激片面化、绝对化，不大注意集体利益，这样强调下去，一定会走到自己的反面。他认为，主要问题是生产大发展，只要生产增加了，积累比重大一点，还是可以改善人民生活的。结合我国实践经验，毛泽东指出，我们是以计时工资为主，计件工资为辅。片面强调计件工资会造成新老工人之间，强弱劳动之间的矛盾，助长部分工人中“为挣大件而斗争”的心理，不是首先关心集体事业，而是首先关心个人收入。我们从来讲公私兼顾，没有什么大公无私，又说先公后私，个人是集体的一分子，集体利益增加了，个人利益也随着改善了。他认为，勤勉积极取决于政治觉悟，应当把提高觉悟放在重要地位。把个人物质利益的关心绝对化只会带来发展个人主义的危险。因此，党组织不挂帅，要在当地充分动员一切积极力量是不行的。不能认为历史是计划工作者创造的，而不是群众创造的。不能片面地讲物质鼓励。所以，毛泽东提出，在教科书中，关于产品分配，要重新写，换一种写法，应该强调艰苦奋斗，强调扩大再生产，强调共产主义前途远景，不能强调个人物质利益。

在这一时期，劳动生产领域出现了两个精神激励的“典型”，一是工业学大庆，二是农业学大寨。大庆油田的开发建设充分体现了中国共产党一直大力提倡的“自力更生、艰苦奋斗”精神，在开发建设大庆油田的大会战中，还提出了“先生产后生活”、“宁肯少活20年，拼命也要拿下大油田”、“有条件要上，没有条件也要上”等口号，体现了这一时期工人阶级的精神风貌，也成为社会主义劳动激励的典型缩影。具体来说，大庆油田工人总结了十个方面的工作要求。第一，不讲条件，就是说有条件上，没有条件也要创造条件上。第二，不讲时间。特别是工作紧张时，大家都不分白天黑夜地干。第三，不讲报酬。他们说是为革命，而不是为个人物质报酬而劳动。第四，不分级别，有工作大家一起干。第五，不讲职务高低，不管是局长、队长都一起来。第六，不分你我，互相支援。第七，不分南北东西，就是不分玉门来的，四川来的，新疆来的，为了会战，大家一起上。第八，不管有无命令，只要是该干的活抢着就干。第九，不分部门，大家同心协力干。第十，不分男女老少，能干就干，什么需要就干什么。此外，大庆职工还总结出了“三老”、“四严”、“四个一样”的工作作风，“三老”是当老实人、说老实话、做老实事；“四严”是严格的要求、严密的组织、严肃的态度、严明的纪律；“四个一样”则是黑夜和白天工作一个样，坏天气和好天气工作一个样，领导在场和领导不在场工作一个样，没有人检查工作和有人检查工作一个样。这些工作要求和工作作风，不仅仅是对劳动活动的激励，同时也是一种自我监督和自我控制的方式。

“农业学大寨”是20世纪60年代兴起的运动。大寨是山西省昔阳县的一个村。全村75户村民，拥有800亩耕地，分散在“七沟八梁一面坡”。1953年秋，大寨制定了10年造地规划。全村干部、群众团结一心，自力更生，艰苦奋斗，提前实现了规划，粮食亩产由1952年的237斤提高到1962年的774斤，提前实现了中共中央1956年制定的《农业发展纲要》规定的目标。村党支部书记陈永贵带领大寨人振奋精神，“白天治坡、夜间治窝”，提出并实现了“三不要”（不要国家的救济粮、救济款、救济物资）、“三不少”（原计划的国家征购粮、集体储备粮、社员口粮都不减少）。1964年底，周恩来在党的三届全国人大一次会议的《政府工作报告》中正式提出学大寨，并将大寨精神概括为：“大寨大队所坚持的政治挂帅、思想领先的原则，自力更生、艰苦奋斗的精神，爱国家、爱集体的共产主义风格，都是值得大大提倡的。”① 应当说，大庆精神、大寨精神都是社会主义劳动激励模式的典型案例，反映了工人农民当家作主、甘于奉献、不计得失的社会主义劳动者品质，也为社会主义劳动中实施精神激励的可行性提供了强有力的证据。

但是，讲精神激励并不代表不关心物质生活。陶铸在《关于领导厂矿企业的几个问题——介绍汕头公元摄影化学厂的领导经验》中认为：“我们在任何时候都是强调政治第一、思想第一的，我们革命和建设的动力是伟大的共产主义理想，而不是片面强调‘物质刺激’。但是我们讲政治、讲思想，并不等于说可以不关心工人的物质生活。讲政治、讲思想和

① 以上关于大庆油田和农业学大寨的相关资料引自武力、肜新春《中国共产党治国经济方略研究》，中国人民大学出版社，2009，第80～82页。

关心群众的生活并不是对立的。”① 物质利益激励和精神激励的结合就是要达到社会效应和经济效益的结合，因为“我们革命的最终目的，就是为了提高广大人民的生活水平；我们目前强调集体利益、长远利益，也是从最根本的一个方面关心广大群众生活”。因此真正地关心工人的利益就是“不但要关心工人物质利益的提高，而且还要关心工人在政治上、思想上、文化上、技术上的提高。只有这几个方面完全做到了，才能算得上真正关心工人的利益。再从绝大多数工人的反映看，他们最关心的，还是从政治思想上、文化技术上得到提高”。王学文等指出，必须把物质激励和政治挂帅结合起来。社会主义时期的物质激励，就是采用无产阶级思想领导下的按劳分配对劳动者进行激励，这是由当前生产力发展水平、三大分工的长期存在以及人民群众觉悟程度决定的最适合的物质激励方式②。

三 农业合作化过程中的渐进式改造路径

计划经济体制中的激励和创新问题，还表现在如何发挥个人和集体两方面积极性的问题，用信息经济学的语言来说，计划经济体制面临着如何实现不同主体之间的“激励相容”。在这一时期的农业合作化过程中，如何处理农民个人、集体和国家之间的利益矛盾，循序渐进地推进农业合作化，就成为这一时期重要的理论研究问题之一。

我国从 1951 年开始推动农业和农村的合作化改革。1951 年组织实行的《关于农业生产互助合作的决议（草案）》提出，要逐步推进农民组建互助组，包括临时互助组、常年互助组和以土地入股为特点的农业生产合作社。特别需要指出的是，这三种类型的农业合作组织是根据不同的区域特点推行实施的，1952 年 2 月 15 日政务院第 124 次政务会议通过的《一九五二年农业生产的决定》明确提出，在全国范围内，应普遍大量发展简单的、季节性的劳动互助组；在互助运动有基础的地区，应推广常年定型的、农副业结合的互助组；在群众互助经验丰富又有较强骨干的地区，应当有领导、有重点地发展土地入股的农业生产合作社。

随着农业和农村合作化改革的不断深入，中国共产党对这一制度变革的认识也在不断深入，尤为值得注意的是，毛泽东等领导人在合作化改革上，基本上能够坚持发挥各方面积极性并循序渐进地推动制度变迁。1955

---

① 陶铸：《关于领导厂矿企业的几个问题——介绍汕头公元摄影化学厂的领导经验》，《红旗》1960 年第 12 期。

② 王学文、任维忠：《论政治挂帅与物质激励相结合的原则》，《光明日报》1961 年 11 月 6 日第 4 版。

年毛泽东在《关于农业合作化问题》中指出，农业和农村合作社要经过“三步走”，第一步，先组织带有某些社会主义萌芽的几户或十几户的农业生产互助组，初步克服个体经济的弱点，培养农民的互助精神和集体观念。第二步，在互助组的基础上，组织以土地入股和统一经营为特点的小型的带有半社会主义性质的农业生产合作社。这种初级社虽然保留土地和大型生产资料的私有权，但使用权已经归合作社统一掌握，便于统一计划、合理配置。第三步，在小型的半社会主义性质的合作社的基础上，组织大型的完全社会主义性质的农业生产合作社。采取这种稳步前进的方式，主要目的在于两方面，一方面是可以使农民从自己的经验中逐步地提高社会主义的觉悟程度，逐步地改变他们的生活方式，使他们不会感到或较少感到生活方式变化的突然，可以避免大的社会动荡，防止农作物可能出现的减产，并可以逐步训练培养大量的合作社管理人员和技术人员[①]。另一方面，通过逐步改造的方式，可以在农民自愿合作而不是强迫命令的基础上实现“互利”。这些都表明，在农业和农村合作化的过程中，较好地处理了国家、集体和个人三者之间的利益关系，基本上实现了“激励相容”，但也出现了一些争议[②]。

陈永贵在总结大寨经验时曾对农业合作社时期的劳动激励制度进行过分析和评价[③]。1956 年前，大寨与全国大部分农村一样，实施“死分活评”的工分报酬制度，但这一制度逐渐暴露出很多问题。主要在于，每天都需要对社员的劳动量进行评分，大量的时间精力用在评价工作上，最后导致的结果总是记底分（底分就是指某项工作任务的基本分值，也是最低分值）。大量记底分的现象出现，导致社员的劳动积极性无法被调动起来，因为社员即使劳动很投入往往也只获得底分，“干多干少一个样”的问题并没有得到根本解决。

全国农村普遍建立起高级农业生产合作社后，很多合作社学习武乡县窑上沟大队“农活定额”的经验。这就是把所有农活按照活轻活重、技术高低、责任大小、操作难易，分类排队，实行“分级定额，按件计酬”

---

① 参见李占才《当代中国经济思想史》，河南大学出版社，1999，第 148 ~ 149 页。

② 在这一时期，邓子恢先后担任中共中央农村工作部部长、国务院副总理，主管农业。邓子恢主张从中国小农经济的现实出发，稳步推进农业和农村的合作化运动，速度不宜过快，要求不能过急。这一主张与毛泽东的农业合作化思想产生了一些冲突。1995 年中共中央七届六中全会上，邓子恢的这一意见被定为“右倾机会主义”，受到批判。

③ 陈永贵：《毛泽东思想统帅一切 突出政治的生动一课 陈永贵谈大寨大队在劳动管理中坚持社会主义方向的经验》，《人民日报》1966 年 3 月 22 日第 1 版。

的办法。这种办法，在实施之初很能调动社员的集体生产积极性。

但是，新的问题很快又出现了，一是农活定额的工作本身十分复杂，农村土地和劳动工具的差异性大，同时又受到自然条件特别是天气条件的影响，难以对每一件农活进行精确定额。同时还经常需要对定额进行调整，每天加总农活定额的工作占据了干部和记分员的大量时间。二是虽然对每件农活的定额进行了质量方面的规定，但仍然存在社员片面追求农活数量，贪多贪快要工分的现象。

“死分活记”、“农活定额”两种做法都是在农业劳动的实践中摸索总结出来的，都在一定时期发挥了提高农民劳动积极性的作用，但也随着实践的发展暴露出问题。随着人民公社成为农村的劳动组织和政权组织形式，农民在实践中也在不断总结经验，将提出新的劳动激励方式。

第三节 社会主义经济法则和经济规律的研究

在这一时期，由于理论界普遍认为我国已经开始向产品经济形态转变，商品货币关系已经被限制在很小的范围内发挥作用，与这种社会经济形态相对应的做法是采取计划手段进行经济管理和调控，从这个意义上来看，产品经济和计划手段将成为这一时期生产方式演进的主要方向。但是，在计划经济体制建立的过程中，很快暴露出一些问题，譬如本书前面提到的信息传递、创新和激励、分权集权等，这些表面上来看是属于计划手段本身的弊端，但深层次来看，暴露出快速向产品经济形态过渡的可行性问题。因此，必须超越“手段”层面，进一步研究社会主义生产目的，这就涉及所谓“社会主义经济法则”和“社会主义经济规律”的讨论，正是出于这一考虑，我们在本章的最后，梳理并回顾了这一时期对这一主题的学术讨论。

一 对基本经济法则和基本经济规律的认识

在《苏联社会主义经济问题》一书中，斯大林指出：“资本主义的基本经济规律是这样一种规律，它不是决定资本主义生产发展的某一个别方面或某些个别过程，而是决定资本主义生产发展的一切主要方面和一切主要过程，因而是决定资本主义生产的实质、决定资本主义生产的本质的。”①

① 《斯大林选集》下卷，人民出版社，1979，第566~567页。

“社会形态不能有几个基本经济规律，它只能有某个基本经济规律来作为基本规律。不然的话，每个社会形态就会有几个基本经济规律，而这是和基本规律的概念本身相矛盾的。”[①] 由于对斯大林的上述论述在理解上有出入，因而对基本经济规律的含义出现了三种不同的观点。

第一种观点认为基本经济规律有两种含义。一是指一种经济或生产方式的基本经济规律，二是指一个社会形态的基本经济规律。在一个社会中，如果有两种或两种以上的经济同时并存，那么，它们都各有其自身的基本经济规律，而其中占统治地位的经济的基本经济规律，就是该社会的基本经济规律[②]。第二种观点认为一个社会只能有一个基本经济规律，而不能有几个基本经济规律[③]。第三种观点提出了一个“主要经济法则”的概念。基本经济法则是决定社会形态的经济的一切主要方面与主要过程的法则，而主要经济法则，则是决定社会中某一经济成分主要方面与主要过程的法则[④]。

由于对“基本经济规律”概念的含义有不同理解，因此，围绕过渡时期是否存在社会主义经济规律的问题学界主要存在以下几种意见。第一种意见认为过渡时期还不能形成一个基本经济法则。王学文的观点比较具有代表性，理由是：“基本经济法则是一个独立的社会经济的法则，而我国目前还不是一个独立的社会形态，所以，我们国前的经济条件还不能形成一个基本经济法则。”[⑤]

第二种意见认为过渡时期存在着多种经济成分，因而存在着多个基本经济规律，其中，社会主义基本经济规律是整个社会的基本经济规律。骆耕漠针对王学文“基本经济法则必须是‘独立的划时代的经济’的法则”的观点提出了反对意见。骆耕漠指出：“在多种经济社会内，只要各该种经济不是势均力敌的，就会而且必然会出现该社会的基本经济法则，这个法则不是别的，它就是其中最强的、占主导或支配地位的那种经济法则。”而过渡时期国营经济是最强大的经济成分，因而“社会

---

① 《斯大林选集》下卷，人民出版社，1979，第595页。

② 程卓如：《对“基本经济法则”的一点体会》，《学习》1954年第11期（专辑）；骆耕漠：《关于我国过渡时期基本经济法则问题》，《经济研究》1955年第1期。

③ 苏星：《社会主义基本经济法则在我国过渡时期的作用问题》，《学习》1954年第4期；徐禾：《关于在我国过渡时期经济领域内的基本经济法则问题——对王学文同志有关经济法则的两篇文章的意见》，《学习》1954年第9期。

④ 王学文：《关于我国过渡时期的经济法则问题》，《学习》1954年第7期。

⑤ 王学文：《关于我国过渡时期的经济法则问题》，《学习》1954年第7期。

主义基本经济法则就成为（不是将成为而是已经成为）我国过渡社会的基本经济法则"①。

不同于上述两种观点从社会形态视角出发，第三种意见认为过渡时期是两种基本经济规律——社会主义基本经济规律和资本主义基本经济规律同时起作用。这一观点是苏星最早提出的，他指出："由于产生了新的经济条件，在这一新的经济条件的基础上，便形成了社会主义基本经济法则，这个法则首先在社会主义经济成分中发生作用，由于社会主义经济成分在过渡时期中的领导地位，便决定它同时影响整个国民经济的发展……国民经济中还存在着非社会主义因素，因此也还存在着资本主义的经济法则，其中包括最适合于资本主义基本经济法则这个概念的剩余价值法则，虽然这个法则随着经济条件的变化，它的作用范围已经同受到限制。这样，在过渡时期，和起主导作用的社会主义基本经济法则同时并存资本主义剩余价值法则，乃是反映了过渡时期客观经济过程所特有的矛盾和对立。"②

过渡时期的社会主义基本经济法则，曾在 1953～1956 年形成了一次全国性的大讨论，王学文、苏星、骆耕漠、徐禾、许涤新、王亚南、杨英杰、千家驹等一大批著名经济学家参与了讨论。国内主要学术刊物如《学习》《教学与研究》《新建设》《经济研究》均刊载了大量该主题的学术论文。在讨论激烈的 1954～1955 年，全国各行各业的理论工作者、教育工作者、党政干部甚至普通群众都参与了讨论，促成了一次学习和研究马克思主义政治经济学的研究高潮。由于相关的稿件数量太多，《学习》杂志甚至为此出版了专辑③。毛泽东在 1954 年 11 月 18 日致刘少奇、周恩来等同志的信中，曾指示陈伯达注意阅读讨论过渡时期经济法则的文章④。

二 社会主义基本经济规律的内容

社会主义基本经济规律的内容包括社会主义生产的目的，以及实现这一目的的手段。物质资料生产活动是人类最重要的活动方式，它决定了社会经济生活的其他方面。找到了特定社会的生产目的，也就找到了推动这

① 骆耕漠：《关于我国过渡时期的基本经济法则问题》，《经济研究》1955 年第 1 期。

② 苏星：《社会主义基本经济法则在我国过渡时期的作用问题》，《学习》1954 年第 4 期。

③ 参见胡希宁、张锦铨《二十世纪中国经济思想简史》，中共中央党校出版社，1999，第 215～216、224～226 页。

④ 《毛泽东书信集》，人民出版社，1983，第 484 页。

个社会形态发展的根本动力，也就为概括这个社会形态的基本经济规律提供了依据。社会主义生产的目的不是由人们主观上决定的，而是由社会制度决定的。具体而言，是由这个社会的经济制度本质决定的。在资本主义社会，生产资料的资本家所有制，决定了资本主义生产在客观上只能是为一小部分人的利益服务的，资本主义生产的目的就是追求剩余价值。而在社会主义社会，生产资料公有制决定了社会主义社会的生产是为社会全体成员服务的，是为了满足社会全体成员的需要。

值得注意的是，社会主义生产目的中的“全体成员的需要”，不仅是指人民群众有支付能力的需要，还包括人民群众对于改善物质和文化生活的合理需要。在这一点上，与资本主义生产方式中生产和消费之间的关系是不同的。蒋学模指出：在资本主义社会，劳动者的需要仅仅被局限在他们有支付能力的需要的范围内，劳动者要求改善物质和文化生活的需要，与生产本身没有关系，而是服从于资本追逐利润的动机。也就是说，只有当资本家认为需要通过提高劳动者生活水平来刺激劳动者更好地为其追逐利润服务的时候，劳动者的这种需要才会被考虑。这其实是劳动从属于资本的一种表现。而在社会主义社会，生产的发展不仅决定于人民群众当前的支付能力和购买力水平，还决定于人民群众改善生活的需要和生产发展的可能性。社会生产与人民群众的合理需要直接联系起来，这是社会主义生产关系所决定的特有现象，也是社会主义生产目的的根本属性①。

三　国民经济有计划（按比例）发展

社会主义基本经济规律是社会主义生产目的和手段的有机统一，既然社会主义生产目的是满足人民群众物质文化需要，那么，社会主义生产是通过何种途径来达到这一目的的？斯大林在《苏联社会主义经济问题》中首次提出了社会主义“国民经济有计划按比例发展规律”。在《苏联社会主义经济问题》出版之前，斯大林就批评了当时苏联经济学家雅罗申柯等人的观点，他们认为苏维埃政权能够消灭现存的经济规律和创造新的经济规律，代之以国民经济计划，斯大林认为这种观点是错误的，他提出：“国民经济有计划发展的规律，是作为资本主义制度下竞争和生产无政府状态的规律的对立物而产生的……这就是说，国民经济有计划发展的规律，使我们的计划机关有可能去正确地计划社会生产。但是，不能把可能同现实混为一谈。这是两种不同的东西。要把这种可能变为现实，就必

① 蒋学模：《关于社会主义基本经济规律的几个问题》，《学术月刊》1961 年第 6 期。

须研究这个经济规律……必须制定出能反映这个规律的要求的计划。不能说，我们的年度计划和五年计划完全反映了这个经济规律的要求。”①

斯大林将“国民经济有计划按比例发展”上升到法则和规律层面，这在中国政治经济学界引起了热烈的讨论，从 1956 年开始，这场讨论一直延续到“文化大革命”前夕，改革开放后，针对国民经济有计划按比例发展问题又重新成为热点问题②。在过渡时期，讨论主要集中在“国民经济有计划按比例发展”在多种经济成分并存的前提条件下在多大的范围和程度上发挥作用，相关的研究主要来自蒋学模③、冯大麟④等。到 1957 年后，开始转向有计划按比例发展是不是社会主义特有的经济规律，主要来自文献仲津⑤、江诗永⑥、应成旺⑦等。

笔者认为，国民经济有计划按比例发展，首先是作为社会主义基本经济规律的实现手段出现的，是社会主义国家在认识到社会主义生产目的的基础上，主动运用计划手段推动经济发展的举措、途径和工具方法的总称。而规律是指作为不以人们意志为转移的事物内在联系，体现的是一种客观存在，而不是主观行为。国民经济有计划按比例发展，是我们在认识到社会主义基本经济规律的基础上，通过思维去反映现实并反作用于现实的方法和途径，不宜将其与“规律”本身相混淆。换言之，认为社会主义经济本身就可以自动实现“按比例”的规律，也不符合“有计划按比例发展”作为手段和方法的本意，正如陈云所言：“按比例发展的法则是必须遵守的，但生产部门之间的具体比例，在各个国家，甚至一个国家的各个时期，都不会是相同的。一个国家，应根据自己当时的经济状况，来规定计划中应有的比例。究竟几比几才是对的，很难说。唯一的办法只有看是否平衡。合比例就是平衡的；平衡了，大体上也会是合比例的。”⑧ 既然很难在事前判断这个比例究竟是多少，就不应从规律的层面界定“有计划按比例”的含义，而是更多地从手段和方法的角度来审视

---

① 《斯大林选集》下卷，人民出版社，1979，第 544 页。

② 《经济研究》编辑部：《建国以来社会主义经济理论问题争鸣》，中国财政经济出版社，1985，第 316～319 页。

③ 蒋学模：《论新民主主义条件下的经济法则——为纪念〈苏联社会主义经济问题〉发表一周年而作》，《新建设》1953 年第 9 期。

④ 冯大麟：《论我国过渡时期的国民经济有计划发展的法则》，《新建设》1954 年第 4 期。

⑤ 仲津：《社会主义经济的有计划发展规律问题》，《学习》1957 年第 1 期。

⑥ 江诗永：《论社会生产发展的比例规律》，《新建设》1957 年第 7 期。

⑦ 应成旺：《试论社会生产按比例发展规律的特点与要求》，《新建设》1957 年第 10 期。

⑧ 关梦觉：《陈云同志的经济思想》，知识出版社，1984，第 52 页。

这一提法。

本章小结

面对计划经济体制所暴露出的种种问题，党和政府在计划管理层面进行了一些实践探索，同时，经济学界也进行了一些对策性的思考，提出了不少具有较高理论价值的思路和解决方案，但从总体上来看，无论是实践还是理论上，这一时期的计划经济体制建设还处在摸索前进的阶段，其原因主要在于尚未突破两个理论预设。

第一，认定“社会主义经济是产品经济形态”。这一时期的政治经济学研究，承袭了苏联政治经济学的基本观点，即认为除过渡时期外，社会主义经济本质上是一种产品经济形态。由于生产方式是社会经济形态最主要的内容之一，计划方式又是作为生产方式的宏观表现存在的，因此，将社会主义经济界定为产品经济形态，实际上就意味着社会主义经济只能采取计划这种生产方式。也正是在这个意义上，这个历史时期所建立起来的经济体制可以称为“计划产品经济”，这种体制是天然排斥商品和市场经济关系的。

第二，认定“需要尽快实现生产资料的国家所有制”。通过本章分析，可以发现，计划体制出现的种种问题，很多是与生产资料国家所有制紧密联系在一起的，在这一历史时期，无论是决策层还是理论界，基本上都接受了快速过渡、尽快建立起国家所有制的观念。而实际上，在过渡时期（不是现实中宣称的过渡时期，而是理论上从资本主义到开始建设社会主义社会之前的这个阶段）的经济政策，主要是限制私有制发挥作用和建立合作生产组织。由于在我国的“过渡时期”，很快就实现了国家所有制的绝对统治地位，在这样一个生产资料所有制环境下探讨优化和完善计划体制问题，就出现了很多研究困境和理论悖论。计划经济体制所暴露出的问题日益明显，又缺乏系统性的解决方案，这在很大程度上导致了1958～1966年我国经济发展的巨大波动。

由于要解决计划经济体制所暴露出来的问题和矛盾，中国共产党领导集体和经济学者都进行了深入的思考，也提出了一系列解决矛盾的办法。在后续研究中需要进行分析的是，接下来的“大跃进”运动及其遭受的失败，与这些纠正计划经济体制弊端的各种政策努力之间是否具有一定的因果关系，如果有，这种因果关系具体反映在哪些方面。

第五章　生产方式的惯性发展：商品和货币关系

本书将商品经济与计划经济两种资源配置方式界定为宏观层面的生产方式。1953～1957 年，我国初步建立起计划经济体制，在生产资料调配、部分重要消费品和全民所有制内部基本实现了计划调拨。但是，理论界针对商品经济形态特别是社会主义商品经济的讨论一直存在，这主要有两个方面的原因。第一，我国社会主义改造的基本完成和社会主义建设的迅速发展，要求我们进一步加强和改善对国民经济的计划管理，这就涉及价值规律的作用问题。第二，我国是从自然经济和小商品经济直接向社会主义经济体制过渡的，在 1949～1952 年这一过渡时期，商品经济形态仍然大量存在着，即使经过社会主义改造，公有制经济内部（譬如全民所有制与集体所有制之间）仍然采用商品交换方式进行资源配置，大部分居民消费需求也是通过商品交易得到满足的。

1950 年《学习》杂志第一期发表的王惠德同志的《商品和商品生产的几个矛盾》，被认为是新中国经济学者撰写的第一篇以商品经济为主题的学术论文。从 1956 年开始，全国展开了有关商品经济问题大讨论，发表了数百篇学术论文①。在这一时期，在中国共产党领导集体和经济学研究领域，在涉及商品货币关系时，都深受《苏联社会主义经济问题》和苏联《政治经济学教科书》的影响。这主要表现在，总体上将社会主义经济界定为产品经济形态，商品生产仅仅局限在消费品领域，从公有制的两种形式（全民所有制和集体所有制）出发探讨商品交易存在的原因，把价值规律严格限制在个人消费品交易范围内②。

---

① 杨永华：《社会主义政治经济学史》，广东人民出版社，1992，第 289 页。

② 本书所指的《苏联社会主义经济问题》选自《斯大林选集》下卷，《政治经济学教科书》以人民出版社 1955 年出版的版本为准。

可贵的是，尽管在这一时期受到苏联政治经济学思想的束缚，但仍然涌现出了大量有关商品、货币和价值规律的学术成果，特别是顾准、孙冶方、薛暮桥、骆耕漠等老一辈经济学家开始对社会主义商品经济和价值规律问题进行深入探讨，有不少研究实际上已经触碰到了如何处理计划与商品关系问题，提出了接近于“有计划的商品经济”的概念，甚至对处理计划与市场关系等问题都有所涉及。

在本章，我们按照“商品生产—价值规律—价格机制—市场行为”的逻辑顺序进行思想史回顾，以体现这一时期有关商品货币关系研究的脉络。

第一节　关于社会主义制度下商品生产存在的依据和必然性

社会主义制度下的商品生产与资本主义制度下的商品生产存在本质差异，首先，社会主义商品生产是在社会主义生产关系已建立的前提下展开的；其次，社会主义商品生产的根本目的是为发展社会主义经济服务。社会主义改造完成后，社会主义制度下的商品关系主要包括以下两个方面：一是国家和集体农庄、合作社之间以及国家和集体农庄庄员、合作社社员之间的商品关系，即全民所有制经济和集体所有制经济之间的商品关系；二是国家和国家企业、机关的职工之间的商品关系。这一时期，关于社会主义商品生产存在的依据和必然性，概括说来，共有以下三种不同意见，第一种意见是公有制的形式差异决定了商品生产存在的必然性，第二种意见是按劳分配决定了社会主义商品生产存在的必然性，第三种意见是所有制和按劳分配共同决定。总体来看，三种观点都是从生产关系视角来论证商品经济这一生产方式存在的必然性，是从社会经济形态演进的“第二条路径”展开分析的。这种分析思路符合我国社会主义改造的理论逻辑，也即先从生产资料所有制出发，反向推动生产方式演进。这种做法的优点是突出了生产关系在历史变革的能动性，但同时其弊端也是明显的，一定程度上忽视了人类社会经济形态演进是一个漫长的历史过程，正如我们在序言中所提到的，跳跃“卡夫丁峡谷”更多意义上是指在所有制层面的跨越，而不是生产方式层面的。

一 公有制的形式差异决定了商品生产存在的必然性

第一种意见，主要从社会主义两种不同形式的公有制来说明社会主义制度下商品生产存在的必然性①。全民所有制经济和集体所有制经济间的商品关系是社会主义制度下诸商品关系的基本方面，其他的商品关系都是在这种商品关系的基础上产生的。这就是说，国家既然要通过商品交换把消费品卖给集体农庄庄员，也就必须通过商品流通的方式，把个人消费品分配给国营企业和国家机关的职工；同时，为了抵偿生产过程中劳动力耗费所必需的消费品，国家既然要通过商品交换的形式向集体所有制经济收购大批的工业原料，国民企业（包括重工业企业）的劳动耗费和盈利也就必须通过价值—货币的形式进行核算，并彼此将自己的产品当作商品来相互“买卖”。这种观点不同意从两种所有制以外去寻找社会主义制度下商品生产必然性的根源，认为商品是各自占有生存资料的生产者之间买卖的产品，而商品生产的条件包括两个，一是社会分工，二是存在着不同的生产资料和劳动产品的所有者。在全民所有制经济内部，虽然有十分发达的社会分工，但是这里并没有不同的生产资料和劳动产品的所有者，所以，并不存在商品生产的经济条件。在按劳取酬原则和商品关系之间，也不存在直接的因果关系。马克思和恩格斯曾经认为，一旦废除生产资料私有制，商品生产就将消失，按劳取酬的原则将不通过商品—货币关系来实现。同时实践也证明，虽然在农业生产合作社中实行按劳取酬的原则，但是并没有在合作社和社员之间形成商品交换的关系；在那里，虽然存在着脑力劳动和体力劳动、熟练劳动和简单劳动的重大差别，但是按劳取酬的原则仍然可以通过劳动日来实现。此外，从国营企业必须实行经济核算制来说明社会主义制度下商品生产的必然性也是不对的，因为经济核算制首先是由社会主义制度下存在商品生产和商品流通决定的，如果把经济核算的必要性作为社会主义制度下存在商品生产的原因，就是把两者的因果关系颠倒了。

二 按劳分配决定了社会主义商品生产存在的必然性

第二种意见主要从按劳分配的经济规律去说明社会主义制度下存在商

① 赵履宽：《社会主义制度下的商品生产由什么决定？——和喻良新、华学忠等同志商榷》，《大公报》1957 年 3 月 29 日第 3 版。

品生产的必然性[①]。这种观点认为，两种社会主义公有制的存在，不能回答为什么国营生产部门的消费品也要通过商品流通来分配。同时认为，各个社会主义国家从两种公有制过渡到单一全民所有制，会比从按劳取酬过渡到各取所需更早些，因为实现前者的生产力发展条件和人们产生共产主义觉悟的条件，将比实现后者低些。在这种情况下，国家还需要通过商品货币形式来分配个人消费品，否则难于组织正常的经济生活。譬如，华学忠认为，在社会主义制度下，生活资料生产部门的生产也是属于社会的，生产出来的产品在分配之前也是属于社会的。但是，社会生产这些产品的目的不是社会本身需要，而是满足每个成员的需要。因此，与生产资料生产部门不同，在生活资料分配上，不可能也没有必要由社会进行统一分配，而是根据劳动者的劳动数量和质量，通过工资的形式给予报酬，而劳动者按照自己得到的报酬，在商品交换中取得自己所需要的东西，因此，商品交换在生活资料分配上是十分必要的。也正是在这个意义上，即使将来实现了完全意义上的全民所有制，也不必马上消灭商品生产[②]。

林铮持有基本相同的意见，但不否认两种公有制的存在也是社会主义条件下商品生产存在的原因之一[③]。他认为，社会主义社会由于生产力发展不足，还大量存在简单劳动和复杂劳动的差别，这就必须采取按劳取酬的原则来调动劳动者的生产积极性。商品生产的必要性就是和社会主义的这一基本特点相联系的，而不是以两种所有制作为商品生产的唯一依据。樊弘认为，社会主义制度下商品生产的条件包括三个方面，一是仍然存在社会分工，二是存在两种公有制，三是工资制度[④]。其中关于工资制度的条件是指：在国营企业中，不能采用供给制，只能采用工资制，因而必须通过商品流通的形式来实现按劳取酬的原则。总体来看，这些意见从社会

① 喻良新：《试论社会主义社会存在商品生产的原因》，《大公报》1957 年 1 月 27 日第 1 版。

② 华学忠：《社会主义制度下商品生产的必然性是由按劳取酬的经济规律决定的》，《学习》1957 年第 3 期。笔者认为，华学忠的这一逻辑符合马克思主义经典作家对于过渡时期的看法，也即先消灭私有制，再消灭商品经济。但是，从按劳分配这一生产关系要件来说明商品经济这一生产方式，在逻辑上又存在颠倒因果之嫌。

③ 林铮：《社会主义经济内部的矛盾与商品生产的关系》，《经济研究》1957 年第 3 期。

④ 樊弘：《论社会主义制度下的商品生产和价值规律》，《北京大学学报》（人文科学）1957 年第 3 期。樊弘特别提出了这样的论断："社会主义下的产品，无论是生产资料也好，消费资料也好，都是具有商品的基本矛盾，即局部劳动和社会劳动的矛盾的。就等于说，社会主义下的产品仍然是商品。"

主义社会中劳动性质的差别或劳动的多样性去说明社会主义制度下商品生产存在的原因。

三 所有制与分配关系共同决定社会主义商品生产存在的必然性

骆耕漠认为，商品生产从它的产生到消亡，都是和私有制密不可分的，社会主义制度下各种商品关系都是和在社会主义制度下还存在一定的私有制残余相联系的①。这些私有制的残余表现在：在两种公有制并存的情况下，这个集体农庄对那个集体农庄，以及他们对国家和国营企业仍然保留着含有私有制意义的你我界限，他们所有的产品必须通过买卖才能让渡出来；在社会主义阶段，生产力发展得不够充分，人们的共产主义觉悟还不是很高，社会和社会成员之间就必然相应地产生“各尽所能，按劳取酬”的生产分配关系，因而他们还必须保留一种特别的商品关系，按照个人对社会所提供的劳动的比例来分配社会的产品；与此同时，国家和企业之间以及国营企业之间也存在类似“各尽所能，按劳取酬”的关系，即“以收抵支，按赢取奖”的关系，因而生产资料也必须作为一种特别的商品，在国营企业之间互相买卖。这样，社会主义制度下商品关系的三个基本方面，就分别是由“两种公有制”、“各尽所能，按劳取酬”和“以收抵支，按赢取奖”三种经济关系决定的。其次，骆耕漠还着重指出商品消亡和国家消亡一样是带有逐渐过渡的性质的。以“两种公有制”为基础产生的商品关系基本上还是原来意义上的真正的商品关系，后两种商品关系则具有进一步的过渡性，只是形式上的商品关系，他们最接近于商品关系消亡的阶段，因为他们只含有较少的“私的残余”。他还认为，斯大林在《苏联社会主义经济问题》一书中对社会主义制度下商品生产的分析与马克思、恩格斯和列宁的分析是一脉相承的，根据马克思列宁主义经典著作的用语和社会主义的实际，对社会主义阶段的商品生产作了科学的分类，即一种是真正的商品，另一种是形式上的商品（斯大林所说的国内流通的生产资料）。由于斯大林只从实质方面来谈问题，所以他只把前者作为商品生产来分析，从而社会主义商品生产的根源就只剩下“两种公有制”这一个因素了，这种商品关系将伴随着集体所有制转变为全民所有制而消失。

---

① 骆耕漠：《论社会主义商品生产的必要性和它的“消亡”过程》，《经济研究》1956 年第 5 期。

四　生产资料的“商品”属性问题

社会主义制度下商品生产另一个争论较多的问题是有关生产资料的，这个问题是指，社会主义流通中的生产资料是形式上的商品，还是只具有商品“外壳”。这方面有两种对立的意见，主张生产资料在实质上也是商品的有仲津和南冰、索真。仲津认为，所谓商品就是用来买卖的产品，在社会主义制度下，还存在着社会分工，同时，在实行经济核算制的条件下，各个国营企业还要彼此当作不同的相对独立的经济单位来相互相对待。所以，生产资料还必须作为商品在各个国营企业之间进行买卖。否认生产资料是商品，亦即否认生产资料具有价值的内容，而只具有价值的形式，这是讲不通的[①]。南冰、索真提出，如果生产资料不是商品，我们通过价格来核算的就不是生产资料的价值（社会必要劳动耗费），而是实际上并不存在的空洞的东西，这会导致经济核算的意义大为降低[②]。仲津甚至预期，在未来的共产主义社会，即使不再存在两种所有制的区别，也不再实施按劳分配，但对消费进行统计和监督仍然是必要的，而实行统计和监督还是有可能采取现在这种产品买卖的形式。而且，国与国之间的产品分配问题，也还要采取买卖的形式。

另外，也有观点主张生产资料实质上不是商品。薛暮桥认为社会主义制度条件下绝大部分生产资料只在国营企业内部互相调拨，不再送到市场上去销售，并且不转移产品的所有权，所以他们基本上不是商品。因为“商品是这样一种产品，它可以出售给任何买主，而且在商品出售之后，商品的所有者便失去对商品的所有权，而买主则变成商品的所有者，他可以把商品转售、抵押或让它腐烂”[③]。只是为了计价和核算，为了计算企业的盈亏，才使生产资料仍然保持着商品的外壳。生产资料属于全民所有，只是分别交给各个国营企业管理和进行生产，它们之间的互相让渡，只是在形式上或现象上像商品交换（买卖），实质上是国家对全民所有的生产资料实行内部分配。这不但与两个私有者之间的交换不相同，也与国家和集体所有制经济之间的交换有区别。上述生产资料的互相让渡，虽然实质上与未来共产主义社会中的产品的直接分配是基本相同的，但因社会主义条件下还不能采取各取所需的原则，还要实行“以收抵支，按赢取

---

① 仲津：《社会主义制度下的商品》，《学习》1957 年第 4 期。

② 南冰、索真：《论生产资料价格问题——和骆耕漠、范若一同志商榷》，《经济研究》1957 年第 2 期。

③ 薛暮桥：《再论计划经济和价值规律》，《计划经济》1957 年第 2 期。

奖"的原则，因此，生产资料就还要保留有条件的互相让渡的商品形式。

骆耕漠[①]也认为社会主义国家内部的生产资料不是商品，而只是像斯大林所说的那样："在国内经济流通领域内，生产资料却失去商品的属性，不再是商品，并且脱出了价值规律发生作用的范围，仅仅保持着商品的外壳（计价等等）。"[②] 骆耕漠批评了仲津和南冰、索真的质疑，他们提出，究竟有没有必要去划分"实际上是商品"的产品和"虽然保持着商品外壳但实质上并非商品"的产品？骆耕漠指出，这种划分在理论和实践上都具有重要意义。从属性上来看，经济买卖以供社会消费的产品，才是商品，这是商品的最大共性。在社会主义国家内部，由于生产资料是由国家在企业之间进行调拨的，因此，其所有权并没有发生真正转移，这是骆耕漠认为生产资料已经不是商品的第一个理由。

第二个理由，骆耕漠在斯大林论述的基础上进行了相当大的发挥。斯大林认为国营企业之间采取买卖生产资料的"商品"形式，"这是为了计价、为了核算，为了计算企业的盈亏，为了检查和监督企业所必需的。但这只是事情的形式的一面"。骆耕漠指出，斯大林这里虽然认为国营企业的生产资料交换采取商品形式，但这并不意味着这个形式是无内容、无依托的。在社会主义国家内部，生产资料已失去体现在价值、价格等形式之内的旧内容——原来意义的商品买卖关系，但是还保持着这个旧形式。在社会主义阶段，国家对各企业的生产资料和生活资料的生产，以及将生产资料分配给它们，必须建立起新的生产分配关系，那就是"经济核算关系"，而这种经济核算关系必须保持和利用价值、价格、成本、利润等的旧形式来进行，这些都是实实在在的。在这里，骆耕漠确立了商品经济窄派标志性的"经济核算关系"说，鲜明地提出社会主义国家的生产资料已经不是商品，而是新的生产关系内容采取了旧的"商品"形式。

第二节 关于价值规律在社会主义制度下的作用问题

价值规律是商品经济形态最重要的经济规律，到了社会主义阶段，价值规律是否还存在，是否还发挥调节作用，如果仍然发挥调节作用，这种调节作用与资本主义制度条件下有哪些差异？在这一历史阶段，我国经济

---

① 骆耕漠：《社会主义制度下的商品和价值问题》，科学出版社，1957。

② 斯大林：《苏联社会主义经济问题》，人民出版社，1961，第41页。

学界围绕价值规律在社会主义制度下的作用问题进行了争论，形成了不少有创见的结论。这些结论对于深化社会主义经济规律的认识具有重要理论意义。

一　关于价值规律的定义

首先，对于价值规律的定义有不同的见解。大多数观点同意苏联《政治经济学教科书》的表述，即“价值规律是商品生产的经济规律，按照这一规律，商品的交换，同生产商品所消耗的社会必要劳动量是相适应的”。但也有学者提出了不同观点。例如仲津认为，在这个定义中，“相适应”三个字含义不贴切，人们可以把这理解为商品完全按照价值来交换。这是和经济生活相抵触的，因为商品按照价格来买卖，而价格总是多少和价值有背离的①。孙冶方认为，价值规律是指产品的价值不是由个别劳动耗费决定，而是由社会必要劳动耗费决定的；它和商品交换并不是密切不可分的，因而不同于等价交换的规律②。他认为，只要存在着社会分工，只要产品的劳动耗费需要加以统一地核算，即将个别的劳动耗费，换算为社会必要劳动耗费，只要我们还需要关注劳动效果和投资效果，就必须借助价值的形式核算劳动的耗费，价值规律也就仍然发生作用。即使在共产主义社会，当商品生产和商品流通退出历史舞台以后，也是如此。骆耕漠则认为，价值虽然是指生产某种产品的社会必要劳动量，但并不是指在任何情况下的社会必要劳动量，它只是指作为商品交换的纽带和基础的社会平均必要劳动量，抽掉商品关系和商品交换的内容来谈价值和价值规律是不正确的③。

二　价值规律的作用范围

对于价值规律在我国社会主义制度下作用的范围问题，这一时期出现了多种不同的意见和观点。

（一）价值规律作用范围缩小论

第一种意见认为我国三大改造基本完成后，价值规律的作用范围显著缩小了，它在我国经济生活中并不像过去一样起那么广阔的作用，因为自由贸易的范围和受价值规律调节生产的范围，都大大地缩小了，而国内流

---

① 仲津：《社会主义制度下价值规律的作用问题》，《经济研究》1958 年第 2 期。

② 孙冶方：《试论我国过渡时期的价值法则与价值政策》，《经济研究》1956 年第 6 期。

③ 骆耕漠：《我国过渡时期商品生产的特点和价值法则的作用》，财政经济出版社，1954。

通的生产资料则超出了价值规律的作用范围，当时大多数学者持有这种看法。

第一种意见明显受到苏联政治经济学理论的影响。在《苏联社会主义经济问题》中，斯大林认为价值规律与社会主义有计划按比例地发展国民经济这一规律是矛盾的。因此，持第一种意见的学者认为，在社会主义制度下，价值规律的调节作用和社会主义两大规律（社会主义基本经济规律和国民经济有计划按比例发展规律）的调节作用是对立的，如果价值规律起调节作用，两大规律就不起调节作用，反之如果两大规律起调节作用，价值规律就不起调节作用[①]。

而在苏联还存在价值规律，其根本原因在于苏联还存在两种不同的所有制形式——全民所有制和集体所有制，而价值规律只是在这两种所有制的经济主体进行交换时才发挥作用，就如同人类社会最早的交易是发生在两个原始部落的边缘地带。也正因为如此，价值规律在社会主义社会的作用范围已经很小，而且一旦实现了单一的全民所有制，就不再存在商品货币关系，也就不存在价值规律了。

当然，斯大林在《苏联社会主义经济问题》一书中也对价值规律在社会主义社会的调节和影响作用进行了阐述，学术界的理解也有分歧。主流观点认为区分这两个概念是必要的，但也有观点认为不必区分这两个概念[②]。对于如何区分调节作用和影响作用，有观点认为调节作用是指在内部起作用，如在流通领域内调节居民对消费品的购买需求；影响作用是指从外面起作用，如通过工资来影响生产资料的生产。也有观点认为，价值规律如果能起决定生产什么和生产多少的作用，就表示它对生产能起调节作用，否则不是起调节作用。

（二）价值规律作用范围广泛论

第二种意见不同意第一种意见，认为价值规律的作用范围在社会主义社会仍然十分广泛。例如，仲津（1958）认为价值规律在社会主义制度下，并没有严格限制在怎样狭窄的范围内，它的作用范围仍然是非常广阔的，只是因为社会主义经济规律同时起作用，它才不同于在小商品生产和资本主义商品生产条件下罢了。他认为，价值规律虽然有时作用并不明

---

① 但是也有观点认为，这两大规律起主要的调节作用的同时，价值规律仍然可以在一定程度上起调节作用，即两大规律的调节作用和价值规律的调节作用是可以并存的，只不过有主次之分罢了。参见《经济研究》编辑部《建国以来社会主义经济理论问题争鸣（1949～1984）》（上册），中国财政经济出版社，1985，第162～170页。

② 赵靖：《社会主义条件下价值规律对生产有无调节作用》，《新建设》1956年第12期。

显，但这并不意味着它的作用停止或减少，而是在于表现形式有所不同。这就好比苹果没有落到地面上，并不意味着万有引力的规律不再起作用。[①]

应成旺主张让价值规律自发地调节社会经济生活的一切[②]。在社会主义的生产中，按比例发展规律的作用是调节的起因；而价值规律的作用是“调节”的关键。价值规律在社会主义制度下调节生产的作用，实质上和在资本主义制度下调节生产的作用是相同的。但应成旺由此对社会主义有计划成比例规律产生质疑，“有计划发展规律有社会主义生产调节者的职能是可以怀疑的”。特别值得一提的是，一些自然科学学者也提出了对价值法则的独特看法，譬如雷天觉就指出：资本主义经济的供销由价值法则自动调节，社会主义经济是手动调节，自动比手动好，手动一有毛病就坏了。社会主义生活好比淋浴，不是太热就是太冷，非常缺乏自动调节。因此，他主张由价值法则进行自动调节，还特别举了华尔街的例子作为例证，他认为，华尔街之所以交易规模这样大，是因为有一个证券交易所，交易所的活动起到了一个客观规律的作用，价格自定，用客观的方法来决定价值[③]。

1957 年，顾准和孙冶方几乎同时发表了有关价值规律的学术论文，这两篇论文也被认为是这一历史时期对价值规律研究的代表性成果。顾准主张让价值规律去制约经济计划，调节社会经济生活的一切方面[④]。关于调节的方法，顾准主张，首先应该让价值规律去支配价格的自发运动，然后根据市场价格的变动来调节社会经济的生活。例如，消费品的生产应该根据“消费品零售市场中的热销、滞销、价格涨落”来调节。总结而言，“价值规律调节生产，是通过价格变动来实现的”。不仅如此，“价值规律既调节生产，也调节流通。既调节消费资料的生产与流通。也调节生产资料的生产与流通”。为此，顾准主张给企业以更大的独立性（所谓发挥经济核算的作用）来达到这个目的。

孙冶方（1956）则主张把计划和统计工作建立在价值规律的基础上。

---

① 仲津：《社会主义制度下价值规律的作用问题》，《经济研究》1958 年第 2 期。

② 应成旺：《试论社会生产按比例发展规律的特点与要求》，《新建设》1957 年第 10 期。

③ 雷天觉时任第一机械工业部机械科学研究院副院长、特级工程师。本部分资料转引自马纪孔等《驳斥资产阶级右派对计划经济的诬蔑》，《计划经济》1957 年第 10 期。

④ 顾准：《试论社会主义制度下的商品生产和价值规律》，《经济研究》1957 年第 3 期。应当说，顾准的观点在这一时期是具有很强的超前性的，有很多学者据此认为顾准是社会主义商品经济的理论先驱，甚至孙冶方也坦言其价值规律的学说深受顾准的影响。

在他看来，价值规律是社会化大生产的客观规律，不论在共产主义社会的最高阶段或是最初阶段，这个规律将始终存在着且作用着。他提出，忽视价值规律的作用，将导致这样三个方面的问题。第一，企业经营不讲经济效益。在公有制经济内部，生产资料由国家无偿调拨，也就不存在成本核算，这导致企业完全没有成本意识和价格概念，使得企业经营效益低下。第二，产品交易不讲等价交换，很多工业产品的原材料由国家调拨，生产成本难以核算，这使得产品交易过程不可能实现等价交换。第三，国民经济核算不讲综合平衡。产品价值和价格的信号机制不完整甚至缺失，这就使得当时的国民经济核算很多时候是从使用价值角度实施的，譬如发一度电需要多少煤、炼一吨铁需要多少焦炭等。这就使得国民经济核算成为核算技术定额基础上的实物比例，而这种技术经济核算又是非常复杂的，进行综合平衡的难度非常大①。以上这些，都是计划经济体制所暴露出的弊端和问题。孙冶方主张，要把计划建立在价值规律的基础上，强调自下而上地依靠群众，按照客观规律办事，反对自上而下地依靠“长官意志”。在这一点上，孙冶方的观点对于优化和改善当时的计划经济体制具有重要意义②。

（三）价值规律作用差异论

具体到价值规律对不同类型产品的调节作用，这一时期主要针对个人消费品、生产资料进行了讨论，此外还特别讨论了价值规律在农产品和农业生产中的作用，主要观点是价值规律对不同产品的作用具有差异性。

关于价值规律对个人消费品的价格有无调节作用方面，存在着两种不同的意见。持第一种意见的陶继侃认为人民在购买各种消费品时，必然要考虑价格的高低和它们的比价，它们的价格水平直接调节着人民对这种商品的需求③。如果价格规定得不合理，就会产生一些商品脱销和另一些商品积压的现象。因此国家规定商品的价格时，要以商品的价值为基础，并考虑到各种商品的供求情况。薛暮桥也认为，即使是国营企业生产的消费品，其产量的调节也不能直接由计划决定，而是由国营商业部门从供销关

---

① 在这一时期的经济专业学术研究中，就出现了大量计算技术定额的文章，文章中涉及的大部分是一些产品技术问题。这就使得政治经济学面临陷入“工艺学”和“商品学”的窘境。参见孙冶方《把计划和统计放在价值规律的基础上》，《经济研究》1956 年第6期。

② 但是，孙冶方所提出的“价值规律”，与马克思主义经典作家提出的商品经济社会一般意义上的价值规律还有差异。

③ 陶继侃：《论价值规律在我国经济生活中的作用》，《人民日报》1957 年 3 月 8 日第 7 版。

系中进行调节。这是因为："人民对于日用百货的需要是多种多样的。不但品种繁多，而且每一品种中间还有许多不同的规格（如尺寸大小质量好坏等）和花色。任何有本领的计划部门决不能把人民需要完全调查清楚。"[①] 具体的调节做法是，国营商业部门按照市场需要，通过加工、订货、统购、选购等办法，并恰当地运用价格政策，来调节生产和销售的数量，达到供销间的平衡。薛暮桥把这种做法称为间接的计划管理，它与直接的计划管理、价值规律调节并称为三大国民经济管理方式。

第二种意见认为，价值规律对消费品的价格并不起调节作用。如骆耕漠认为，在社会主义制度下，商品的价格并不围绕着商品的价值而运动，乃是遵循以社会主义基本经济规律和国民经济有计划发展规律的要求为主，价值规律的要求为辅的原则，由国家有计划地制定出来的；价格高到或者低到何种程度才算合理，主要不是看同价值的关系如何，也不是看利润如何，而是看上述两大规律在各种具体情况下的各种具体要求如何。所以，价值规律并不是社会主义制度下商品价格的调节者[②]。

此外，关于生产资料是否超出价值规律作用范围的问题，也引起了广泛争论。主张价值规律对生产资料生产有一定调节作用的观点认为，既然承认价值规律对个人消费品的商品交换和生产有一定的调节作用，就应该承认价值规律对于生产资料的生产也起一定的调节作用。其次，在社会主义制度下，社会生产力的发展还不是很充分，各种生产资料的供给和消费之间，也还存在着矛盾。价值规律对生产资料生产与流通的调节作用就基于这种供给与需要的矛盾而存在。从另一方面来看，国营企业都是相互独立的经济单位，它们要把生产资料当作商品来相互对待，当作价值来相互较量；这样企业完成或超额完成某种生产资料生产计划的积极性，是和盈利、物质利益相联系的，而盈利的多少又和价格的高低有关系，所以企业就会对盈利少的产品兴趣淡些，盈利多的产品兴趣浓些。再次，价值规律就是价值由社会的必要劳动量决定的规律。一切产品的个别劳动耗费都必须换算为社会必要劳动耗费。在生产资料的生产中，在整个国民经济的发展中，都要合理地计划和分配社会劳动，重视投资效果和劳动的节约。在这个意义上，价值规律在劳动时间的调节和社会劳动在国民经济各部门之间的分配上，就具有支配的作用。这就表明，社会主义制度下的生产资料是真正的商品，不是只具有商品的形式。这就可以看出对社会主义制度下

---

① 薛暮桥：《再论计划经济与价值规律》，《计划经济》1957 年第 2 期。

② 骆耕漠：《社会主义制度下的商品和价值问题》，科学出版社，1957。

商品生产的理解和对价值规律在社会主义制度下的作用的理解，是有直接联系的。

主张价值规律对生产资料生产不起调节作用的观点认为，社会主义的生产的目的不是利润，而是社会的需要。特别是生产资料，它的生产数量、调拨数量都是由国家直接加以计划的，企业不能自由决定；并且，生产资料绝大部分只在国营企业内部进行调拨，不进入商品流通范围。因此，生产资料的生产只能根据社会主义基本经济规律和国民经济有计划发展规律进行调节，绝不可能也不应该让价值规律去进行调节。其次，虽然在生产生产资料的时候，也要核算社会必要劳动的耗费，并且在国民经济计划中，要注意投资效果和合理地分配社会劳动；但是，所有这些，并不能得出价值规律调节社会主义生产的结论。因为在社会主义条件下，价值规律的作用是从属于社会主义基本经济规律的。最后，社会主义国家执行优先发展重工业的方针，证明价值规律对生产资料的生产不起调节作用。

农产品是一种较为特殊的产品，农产品的价格稳定对于社会主义经济建设具有重要意义。关于价值规律对农产品价格从而对农业生产的作用方面也有两种不同的意见。主张价值规律对农业生产有调节作用的观点认为，农产品的价格、比价和差价是以价值规律为基础的，制定的价格的高低（或价格水平）能在很大程度上直接决定农业生产的规模、发展速度和各种农作物的种植比例，1953～1956 年棉价提高和棉田面积扩大的案例也证明了这种观点①。主张价值规律对农业生产不起调节作用的观点认为，虽然我国农业生产绝大部分是由集体所有制的农业社经营的，价值规律对它的影响较大，但是这并不意味着价值规律对农业生产具有调节作用②。首先，农产品的价格水平或比价不能说是由价值规律调节的。在社会主义国家，粮食、棉花等农产品的收购价格，是通过计划（价格方案）来制定的，国家从社会主义建设的利益出发，可以在不同时期把价格规定在价值以下或以上。这就说明农产品的价格是受社会主义基本经济规律和国民经济有计划发展规律调节，而不是受价值规律调节的。其次，国家对农业社虽不直接下达计划，但也并不意味着农业社只根据市场的价格水平来制订自己的生产计划。实际上国家关于粮食、棉花和油料等，主要农产品的收购计划近似于直接计划，农业社就承担了努力完成的责任。由于农业社是社会主义性质的企业，它接受党和国家的领导以及群众的监督，它

---

① 许涤新：《论价值规律在我国过渡时期的作用》，《学术月刊》1957 年第 7 期。

② 丽石：《价值规律对社会主义农业生产不起调节作用》，《理论与实践》1958 年专刊。

的生产计划一般能符合国家计划的要求。这就说明，农业生产基本上仍然是受两大规律调节的。

第三节 关于我国价格构成与价格政策问题

价格是连接价值规律和经济现实的中介环节，是商品经济中最重要的资源配置指标和工具。新中国成立以来，通过自觉地运用经济规律，我国价格工作取得了巨大成就，但也存在着一系列理论争议。在这一时期，价格工作的复杂性在于：在社会主义条件下，主要产品的价格是由国家有计划地规定的，但国家又难以制定所有产品的价格，市场供求也决定了部分商品的价格。国家制定价格和调整价格不仅要参考价值规律，还需要依据社会主义基本经济规律和国民经济有计划发展规律进行决策。因此，在价格工作中要核算成本，根据商品的成本来规定价格，又要估计到价格对生产和流通的影响，保持商品供应与需求的平衡，还要考虑到价格变动对国家积累和人民生活水平的影响。20 世纪 50 年代以来理论界普遍将价格看作核算社会劳动消耗的工具，持这种观点的代表人物是孙治方。他认为，计算生产中的劳动耗费，是通过价格来实现的，只有价格才能最精确地计算社会劳动的消耗。① 总之，要规定适当的价格，以便有利于生产发展和对非社会主义经济成分的改造。本节我们主要梳理两个方面的理论内容，一是价格趋势和消费品定价问题，二是生产资料的调拨价格问题。

一 价格趋势和消费品定价问题

消费品价格的发展趋势是这一时期讨论得比较多的一个问题。新中国成立初期，通过扩大供给、降低物价沉重打击了投机倒把活动，因此有一些人认为，在我国也应该采取不断降低消费品价格的方针，甚至提出，即使商品供不应求，也不应用涨价的办法来解决问题，而是应扩大统购统销和国家定价的范围②。这一时期，理论界普遍认为社会主义商品计划价格应直接以价值为基础。仲津提出："价格是国家依据客观的经济规律和本国的经济状况，考虑到社会主义建设的任务和人民的生活由国家规定出来

---

① 参见孙治方《把计划和统计放在价值规律的基础上》，《经济研究》1956 年第 6 期。

② 平用求：《巩固物价稳定是社会公共的和劳动者个人的共同利益》，《学习》1956 年第 1 期。

的。”它“既不是简单地依据供需关系在价值上下波动，也不存在象生产价格这样的范畴并且在生产价格上下波动”，而是“根据国家制定的价格政策，考虑到供需状况，有目的地使它同价值一致或使它同价值发生程度不同的背离”。但是“价格不能完全脱离价值”，“不能差得太远”。“价格变化长期的趋势是向着价格接近价值的方向前进。”① 按照价值规律要求规定价格在这一时期就成了共识性的意见。

社会主义改造大规模展开后，理论界开始对这种背离我国实际情况和历史特点的论断提出了批评意见，并提出我国不采取每年普遍降低工业品价格的方针是完全正确的。原因是：第一，降低价格应该考虑到供应与需求的平衡，如果片面按成本降低程度实行普遍降价，就会造成商品脱销；第二，价格调整必须既能保证社会主义建设所需要的资金积累，又能保证人民生活的改善；第三，改善人民生活，既可以采取降低工业品价格的方法，也可以采取增加职工工资和提高某些农副产品收购价格的办法。在我国目前的具体情况下，采用后一种办法，能够更加直接地刺激劳动者的生产积极性，更加有利于按照国家的需要发展生产，因此在效果上更为有利。

工农产品的剪刀差也是讨论的热点问题，新中国成立初期，由于需要为工业积累资金，对农产品采取了低价收购政策，工农产品价格剪刀差急剧扩大。但是，随着“一五计划”的实施，价格剪刀差开始出现某些变化。“从几年来市场物价变化规律来看，工业品呈降价的趋势，其中以矿业、化工为原料的产品降价快些，以农产品为原料的产品降价慢些，农产品则呈提价趋势……”② 仲津据此认为：由于工农业产品剪刀差的逐渐缩小，用人为的方式使得价格同价值发生较大的背离，并从这当中积累一部分建设资金的办法越来越不必要。我国目前农产品虽比较便宜，工业产品比较贵，但这是历史上形成的，从我国工人农民保持着巩固的联盟来看，大体上还是合理的，不应该轻易地去改变它。否则，“会使工人生活和国家建设发生新的困难，不得不在提高农产品价格之后再去提高工人的工资，引起工业品成本的提高，从而工业品的价格也就跟着提高。结果工农业产品的剪刀差仍旧没有缩小，农民生活也没有能够改善”③。工农产品可以一定程度上保留剪刀差来动员农民的积累，一方面是社会主义建设所

① 仲律：《社会主义制度下价值规律的作用问题（上）》，《学习》1957 年第 10 期。

② 范若一：《再论重工业产品的价格政策》，《经济研究》1957 年第 3 期。

③ 仲津：《社会主义制度下价值规律的作用问题（上）》，《学习》1957 年第 10 期。

必要的，另一方面相较于诸如农业税等其他形式农民也比较容易接受。

二　生产资料的调拨价格问题

生产资料价格在社会主义计划经济体制中是一个比较特殊的价格种类，由于生产资料在这一时期是由国家在国有企业内部进行计划调拨的，但同时又赋予了生产资料“价格”标签。在探讨生产资料的调拨价格之前，首先应当回答生产资料价格的合理标准问题。价格高低“一般应以成本为准：某种产品的价格超过成本较多，就相对地说它的价格高；某种产品的价格超过成本较少，就相对地说它的价格低”①。价格高低怎样合理“主要不是看价格同价值的关系如何，也不是看利润如何，而是看社会主义基本经济规律和国民经济有计划、按比例发展规律在各种具体情况下的各种具体要求如何”②。也有学者反对将成本和价格的差距看作价格水平高低的标准。南冰、索真认为价格是否高于价值，虽然可以作为衡量生产资料价格总水平的依据，但是，最重要的“是从对经济生活的影响如何，从经济建设实践，来考察价格的高低”③。对价格合理标准的不同看法也进一步导致了关于生产资料调拨价格的不同意见。

围绕着生产资料的调拨价格问题，主要有以下三种意见。第一种意见是：无论从历史比价或价格对成本的差距来看，我国生产资料价格水平都高于轻工业品和农产品。因此，相当大一部分的生产资料价高利大，应该降低价格，并把生产资料价格规定在成本加3%~5%的成本盈利率的水平上。这种观点认为，苏联科学院经济研究所编的《政治经济学教科书》第一版关于“生产生产资料的部门的产品价格照例不包含周转税。重工业中创造的纯收入的一部分，是在轻工业和其他生产日用品的部门中实现的”，这一论点对我国也是完全适合的。主要论据是：首先，生产资料较低的价格水平能够刺激企业努力发掘潜力，降低成本，巩固经济核算制。其次，生产资料按照成本加少许利润定价可以促进新技术的推广，促进工业生产上的事业化与协作。

第二种意见主张重工业产品的价格不能太低，认为价格要等于价值，否则国民经济的比例关系就会被歪曲。这一观点以南冰、索真为代表。他们认为成本对价格的差距不能作为价格水平高低的标准，如果按

---

① 骆耕漠：《关于价格中的利润和利率问题的研究》，《计划经济》1956 年第 1 期。

② 骆耕漠：《关于生产资料的低价政策问题》，《经济研究》1957 年第 8 期。

③ 参见南冰、索真《论生产资料价格问题——和骆耕漠、范若一同志商榷》，《经济研究》1957 年第 2 期。

成本加工资平均积累计算产品的价值，则我国生产资料的价格水平，并不高于轻工业品；我国的经济实践也没有反映出生产资料价格水平过高的征象。因此，他们认为，不应降低生产资料价格。他们还主张生产资料价格应该等于其价值，否则国民经济的比例关系就会被歪曲，“会助长生产资料使用不合理甚至浪费的现象”，甚至“社会主义再生产就会遭到破坏”。他们反驳生产资料应按成本加企业利润定价的主张：我国基本建设支出和技术组织措施费都编列在财务收支计划上，由国家批准拨款，因此“水涨船高，水落船低”，不必用价格来调节企业利润，而可以用征税的办法来保持企业的合理盈利，巩固经济核算制；它比利用价格标杆更为灵活和便利些①。此外，吴海若指出生产资料低价政策只能歪曲投资和促进技术不适当的更新。生产资料低于价值调拨，使国家没有完全收回生产资料生产部门的劳动消耗；使投资的物质内容多于价值；降低了技术更新的界限②。上述观点从不同角度反驳了生产资料应按成本加企业利润定价的主张。

第三种意见和上面两种意见都有不同。持有这种意见的同志以骆耕漠为代表，他认为生产资料应该采取“一般低价”的原则，但同时也认为“生产生产资料的部门的产品价格照例不包含周转税”（按成本加企业利润定价）的论点不具有普遍的妥当性③。他主张“一般低价”的论据是：生产资料采取一般低价的原则对新技术的广泛采用有刺激作用，这对农业是十分明显的；对于国营企业来说，虽然作用的程度有所不同，但对于企业和部、局能够相对独立调度的资金，则能刺激他们更多地用于改进生产技术。这种作用，在计划财务体制改革和企业权限适当地扩大以后将有所增大。

第四节 有关自由市场问题的学术讨论

在这一时期，在较为宽松的学术氛围下，不仅涌现出大量有关商品和货币问题的学术研究，而且涉及市场问题的讨论。当然，这一时期所讨论

---

① 南冰、索真：《论生产资料价格问题——和骆耕漠、范若一同志商榷》，《经济研究》1957 年第 2 期。

② 参见吴海若《价值规律在社会主义经济中的作用》，《经济研究》1957 年第 6 期。

③ 骆耕漠：《重工业产品的周转税问题——关于“生产生产资料的部门的产品价格照例不包含周转税”的研究》，《经济研究》1956 年第 3 期。

的市场尚未达到“市场经济”和“市场经济体制”的层面，主要是指进行商品交易的有形市场。这些讨论主要集中在两个方面，一是自由市场的性质，二是如何对待自由市场的发展。当时一些主要学术期刊均刊登了有关自由市场的论文，甚至连续几期围绕这一问题展开学术研讨。对自由市场的讨论具有重要理论意义，特别是在如何对待自由市场问题上，已涉及商品经济形态与产品经济形态两者关系这一重大理论问题，因此十分有必要进行思想史梳理。

一 有关自由市场的性质

陈云在1956年党的八大上指出：“在生产的计划性方面，全国工农业产品的主要部分是按照计划生产的，但是同时有一部分产品是按照市场变化而在国家计划许可范围内自由生产的。计划生产是工农业生产的主体，按照市场变化而在国家计划许可范围内的自由生产是计划生产的补充。”党的八大召开后，全国各地先后放开了一些农副产品和消费日用品的自由市场。针对自由市场存在的意义，基本上形成了统一的认识，如张锡昌指出，社会主义生产目的是满足整个社会的需要，满足人民日益增长的需要，而社会的和人民的需要是复杂多变的，不可能完全预先计划到的，这就需要通过自由市场来弥补国家市场和计划手段不完全性的缺陷①。

但是，关于自由市场的性质问题，是存在一些争论的。一部分学者认为自由市场是社会主义性质的，因为参与自由市场交易的主体主要是个体农民和小商小贩，自由市场交易总值只占全国农副产品总值的1/3左右，比重较小。此外，这种自由市场不同于资本主义国家的市场，而是国家领导下的自由市场，在发生价格剧烈涨跌等情况时，仍然通过国家议价、分配货源甚至恢复统一收购等措施加以干预②。但是，也有一些学者认为自由市场是国家资本主义性质的市场③。譬如，孟振虎就强调研究自由市场的性质必须从两方面着手：一方面是从自由市场本身的特性和它所反映的经济关系来研究；另一方面是从外界对它的影响研究。自由市场还是“一种过渡性的市场，这个市场目前在我国条件下可以称为国家资本主义性质的市场”。这个“国家资本主义”的含义，像列宁所说的：“就是我

① 张锡昌：《关于国家领导下的自由市场问题答读者问》，《学习》1956年第11期。

② 赵履宽：《略论我国自由市场的性质》，《教学与研究》1957年第5期。

③ 孟振虎：《对自由市场性质问题的初步分析》，《教学与研究》1957年第5期。

们能够加以限制，我们能够规定它的界限的一种资本主义。”此外，还有学者认为自由市场是半社会主义性质的市场①或者“基本上是社会主义性质的市场”②。

除公开的自由市场外，计划经济时期还存在着所谓“地下经济”，这一般是指那些没有正规执照，未向政府部门申报，不受工商税收机构监管和课征，甚至制造违禁品的各色经营组织和行为。在计划经济时期，这种“地下经济”多被冠以“地下工厂”、“黑工厂”、“黑市”等名目。有资料显示：计划经济时期，地下经济出现了三次发展高潮，分别是 1956 ~ 1957 年，60 年代初和 60 年代后期③。值得注意的是，1956 年 12 月 7 日，毛泽东在同民建和工商联负责人谈话时就此发表了意见。一是对于上海的地下工厂，要使其成为地上的，合法化的。二是可以开设私营工厂，同地上的作对，以解决合作工厂产品质量差的问题④。这一谈话内容表明，对于这种处在制度合法性边缘地带的私营经济，中国共产党的处理方式也不是一刀切地进行取缔，而是强调要将其纳入非法性轨道。

二 如何对待自由市场的发展

对自由市场性质问题的探讨囿于对“社会主义”、“国家资本主义”等一些基本概念的纠缠，实际上并未取得重要的研究成果，更有意义的讨论是如何对待自由市场发展的问题。从总的基调上来看，党的八大报告提出：“应当在统一的社会主义市场的一定范围内，允许国家领导下的自由市场的存在和一定程度上的发展，作为国家市场的补充。”那么，何为一定程度上的发展？这一时期的看法是，我国自由市场是工人阶级国家领导下的自由市场，这种市场的活动范围和规模是受限制的，具体来说，重要商品（重要的工业原料、粮食和重要出口物质）是不能成为自由市场的经营对象的⑤。

根据这种管理思路，参与自由市场交易活动的主体应主要是个体农民、个体手工业者和小商贩，但值得注意的是，随着社会主义三大改造的

① 靳文法：《我国自由市场的性质基本上是社会主义性质吗?》，《教学与研究》1957 年第 6 期。

② 集思：《对“对自由市场性质问题的初步分析”一文的几点意见》，《教学与研究》1957 年第 6 期。

③ 张学兵：《中国计划经济时期的“地下经济”探析》，《中共党史研究》2012 年第 4 期。

④ 《毛泽东文集》第 7 卷，人民出版社，1999，第 170 页。

⑤ 孟振虎：《对自由市场性质问题的初步分析》，《教学与研究》1957 年第 5 期。

完成，在现实中除这些少数个体外，大量农业合作社和手工业合作社都参与了自由市场交易。这就产生了一个有趣的现象，合作社作为集体所有制的微观主体，属于公有制经济范畴，而参与自由市场交易又是典型的商品经济活动，由此出现了新中国成立以来最早出现的“公有制与市场经济结合”现象。

作为公有制经济的微观载体，农业合作社在自由市场面前仍然表现出很强的“逐利性”。赵履宽指出了这样一个事例，1956 年冬季以来，全国各地的药材公司、药店、药厂和医疗单位纷纷派采购人员到河南新乡地区，串乡串社地以高于国家牌价几倍的价格抢购当地的特产中药材，造成严重的市场混乱。当地有些农业合作社甚至单方面取消了与国家签订的采购合同，把产品投入自由市场，而实际上，早在 1956 年 10 月，国务院就已经针对自由市场发出了明确指示，要求各地在完成国家收购任务之前不得开放自由市场，特别是对于那些供不应求的商品，更不允许放开自由市场。暴露出的问题实质是，即使是在公有制经济占据绝对地位的前提下，只要国家市场和自由市场同时存在，就很容易出现价格差、投机倒把、国家收购任务无法完成等问题①。这些问题，与改革开放后的价格双轨制存在很多相似之处，这也在一定意义上证明了，公有制与市场经济的结合，是难以通过两种性质的市场并存发展来实现的。商品经济形态与产品经济形态的结合，可能并不是简单地从数量、规模和结构比重等方面进行结合的②。

本章小结

从商品经济形态发展的历史逻辑来看，简单商品经济、资本主义商品经济和社会主义商品经济是三种不同的商品经济形态。在本书所涉及的过渡时期，我国理论界深受苏联政治经济学的影响，将社会主义经济总体上视为产品经济而非商品经济。但是，理论研究并不总是能够准确地反映实践，在社会经济形态演进的过程中，生产力发展所推动的生产方式变迁总是在时刻不停地向前推进，在整个过渡时期（社会主义社会），商品和货

① 赵履宽：《实现农业合作化和开放自由市场以后农产品采购工作中的几个问题》，《教学与研究》1957 年第 4 期。

② 在此，笔者有一个引申性的思考，现时代的混合所有制改革，可能也不是简单地通过不同所有制性质企业参股、控股等数量上的结合来实现的。

币关系将仍然取得发展，这是由生产力发展所推动的且不以人们的意志为转移的规律性事实。社会主义社会的经济形态属性介于商品经济和产品经济之间，而在第一个过渡时期（小过渡），使用社会主义商品经济仍然是适宜的，当然，在我国过渡时期，这一理论认识刚刚开始萌发。

第六章　国家计划经济体制的不断完善及理论探讨

本章从宏观层面刻画这一历史时期国家计划经济体制的完善过程。首先梳理了经济管理组织架构和机构部门的演变；其次探讨了国民经济计划编制和管理方式的改革措施；最后以社会主义财政和信贷体制的建立为独立案例，研究了社会主义计划经济体制的资金分配方式。

第一节　国家经济管理组织架构变迁

在这一时期，国家经济管理组织架构经历了多次调整。总的来看，“文化大革命”前尽管就已经采取了精简机构的多次政策尝试，但随着国民经济管理和计划体制复杂程度的不断提高，经济管理组织机构的数量和门类一路飙升。“文化大革命”期间，国家经济管理组织机构降到了历史最低点。1976 年后，又逐步回升到“文化大革命”前的水平。

一　1958 ~ 1965 年国家经济管理组织架构改革

社会主义改造基本完成之后，我国进入了一个相对稳定的发展时期，大规模、高速度地进行社会主义经济建设，国民经济管理工作量也极大地增加了。从经济管理机构组织变革来看，1956 年下半年，中央提出了《关于改进国家行政体制的决议（草案）》。这次改革以中央向地方下放权力为主要内容，通过国务院精简所属工作部门，以达到扩大地方自主权的目的。这次改革一直持续到 1960 年。1958 年，撤销合并了国家建设委员会等 10 多个单位。1959 年，国务院工作部门又作了进一步调整和撤并，到同年底，国务院设 39 个部委，21 个直属机构和办事机构，机构总数达 60 个，比 1956 年减少 21 个。

到1959年，涉及经济管理的国务院部委包括国家计划委员会、国家建设委员会、财政部、国家经济委员会等22个部门，专门涉及工业的有冶金工业部等8个，涉及农业的有粮食部等5个，此外，还设有商业部、对外贸易部、建筑工程部等三产管理部门。1960年到1964年，先后在中央和地方各级机关进行了两次比较集中的干部精简运动。第一次是1960年7月至1961年9月，主要集中在中央一级机关。这次干部精简以事业单位为重点，对行政部门和事业单位同时进行精简。经过一年多的努力，在机构方面，中央各部门司局级机关减少15%，事业单位减少26%；行政机关精简1.6万余人，事业单位精简6.5万余人。第二次精简从1962年2月至1964年，范围包括中央和地方各级机关。经过近两年时间的努力，中央国家机关在1961年精简的基础上，又精简了1万人。全国共精简约81万人。但1964年后，中央又开始收回50年代后期下放给地方的权力并恢复被撤销的机构，到1965年底，国务院的机构数达到79个，为新中国成立后的第二次高峰。

涉及经济管理方面，到1965年，设有国家计划委员会、国家经济委员会、国家基建委等32个部门，其中涉及工业的有冶金工业部等17个（仅机械工业部就设有8个），涉及农业的有农业部等5个，还有包括商业部、对外贸易部、建筑工程部在内的三产管理部门。

此外，在这一历史时期，我国开始启动协作区建设工作。1958年6月，中共中央颁布了《关于加强协作区工作的决定》，将全国划分为东北、华北、华东、华南、华中、西南、西北7个协作区，同时要求各协作区应当根据各个区域的资源等条件，按照全国统一的规划，尽快分别建立大型的工业骨干和经济中心，形成若干个具有比较完整的工业体系的经济区域。

二 1966～1976年国家经济管理组织架构变革

在这一时期，政府的经济管理机构发生了较大幅度的变动。1970年6月22日，中共中央同意国务院报告，将各部门由80多个撤销合并为27个，达到新中国成立以来中央政府机构数的最低点。其中涉及经济管理的机构变动情况是：国家计委、国家经委、国务院工交办、国家物委、物资部、地质部、劳动部、国家统计局、中央安置办公室合成国家计委；国家建委、建工部、建材部、中央基建政治部合成国家建委；一机部、八机部合成一机部；石油部、化工部、煤炭部合成燃料化工部；铁道部、交通部、邮电部的邮政部分合成交通部；纺织部、一轻部、二轻部合成轻工部；财政部、中国人民银行合成财政部；商业部、粮食部、供销合作总社、中央工商局合成商业部；外贸部、国际贸易促进会合成外贸部；农业部、林业部、农垦部、水产部、国务院农林办、中央农林政治部合成农林部①。

1975 年，邓小平主持国务院工作，并对各领域进行整顿，与之相适应，国务院工作部门恢复到 52 个。其中经济管理部门包括国家计划委员会、国家基建委员会等 19 个，其中工业管理部门有冶金工业部等 11 个，涉及农业的有农林部，三产管理的有商业部、对外贸易部、对外经济联络部 3 个部委。1976 年后，国家经济管理组织架构全面恢复到 50 年代的形式。

第二节 国民经济计划编制和管理方式的改革完善

从 1958 年开始，我国进入了第二个国民经济发展五年计划时期。在实施第一个五年计划的基础上，“二五”计划的编制和执行，体现了一系列改革举措②。“二五”计划基本完成后，对国民经济进行了为期三年的恢复和调整，从 1966 年开始实施第四个五年计划，1970 年开始实施第五个五年计划。在这一过程中，国民经济计划编制和管理方式，也在不断进行改革完善。

一 国民经济计划编制和管理工作的改善与优化

从形式上来看，国民经济计划属于上层建筑的范畴，它研究和处理生产力和生产关系在发展运动中的一系列矛盾。尽管计划的直接研究对象是生产力，但是，必须把国民经济计划提升到生产关系的高度加以考察。相同地，国民经济计划要研究和处理生产关系问题，但是必须归结于发展生产力的高度加以解决。从这个意义上来说，国民经济计划的编制和管理在实践中是计划部门的具体部门，但在理论上是一个典型的政治经济学问题。

---

① 武力、彤新春：《中国共产党治国经济方略研究》，中国人民大学出版社，2009，第 91 页。

② 中国人民大学经济系：《政治经济学》（社会主义部分），中国人民大学出版社，1959，第 179 ~ 184 页。

（一）统一规划、分级管理、加强协作、共同负责

保证国家对整个国民经济实行统一的计划领导，各部门、各地区和各企业，在安排生产计划和基本建设计划以及组织地区的综合平衡时，必须有全局观点，从整体出发，小局服从大局，局部服从整体，地方服从中央，贯彻“统一规划、分级管理、加强协作、共同负责”的基本计划原则，做到“全国一盘棋”。

正确处理好“重点与一般”的关系，既要保证重点，又要照顾一般，把两者正确地结合起来。周恩来在《关于发展国民经济的第二个五年计划的建议的报告》中就指出：“我们强调重点建设，并不是说可以孤立地发展重点，而不要全面安排，我们要求全面安排，也不是说可以齐头并进，而不要保证重点建设。我们在制定计划和安排工作的时候，必须把重点和全面很好地结合起来。”①

从1957年开始，中央向地方下放经济管理权限，将高度集中的计划管理体制改变为分级管理模式。将原来由国家计委统一平衡、逐级下达的计划管理体制改变为“以地区综合平衡为基础的、专业部门和地区相结合的计划管理制度”，实行以地区为主、自下而上地逐级编制计划和平衡指标方法。地方政府在计划编制和调整中获得了以下权力：可以对本地区的工农业生产指标进行调整，可以对本地区内的建设规模、建设项目、投资使用进行统筹安排；可以对本地区内的物资调剂使用，可以对重要产品的超产部分按照一定比例自行支配使用②。

（二）坚持政治挂帅、集中领导与走群众路线相结合的原则

政治挂帅就是加强党的领导，处理经济问题首先要从政治角度考虑，并不断地提高经济工作人员与广大劳动群众的共产主义思想觉悟。在计划工作中坚持政治挂帅，就是在制订和执行计划时加强党的领导，走群众路线，反对教条主义和经验主义，反对右倾保守思想。正如毛泽东所指出的：“计划、指标不经过群众辩论，主意是你们的；辩论后，群众自己是主人了，干劲自然更足。”③

从1961年开始，中央重提大兴调查研究之风，提出要把国民经济计划的编制和实践建立在调查研究的基础上。全国各地干部积极响应号召，到农村、工厂、连队、学校等基层单位蹲点进行调查研究，了解实际情

① 《周恩来选集》下卷，人民出版社，1984，第221页。

② 吴敬琏：《当代中国经济改革》，上海远东出版社，2004，第46～48页。

③ 新华社：《毛主席视察山东农村 强调部署各项工作必须通过群众鸣放辩论 办人民公社的好处是把工农商学兵合在一起便于领导》，《人民日报》1958年8月13日第1版。

况，把集中领导和走群众路线结合起来。中共中央在广泛深入的调查研究基础上，先后制定了多个工作条例。这包括《农村人民公社工作条例（草案）》（即“农业六十条”）、《国营工业企业工作条例（草案）》（即“工业七十条”）、《关于改进商业工作的若干规定（草案）》（即“商业四十条”）、《关于城乡手工业若干政策问题的规定（草案）》（即“手工业三十五条”）等①。

（三）坚持长期计划与短期计划相结合、先进指标与具体措施相结合、留有余地和加强检查相结合的原则

发展国民经济要制订长期计划，但同时也要制订短期计划。长期计划可以给人们指出一个远大的理想，鼓舞和调动人们的积极性和创造性。但是，长期计划一般来说还不具体，需要制订相应的短期计划进行配合。没有长期计划，短期计划就没有方向，没有短期计划，长期计划就会落空。

计划指标必须先进，这是社会主义建设总路线所要求的，指标要体现出多快好省地建设社会主义的要求。同时，又要把革命干劲和科学分析结合起来，使先进指标能够同具体措施结合起来，要做到“十分指标，十二分措施”。在1958年下发全党的《工作方法六十条（草案）》中，就提出了计划工作三本账的做法。其中，中央要有两本账，一本是必成的计划，这一本计划是公开的，另一本是期成的，不公布。对于地方而言也有两本账，第一本账就是中央的第二本账，这在地方是必成的，第二本账是地方期成的计划。而在进行地方经济发展成绩时，是以中央的第二本账为标准的。这实际上通过约束性指标和预期性指标构成了“中央—地方”两级的双重计划指标体系②。

留有人力、物力和财力的后备，对保证计划的顺利实现具有重要的意义。留有后备，就可以在计划执行过程中灵活地调度各种资源，及时消除可能发生的不协调现象，保证计划的顺利完成。周恩来在《关于发展国民经济的第二个五年计划的建议的报告》中指出：在国民经济的发展中，不平衡的现象是经常会出现的，这就必须保持必要的物质、财政、矿产资源、生产能力的后备力量，特别要增加国家的物资储备，以保证国民经济的均衡发展和年度计划的顺利执行，并且应付可能遇到的意外的困难。③

---

① 王桧林主编：《中国现代史》（第四版），高等教育出版社，2016，第172～175页。

② 参见赵晓雷主编《中国现代经济思想的发展》（顾海良、洪银兴主编：《新编经济思想史》第十卷），中国财经出版传媒集团、经济科学出版社，2016，第85页。

③ 《周恩来选集》（下卷），人民出版社，1984，第221页。

同时，为了保证计划顺利执行并针对特殊情况进行调整，有必要加强对计划执行情况的检查。通过检查，可以发现新的积极因素和潜力，适时调整原定指标，不使其埋没。也可以发现新的困难并及时解决。

二 国民经济计划编制和国民经济统计方法的持续改进

随着“三五”、“四五”计划的编制和实施，国民经济计划编制方法在实践中得到检验，既体现出一些优势，同时也暴露出很多问题。针对这些问题，研究者进行了深入探讨并提出一系列优化和改进办法，国民经济计划的编制方法进一步完善，形成了比较系统的计划编制流程和模式。

国民经济计划的基本方法是平衡法。社会主义扩大再生产包括三个方面的内容，即物质财富的扩大再生产、货币财政关系的扩大再生产和劳动力的扩大再生产，因此，国民经济平衡关系也相应地包括物质比例平衡、价值（货币）比例平衡和劳动比例平衡，国民经济计划平衡表也就相应地包括物资平衡表、货币平衡表和劳动力平衡表三种。物资平衡表按照经济用途来分，可分为生产资料平衡表和消费品平衡表。货币平衡表主要是用来确定居民、企业和国家等的货币收入与其分配之间的平衡关系，主要包括居民货币收支平衡表、国家预算、部门财务收支平衡表、国家银行信贷计划和现金出纳计划等。劳动力平衡表包括部门劳动力平衡表、地区劳动力平衡表、技术工人平衡表、专门人才平衡表等。在以上三类平衡表的基础上，还需要编制综合性的国民经济平衡表，这主要包括社会总产品平衡表、国民收入平衡表、国民经济劳动综合平衡报表等①。

计划管理方式的革新也包括国民经济统计方法的改进，杨坚白提出，相对于社会总产品产值而言，国民收入更能够反映国民经济实力的增长状况。这是因为，社会产品总值是各物资生产部门总产值的综合，在总产值中是应该包括物质消耗（转移价值）在内的，这样，按照“工厂法”计算的总产值就必然存在很多重复计算。与此相反，由于国民收入是各物质生产部门的净产值的综合，它已经把各种重复计算的物资消耗完全扣除了，它所表现的完全是在一定期间内新创造的价值、新创造的物质财富，因此能够更为准确地表现国家经济实力的变化②。

---

① 郭子诚：《国民经济计划的编制方法》，《教学与研究》1959 年第 10 期。

② 杨坚白：《略论国民收入的生产、分配和使用在社会主义经济中的重大意义》，《新建设》1960 年第 3 期。

作为对“一五”、“二五”、“三五”计划编制工作的总结，李富春（1964）指出：国民经济计划的制订，前提是要整理出一个国民经济计划的总轮廓、总盘子，以便于安排各方面的工作。这个总轮廓包括以下内容：（一）根据需要和可能，初步计算农业、工业的主要生产指标。（二）根据生产指标，匡算一下国民收入增长的可能，国家、集体的积累和人民生活改善的可能，国家财政收入的可能。（三）在财政支出中，初步计算工农业生产、基建、国防、文教科学和其他事业各占多大比重，以及支援国外占多大比重。（四）从农业的增长可能来看工业交通企业职工人数增长的可能。（五）根据工农业生产指标、财政收入、职工人数考虑基本建设规模搞多大，考虑基本建设投资和物资如何分配[①]。

第三节　社会主义财政和信贷体制的建立和完善

社会主义财政和信贷是国家政权对社会产品的一种有计划的分配关系，与其他经济活动不同，财政和信贷是对资金的分配。从生产方式的角度来看，是将资金这种重要的生产资料与劳动力结合起来的过程，从生产关系的角度来看，是要处理好财政和信贷部门与其他经济部门特别是物资资料生产部门之间的关系[②]。新中国成立后，我国国家财政通过对资金的统一调配，积极配合了对农业、手工业和资本主义工商业的社会主义改造，为国家的社会主义工业化和经济发展提供了资金保障。

一　社会主义财政和信贷工作需要遵循的基本原则

在这一时期，社会主义财政和信贷工作依据的是马克思主义再生产理论。马克思主义再生产理论将社会物质资料生产部门分为生产资料生产部门和生活资料生产部门，两大部门的生产和再生产活动必须保持一定的比例结构。而在商品经济形态下，两大部门的平衡关系不仅体现在实物平衡上，同时还体现在价值形态的平衡上。

社会主义国家发展生产建设事业的资金不外乎两部分：一部分用于基

① 《李富春选集》，人民出版社，1992，第341～342页。

② 在本书涉及的历史时期，社会主义信贷是通过财政对国营金融机构的拨款作为资金来源的，因此，基本上也属于计划经济活动，改革开放后，由于信贷活动部分地实现了市场化（即转变为“金融”活动），因此在本书的后续各卷，不再对“信贷”作系统深入分析。同时，在今后各卷的分析中，将把“财政”放到分配章节中进行阐述。

本建设，增加和更新固定资产；另一部分用于流动资金，来补充生产周转和商品流通扩大的需要。而资金运动既采取实物形态也采取价值形态（货币），货币资金代表着一定的物资。国家拿多少货币资金用于基本建设，应当同国家拿多少物资投入这方面的建设相适应，而国家拿多少货币资金用于生产周转和商品流通，也应当同国家用多少物资投入这方面的周转相适应。所以对货币资金同物资二者必须统筹兼顾，统一平衡，全面安排。而要使货币资金分配同物资供应平衡，就必须使作为再分配货币资金的两条主要渠道——财政和信贷统一平衡，同时还要做到财政、信贷同物资供应之间相互平衡。

为此，梁文森提出了安排财政、信贷和物资平衡时需要遵循的三个原则。第一，要使财政支出、信贷投放所形成的货币购买力需求同物资供应之间在总量上相互平衡[①]。第二，在财政支出和信贷投放所形成的货币购买力同物资供应在总量上相互平衡的前提下，使它们在构成上也相互平衡，也就是说，使得用来购买生产资料的货币同生产资料供应相互平衡，用来购买消费品的货币同消费品的供应相互平衡。显然，这个原则是从马克思主义再生产理论的两大部类平衡原理衍生出来的。第三，使财政信贷收支同物资供应在地区之间相互平衡[②]。总的来说，财政和信贷形成的货币供给（物资需求），应该与货币需求（物资供应）在总量、产业和地区三个层面上形成平衡、统一安排。

二 社会主义财政与信贷之间的关系

尽管在计划经济体制下，财政和信贷两者同属于国家统一进行资金分配的手段，但两者仍然具有一定差异。一方面，全民所有制企业的纯收入的绝大部分虽已为国家预算所集中（一小部分作为企业利润留成，归企业自行支配）。但另一方面，社会上还有一部分闲置资金要通过银行信用来集中，这一部分资金也就成为银行信贷资金的来源。而在国家掌控银行机构所有权的体制下，银行集中的社会闲置资金，虽为数不少，但还不能满足工业、商业、农业贷款的需要，必须依靠财政上的拨款才能达到收支平衡。这就提出了财政和信贷两者分工责任的问题。

坚持财政资金和信贷资金的“分口”管理，是财政和信贷平衡上的一项重要原则。赵帛提出，不应使这两种资金互相混淆，特别是注意不要

---

① 这实际上就是指货币供给和货币需求之间要实现平衡。

② 梁文森：《关于财政、信贷、物资平衡的若干问题》，《经济研究》1961 年第 10 期。

使信贷资金用于财政性的开支。如果银行信贷资金用于基本建设投资或其他财政性开支，就等于银行也成了国家的财政拨款机关，这会打乱国家的基本建设计划和物资供应计划，造成国家预算的不平衡，对银行本身也会造成信贷资金的呆滞和周转不灵①。当国家预算补不上银行支付的财政性支出而不得不增加货币发行时，还会导致货币流通和商品流通的脱节。所以信贷资金只能用于流动资金，而基本建设投资和其他财政性开支或长期贷款必须列入国家预算，不得混淆。

因此，在计划经济体制下，企业流动资金的一部分是要由财政预算集中起来的资金通过信贷的渠道再分配出去而形成的。如果财政预算是收入大于支出，那么，财政存款增加，信贷资金就充实。假如财政预算是支出大于收入，财政存款就会减少，而信贷资金就会感到不足，因而影响信贷收支的平衡。而信贷收支的不平衡，反过来又会影响预算收支的不平衡。所以，财政资金和信贷资金必须全面安排，统一平衡。为此，梁文森提出，应根据流动资金必要量确定银行信贷资金来源中需要由财政提供的资金量，来正确安排财政同信贷之间的统一平衡。国家要根据信贷收支差额在年初安排财政预算时由财政拨给银行的信贷资金，或者说，计划由财政拨给银行的信贷资金量，是根据流动资金必要量减去所有企业的自有流动资金和各类存款的差额来确定的，从而使财政同信贷之间取得统一平衡②。

本章小结

在这一历史时期，除“文化大革命”期间经济管理体制受到政治运动冲击外，国民经济的计划体制是处在不断完善过程中的，这主要表现在国民经济管理机构的持续膨胀和部门分工的日益细化。显然，日益细化的管理分工标志着计划编制工作的系统化和复杂化，这也同时提出了如何保证计划在收集、传递和处理信息方面的准确性和及时性的问题。也正是在这种背景下，计划编制必须从完全的“自上而下”转变为“自上而下”与“自下而上”的结合，在计划编制和执行中把集中领导

① 赵帛：《关于财政、信贷、现金、物质之间平衡关系的研究》，《经济研究》1961 年第 7 期。

② 梁文森：《关于财政、信贷、物资平衡的若干问题》，《经济研究》1961 年第 10 期。

和走群众路线结合起来。此外，由于这一历史时期的国民经济计划工作采用的是苏联范式的物质产品平衡表体系（MPS），围绕这一体系的统计指标和计划编制方法进行讨论和反思，也成为该时期我国计划工作的重要内容之一。

第七章　高速度发展、综合平衡与国民经济有计划按比例发展规律

在第一个五年计划时期，我国工农业总产值年均增长率达到10.9%，1958年开展社会主义建设“大跃进”运动，全年工农业总产值比1957年增长48%，其中工业总产值增长速度达到了惊人的66%。而后的1959～1961年，国民经济经历了一段困难时期，随着“调整、巩固、充实、提高”这一整套调控政策的成功实施，此后至1966年，国民经济一直处在中高速增长状态。“文化大革命”十年，国民经济增长呈现出较大波动。高速度发展和经济大幅波动交替出现，在实践中向计划当局提出了综合平衡的要求，在理论上也促使政治经济学综合平衡理论逐渐走向成熟，并成为中国社会主义政治经济学宏观调控理论的重要组成部分。通过综合平衡方法应对经济波动，推动高速度发展和经济赶超，构成了这一历史时期最重要的经济图景，也产生了具有鲜明历史特征的宏观生产关系。从理论层面提炼这一宏观生产关系，实际上也就提出了国民经济有计划按比例发展规律的适用性问题。

第一节　高速度发展与经济赶超战略

在“大跃进”运动之后的一段时间，我国社会主义经济的主旋律是高速度发展。1958年5月，中共八大二次会议通过了“鼓足干劲、力争上游、多快好省地建设社会主义”的社会主义建设总路线。通过1958年北戴河政治局扩大会议和1959年庐山政治局扩大会议的两次推动，以钢为纲的工业生产“大跃进”和人民公社化运动在全国迅速掀起。社会主义建设总路线、“大跃进”和人民公社也被统称为“三面红旗”。

也正是在这一时期，明确了经济高速度发展和经济赶超战略，并且，这种经济赶超战略是以钢铁作为主要比较标准和衡量指标的。1956 年 8 月 30 日，毛泽东在八大预备会议第一次会议上发表了《增强党的团结，继承党的传统》的讲话，他认为："美国建国只有一百八十年，它的钢在六十年前也只有四百万吨，我们比它落后六十年。假如我们再有五十年、六十年，就完全应该赶过它。"[①] 1957 年，毛泽东又再一次提出："赫鲁晓夫同志告诉我们，十五年后，苏联可以超过美国。我也可以讲，十五年后我们可能赶上或者超过英国。"[②] 至此，超英赶美的经济发展战略就正式确立下来。

为了实现经济高速度发展和经济赶超，势必优先发展重工业，而这就必须采用计划手段，建立起高度集中的计划经济体制。曹远征认为：为了实现这种经济赶超目标，必须具备三个条件，一是对外经济统制，二是以重工业为先导产业，三是必须强制性地限制消费以促进积累[③]。林毅夫、蔡昉、李周指出：在一个发展水平极低、资本极度匮乏的国家内优先发展重工业，只能人为地压低资本、外汇、能源、原材料、劳动力等生产要素的价格，以降低重工业形成的门槛。同时，由于市场机制很难保证稀缺资源流向不具有比较优势的重工业部门，就必须借助计划手段配置资源。因此，他认为：一旦选择了以优先发展重工业为目标的赶超战略，则一定会形成扭曲的宏观政策环境、高度集中的资源配置制度和没有自主性的微观经营机制[④]。

1961 年 1 月召开的中共八届九中全会确定了"调整、巩固、充实、提高"的方针，紧接着，在第二次庐山会议上，进一步强调了八字方针的重要意义，提出要以三年左右的时间，把工业的生产指标和建设规模降到确实可靠的水平上。1962 年扩大的中央工作会议（即"七千人大会"）初步总结了"大跃进"以来社会主义经济建设的经验教训，其核心议题是如何看待高速度发展以及赶超战略。毛泽东在"七千人大会"上提出，要在总结正反两方面经验的基础上，加深对社会主义经济规律

---

① 《毛泽东文集》（第 7 卷），人民出版社，1999，第 89 页。

② 《毛泽东文集》（第 7 卷），人民出版社，1999，第 325 ~ 326 页。

③ 曹远征：《中国经济现代化进程中的体制变革分析》，《管理世界》1989 年第 3 期。

④ 林毅夫、蔡昉、李周：《论中国经济改革的渐进式道路》，《经济研究》1993 年第 9 期。相关的一些研究还有：何帆《传统计划体制的起源、演进和衰落》，《经济学家》1998 年第 2 期；陈甬军《中国为什么在 50 年代选择了计划经济体制》，《中国经济史研究》2004 年第 3 期。

的认识①。

作为这一历史时期整体性的经济发展战略，在 1964 年 12 月第三届全国人民代表大会第一次会议上，根据毛泽东的建议，周恩来在《政府工作报告》中首次提出，在 20 世纪内，把中国建设成一个具有现代农业、现代工业、现代国防和现代科学技术的社会主义强国，实现四个现代化目标的"两步走"设想。第一步，用 15 年时间，建立一个独立的、比较完整的工业体系和国民经济体系，使中国工业大体接近世界先进水平；第二步，力争在 20 世纪末，使中国工业走在世界前列，全面实现农业、工业、国防和科学技术的现代化。笔者认为，以"四个现代化"为代表的经济发展战略，体现了党在总结新中国成立以来经济建设正反两方面经验的基础上提出的总体发展构想，是对高速度发展和经济赶超战略更为完整的概括，不宜仅仅看到"大跃进"时期的经济高速增长而否定这一历史时期的整体战略。从改革开放后的发展实践来看，这个战略目标的设定是稳妥务实的。

第二节　如何在高速度发展的同时保持综合平衡

在理论上如何看待这种高速甚至超高速的经济增长，如何处理高速度发展与国民经济综合平衡的关系，是这一时期讨论的焦点问题之一。

一　综合平衡的含义和内容

对于综合平衡的具体内涵，出现了多种不同视角的理解。在党的领导人层面，毛泽东主要是从事物的发展规律这一哲学层面界定平衡问题的。在《关于正确处理人民内部矛盾的问题》中，他指出："所谓平衡，就是矛盾的暂时的相对的统一。过了一年，就整个来说，这种平衡就被矛盾的斗争所打破了，这种统一就变化了，平衡成为不平衡，统一成为不统一，

① 特别值得注意的是，毛泽东在 1963 年 5 月修改《中共中央关于目前农村工作中若干问题的决定（草案）》时增写了一段话，这段话后来以《人的正确思想是从哪里来的》为题单独发表。这篇文章可以看作毛泽东对新中国成立以来社会主义建设工作的哲学总结。在走过了"大跃进"、三年自然灾害等天灾人祸造成的曲折道路后，毛泽东同志提出以下观点："人的正确思想是从哪里来的？是从天上掉下来的吗？不是。是自己头脑里固有的吗？不是。人的正确思想，只能从社会实践中来。"

又需要作第二年的平衡和统一。"① 陈云认为："所谓综合平衡，就是按比例；按比例，就平衡了。"② 当然，这里的比例是合理的比例、科学的比例。李富春也提出："搞国民经济规划，一个最重要的问题，是要有整体观念，要对工农商学兵各个方面进行全面安排，搞好综合平衡。"③

在理论界，有关综合平衡的界定也不一致。中国人民大学计划教研室认为综合平衡是计划国民经济的基本方法④；汪明德提出，综合平衡，全面安排，是国民经济计划安排的方针⑤；杨坚白认为，综合平衡是社会主义计划工作的灵魂，综合平衡和计划化差不多是同义语，我们做计划工作，实际上多是做的综合平衡⑥。换言之，综合平衡是从方法和方法论上来为计划做服务的，从这个角度来看，综合平衡就是要正确处理人力平衡、物力平衡和财力平衡，以及三者之间的适应关系⑦。从综合平衡的任务和作用来看，邝日安、刘国光、董辅礽提出，国民经济平衡的任务"就是要解决社会劳动按社会需要的比例进行分配以及劳动时间在整个国民经济范围上的节约"，"合理安排人力、物力和财力的分配比例，节约地利用这些资源"，"以达到国民经济的最大的经济效果和最高的发展速度"⑧。

当然，也有学者站在处理生产力和生产关系的高度来看待综合平衡问题，如漆琪生提出，"综合平衡的基本任务，不仅要从实物形态和价值形态上，安排社会产品与国民收入在各部门和各方面的合理平衡，实现扩大再生产；最首要的还须正确地处理生产关系的各种矛盾，调动一切积极因素，保证生产关系的进一步巩固和提高"⑨。杨坚白认为，"国民经济的综合平衡，就其根本意义来说，首先就是如何正确处理生产关系和生产力、上层建筑和经济基础的平衡和不平衡问题"⑩。

在这一时期，围绕综合平衡的含义曾出现了两大争议性问题，第一是

---

① 《毛泽东文集》（第7卷），人民出版社，1999，第216页。

② 《陈云文选》（第3卷），人民出版社，1995，第211页。

③ 《李富春选集》，人民出版社，1992，第336页。

④ 中国人民大学计划教研室：《国民经济计划学》，中国人民大学出版社，1962，第30页。

⑤ 汪明德：《商业计划工作要贯彻执行综合平衡、全面安排的方针》，《大公报》1961年9月6日第3版。

⑥ 杨坚白：《对综合平衡中几个问题的探讨》，《人民日报》1961年7月25日第7版。

⑦ 杨坚白：《关于国民经济平衡的几个争论问题》，《江汉学报》1964年第6期。

⑧ 邝日安、刘国光、董辅礽：《试论实现我国社会主义建设总路线中国民经济平衡工作的基本任务和原则》，《经济研究》1959年第12期。

⑨ 漆琪生：《批判马寅初的"团团转综合平衡"的谬论》，《新建设》1960年第5期。

⑩ 杨坚白：《论社会主义经济发展的平衡和不平衡问题》，《经济研究》1960年第5期。

如何理解平衡的绝对性和相对性问题，第二是如何区分“积极平衡”和“消极平衡”。“平衡是相对的，不平衡是绝对的”，成方认为不平衡是经常的，并且，不平衡正是推动国民经济进一步发展的动力①，欧阳柽提出社会主义国民经济存在着一条“不平衡—平衡—不平衡”发展的规律性②，而李光远批评“平衡派”：要想把各部门各方面的发展限制在一个框框里，“齐步走”，保持所谓绝对的平衡，这是十足的右倾机会主义的想法③。

但是，即使在“大跃进”的狂热气氛下，也仍然有研究者强调国民经济“平衡”的重要性。《前进》1959 年第 22 期发表的社论《论综合平衡》认为：绝不能以不平衡的绝对性作为根据，来否定保持相对平衡的重要性，甚至把“平衡”和“保守”混同起来。更不能把扩大主观能动性，违反了有计划按比例发展规律而造成的不平衡，当作客观事物发展的不平衡。在国民经济发展过程中，平衡虽然是不平衡运动中的暂时现象，但也是不以人们的意志为转移的客观过程。在事物发展不平衡的同时，客观上便产生了相对平衡的要求。《解放》1959 年第 15 期的社论《注意综合平衡》提出：就是因为不平衡是经常的，所以就要我们不断地组织新的平衡，丝毫不能忽视国民经济的综合平衡工作。

二　如何实现国民经济综合平衡

与西方经济学强调供给管理或需求管理的单边宏观调控思路不同，综合平衡更侧重于整个国民经济系统的平衡和协调。综合平衡的国民经济管理方法，一方面要求通过选择重点领域带动经济在较短时间内实现快速发展，另一方面也包含了调节短期宏观经济波动的思想，兼顾了长期增长和短期波动两个层面的内容。总的来看，保持国民经济综合平衡的思路主要有以下几类。

（一）波浪式前进与非均衡发展

毛泽东在平衡与不平衡的辩证统一规律基础上，提出经济发展是一个波浪式前进的过程，因此也是一个非均衡发展的过程，但这个非均衡发展的目的是实现国民经济的综合平衡。毛泽东指出：“我们马克思主义者认为，不平衡，矛盾，斗争，发展，是绝对的，而平衡，静止，是相对的。

---

① 成方：《财经管理体制与计划平衡》，《新建设》1958 年第 8 期。

② 欧阳柽：《综合平衡是经济计划工作的科学方法》，《经济研究》1961 年第 10 期。

③ 李光远：《跃进和平衡》，《前线》1959 年第 22 期。

所谓相对，就是暂时的，有条件的。这样来看我们的经济问题，究竟是进，还是退？我们应当告诉干部，告诉广大群众：有进有退，主要的还是进，但不是直线前进，而是波浪式地前进。"[①] 这就是说，不平衡是常态，绝对平衡是不可能的，要实现国民经济综合平衡，只有在不断的均衡到非均衡再到均衡的动态过程中实现。毛泽东历来主张，不能忽略和回避这种非均衡的矛盾，降低要求和发展速度，而是要正视矛盾，后进赶先进，创造条件以解决矛盾，加快发展速度，实现经济赶超。也正是在这个意义上，毛泽东非常强调"积极平衡"，反对"消极平衡"。

值得注意的是，毛泽东有关不平衡的绝对性、平衡的相对性以及波浪式前进的思想，不仅仅是针对经济建设领域而提出来的，而且反映了他本人对于整个社会主义建设的某些看法。在社会经济政治生活的各个领域，无时无刻不存在着矛盾，不平衡是经常的、绝对的，平衡是暂时的、相对的。因此，必须不断采取行动解决矛盾，促进不平衡走向平衡，这实际上也构成了"不断革命论"的方法论基础。但在当时，这一方法论并没有得到完整准确的理解。正如迈斯纳所指出的："毛泽东强调'不平衡'是历史发展的绝对和普遍规律，是针对制度经济发展五年计划所需要的那种理性的计划与计算精神而言，中国的经济计划者和大多数党的领导人对这种不平衡理论十分伤脑筋。"[②]

（二）以"四大比例、三大平衡"为核心推进综合平衡

1954 年 6 月 29 日至 7 月 1 日，中共中央政治局召开扩大会议，讨论编制第一个五年计划的问题。29 日、30 日，陈云就计划编制情况向会议作汇报，其中着重阐述了五年计划必须按比例发展的问题，第一次明确提出"四大比例、三大平衡"的思想，即农业与工业、轻工业与重工业、重工业各部门之间、工业发展与铁路运输之间要按比例发展，财政收支、购买力与商品供应、主要物资供需之间必须平衡，此外，技术力量的供需之间也要平衡。

在此之后，陈云又多次围绕实现综合平衡的路径和方法进行了阐述和说明，这也成为陈云经济思想中最具代表性的内容之一。1962 年 3 月，在总结"大跃进"经验教训的中央财经小组会议上，陈云提出了"按短线搞综合平衡"的思想。他认为："过去几年，基本上是按长线搞平衡。

---

① 《毛泽东选集》（第 5 卷），人民出版社，1977，第 314 页。

② 〔美〕莫里斯·迈斯纳：《毛泽东的中国及后毛泽东的中国》，杜蒲、李玉玲译，四川人民出版社，1990，第 267 页。

这样做，最大的教训就是不能平衡。结果，建设项目长期拖延，工厂半成品大量积压，造成严重浪费。在这方面，这几年的教训已经够多了。按短线搞综合平衡，才能有真正的综合平衡。所谓按短线搞平衡，就是当年能够生产的东西，加上动用必要的库存，再加上切实可靠的进口，使供求相适应。”①

（三）以重点带动一般的综合平衡方法

在“大跃进”时期，“以钢为纲”成为以重点带动一般的典型做法，大部分观点认为，“以钢为纲”是国民经济综合平衡的重要途径，当然，这也要求在理论上把重点发展的依据说清楚。仇启华认为，保证重点，可以保证全局的按比例发展。虽然它可能造成某些局部的比例失调，但这种比例失调是正常的，是有计划按比例发展规律发生作用中必然出现的合乎规律的现象，经过努力，是完全可以克服的。相反，不保证重点，就会造成全局的比例失调，这样局部也难以保持比例不失调。“我们社会主义建设的经验也证明，只有重工业优先发展，只有以钢为纲，才能保持国民经济发展中的必要的比例关系。”②

在20世纪60年代初对“大跃进”的总结反思过程中，也有学者就重点带动一般提出了不同意见。如罗季荣、杨坚白认为应该按照农、轻、重的顺序安排投资，以实现整个国民经济的综合平衡③。冀经文认为，在综合平衡工作中应首先考虑政治要求，也即为无产阶级的政治服务的要求④。闻潜、冯立天提出必须以满足社会需要作为出发点来实现综合平衡⑤。此外，杨坚白还认为，综合平衡是以社会总产品和国民收入为主体的、以速度和比例为核心的国民经济平衡。社会再生产的本质问题是要尽可能地减少劳动消耗，增加社会总产品和国民收入的实物量，特别是增加国民收入实物量⑥。

（四）“团团转”、积极平衡和消极平衡

1957年后，马寅初于50年代早期提出的“团团转”综合平衡理论基

---

① 《陈云文选》（第3卷），人民出版社，1995，第211页。

② 仇启华：《关于社会主义经济中重点和一般的关系》，《经济研究》1959年第4期。

③ 罗季荣：《农业、轻工业、重工业综合平衡方法论的初步探讨》，《中国经济问题》1960年第2期；杨坚白：《试论按农轻重方针进行综合平衡》，《光明日报》1962年11月5日第4版。

④ 冀经文：《高举毛泽东思想红旗，彻底粉碎右倾机会主义的消极平衡论》，《东风》1960年第1期。

⑤ 闻潜、冯立天：《略论综合平衡的客观对象》，《光明日报》1963年12月23日第4版。

⑥ 杨坚白：《关于国民经济平衡的几个争论问题》，《江汉学报》1964年第6期。

本上被否定，理由主要是认为“团团转”实质上是消极平衡。柳谷岗、一禾、梁文森认为，“团团转”的平衡方法，不过要求把各个环节依次轧平并首尾轧平，也就是说使先进迁就落后，而不是使落后赶上先进，是一种“消极的平衡方法”①。在对马寅初的批判中，陈如龙、王琢认为他是用资产阶级的“见物不见人”的观点去抽象地谈论再生产的各种比例关系，片面强调生产工具的作用②，同时，叶景哲、陈立国、关其学还提出，团团转理论不恰当地夸大了价格和价值规律在计划经济中的作用，实际上是否定了有计划按比例发展规律的作用，按这一做法，不可能实现国民经济的综合平衡③。许新文也认为，马寅初的团团转理论的哲学基础是庸俗机械均衡论，而且还剽窃了庸俗经济学的边际效用数理学派，代表性的为古诺（Cournot）和马歇尔（Alfred Marshall）的学说，违背了辩证法的对立统一规律④。

在有关综合平衡的问题中，“消极平衡”和“积极平衡”是一对具有鲜明含义的概念。1958 年 2 月 28 日《人民日报》发表了题为《打破旧的平衡，建立新的平衡》的社论，提出了积极平衡和消极平衡问题。社论认为：“一种方法，是采取积极的态度解决不平衡，不断地提高落后的指标和定额，使它适应于先进的指标，向先进的定额看齐，这是积极的平衡。另一种方法，是采取消极的态度解决不平衡，总是企图压低先进的指标和定额，使它迁就落后的指标，向落后的定额看齐，这是消极的平衡。积极平衡和消极平衡，这是计划工作中两种相互对立的方法，它是人们两种互相对立的思想方法的表现。”有关消极平衡和积极平衡的含义、做法和意义的争论，从五六十年代一直延续到改革开放之后。

第三节 在遵循经济规律的基础上实现综合平衡和推动高速度发展

斯大林在《苏联社会主义经济问题》中首次提出了社会主义“国民

① 柳谷岗、梁文森：《从国民经济平衡理论看马寅初的“团团转平衡论”》，《光明日报》1958 年 6 月 17 日第 3 版。

② 陈如龙、王琢：《评马寅初的经济理论和政治立场》，《经济研究》1958 年第 11 期。

③ 叶景哲、陈立国、关其学：《评马寅初先生的综合平衡理论》，《经济问题》1958 年第 3 期。

④ 许新文：《批判马寅初的“团团转”》，《新建设》1960 年第 3 期。

经济有计划按比例发展规律”。在之前的章节中，我们对新中国成立初期“国民经济有计划按比例发展规律”的学术研究进行了初步整理。在本节，我们将进一步探讨这一问题。1958 年后，围绕国民经济有计划按比例发展规律，展开了一场旷日持久的理论争论，这场理论争论的背景有两个方面，一方面是我国社会主义三大改造已经结束、“一五”计划已胜利地提前完成，社会主义建设的实践在客观上需要对客观经济规律进行进一步研究。另一方面，从 1958 年到 1962 年，我国国民经济出现了大幅波动，学界争论的焦点在于，以“大跃进”为表现形式的高速度发展，是否符合国民经济有计划按比例发展规律的要求。换言之，社会主义经济建设究竟能否实现有计划按比例或者如何实现有计划按比例，围绕着一系列问题，学界提出了一系列研究观点，也由此构成了 20 世纪 50 年代末 60 年代初第一次政治经济学研究高潮的两大热点之一（另一热点问题是商品经济问题）。当然，需要指出的是，本节在内容上属于宏观层面的生产关系，国民经济中具体的比例结构问题将放在中观层面生产关系的相关章节进行阐述。

一 “有计划按比例”能否被称为客观经济规律

在 20 世纪 60 年代初形成的第一次政治经济学研究高潮中，对有计划按比例发展规律是否能称为客观经济规律，产生了一些不同意见①。有观点认为，“计划是主观的东西，客观上根本不存在什么计划现象”，“在实际生活中，人们感觉到的国民经济发展是由国民经济计划调节的，看不到国民经济有计划按比例发展规律的调节作用”②。也有观点认为：“国民经济有计划、按比例发展规律难于捉摸”③，“有计划是主观的东西，按比例是客观的东西，是客观要求”④。这些观点总结起来，就是认为国民经济有计划按比例发展规律都是主观的，而不是客观的经济规律。“有计划”是人的主观意志，社会主义社会对生产起调节作用的是不平衡规律，经济越是不平衡，就越能使经济迅速发展，根本没有什么有计划按比例发展的

① 《经济研究》编辑部：《建国以来社会主义经济理论问题争鸣（1949～1984）》，中国财政经济出版社，1985，第 316～364 页。

② 王琢：《我对国民经济有计划按比例发展若干问题的看法》，《经济研究》1959 年第 6 期。

③ 袁宇前：《高速度和按比例》，《前线》1959 年第 4 期。

④ 王琢：《我对国民经济有计划按比例发展若干问题的看法》，《经济研究》1959 年第 6 期。

规律[①]。

二 有计划按比例发展规律的内容和表述

从严格意义上来说，国民经济有计划按比例发展规律，是斯大林在1952年出版的《苏联社会主义经济问题》一书中明确提出来的，这一表述的标准形式是“国民经济有计划（按比例）发展规律”，围绕“有计划”和“按比例”的关系，学界进行了讨论。

“有计划”和“按比例”在含义上是有差异的，仲津较早地提出，按比例发展与有计划发展的含义不同。虽说在社会主义制度下两者不能分开，但有计划发展和按比例发展所说明的终究是不同的方面。所以，把“按比例”三个字放在括号里面，作为“‘有计划’的同义语，是不十分确切的”[②]。也有学者认为，任何社会形态都不存在按比例发展规律，否则会导致取消国民经济有计划按比例发展规律[③]。在生产资料私有制条件下，没有产生这一规律的客观基础；在社会主义条件下，“如果承认这一规律的存在，也会导致取消国民经济有计划按比例发展规律”，因为在同一社会形态下，“不可能同时存在两个要求相同的经济规律”。国民经济有计划按比例发展规律，是在生产资料公有制的基础上，作为竞争和无政府状态规律的对立物而产生的，它“包括按比例发展的要求”。社会主义经济的最大特点和优点，就“在于它的计划性和比例性的一致”，就“在于它的计划是以一定比例为基础的计划，比例是以统一计划为指导的比例”。因此，“国民经济有计划按比例发展规律是社会主义社会所特有的经济规律”。把它“分为有计划发展规律和按比例发展规律的意见是不正确的”。

骆耕漠等学者认为，社会生产的按比例发展规律，是各社会形态共有的（或一般的）规律，有计划按比例发展是它在社会主义社会的作用形式（或表现形式）[④]。社会生产按比例发展规律，不论在什么社会制度下，总是在客观上存在着并起着作用，只是作用的形态或过程有所不同而已。

---

① 杨英杰：《论社会主义社会中的几个重要经济规律》，《新建设》1962年第12期。

② 仲津：《社会主义经济的有计划发展规律》，《学习》1957年第1期。

③ 李光宇：《对国民经济有计划按比例发展规律的看法》，《经济研究》1959年第7期。

④ 骆耕漠：《关于有计划（按比例）发展规律的几点研究》，《经济研究》1961年第11期；参见王琢《我对国民经济有计划按比例发展若干问题的看法》，《经济研究》1959年第6期；刘友禛、廖光凤《有计划按比例规律与计划工作》，《安徽日报》1962年5月22日第4版；刘圣亚《国民经济有计划按比例发展的规律》，《内蒙古日报》1962年6月6日第3版。

在社会主义制度下，由于消灭了私有制，建立起社会主义公有制，生产者已经不被分割，而是结成一体和有直接的社会联系，他们开始有可能按照最后已被认识的近代生产力的本性去处置它。这表明有计划（按比例）发展的客观可能性。再者，社会主义生产是大规模的社会化生产，国民经济各部门一环扣着一环，它们是密切不可分的，必须在社会（国家）的统一组织、统一安排下进行。这表明有计划（按比例）发展的“客观必要性”。这样，在社会主义制度下，社会生产就必然是在人们自觉之下，经常地按比例发展，这就是国民经济有计划（按比例）发展规律。

三　在遵循经济规律的基础上实现综合平衡

（一）价值规律与有计划按比例发展规律

在20世纪五六十年代政治经济学有关规律的研究中，围绕着实现综合平衡的基础，研究者们也展开了争论，具有代表性的有两种观点。第一种观点是孙冶方提出的“将计划建立在价值规律上”，也就是说，综合平衡工作本身就是运用价值规律的活动，那些无视价值规律，光凭主观意图行事的经济政策（包括价格政策）和经济计划，到头来就是打乱了一切比例关系，妨碍了国民经济的迅速发展，只有把计划放在价值规律的基础上，才能使计划成为现实的计划，才能充分发挥计划的效能。

第二种观点强调了有计划按比例发展规律对于综合平衡工作的重要性。漆琪生认为，马克思主义的综合平衡是以马克思主义的扩大再生产原理和国民经济有计划按比例发展规律为基础建立起来的。它通过国民经济计划的指标体系，将社会主义扩大再生产过程中各种基本因素的内在联系，具体地反映为平衡表上的各种比例关系①。闻潜、冯立天把综合平衡看作社会主义和共产主义特有的计划经济范畴，社会主义生产的直接目的是满足社会的需要，因而在社会生产和社会需要之间有可能通过国家计划建立起直接的联系。而这种直接联系为综合平衡提供了客观前提，使之成为可能②。

（二）高速度发展本身是否成为规律

在这一时期，理论界普遍将“大跃进”看作社会主义经济高速度发展的表现形式，甚至将高速度发展上升到社会主义经济规律的高度。关梦觉将高速度发展规律概括为：社会主义经济高速度发展规律，要求社会主

---

① 漆琪生：《批判马寅初的“团团转综合平衡”的谬论》，《新建设》1960年第5期。

② 闻潜、冯立天：《略论综合平衡的客观对象》，《光明日报》1963年12月23日第4版。

义国民经济以比资本主义经济高得多的速度，全面地、不断地向前发展[①]。这包括三个要点：第一，社会主义经济发展速度必然要远远超过资本主义经济；第二，社会主义经济的高速度发展是全面的、综合的；第三，社会主义经济的高速度发展是连续不断的，而不是像资本主义国家那样，周期地遭受经济危机的袭击。高速度发展之所以可以作为一个独立的社会主义经济规律，关梦觉认为，是因为社会主义基本经济规律所反映的是社会主义生产目的以及达到这个目的的手段，并没有回答社会主义经济发展速度问题。而国民经济有计划按比例发展规律、劳动生产率不断提高规律，都只是反映了社会主义生产方式某些重要方面的发展，只有社会主义高速度发展的规律，才集中地、全面地反映了并决定着社会主义经济的高速度发展[②]。

当然，也有关于高速度发展的不同声音，特别是有学者认为，高速度发展并不是客观规律，而是一种工作要求或原则，高速度必须服从于“有计划按比例发展规律”，只有在符合社会主义基本经济规律和国民经济有计划按比例规律的基础上才有可能达到高速度[③]。从这个角度来看，高速度与有计划按比例两者是互相依存、互相制约、互相促进的统一的关系。

本章小结

马克思主义哲学认为，世界上一切事物的发展都是不平衡的。平衡和不平衡是对立的统一，而不平衡是经常的、绝对的，平衡则是暂时的、相对的。事物发展的过程，就是由不平衡到平衡再到不平衡的过程，因此，事物发展的形式也不可能是直线的，而必然是波浪式的、螺旋式的。毛泽东在《矛盾论》中也指出，世界上没有绝对的平衡发展的东西。平衡和

---

① 关梦觉：《社会主义经济高速度发展的规律和我国的大跃进》，《新建设》1960 年第 1 期。

② 这一时期将高速度发展看作社会主义经济规律的研究还有很多，如田尔、陆汉章《对高速度和按比例关系的一些看法》，《学术月刊》1959 年第 8 期；尹世杰《国民经济高速度与按比例发展的关系》，《理论战线》1959 年第 6 期。

③ 典型的研究包括：杨英杰《论社会主义社会中的几个重要经济规律》，《新建设》1962 年第 12 期；杨坚白《略谈综合平衡》，《大公报》1962 年 3 月 26 日第 3 版；薛暮桥《社会主义经济的高速度和按比例发展》，《人民日报》1959 年 1 月 7 日第 7 版；李光宇《对国民经济有计划按比例发展规律的看法》，《经济研究》1959 年第 7 期。

不平衡的辩证关系也适用于社会主义国民经济发展，所谓综合平衡并不是绝对平衡、时时平衡、处处平衡，而是各个部门、各个地区在不同时间段平衡与不平衡的辩证统一。在“大跃进”、三年困难、“文化大革命”等不同的历史时期，社会主义国民经济都出现了剧烈波动，这一方面为综合平衡的内在含义提供了实践注释，另一方面，也向中国共产党和经济学理论界提出了新的问题，这就是如何更为准确地理解综合平衡，如何将不平衡和经济波动限制在可控范围内，以保证国民经济在不平衡发展中兼顾高速度和高质量。在发展中经济体工业化的过程中，就曾出现均衡发展和非均衡发展两种截然不同的工业化思路。非均衡发展战略要求发展中经济体将有限的资源投入特定的主导产业或地区，通过主导产业和增长极的优先发展带动其他部门和地区的发展①。应当说，这一思路与20世纪五六十年代中国社会主义政治经济学的综合平衡理念是高度契合的。

---

① 从更为宽泛的意义上来看，非均衡发展战略包括主导产业带动（阿尔伯特·赫希曼的非均衡发展战略）和特定地区拉动（弗朗索瓦·佩鲁的“增长极理论”）等多种学术观点。有趣的是，从时间上来看，阿尔伯特·赫希曼（Albert O. Hirschman）在1958年出版了其重要著作《经济发展战略》，正是在这本书中，他提出了非均衡发展战略。参见Albert O. Hirschman, *The Strategy of Economic Development*, New Haven, CT: Yale University Press。

第八章　社会主义的商品经济和价值规律

自然经济、商品经济和产品经济是人类历史相继出现的三种社会经济形态。在自然经济中，社会分工发展的程度比较低，家庭和个人自给自足，封闭保守，交易活动被限制在很小的范围内。在商品经济阶段，社会分工取得大发展，人们在生产资料私人占有的基础上进行分散决策，并由此形成市场交易。产品经济是在生产力和社会分工进一步发展的基础上出现的，作为生产资料共同占有者的“自由人联合体”，其私人劳动直接成为社会劳动，商品、货币和市场的作用逐渐减弱并最终退出历史舞台。原始社会是自然经济社会，而奴隶社会和封建社会是自然经济和商品经济并存的社会，但自然经济占据主导地位。资本主义社会是排除了自然经济的商品经济社会。作为取代资本主义社会而出现的社会主义社会（现实中的社会主义社会），商品经济和产品经济是并存的，呈现出一种混合型的社会经济形态。1957 年社会主义改造完成后，针对社会主义商品经济的探讨，基本上是在与马克思主义经典作家所预言的那个社会主义社会（共产主义社会第一阶段）的比较中展开的。因此，对现实中存在的商品经济采取什么样的理论态度和政策措施，就成为这一时期的研究焦点所在。

第一节　党和国家领导人对社会主义商品经济的基本观点

总的来看，在这一历史时期，党和国家领导人对商品经济采取的是辩证的、积极的支持态度。1958 年 11 月 2 日至 10 日，毛泽东召集部分中央领导人和部分地方负责人在郑州举行工作会议，在会议上毛泽东多次讲话，批评了企图废除商品生产、向共产主义过渡的错误做法[①]。毛泽东有关商品经济谈了这样几个观点。第一，商品经济将在社会主义社会长期存在。毛泽东指出："进入共产主义要有步骤。我们向两方面扩大：一方面发展自给性的生产，一方面发展商品生产。现在要利用商品生产、商品交换和价值法则，作为有用的工具，为社会主义服务。在这方面，斯大林讲了许多理由。商品生产有没有消极方面呢？有就限制它嘛！"

第二，社会主义商品经济与资本主义商品经济存在差别。毛泽东认为，商品经济本身与资本主义并不是同一个概念："现在，我们有些人大有要消灭商品生产之势。他们向往共产主义，一提商品生产就发愁，觉得这是资本主义的东西，没有分清社会主义商品生产和资本主义商品生产的区别，不懂得在社会主义条件下利用商品生产的作用的重要性。"正因为商品生产仍然很重要，所以社会主义还必须大力发展商品经济。"商品生产不能与资本主义混为一谈。为什么怕商品生产？无非是怕资本主义。现在是国家同人民公社做生意，早已排除资本主义，怕商品生产做什么？不要怕，我看要大大发展商品生产。"

第三，消灭商品经济必须以生产资料公有制为前提条件。毛泽东认为，消灭商品经济必须以生产资料公有制作为前提条件："现在我们的全民所有是一小部分，只占有生产资料和社会产品的一小部分。只有把一切生产资料都占有了，才能废除商业。我们的经济学家似乎没有懂得这一点。"为此，毛泽东认为，在新中国成立还不到十年的前提下，急于消灭商品生产是不现实也是不可能的。"商品流通的必要性是共产主义者要考虑的。必须在产品充分发展之后，才可能使商品流通趋于消失。同志们，我们建国才九年就急着不要商品，这是不现实的。只有当国家有权支配一切产品的时候，才可能使商品经济成为不必要而消失。只要存在两种所有制，商品生产和商品交换就是极其必要的、极其有用的。"

在同一时期，刘少奇对社会主义制度条件下的商品经济问题也进行了一些理论思考。1959 年，刘少奇在研读苏联《政治经济学教科书》第三版时提出，生产资料在社会主义社会仍然是商品。1962 年，刘少奇负责指导生产资料流通的改革工作时，还提出了"物资工作就是个市场，是生产资料的市场"这一观点，比较早地涉及了生产资料的商品交换和市场流通问题，他还提出劳动力虽然不是商品，但仍然采取了商品的形式。

---

① 本节毛泽东所作论述内容参见《毛泽东文集》第 7 卷，人民出版社，1999，第 434 ~ 441 页。

作为党杰出的经济工作领导人，陈云在这一时期也提出了对商品经济的独到看法。早在1957年，陈云为国务院起草了《关于改进工业管理体制的规定》《关于改进商业管理体制的规定》《关于改进财政管理体制的规定》三份文件，这三份文件从具体国情出发，较为系统地阐述了我国在社会主义改造基本完成后，如何处理计划与商品、工业与商业、中央与地方等若干重要关系的问题，是我国在计划经济时期重要的政策文件，同时也具有重要的理论指导意义。1961年经济困难时期，陈云就如何看待市场问题发表了一些阐述，他提出，“现在供应紧张，应该‘两条腿走路’，即有些商品可以实行凭证分配的办法，有些商品应该是只要有钞票就可以买”，之所以在经济困难时期还要发挥市场的作用，陈云认为，这有三个作用，一是缓和人心，二是可以增加营养，三是可以回笼货币[①]。

这些观点都表明，党的领导人在20世纪50年代末60年代初对社会主义商品经济进行了探讨，这为后续商品经济的学术研究奠定了思想上的准备[②]。值得注意的是，1962年“七千人大会”期间，毛泽东在修改刘少奇代表党中央所作的工作报告时，增加了这样一段话：“按劳分配和等价交换这样两个原则，是在建设社会主义阶段决不能不严格地遵守的马克思列宁主义的两个基本原则。”[③] 应当说，这段话基本上代表了20世纪五六十年代党的领导人对社会主义商品经济的态度。

第二节 理论界有关商品经济的讨论

商品经济和价值规律问题是这一时期学术讨论最为激烈的主题之一。1959年4月中国科学院哲学社会科学学部经济研究所联合上海社会科学院在上海召开了经济理论研讨会，作为新中国成立以来规模最大的一次经济研讨会，其主题正是社会主义商品经济生产和交换关系问题[④]。在“大跃进”和人民公社化运动中，出现了无偿调拨物资、不讲等价交换原则的现象，这些接近于“产品经济”的政策做法，一定程度上引致了50年

---

① 《陈云文选》第3卷，人民出版社，1995，第142～143页。

② 顾龙生：《中国共产党经济思想史1921～2011》上册，山西出版传媒集团、山西经济出版社，2014，第492～493页。

③ 顾龙生：《毛泽东经济年谱》，中共中央党校出版社，1993，第562～563页。

④ 参见张问敏《中国政治经济学史大纲（1899～1992）》，中共中央党校出版社，1994，第425～426页。

代末60年代初的经济剧烈波动。为此，学术界承接过渡时期的探讨，从理论上对商品经济问题进行了更为深入系统的分析。

一　社会主义商品生产存在的原因

1957年之前，大多数研究沿袭苏联政治经济学教科书的观点，认为社会主义全民所有制和集体所有制的存在[①]，是导致社会主义仍然存在商品经济的根本原因。这一提法隐含着的深意在于，一旦消灭了集体所有制，则社会主义将不再存在商品经济，而是会演进为产品经济形态。也正是从这个角度出发，加快城市合作社和农村人民公社的全民所有制改造、扩大合作社和人民公社的边界，成为1958年"大跃进"和人民公社化运动的核心主题，而正是这种做法饱受诟病。

1957年后特别是国民经济度过三年困难时期后，理论界开始对社会主义商品生产存在的原因进行深入的思考和探索，在这场讨论中，形成的核心观点是社会主义商品经济不仅根源于生产资料的所有制形式，还与社会主义的现实生产力水平、社会分工、按劳分配和劳动力所有制有着紧密的联系。

对于生产资料的所有制形式差异导致商品经济仍然存在的观点，很多研究都进行了深入的理论挖掘和发挥。孙冶方在一系列论文中较为系统地阐述了社会主义商品的特点。他的分析是从马克思的抽象法出发的，孙冶方指出，马克思将商品作为《资本论》的起点，是运用抽象法将其他譬如垄断等因素先抽象掉，实际上，按照马克思的界定，《资本论》中的商品在现实中也是找不到的。马克思对商品的界定有两个基本精神，一是商品生产是通过市场、通过买卖来保持相互独立的生产者之间的相互联系的生产。二是商品生产者是独立的财产所有者，他们只有交出自己的等价的产品同人家交换，才能取得其他商品生产者的产品。综合这两个方面因素，孙冶方认为，社会主义商品经济存在的原因主要还是从所有制上去寻找，尽管社会主义经济条件下主要是实行公有制的，但是全民所有制和集体所有制的主体还是不同的所有者，两者之间的经济关系不能互相调拨，而应该尊重等价交换原则，从这个意义上来说，在社会主义社会，商品的本质特征还是保留着的。当然，由于孙冶方从根本上还是从所有制出发来分析社会主义商品经济，因此，他坚持认为（至少在20世纪60年代这个

---

① 也有学者将全民所有制和集体所有制称为社会主义生产的两种基本形式，参见赵靖《社会主义制度下商品生产存在的原因》，《新建设》1958年第4期。

历史时期）在全民所有制内部流通的产品不是商品，因为这中间不存在不同所有制之间所有权的转让①。

作为把宏观生产关系和中观层面生产关系结合起来的典范，中国人民大学经济系对社会主义商品经济存在的原因也是从两种所有制角度出发的，但是一般性的宏观分析不同，其认为社会主义商品经济是工农业之间加强经济联系的必然要求，通过商品交换，可以加强城市和乡村、工业和农业之间的产品联系，发展彼此之间的分工协作，互相提供对方所需要的生产资料和消费品②。社会分工与商品经济之间的关系，也是这一时期讨论的议题之一。卓炯（1961）是较早从分工视角探讨社会主义商品经济问题的，他在《中国经济问题》上发表的论文《申论社会主义制度下的商品》中写道："现在的事实很明显，在公有制度下，不论是全民所有制的产品也好，集体所有制的产品也好，只要有社会分工存在，产品就要进入交换过程，就要成为商品。……这种商品经济的特点就是计划商品经济，它和私有制下的自由商品经济完全不同。"③ 赵靖（1958）认为社会分工虽然是商品生产存在的一个必要条件或原因，但却不是商品生产存在的唯一条件或充要条件，这是因为，交换双方的当事人在相互交换他们的产品时，不仅是由于社会分工的存在决定了各种劳动产品具有社会的使用价值，还必须各自对自己的产品具有充分的所有权④。丁植柏在与卓炯的商榷文章中也持有相似的意见，他认为，经典作家在论述商品经济问题时，从来都是同所有制问题联系起来的⑤。骆耕漠从《资本论》、《哥达纲领批判》以及《反杜林论》等经典著作的论述出发，提出商品经济的基本特点是私有的个别劳动对社会总劳动的关系，只能采取市场交换的方式来体现，也就必然表现为生产物之间的神秘的价值关系。一旦私有制被消灭，这些关系就会被消灭。因此，骆耕漠坚持强调：现代公有制经济不是商品经济，根本不存在商品价值关系⑥。

---

① 孙冶方：《社会主义经济论稿》，中国大百科全书出版社，2009，第163~182页。

② 中国人民大学经济系：《政治经济学》（社会主义部分），中国人民大学出版社，1960，第242~243页。

③ 参见卓炯《论社会主义商品经济》，广东人民出版社，1981，第116页。李炳炎、杨永华等学者据此认为卓炯是"计划商品经济理论"第一人。

④ 赵靖：《社会主义制度下商品生产存在的原因》，《新建设》1958年第4期。

⑤ 丁植柏：《社会分工不是商品经济存在的唯一原因——与于凤村同志商榷》，《经济研究》1963年第2期。

⑥ 骆耕漠：《商品经济的消灭及其规律的探索之一——经典作家关于公有制社会不存在商品关系的一般论断的介绍》，《学术月刊》1964年第9期。

此外，也有学者提出，国营企业以“按劳分配”的方式面向职工进行个人消费品分配，其中也存在着商品经济关系。何匡提出，即使所有制结构全部转变为全民所有制，只要劳动者仍然是按劳取酬的，就必然存在商品生产。这是因为，全民所有制企业员工多劳多得的权利是与其所在企业的经营状况密切联系的，因此，为了真正地执行“按劳分配”，企业就必须是独立的核算单位，自负盈亏，因此，全民所有制内部调拨的生产资料也必须作为商品来对待①。甚至从这一点出发，何匡认为社会主义全民所有制与共产主义全民所有制的区别，就在于消费资料是否由个人占有。千家驹指出，工资的货币形态是商品继续存在的一个重要理由，在共产主义高级阶段没有到来之前，即当我们还没有可能直接以劳动时间来计算社会劳动量，还没有达到按需分配的原则之前，就有必要通过商品和货币来实现消费品在社会成员之间的分配②。苏星也同样指出，社会分工和生产的社会化，个人消费品实行按劳分配的必然性，是全民所有制经济内部存在商品生产的重要原因③。

按劳分配作为社会主义的主要分配原则，不仅取决于生产力水平的实际状况，还在于劳动力在实质上仍然是个人私有的。王学文提出，既然有劳动部分个人所有制因素的存在，社会为了承认这种所有者的所有权，就要全民所有的消费品与个人所有的劳动相交换……就要采取商品与货币的形式④。于伍也提出，社会主义按劳分配原则的直接根据是劳动力本人私有制。劳动力本人私有制和社会主义的商品性质也有着本质的联系。由于劳动力本人私有制还存在，社会主义制度下的劳动就不能不含有一定程度的私的性质，由这种劳动生产的产品也就不能不通过商品形态来实现这种产品的特殊的社会性质⑤。

但是，也有研究认为，不能用按劳分配来解释商品经济的存在，胡绳的评论是：按劳分配制度和商品生产是具有密切联系的，但它们之间并不是因果关系，它们的终极原因在于社会生产力发展还没有达到可以实行按需分配的水平，因此，必须采用按劳分配的形式，通过商品生产来实现消

---

① 何匡：《关于社会主义制度下商品生产和价值规律问题》，科学出版社，1959，第694页。早在过渡时期，围绕“全民所有制内部调拨的生产资料是不是商品”就出现过争论，在本书所涉及的历史时期，围绕这个问题出现了一些新的观点。

② 千家驹：《关于社会主义制度下的商品生产和价值规律问题》，《新建设》1959年第2期。

③ 苏星：《全民所有制经济内部的商品生产和价值规律问题》，《红旗》1959年第16期。

④ 王学文：《社会主义制度下的商品关系与价值规律》，《经济研究》1959年第5期。

⑤ 于伍：《试论社会主义社会的劳动力所有制形式》，《新建设》1962年第6期。

费品在各个生产者之间的分配，分配制度不能决定商品的命运①。胡钧更是认为，用按劳分配来论证全民所有制内部存在商品经济关系是错误的②。他指出，按劳分配和商品交换虽然有共同的地方，即它们都是一种形态的劳动与另一种形态劳动的等量交换，但两者仍然存在着本质的差别。这种差别就在于，按劳分配所要求的等量劳动的交换是直接的劳动交换，而商品关系所反映的等量劳动交换是在物的形态上的劳动的相互交换，即等价交换。二者的本质区别，就在于这个等量劳动中是否包含生产资料的优劣所带给劳动生产效率的影响③。

作为一个研究商品生产问题的方法论总结，卫兴华提出，不应从"硬结的定义"中去把握商品这一范畴。卫兴华认为，如果只是从私有制和所有权转移这些视角来分析商品存在的原因，就陷入了一种机械的、教条式的研究方法论中。这种做法的通病是：首先定义一个概念，然后将这个定义作为一种绝对意义上的尺度，去衡量各种复杂的交换关系，符合这个尺度的，就属于"商品"，不符合这个尺度的，就不是商品。例如，很多研究根据公有制经济中交易不发生所有权转移，就将国营企业的生产资料视为非商品④。甚至有些学者认为国营商品卖给国营企业职工的产品不是商品，卖给农民的产品就是商品。显然，这种看法既没有什么实际意义，和现实生活的差距也太远了。卫兴华认为，要从价值和使用价值这两个根本属性上来理解商品的本质，也就是商品和其他范畴相区别的根本特征。价值的实体是社会必要抽象劳动，价值的决定和实现都反映着不同生产者之间、不同生产者和消费者之间的经济关系。因此，价值是商品最本质的属性，正是这个属性把商品和非商品区分开来，使商品成为表现特定经济关系的范畴⑤。

从这一时期有关社会主义商品经济问题的讨论来看，尽管在重大原则

---

① 胡绳：《关于我国现在的商品生产》，《红旗》1958 年第 14 期。

② 胡钧：《关于全民所有制内部商品价值形式问题》，《红旗》1959 年第 12 期。

③ 胡钧：《关于全民所有制内部商品价值形式问题》，《红旗》1959 年第 12 期。

④ 围绕这个问题，实际上有很多学者参与了争论，另外在社会主义商品生产存在的原因部分，我们也作了一些介绍。蒋学模、骆耕漠等学者一直认为，国营企业出售给职工的消费品不属于商品，而雨田等人认为其仍然是商品。参见骆耕漠《社会主义制度下的商品和价值问题》，科学出版社，1957；蒋学模《商品问题上的争论不仅是概念之争——与雨田同志商榷国营企业"出售"给职工的消费品是否商品》，《学术月刊》1959 年第 4 期；雨田《国营企业工人购买的消费品不是商品吗——与骆耕漠同志商榷》，《学术月刊》1959 年第 2 期。

⑤ 卫兴华：《社会主义制度下商品生产的研究方法问题》，《理论月刊》1959 年第 11 期。

性问题上保持了一致，但是，对于商品经济在社会主义经济的哪些具体领域将仍然存在下去、社会主义社会经济形态在多大程度上具有商品经济性质，都出现了激烈的争论和尖锐的意见分歧。这也为1978年后社会主义商品经济的大讨论埋下了伏笔，社会主义商品经济的三种理论倾向——窄派、中派、宽派，也是在这个时期初步形成的。

二　社会主义商品经济的性质及其前途命运

（一）社会主义商品经济与产品经济的关系

商品经济形态是人类社会继自然经济后的第二种社会经济形态，也是人类生产方式的第二个历史发展阶段。作为一种宏观层面的生产关系，商品经济出现于原始社会末期，在奴隶制社会、封建制社会都取得了一些发展。特别是在资本主义制度确立下来后，商品经济的发展日益加快，并形成了高级商品经济形态——市场经济。因此，社会主义商品经济与资本主义商品经济存在着哪些差异？换言之，社会主义商品经济是一种新的社会形态，还是仅仅是资本主义商品经济的一种新形式呢？与这个问题相联系的是，社会主义商品经济的发展会不会导致资本主义的重新萌发？

面对以上这些重大理论问题，孙冶方的早期探索结论是，社会主义全民所有制下各不同企业之间交换的劳动产品是社会主义产品，而不是商品。但这种产品也具有价值，这被称为“第二号价值”，但共产主义社会仍然存在①。中国科学院武汉哲学社会科学研究所的观点是，社会主义商品交换关系体现了相互协助、相互支持的同志式的互助合作关系，而这种关系将随着社会主义的不断发展和人们的觉悟水平日益提高，也将不断地发展。这就是共产主义式的人与人的关系②。也正是在这个意义上，很多研究者提出，社会主义商品经济已经是一个新型的社会经济形态了。如樊弘认为，社会主义商品经济是人类发展史上商品生产的新种③，朱剑农认为，社会

① 孙冶方在《社会主义经济论》中提出了这一观点。《社会主义经济论》是指孙冶方1962年上半年和1963年上半年在中国人民大学政治经济学系研究班讲课的记录稿。需要注意的是，孙冶方的“第二号价值”是通过社会主义计划当局计算出来的，与完全市场交易条件下的价值又是有区别的。1976年后，孙冶方对这个问题有了新的思考，但并未完全突破“产品商品论”的范畴。在后面我们将系统地阐述孙冶方“产品商品论”（或产品价值论）的内容。

② 编写组：《大众政治经济学》，中国科学院武汉哲学社会科学研究所，1960，第110页。

③ 樊弘：《关于在社会主义下商品生产的问题》，载中国科学院经济研究所编《关于社会主义制度下商品生产和价值规律问题》，科学出版社，1959，第415~416页。

主义商品生产是一种新型的完全摆脱了任何私有制因素的商品生产[①]。针对社会主义商品经济是否会产生资本主义的问题，北京大学经济系的观点是，我国商品生产是在国家统一规划、统一领导下进行的，这就不仅从根本上杜绝资本主义产生的可能性，而且只会对社会主义和共产主义的事业大有好处[②]。沈以宏也认为，担心发展商品生产会引导到资本主义，这是完全没有必要的，这是因为资本主义的经济基础已经从根本上摧毁了[③]。

但是，社会主义商品经济是否产生了质变，也有一些不同的观点。余霖认为，商品是私有制度的产物，到资本主义社会发展到最成熟的阶段。社会主义社会的商品同资本主义社会的商品相比，它的性质仍然有相同的部分，只有局部的、一定程度上的差别，只产生了局部的、一定程度上的质变。到它原来的性质完全消失的时候，它就不再成为商品。不可能在资本主义商品以外，又出现一种性质完全不同的所谓社会主义商品[④]。吴敬琏也提出，商品交换的存在是和私有制以及私的残余相关联的。商品范畴所反映的社会关系，是私有者之间或带有某种私有意义的、互相当作外人看的关系[⑤]。甚至有学者认为，商品经济是滋生资本主义的温床。汪旭庄等认为，无论旧的资产阶级分子的复辟活动或新的资产阶级分子的产生和成长，以及他们相互勾结的反社会主义活动，在很大程度上是与社会主义社会还存在着的商品货币经济相联系的。社会主义经济机构和国家机关中的少数蜕化变质分子，他们的资产阶级个人主义思想的发展，他们的蜕化变质，他们的贪污盗窃、投机倒把等活动，也多半是和现存商品货币关系相联系的。总之，商品货币经济和市场的存在正是社会主义社会阶级斗争、两条道路斗争的重要经济条件和活动场所[⑥]。

从人类三种社会经济形态的发展历程来看，田光认为，商品经济取代自然经济，产品经济取代商品经济，是一个否定之否定的辩证发展过程。否定不是简单地宣布事物不复存在，否定是扬弃，是既克服又保留。社会主义商品经济的发展方向是产品经济，社会主义产品经济既克服了自然经济的闭关自守，又以根本改变了的形式保留了自然经济为了满足需要而生产的这个特点，既克服了商品经济中的劳动两重性，又以根本改变了的形

① 朱剑农：《论我国的商品生产及其性质问题》，《理论战线》1959 年第 1 期。

② 编写组：《中国社会主义经济问题》，北京大学经济系，1960，第 138 页。

③ 沈以宏：《关于目前我国商品生产的两个问题》，《理论战线》1959 年第 1 期。

④ 余霖：《社会主义社会的商品》，《新建设》1965 年第 6 期。

⑤ 吴敬琏：《社会主义制度下的两类交换》，《经济研究》1959 年第 1 期。

⑥ 汪旭庄、章时鸣：《评骆耕漠同志的商品消亡论》，《学术月刊》1964 年第 11 期。

式保留了产品的两重性（必要劳动和使用价值的两重性）。因此，产品经济的出现是以往自然经济和商品经济的全部发展所准备好了的，是合乎历史发展的客观规律的[①]。

（二）如何把利用和限制商品经济结合起来

从我国经济学界有关商品概念和性质等问题的讨论来看，意见分歧是比较大的，各方相继发表了很多观点，都始终未能形成共识，商榷的各方也都说服不了对方。但是，进入 20 世纪 60 年代后，特别是在“大跃进”结束后，出于恢复生产的需要，商品经济仍然在全社会范围内普遍存在着并取得了比较快的发展。因此，如何把利用和限制商品经济结合起来，就成为新的重要议题。无论社会主义商品经济与资本主义商品经济存在着怎样的差别，商品将以怎样的形式退出流通领域，商品经济总归是“以物的依赖性为基础的人的相互依赖关系”的形式存在，必将在社会主义条件下继续发展和演进。因此，社会主义社会要利用和限制商品经济，发挥其有利于生产力发展的一面，抑制其不利于生产力发展和社会主义制度巩固的一面。利用和限制商品经济，首先需要解决的问题是如何处理自给生产和商品生产的关系。党的八届六中全会《关于人民公社若干问题的决议》中明确提出，人民公社发展生产的根本方针之一，是要实行自给性生产和商品性生产并举。自给生产与商品生产之间不仅存在着矛盾和斗争，而且也存在着统一，彼此互相促进、互为影响、互为条件、互为前提。一方面，必须既要充分发展自给生产，也要在粮、棉、油、菜等基本生活资料比较丰足的同时，大力发展多种经营，扩大工业和手工业生产。维武提出，由于地区条件、资源状况和人力物力的限制，任何一个公社都不可能完全做到自给自足和闭关自守，都必须发展商品性生产，甚至在我国农村生产力还十分落后的情况下，对于活跃经济发展有着重要作用的商品生产还不是很发达，需要优先发展商品性生产，重点扩大农业多种经营的范围[②]。

第三节　价值规律与价格机制

价值规律是商品生产的经济规律，在社会主义社会，既然存在商品经

① 田光：《从自然经济、商品经济到社会主义“产品经济”的辩证发展》，《经济研究》1964 年第 1 期。

② 维武：《论人民公社的自给性生产和商品性生产同时并举》，《教学与研究》1959 年第 3 期。

济关系，价值规律也就必然发生作用。在以公有制为基础的社会主义社会中，价值规律不再作为一个支配人们经济活动的异己的盲目力量发生作用，而是作为一个被认识了的客观必然性发生作用。

一 围绕价值规律与价格形成机制的学术讨论

在商品经济条件下，价格是价值的货币表现形式，价值规律的内容不仅包括商品价值的决定因素，也包括商品价格的具体形成机制。在社会主义制度背景下，价格形成机制发生了哪些变化，价值规律有关价格形成的内容应进行哪些方面的修正，这也成为商品经济关系中亟待探讨的问题。围绕价格形成机制的讨论，一直从20世纪50年代持续到60年代，形成了两次大的理论争论。

（一）50年代末的讨论

在小商品生产条件下，商品的价值之所以直接以价值为基础，就是因为简单商品生产的目的是“为买而卖”，人们关心的是劳动能否得到等量补偿。而在垄断前资本主义的条件下，价格之所以直接以生产价格为基础，是因为这时不同生产部门资本家之间相互竞争，使各个资本家的同量资本，不论投入什么生产部门，也不论各个部门工人创造的剩余价值有多少，都只能够依据自发形成的平均利润率取得平均利润。在垄断资本主义条件下，一方面原有的许多资本主义经济规律仍然发挥作用，另一方面又有垄断资本主义阶段新的特有的经济规律发生作用，结果使商品价格脱离生产价格，形成垄断价格。

在以生产资料公有制为基础的社会主义社会里，价格是由国家根据价值规律和社会主义经济规律（如社会主义基本经济规律、国民经济有计划按比例发展规律、社会主义积累规律）的要求，并考虑到其他有关的政治经济因素，有计划地制定的。社会主义制度下的计划价格，体现着国家、集体和个人之间以及社会主义企业相互之间的互助协作关系。因此，社会主义经济中的价格形成机制有以下几个方面的特点①。

第一，社会主义国家有计划地以价值为基础来制定价格。第二，就同一部门内的不同企业所生产的同一种商品来说，价值的制定一般应该以部门平均的劳动耗费即社会必要劳动耗费为基础，而不能以个别企业的个别劳动耗费为基础。第三，就不同部门所生产的不同商品来说，它们之间的

① 白洪：《社会主义制度下价值规律对价格形成的制约作用》，《教学与研究》1964年第4期。

比价关系，应该大体上反映它们的社会价值之间的比例关系。在实际定价工作中，商品比价的安排，不仅要考虑到各种商品的社会价值之间的比例关系，而且要考虑到其他一系列的政策性因素（如鼓励或限制某种商品的消费），因此，各种商品的比价关系同它们的社会价值之间的比例关系是不完全一致的。第四，社会主义国家在掌握全社会的物价总水平时，必须考虑到全社会的商品价格总额等于商品价值总额这一原则。

涉及社会主义制度下的价格决定特点，于光远总结为三个方面的内容①。第一，在社会主义制度下，价格决定是具有计划性的。第二，价格决定直接以价值为基础，不需要经过生产价格这个转化形式。当然，这一方面并不否认价值与价格也可能存在背离的情况，另一方面，于光远对于社会主义制度条件下是否存在生产价格表示怀疑②。第三，社会主义制度下价格决定具有较大程度的稳定性。

也正是在这一基础上，于光远、薛暮桥③等都提出了社会主义制度下价格政策的基本原则和实施要点。他们认为，社会主义产品价格与价值存在一定程度的偏离，这是十分正常的，也正是因为价格偏离价值，才产生了制定和执行价格政策的需要。具体来说，社会主义制度条件下价格政策的基本原则包括影响某些产品的生产数量，保持各类产品供需之间的平衡和各生产部门之间的比例关系；影响某些消费品的销售数量，以保持各类消费品供需之间的平衡；调整各阶层人民的生活水平，特别是工人同农民之间消费基金的分配；更好地计算投资的经济效果、实行经济核算制和开展计划统计工作等。

（二）60年代初的争论

1963年，时任中国社会科学院经济研究所综合平衡组组长的杨坚白研究员在《经济研究》上发表了三万多字的长文《国民经济平衡和生产价格问题》，由此掀起了一场有关社会主义价格形成问题的大讨论。何建章、戴园晨、何桂林、张纯音、余霖等均参加了讨论。以杨坚白为代表的一派学者认为，社会主义经济中仍然存在利润和生产价格等范畴，社会主义生产方式仍然需要通过价值向生产价格的转化来进行定价活动，同时，

---

① 于光远：《价值规律和社会主义制度下价格决定的规律性》，《红旗》1959年第11期。

② 其主要理由是，在社会主义制度下，既然没有自由竞争，没有资金的自由转移，就不可能发生利润率平均化的倾向，因此也就不存在平均利润的范畴。笔者认为，这个问题实际上涉及社会主义制度条件下的价值转型问题，需要进行深入的理论探讨，故在此不作展开。

③ 薛暮桥：《社会主义制度下的商品生产和价值规律》，《红旗》1959年第10期。

要把利润作为评价企业经营管理绩效的重要标准。杨坚白提出，在国民经济综合平衡中，必须运用社会总产品和国民收入这样的综合性指标，在这里，首先就会碰到社会产品使用价值的运动及其总量如何表现、如何计量的问题。不同的使用价值量是不可能直接计量、比较的，只有借助于货币表现的价值量把单位使用价值量间接地反映出来。因此，只有当价格接近于价值的时候，制订出的国民经济平衡计划才可能是正确的①。

产品价格要接近于价值，这是价格形成的客观要求，然而，具体来看，社会主义的产品价格究竟指的是什么？争论的焦点就在于此。于光远、戴园晨、何桂林等主张按原始价值规定价格②，即产品成本加按活劳动支出的盈利率计算的利润；杨坚白、何建章和张玲等主张按资金盈利率规定价格③，即产品成本加按垫支资金盈利率计算的利润；还有一些学者如邹大凡主张可以采用成本盈利率规定价格④，即产品成本加按成本盈利率计算的利润。

这场大讨论，深化了有关社会主义价格和利润问题的认识，同时也对社会主义政治经济学如何借鉴经典马克思主义政治经济学的学术范畴提供了重要的方法论经验。尽管这场争论随着“文化大革命”的到来而中止了，但我们倒是十分愿意摘录这样两段话为这场争论做一个总结。

“确切地计量全社会平均条件下的社会必要劳动消耗定额，是一件很复杂的事情。要想计算得很确切，在目前还是有困难的……不过，从一种价格形成制度转到另一种价格形成制度的改革，即使我们承认它在理论上是正确的，在现实生活中是有可能的，也不是一朝一夕就可以完成的。实际上在改革过程中必然会遇到一系列的矛盾。”（杨坚白，1963）“社会主义经济是生产资料公有制的经济，社会产品的生产、流通和分配、消费都有着社会计划的安排，盲目竞争已经退出历史舞台，社会资金不再是盲目自发地从这一部门向那一部门转移，社会主义生产是为了满足社会需要而不是为了资本的增殖，利润平均化的运动已经无用武之地。在这种生产关系下，如果是遵循着马克思主义的原理，怎能设想价值还会转化成为生产

① 杨坚白：《国民经济平衡和生产价格问题》，《经济研究》1963 年第 12 期。

② 参见于光远《价值规律和社会主义制度下价格决定的规律性》，《红旗》1959 年第 11 期；戴园晨《评生产价格和平均资金利润率论——关于社会主义企业经营管理的原则并与杨坚白等同志商榷》，《经济研究》1964 年第 9 期；何桂林、薛仲章、彭贞媛《生产价格不能成为社会主义价格形成的基础》，《经济研究》1964 年第 4 期。

③ 何建章、张玲：《试论社会主义经济中的生产价格》，《经济研究》1964 年第 5 期。

④ 邹大凡：《论社会主义制度下价格的基础》，《学术月刊》1961 年第 11 期。

价格呢?”(戴园晨, 1964)

(三) 1966~1976年的商品经济观

1966~1976年期间, 理论界对社会主义商品经济存在的原因以及如何限制商品经济继续进行了探讨, 相对于前期使用计划手段干预和限制商品经济发展的观点而言, “文化大革命”时期更多地强调商品经济的资产阶级法权本质, 并提出要用无产阶级专政来消灭产生资本主义的商品经济土壤。

1. 社会主义商品生产存在的原因

上海1975版《社会主义政治经济学》教材(以下简称上海75版政治经济学教材)认为, 社会主义生产活动是一种直接社会生产过程, 在这一过程中, 生产者的劳动作为具体劳动, 借助于公有的劳动资料, 改造劳动对象, 创造适合于社会需要的直接社会使用价值。劳动人民已经成为社会生产的主人, 有计划地从事直接社会产品的生产, 以满足整个社会的需要。但是, 直接社会生产还要表现为商品生产, 直接社会产品还要表现为商品, 原因不仅在于存在全民所有制和集体所有制两种公有制形式, 还在于存在着非农业的个体劳动者和社员的自留地、家庭副业等私有制的残余①。

但是, 社会主义商品生产的范围不像资本主义那样漫无限制, 其差异性主要体现在三个方面。第一, 社会主义商品经济主要体现工农两大劳动阶级之间交换活动的关系; 第二, 社会主义商品经济主要是在社会主义国家计划指导下进行的; 第三, 同资本主义社会比较, 商品的范围已经大为缩小, 劳动力已不再是商品, 土地、矿藏等天然资源也不是商品, 社会主义全民所有制内部流通的生产资料也发生了重大的质变, 丧失了商品的某些特征。

2. 社会主义流通过程和商品生产

上海75版政治经济学教材是从社会主义流通过程中把握商品问题的。上海75版政治经济学教材区分了社会主义制度下的五种交换形式, 分别为社会主义国营企业之间的交换关系、社会主义国营经济同集体经济组织之间的交换关系、社会主义集体经济组织之间的交换关系、农民同农民之间、农民同城镇居民和商业部门之间的交换关系、社会主义国营企业与职工之间的交换关系。上海75版政治经济学提出, 以上这五种交换关系可

① 北京1975版政治经济学教材也持这个观点, 参见北京市高等学校政治课政治经济学教材编写组《政治经济学》(试用稿), 人民出版社, 1975, 第328~329页。

以被分为三种类型：第一种是产品交换，主要是指社会主义国营企业之间的交换关系；第二种是商品交换，包括社会主义国营经济同集体经济组织之间的交换关系，社会主义集体经济组织之间的交换关系，农民同农民之间、农民同城镇居民和商业部门之间的交换关系；第三种比较特殊，兼有产品交换和商品交换两种交换的特点，也即社会主义国营企业与职工之间的交换关系。在这种交换关系中，国营企业的职工用劳动收入到国营商店去购买消费品，这种交换一方面是社会主义国家在职工之间分配个人消费品的一种形式，本质上是产品交换，但另一方面，在这个交换过程中发生了所有权的转移，通行的是调节商品交换的等量劳动交换原则，因此，也具有商品交换的特征。因此，这种交换是产品交换和商品交换的混合类型。

上海 75 版政治经济学教材提出要在流通领域限制商品经济的观点。从历史上来看，商品经济这一生产方式对于私有制生产关系的形成起到了重要作用，人类社会的第三次社会大分工产生了商人阶级，而资本主义和资产阶级，也是经过流通领域的孵化，从小商品生产者的两极分化中产生的。因此，只要实行商品交换制度，就存在着资产阶级法权，也就存在着产生资本主义和资产阶级的土壤。从这个意义上来说，无产阶级在夺取政权、建立生产资料的社会主义公有制以后，对商品经济和流通领域的资产阶级法权如果不加限制，资本主义很快就会发展起来，反过来瓦解社会主义的经济基础，动摇生产资料公有制。这种限制，主要是指要把产品交换和商品交换纳入国家计划轨道，绝不允许违背国家计划，搞所谓的贸易自由。

二 价值规律与国民经济有计划按比例发展规律的关系

如何处理价值规律与国民经济有计划按比例发展规律之间的关系，也成为这一时期讨论的热点问题。范若一（1959）指出，要处理好两者之间的关系，就必须防止两种理论倾向。一是主张有计划按比例发展规律的作用是绝对的，要对价值规律进行限制，而且限制得越多越好，消灭得越早越好。二是认为价值规律带有永恒性，即使到了共产主义社会，为了计算社会必要劳动量，也需要价值规律这个标准，因此，应该把计划和统计工作建立在价值规律的基础上①。作为总结，宋涛认为，尽管价值规律在

① 这主要是指孙冶方的观点。参见孙冶方《把计划和统计放在价值规律的基础上》，《经济研究》1956 年第 6 期。

社会主义生产和流通过程中都发挥着重要作用，但一般地说不是生产和流通的调节者①。这个结论，在这一时期有关价值规律的讨论中是具有普遍性的。

工农业产品的价格差问题是社会主义条件下价值规律与有计划按比例发展规律关系的一个缩影。工农业产品价格的“剪刀差”现象，既是一个历史问题，又是一个现实经济问题。商品交换的必然趋势是等价交换，交换双方的商品必须是同等价值的，也就是说，参加交换的各种商品，它们的价格必须与其价值相符。不等价的交换就意味着交换的一方以较少量的劳动换取了另一方较多的劳动，在这样的情况下，商品交换是不可能长久持续的。因此，社会主义工农业产品的交换应该是等价交换，这是一条必须坚持的原则。但是，不管是在新中国成立之前还是社会主义建设时期，都存在着工农业产品的价格与价值相背离的现象，这在很大程度上是服从国民经济有计划按比例发展要求的结果，需要具体问题具体分析。

马克思在《哥达纲领批判》中曾经科学地分析过，在将全部社会产品实行按劳分配之前，除了必须首先扣除补偿消耗掉的生产资料所需要的费用，还必须要有一个社会扣除，用来扩大生产和满足劳动者各种共同的需要。在集体所有制经济范围内，除了通过公积金、公益金等形式的集体经济内部的社会扣除，还要有一个上交给国家的社会扣除。新中国成立后，尽管农业发展取得了长足进步，但工农业产品的价格“剪刀差”仍然比较明显，在以什么形式来实现农业的这种社会扣除方面，出现了理论上的争论。

何建章认为，农民对国家各项开支的负担，按其性质只适宜采取农业税的形式。在工农业产品交换中，必须贯彻等价交换原则②。而骆耕漠则提出，农民对国家的上交任务可以采取农业税和价格差两种形式。蒋学模（1962）赞同骆耕漠的意见，认为农产品价格与价值在一定程度上的背离，恰恰是社会主义经济规律的一种体现，而不应该完全刻板地按照价值规律来行事③。一个典型的例证是，如果完全按照价值规律的要求，在风调雨顺的丰收年份，单位农产品价值降低，而在出现自然灾害的歉收年份，单位农产品价值反而提高，那么，如果完全按照价值规律来办，则会

---

① 宋涛：《利用价值规律为社会主义经济建设服务》，《新建设》1959 年第 4 期。

② 何建章：《也谈“关于工农业产品等价交换的几个理论问题”——与骆耕漠同志商榷》，《中国经济问题》1961 年第 7 期。

③ 骆耕漠：《关于工农业产品等价交换的几个理论问题》，《大公报》1961 年 6 月 5 日第 3 版。

出现丰年“谷贱伤农”的问题，这恰恰需要社会主义国家计划进行调节①。总之，在社会主义经济条件下，工农业产品的交换，除受到商品交换的经济规律也即价值规律的支配外，还受到历史条件、社会主义其他的经济规律以及政策需要等复杂因素的影响，特别是必须服从于当时的工业化大局。应当说，工农业产品价格差，既是价值规律在一定历史发展阶段的特殊要求，同时又是国民经济有计划按比例发展规律的生动体现。

本章小结

人与人之间的依赖、以物的依赖性为基础的人的独立性和自由人联合体，是人类社会发展的三个历史阶段，所谓以物的依赖性为基础的人的独立性阶段，亦即商品经济阶段。商品经济社会是人类社会发展不可逾越的阶段，特别是对于刚刚从半殖民地半封建社会转变而来的中国而言，商品经济的发展将是一个十分漫长的历史阶段，不可能也不需要急于消灭和限制商品经济的发展，甚至在相当长的一段时间内，还需要推动商品经济的发展来促进生产力水平的提高。在本书涉及的历史时期，学术界和实务界均能够认识到商品经济阶段不可逾越，同时也在商品经济的前途命运和发展方向上形成了共识。尽管在社会主义商品经济存在的原因、价值规律发挥作用的范围以及价格调节方法手段的具体应用等方面存在一些争议，但总的来看，“前三十年”有关社会主义商品经济的学术研究和政策举措，都为改革开放后社会主义商品经济的大发展和社会主义市场经济的确立，奠定了十分重要的理论基础和思想先导。

① 有趣的是，西方经济学在分析农产品时，建立起不同于一般产品的“蛛网模型”进行分析，其结论是，农产品具有更大的价格波动性。而为了防止这种波动性对农民造成损害，需要借助农产品期货的方式熨平这种价格波动。蒋学模（1962）认为，农产品价值以低于价值的水平出售，其更深层次的原因在于，在农村集体所有制条件下，农业收益主要是在集体和农民之间分配的，国家只收取农业税，而在工业的全民所有制条件下，工业收益是在国家、企业和工人三者之间统一分配的。这种分配结构上的差异就会导致当工农业劳动生产率提高时，农民收入增长速度高于工人。因此，在农业税之外，国家还需要采取某种形式参与农业分配，这就是工农业产品的价格剪刀差。当然，由于这里涉及的不仅仅是商品价值和价格问题，更多的是所有制结构和分配制度，因此不做过多展开。

第三篇

中观层面的生产方式演进

本篇从中观层面出发，回顾这一历史时期有关社会主义生产关系演进的思想史发展历程。在中观层面，计划体制在社会经济的各个方面发挥着资源配置的功能，本节将这种功能分为以下五个方面进行梳理：产业结构调整、区域经济布局调整、对外经济结构调整以及中央政府与地方政府关系调整。同时，对这些方面出现的经济思想进行回顾。

特别需要指出的是，相对于抽象的宏观生产方式，中观层面的生产方式已经逐渐接近于经济现实，因此，中观层面的生产方式与生产关系的关联性较弱①。但是，这并不意味着中观层面的生产方式与生产资料所有制毫无关系，中观生产方式也在一定程度上受到基本经济制度的影响和制约。譬如，毛泽东在论及中国工业化道路选择时，就农业合作化与工业化之间的关系进行过精彩的分析。他认为，之所以工业化道路首先要从重工业化启程，是因为重工业化与农业合作化存在紧密的联系，农业合作化程度的提高为土地的规模经营提供了制度前提，农业集体公社具备了使用现代化农业机械的条件，这为本国机械工业及其相关的重工业部门创造了巨大的市场需求。因此，农业合作化和集体所有制的建立与产业结构高级化之间形成了密切联系，这实际上打通了生产关系和生产方式之间的联系，也成为毛泽东工业化思想的重要特色②。

本篇包括四章内容，第九章讨论了社会生产的产业结构比例关系问题，围绕国民经济两大部类、三大产业、农业内部、工业内部以及经济建设和国防建设之间的比例关系进行思想史梳理。第十章对这一历史时期区域经济布局的相关研究文献进行了整理，逻辑性地研究了三线建设、经济协作区、工业布局、城乡关系和地区经济综合平衡几个问题。第十一章涉及劳动力与生产资料在国内外的组合和搭配问题，特别是对“前三十年”的对外开放活动进行思想史检视。第十二章针对中央政府与地方政府之间的关系进行了文献回顾。

---

① 我们在前文就提到过：越是到微观层面，生产方式与生产关系的关联性就越弱；越是到宏观层面，生产方式与生产关系的关联性就越强。

② 另外，这个层面的生产方式与生产资料所有制之间的联系是间接性的，其本身演变的过程与基本经济制度的变革并不是同步发生的。譬如，传统的产业间分工逐步演化为跨国的产业内分工甚至产品内分工，通过在全球范围内构建价值网络并生产出最终产品的生产方式，既可以为公有制企业所掌握，也可以被私人资本利用。再例如，区域层面的生产要素流动，一方面可以由市场力量所驱动，但也可以由政府主导。在我国 1964 年开始的“三线建设”中，中西部大量基础设施、工业、国防和科技建设，都是由国有企业根据国家指令性计划完成的，而这极大地改变了我国区域经济布局，一举奠定了广大中西部地区的工业基础，某些项目迄今仍然发挥着重要的经济功能。

第九章 社会主义产业经济关系的发展

本章梳理和回顾了这一历史时期有关国民经济结构和比例关系问题的相关文献研究。主要包括五个方面的内容：一是社会生产两大部类（生产资料生产部门和生活资料生产部门）的比例关系；二是三次产业之间的比例结构关系（农业、工业和商业），其中又特别关注了农业、轻工业和重工业比例关系；三是农业生产内部比例关系；四是工业生产内部比例关系；五是经济建设和国防建设的比例关系。另外，积累与消费的关系、人口的有计划增长、生产力的区域布局等问题将在相关章节进行文献回顾。

第一节 产业结构的计划调节

工业化进程的实质是国民经济中产业结构调整的过程，如何从一个落后的农业国转变为工业国，是新中国面临的首要问题。因此，采用计划手段调节产业结构，妥善处理好产业间特别是工农业之间和工业内部的关系，是这一时期生产方式调整的重要内容之一，因此，工业生产计划也被视为该时期国民经济计划的中心环节。也正是在这个意义上，如何处理工业与农业的关系、重工业与轻工业的关系，也成为毛泽东《论十大关系》中的首要问题。

在学术研究层面，季云从工业生产计划与其他计划的关系层面进行了分析，他认为，工业生产计划决定了农业机械化计划，根据工业生产的区域分布就可以制订运输部门计划，而工业生产计划直接影响了基本建设和劳动力计划的编制，同时，商业流通计划也必须在工业生产计划的基础上进行编制①。吴景超提出了工业发展与农业发展的统一协调原则，也即一

① 季云：《什么是国民经济计划》，《学习》1952 年第 7 期。

方面保持工业较快的增长速度（相对农业而言），但另一方面，要保证农业产量同样取得绝对增长，也就是说要保证农业生产的“相对下降、绝对增长”。归结原因，在于工业化过程同时也会伴随着城市化进程，大量人口进入城市和工业部门，而工业部门较高的收入水平会提高消费者的购买力，这就会对农产品提出量和质两个方面更高的要求，从这个意义上来说，农业产量的绝对增长，对于保证工业相对较快的发展，是具有重要保障作用的①。

应当说，这一时期对轻重工业的关系和比例问题，国家层面具有较为清醒的认识。李富春指出：轻重工业的投资比例关系，从理论上是由生产资料优先增长原理决定的。重工业的发展，对于整个国民经济而言具有极端重要的作用。第一，只有建立起强大的重工业，才能够使重工业本身和轻工业得到技术改造；第二，才能给农业提供现代化机械和肥料，对农业进行技术改造；第三，才可能生产现代化的交通工具，使运输业得到技术改造；第四，才能制造现代化的武器加强国防。因此，建立强大的重工业，是抵制外在安全威胁、维护国家经济和政治上独立的重要途径，正是在这种重工业化绝对优先的政策思路指导下，第一个五年计划时期，我国生产资料工业（重工业）的投资占到 88.8%，消费资料工业（轻工业）的投资为 11.2%，实施了以 156 个大型工业项目为中心的，由限额以上的 694 个建设单位组成的工业建设②。

当然，生产资料优先增长原理是否与重工业优先发展具有相同的含义，也是当时出现争议的一个问题。子思提出，生产资料和重工业产品不能画等号，理由是，生产资料不仅包括重工业产品，还包括作为工业原料和补助材料的轻工业产品、手工业产品和农产品，而重工业产品除了作为生产资料，在很多场合下又是消费资料。因此，他提出，优先发展重工业，并不是抽象地根据生产资料优先增长规律得出的结论，而是根据国家很快地奠定重工业的基础，使本国工业生产基本上能够独立，能够建立国防力量的工业基础等要求来制定的，不能把生产资料优先增长原理看作无条件发生作用的规律，而是要视具体情况辩证分析其适用性③。这个观点受到了菊农的关注，并进行了一些讨论。他认为，社会主义经济建设过程

---

① 吴景超：《有计划按比例的发展国民经济》，中国青年出版社，1954，第 40~41 页。

② 李富春：《关于发展国民经济的第一个五年计划的报告——在一九五五年七月五日至六日的第一届全国人民代表大会第二次会议上》，《计划经济》1955 年第 7 期。

③ 子思：《生产资料和重工业产品这两个概念不应混同》，《学习》1957 年第 3 期。

中优先发展重工业的理论依据，不仅仅在于生产资料有限增长原理，还在于既要考虑到社会主义经济规律的要求，又要考虑到这些规律发生作用的具体条件，使这些规律的要求通过这些具体条件表现出来和发生作用。这同时也决定了，社会主义制度和资本主义制度下生产资料优先增长规律发生作用的程度和效果是不同的，在资本主义制度下，生产资料优先增长规律要服从于资本主义剩余价值规律，只有当生产资料生产活动能够取得剩余价值和利润时，与之相关的产业才会充分发展起来。而社会主义制度为生产资料优先增长规律提供了发挥作用的前提条件，社会主义有计划按比例发展规律为生产资料优先增长提供了重要保障。也正是在这个意义上，社会主义经济计划引导着产业结构的优化和调整①。

值得注意的是，在这一时期还出现了一些“轻工业优先发展”的意见，这种观点认为，先发展一个时期的轻工业，可以为重工业积累资金；而轻工业本身所需要的投资比较少，回收速度也比较快②。此外，我国的轻工业原料可以只给，同时所处的国际环境比苏联开始进行工业化时要好得多，拥有社会主义阵营在重工业方面的支持③。同时，发展轻工业有利于以较快的速度满足人民的生活需要，特别是广大农民提高生活水平的需要，这种观点也被形容为“先甜后也甜”④。当然，这种观点可能并不符合落后国家工业化的普遍规律，但是从实践看，仍然对我国社会主义经济建设具有重要的参考价值。

产业结构特别是轻重工业之间的比例结构，是国民经济运行中的一个重要理论和现实问题。在当时社会主义阵营国家中，过高的重工业比例造成产业结构畸形发展，成为困扰这些社会主义国家经济发展和人民生活水平提高的一大难题，甚至成为这些国家日后国民经济崩溃的直接诱因。

---

① 菊农：《关于优先发展重工业的理论根据问题》，《学习》1957年第9期。

② 有研究提出，建设一个中等规模的毛纺织厂，一般不到两年的时间就可以收回投资，建设一个中等规模的糖厂，二十个月就可以收回投资。参见未易《关于加速发展轻工业问题》，《教学与研究》1956年第9期。

③ 参见《魏和给编辑部的信》，《山西日报》1954年9月23日（版次不详）。转引自胡希宁、张锦铨主编《20世纪中国经济思想简史》，中共中央党校出版社，1999，第215页。此外，王珏判断魏和、胡玉书有关优先发展轻工业的观点一发表就被认为是错误的，参见王珏《中国社会主义政治经济学四十年》（第一卷），中国经济出版社，1991，第233页。

④ 邓克生：《学习政治经济学怎样联系实际?》，《学习》1956年第1期。

第二节 社会生产两大部类的结构比例关系

在本书涉及的历史时期，国民经济结构中最引人关注的问题是对“大跃进”的认识和评价。从实践上来看，“大跃进”掀起了我国社会主义建设的第一次高潮，但随之而来的是严重的经济困难。“大跃进”在多个方面实现了飞速发展，其中最为典型的是以钢铁为代表的重工业的超常规增长。在理论上，这种“以钢为纲”的发展战略广受诟病，并波及生产资料优先增长规律这一理论依据。我们在这里希望了解并探讨的是，“大跃进”时期以及 1958～1978 年这一历史时期的中国经济发展，其指导战略是否可以用“以钢为纲”进行概括？换言之，这一历史时期的经济发展战略，是以生产资料生产部门优先发展规律作为理论指导的吗？

一 处理两大部类关系的基本原则

经过第一个五年计划的建设，我国农业、轻工业和重工业的关系发生了很大变化。工业在工农业总产值中的比重上升很多，工业内部结构也发生了很大变化，重工业所占比重大为提高。这标志着我国工业和农业的关系，相对于新中国成立初期（过渡时期）已进入了一个新的历史时期，即工业和农业的关系，已由过去的主要体现为与轻工业关系密切而过渡到与重工业关系越来越密切，已由过去工业主要只能提供消费品而过渡到能够提供越来越多的生产资料。另外，重工业与轻工业的关系也发生了很大变化，重工业为轻工业提供的设备，不仅数量上有很大增加，而且种类扩大很多，轻工业所需要的各种设备，重工业几乎全部能够提供，重工业为轻工业提供的原材料数量越来越多，比重逐渐增大，依靠重工业的支援逐渐加强①。

实际上，对我国 20 世纪 50 年代末经济政策作整体解读，不难发现，在这个时期，我国在处理两大部类关系上是有一整套规则的。1958 年，毛泽东提出一整套“两条腿走路”的方针，其中包括工业和农业并举、重工业和轻工业并举、中央工业和地方工业并举、沿海工业和内地工业并举等。特别是工农业同时并举、中央工业和地方同时并举、大中小企业同时并举（土法、洋法同时并举）被称为“三个并举”，在经济建设实践和

① 项镜泉：《论农、轻、重的关系》，《新建设》1961 年第 9 期。

理论研究中产生了很大影响[①]。具体到社会生产两大部类关系，完整的政策表述是：以钢铁、机械为元帅，以电力、燃料和运输为先行，以钢为纲、全面跃进[②]。以钢为纲，把围绕着钢铁生产的各个环节都带动起来，环绕着元帅和先行，把跟元帅和先行部门有关的各个环节都带动起来，通过重工业的优先发展，把整个国民经济的各个部门都带动起来，进而促成整个国民经济的高涨，全面跃进。也正是在这个意义上，杨坚白认为，在重工业同农业和轻工业这一最重要的比例关系方面，从战略部署一直到实际执行都是正确的、协调的，把某些个别的、局部的、暂时的不协调现象夸大为国民经济比例失调是不妥当的[③]。

二　马克思主义扩大再生产的结构性条件研究

在这一时期，针对国民经济两大部类的讨论，已经不再仅仅局限于定性分析，而是较为深入地运用马克思主义扩大再生产理论，定性定量相结合地研究了社会主义国民经济的扩大再生产条件问题，而这种扩大再生产的条件，主要是指如何合理地处理两大部类的结构比例关系。

通常来看，根据马克思扩大再生产的原理，把扩大再生产的公式概括为Ⅰ（v＋m）＞Ⅱc，这是扩大再生产最主要的结构性条件。但有学者认为，因为“社会生产两大部类要实现扩大再生产，除了首先要从第一部类剩余生产物中获取追加的生产资料以外，还要从第二部类剩余生产物中获取追加的生活资料。但Ⅰ（v＋m）＞Ⅱc只是反映了前者的要求，并没有反映后者的要求。在Ⅰ（v＋m）＞Ⅱc中，只是表明两大部类所需要的追加的生产资料是由Ⅰm提供的，只是表明Ⅱc是要同Ⅰ（v＋m）相交换的，但未表明两大部类需要的追加的生活资料是由Ⅱm提供的。Ⅰ（v＋m）＞Ⅱc只是表明第一部类对于第二部类和整个社会扩大再生产的决定作用，但它没有反映第二部类对于第一部类和整个社会扩大再生产的制约作用。因此，Ⅰ（v＋m）＞Ⅱc虽然是扩大再生产的首要的基本公式，但

---

① 这里的“土法”和“洋法”，实际上是指两种不同的生产技术路线，所谓“土法”，大体是指生产中较多地使用劳动力的生产技术，而“洋法”则是指生产中较多地投入资本的生产技术。用现在的经济学语言来表达，土法可以理解为劳动密集型技术，洋法可以理解为资本密集型技术。孙冶方认为，这里的土法生产和洋法生产，涉及资本有机构成问题，土法生产是指较低的资本有机构成，而洋法生产的资本有机构成较高。参见《孙冶方选集》，山西人民出版社，1984，第462～463页。

② 如果从产业经济学的角度理解，这个政策原则可以被表述为：围绕着装备制造业这一核心，优先发展基础设施和能源行业，通过产业链条带动国民经济的整体发展。

③ 杨坚白：《论国民经济根本性的比例关系》，《经济研究》1959年第10期。

不是全部公式，只有这个公式还不能保证扩大再生产的实现”，所以还必须有$\mathrm{II}(c+m)>\mathrm{I}(v+m/x)$这样一个公式①。

类似地，既然考虑了第一部类中资本家个人消费需要，也就还需要考虑到第二部类中资本家的个人消费需要；它仅仅说明了：$\mathrm{II}(c+m)$如果只够供应第一部类补偿可变资本和第一部类资本家个人消费的话，第一部类和第二部类将都不能从$\mathrm{II}m$中获得追加的必要消费资料。但是第二部类的资本家无论如何也需要一部分消费资料的。因此，“在$\mathrm{II}m$中必须扣除一部分作为第二部类资本家的个人消费，多余的部分加上$\mathrm{II}c$，才能供第一部类补偿可变资本和第一部类资本家个人消费以及两个部类追加消费资料之用”。所以，第二个公式应该是：$\mathrm{II}(c+m-m/x)>\mathrm{I}(v+m/x)$，或扩大为$\mathrm{II}(c+v+m)>\mathrm{I}(v+m/x)+\mathrm{II}(v+m/x)$②。

实际上，以上观点集中起来，就是要求对马克思扩大再生产的结构性条件进行扩展，换言之，将$\mathrm{I}(v+m)>\mathrm{II}c$这一最主要的结构性条件进一步具体化为对两大部类的约束条件。刘国光（1962）指出：经典作家在不同的场合，对扩大再生产的条件，提出过三个公式。这三个公式是：

$$\mathrm{I}(v+m)>\mathrm{II}c \tag{1}$$

$$\mathrm{I}(c+v+m)>\mathrm{I}c+\mathrm{II}c \tag{2}$$

$$\mathrm{II}(c+v+m)<\mathrm{I}(v+m)+\mathrm{II}(v+m) \tag{3}$$

在这三个公式中，公式（1）是基本公式，而其他两个公式则是从基本的公式引申出来的公式，它们都不是基本的公式。公式（2）和公式（3）是从不同的侧面，来展开公式（1）的内容，它们有自己的独立意义，所以，通常把它们同公式（1）并列，称之为扩大再生产的三个条件式。这三个条件式必须统一起来看，才能对扩大再生产中两大部类的内部联系，得到一个完整的概念。但是必须重复指出：只有公式（1）才是扩大再生产的基本公式③。我们认为，这一阐述比较好地把握了马克思扩大再生产实现条件的真实含义，也有助于在实践中深化对马克思主义社会再生产结构性条件的理解。

三 再生产结构性条件的具体化问题

马克思再生产理论是以高度抽象的方法分析了社会总体生产方式的运

---

① 实学：《关于扩大再生产公式的初步探讨》，《光明日报》1961年12月4日第4版。

② 宋则行：《也谈关于扩大再生产公式》，《光明日报》1961年12月25日第4版。

③ 刘国光：《论所谓扩大再生产的“第二个基本公式”》，《光明日报》1962年2月26日第4版。

行过程，把再生产理论运用到社会主义经济建设中，就必须对其结构性条件进行具体化处理。在这一方面，董辅礽进行了开创性的研究①。他提出，马克思在分析社会再生产时设想了很多因素，根据社会产品的价值和使用价值的统一、社会产品的生产和使用的统一，以及根据马克思在《哥达纲领批判》中提出的社会主义制度下社会产品的分配和使用的思想，可以把马克思的再生产公式具体化。

一方面，第二部类的产品按其最终的使用方向可以划分为三个部分。第一个部分是用作必要产品的消费资料，也即 I_1（c+v+m）。这部分消费资料是供物质生产部门劳动者及其家属个人消费的，还可以进一步划分为两个部分，一部分供第一部类劳动者及其家属消费，在价值上等于Ⅰv，另一部分供第二部类劳动者及其家属消费，在价值上等于Ⅱv。第二部分是非生产领域消费的消费资料，可以表达为 I_2（c+v+m），这包括四个部分，供非生产领域的劳动者及其家属个人消费的消费资料；用作文化教育、卫生保健、公用事业等部门物质消耗的消费资料；用作科学研究机关物质消耗的消费资料；用于行政管理机关、国防、阶级镇压机关的消费资料。第三部分是用于积累的消费资料，可以表达为 I_3（c+v+m），包括用于扩大生产规模和提供后备的消费资料。

此外，如果把对外贸易的因素也考虑进来，在消费资料为净出口的情况下，在以上三大部分消费资料以外还应列出“净出口的消费资料”，而在消费资料为净进口（或者进出口平衡）的情况下，则不需单独列出“净进口的消费资料”，因为只要上述三部分消费资料是以使用额而不是以生产额来表现，它们之中就都包括了进口的部分。

另一方面，第一部类的产品按其最终的使用方向，也可以划分为三个部分。第一部分 II_1（c+v+m）是用于补偿生产消费资料的物质消耗的生产资料，这部分用于补偿的生产资料也可以按照消费资料的三个部分相应地划分为三个部分。第二部分 II_2（c+v+m）是用于积累的生产资料。在展开的再生产公式中它可以进一步划分为：为扩大生产资料生产的生产资料、为扩大消费资料生产的生产资料和用于增加后备的生产资料。第三部分 II_3（c+v+m）是用于补偿生产生产资料的物质消耗的生产资料。

此外，如果把对外贸易的因素考虑进来，在生产资料为净出口的情况下，在上述三大部分生产资料以外还应列出“净出口的生产资料”，而在

---

① 董辅礽：《从社会产品生产和使用统一的角度探索马克思再生产公式具体化问题》，《经济研究》1963 年第 3 期。

生产资料为净进口（或者进出口平衡）的情况下，基于同样的理由，则不需要单独列出"净进口的生产资料"。

董辅礽的开创性研究表明，具体化的再生产公式反映出社会再生产过程中在两大部类内部和两大部类之间在产品的生产和使用上存在着一些价值补偿和物质替换的关系，这些关系同时也是在任何类型的社会再生产中（简单的再生产或者扩大的再生产、外延的扩大再生产或者内含的扩大再生产）都必须遵守的条件，通过对马克思的再生产公式进行具体化，它所反映的社会再生产过程中的各种关系也随之大为扩大了，更为具体了，方面更多了，从而也更为复杂了。不仅如此，董辅礽的研究考虑了国民经济中存在大量非生产性部门，同时还把对外贸易和开放性经济因素纳入分析框架，体现了对宏观经济体系的整体性把握①。

第三节 三次产业之间的结构比例关系

在这个历史时期，有关三次产业特别是农轻重关系问题的讨论，是与社会生产两大部类问题紧密联系在一起的，换言之，如何处理农业、轻工业和重工业的关系这一问题的来源是社会生产两大部类理论。在这一时期，有关社会生产两大部类关系与农轻重关系的相互关系，理论界产生了一些争论。

一 农轻重关系与社会生产两大部类关系的相互关系

农业和工业是社会产品最主要的提供者，是物质生产最主要、最基本的部门。一般来说，农业和轻工业主要属于生活资料生产部门，重工业主要属于生产资料生产部门。但是，这并不意味着农轻重三者之间的关系等同于社会生产两大部类之间的关系。一方面，农业产品也有属于生产资料的，这就表明两种分类方法并不是完全对应的，也不能把这两种比例关系简单地画上等号②。另一方面，两大部类的划分是以社会产品的最终经济

① 董辅礽（1927～2004），著名经济学家。1946 年考入武汉大学经济系，1950 年毕业。1953 年秋，赴苏联国立莫斯科经济学院读研究生，1957 年，他的论文《苏联和中国的国民收入》通过答辩，取得了副博士学位。董辅礽在这个历史时期的研究鲜明地体现出了马克思主义政治经济学"苏联版本"的风格。

② 吴树青：《马克思主义关于社会生产两大部类的学说及其在社会主义再生产中运用的几个问题》，《光明日报》1962 年 1 月 8 日第 4 版。

用途为标志的，而工农业的划分是以生产对象和生产方法的特点为标志的，农轻重之间的关系问题比两大部类的关系更为复杂[①]，方静文也曾对农轻重的划分问题进行了较为全面的综述[②]。

在有关这个问题的讨论中，项镜泉的研究具有代表性[③]。他指出，两大部类关系不同于农轻重的关系，两者反映着不同的经济内容。国民经济中包含着农业、工业、建筑业、交通运输业、商业等部门，各个部门都存在两大部类的关系问题。按照社会产品最终的经济用途来划分并概括的物质生产两大部类及其比例关系，从产品上来说，无论是价值还是使用价值，都包括了国民经济各部门全部产品的产量和产值；从关系上说，它概括的是国民经济各个部门在社会再生产中生产同消费的关系和社会再生产的实现条件。而按照生产对象和生产方法特点划分的农、轻、重及其相互关系，从产品上说，无论是价值还是使用价值，都没有包括国民经济各个部门全部产品的产量和产值。从关系上说，农轻重关系并不直接反映国民经济各个部门在社会再生产中生产同消费的关系，也没有反映出社会再生产实现的条件，而是反映物质生产的三个最主要、最基本的生产部门在社会再生产中生产方面的关系。此外，农轻重和两大部类之间的关系是相互交织的，譬如，农业中有生产生活资料的农业，也有生产生产资料的农业，无论是轻工业还是重工业，也都包括生产生活资料和生产资料的部门。注意这种相互交织的关系，有利于优化物质生产各部门自身的再生产安排，如粮食与经济作物的比例关系，重工业增产部分可用于民用的部分。因此，项镜泉的总结是：物质生产两大部类的比例关系同农轻重的比例关系是国民经济中两个不同的比例关系，各自包括不同的经济内容，不能用农轻重关系来代替两大部类之间的关系。

二 “以农业为基础，以工业为主导”的国民经济发展总方针

（一）“农、轻、重顺序”和重工业较高投资比重的有机结合

在《论十大关系》和《正确处理人民内部矛盾》中，毛泽东对于如

① 朱兆瑾：《从社会生产两大部类的关系看农轻重的关系》，《光明日报》1962 年 8 月 13 日第 4 版。

② 方静文：《我国经济学界关于部门经济学对象问题的讨论》，《经济学动态》1964 年第 Z1 期。这篇文章围绕农轻重部门划分的对象、起点、标志进行了文献回顾，特别是分析了农轻重部门分类与两大部类划分之间的关系。

③ 项镜泉：《略论物质生产两大部类关系同农轻重关系中的几个问题》，《新建设》1963 年第 5 期。

何处理农业和工业之间的关系进行了深入思考。在《论十大关系》中，毛泽东指出，重工业是我国建设的重点，必须优先发展生产资料的生产，但是绝不可以因此忽视生活资料尤其是粮食的生产。我们对于农业、轻工业是比较注重的，但是还要适当地调整重工业和农业、轻工业的投资比例，更多地发展农业、轻工业。在《关于正确处理人民内部矛盾的问题》中，毛泽东明确地提出了中国工业化道路的问题。他指出，工业化道路的问题，主要是指重工业、轻工业和农业的发展关系问题。我国的经济建设是以重工业为中心，这一点必须肯定，但是同时必须充分注意发展农业和轻工业。发展工业必须和发展农业同时并举，工业才有原料和市场，才有可能为建设强大的重工业积累较多的资金。

1959 年，毛泽东又针对“大跃进”中片面发展钢铁工业、导致国民经济比例失调的问题，提出了安排国民经济要以农、轻、重为序的思想。他说：“过去是重、轻、农、商、交，现在强调把农业搞好，次序改为农、轻、重、交、商。这样提还是优先发展生产资料，并不违反马克思主义。”“大跃进的重要教训之一、主要缺点是没有搞平衡。说了两条腿走路、并举，实际上还是没有兼顾。”① 1959 年底 1960 年初，毛泽东又进而指出：“我们的提法是在优先发展重工业的条件下，发展工业和发展农业同时并举。所谓并举，并不否认重工业优先增长，不否认工业发展快于农业；同时，并举也并不是要平均使用力量。”② 总之，不能把工业强调到不适当的地位，必须使农业能够得到和工业相适应的发展，工农业产品的交换也要确定一个合理的比价。在进入国民经济调整时期以后，毛泽东又提出了“以农业为基础，以工业为主导”的发展国民经济的总方针，进一步丰富和发展了工农业比例结构关系的思想。

围绕着工业和农业并举的工业化战略，理论界也展开了多方面、多维度的分析。杨坚白认为，发展国民经济的总方针是党的社会主义建设总路线的精神和原则在经济战线上的具体化。总路线要求调动一切积极因素，多快好省地而不是少慢差费地、全面地而不是片面地、彻底地而不是不彻底地完成社会主义阶段的社会革命和技术革命。总方针就是根据这种要求而制定的发展国民经济的基本方针。它是在经济战线上保证多快好省地进行建设，以加速实现现代工业、现代农业、现代国防和现代科学文化的历史任务的。总方针的特色是要求从工业和农业各自在国民经济的地位和作

---

① 《毛泽东文集》第 8 卷，人民出版社，1999，第 78、80 页。

② 《毛泽东文集》第 8 卷，人民出版社，1999，第 123 页。

用出发来处理工业和农业之间，以及工业、农业和整个国民经济之间的关系。而达到这个要求的具体途径就是要坚决地把工业部门的工作转移到以农业为基础的轨道上来，不能为工业而工业，为重工业而重工业[①]。

总结国民经济总方针，重要的是形成两个方面的统一。一方面，安排国民经济计划要以农、轻、重为顺序进行安排。另一方面，在投资比例上要以重工业最高。这两个方面的结合，就是实现农、轻、重的“优先”顺序和重工业较高投资比重的有机结合，处理好这个辩证统一关系，就是正确地贯彻了国民经济总方针。

（二）生产资料优先增长规律

依据马克思的社会再生产理论，在社会生产的两大部门中，随着技术进步、劳动生产率不断提高，物化劳动的比重不断增加，活劳动比重相对下降，这就出现了生产资料部门增长较快的现象，上升到规律层面，也可以将其称为生产资料优先增长规律。列宁指出：“如果是规模扩大的再生产，就是说要进行积累的，那末前者（生产资料的可变资本和额外价值）就应该大于后者（消费品中的不变资本），因为必须有生产资料的余额来开始新的生产。”[②] 并且，“不变资本要比可变资本增长得快些”。那么，既然生产资料部门需要优先增长，又应该如何理解以农、轻、重作为产业发展排序呢？项镜泉（1961）提出，以农轻重为序的计划方法，是根据农业是国民经济基础的原理，国民经济的发展必须由以农业为起点的客观要求决定。它所要求的，不是农业的发展速度必须快于轻工业或者重工业的发展速度，而是国民经济的发展以什么为立足点，国民经济的安排从何处着手的问题。实际上，生产资料生产部门不仅仅是指重工业，农业、轻工业和重工业中都包含了生活资料生产和生产资料生产两个部分，生产资料优先增长规律，是要求三个部门的生产资料生产部门均需要优先增长的规律。[③]

更进一步挖掘，农轻重的产业发展排序和生产资料优先增长，恰恰体现了社会主义基本经济规律的要求。社会主义生产目的是满足人民群众的物质文化需要，那么，按照农业、轻工业、重工业的排序正是符合这一要求的体现。但是，要达到这一目的，还需要采取切实的手段，这个手段就

---

① 杨坚白：《关于发展国民经济总方针的精神和实质的一些体会》，《经济研究》1963 年第 8 期。

② 《列宁选集》第 1 卷，人民出版社，1972，第 175 ~ 176 页。

③ 项镜泉：《关于确定基本建设规模和发展速度问题的研究》，《经济研究》1961 年第 12 期。

是通过优先发展生产资料生产部门推动生活资料的生产。正如毛泽东在《关于正确处理人民内部矛盾的问题》中所指出的，农业和轻工业发展了，重工业有了市场，有了资金，它就会更快地发展。因此，农轻重的产业发展排序和生产资料优先增长并不矛盾，而是社会主义生产目的和手段的辩证统一。

（三）“大跃进”时期的工农业关系

近年来，一些学者关注了“大跃进”时期工农业关系问题，从这个角度分析了 1958～1961 年三年困难时期所发生的大面积饥荒现象。值得注意的是，1958 年粮食总产量和人均供给都相对充足，但饥荒却发生在 1958 年冬和 1959 年春，受灾最严重的是农村粮食主产区，但城镇工矿地区基本无恙。并且，三年困难时期，与农业严重下滑相比，工业发展仍然取得了很多成果①。围绕这一时期工农业关系问题，李伟和杨涛认为，农业减产的主要原因是政府向工业部门过渡转移农业资源②。范子英和石慧将这一时期的高比例粮食征购归咎于 1958 年中央向地方同时下放粮食和企业管理权，地方政府对于工业化的热情高涨导致对粮食的需求大幅提高③。这些研究表明，尽管在政策上明确了农业、轻工业和重工业的发展顺序，但是，重工业优先发展的工业化导向、地方政府快速实现工业化的内在冲动，以及计划经济体制调动资源的便捷性，都给形成一个合理的工农业关系造成了很多困难。

三 流通结构的计划调节

在这一时期，为满足广大人民群众日益增长的物质文化需要，国家对粮食、油料、棉布等重要消费资料先后实行了计划收购和计划供应。杨波指出，“自 1953 年以来，随着国家有计划经济建设的开始，我国市场上出现了许多新的情况，其中最主要的特点之一，就是若干商品供不应求，有关人民生活所必需的一些日用消费品，如粮食、食油、布匹、肉类等的供应比较紧张，有的商品在部分地区甚至出现了群众排队争购的现象”。那么，计划收购计划供应保证了市场和物价的稳定，促进国营商业和合作社商业的发展。“通过计划收购和供应，将私营工业所需的某些重要原料和

---

① 喻崇武：《“大跃进”危机的触发：“浮夸风”与急功近利》，《中国经济史研究》2017 年第 4 期。

② W. Li and T. D. Yang.，2005：“The Great Leap Forword：Anatomy of a Cental Planning Disaster”，*Journal of Political Economy*，Vol. 113，No. 4，pp. 840～877.

③ 范子英、石慧：《为何大饥荒发生在粮食主产区?》，《经济学》（季刊）2013 年第 2 期。

其产品掌握起来，并进行合理的分配，对促进私营工业的社会主义改造也是极为有利的。”①

随着农业生产合作社的建立，叶钧提出，在我国农村已经基本上实现了高级形式的农业合作化的情况下，现行的同小农经济相适应的农业生产计划制度有必要作出改变。当时的情况是，高级农业合作社已经基本实现，但农业社还没有定型，生产规模和一切设施都处于规划创始阶段，所以他认为应采取逐步地由生产计划过渡到全部实行采购计划的办法。“粮食生产计划可以改为采购计划，国家不控制种植面积，只发给各农业社一个征收和采购的指标。但在发这个指标前，国家可以拟制一个供内部参考掌握的分地区生产计划。”②

从1950年起，国营商业逐渐在全国范围内建立起专业公司系统，在中央主管部门和地方商业行政部门的双重领导下实行统一管理、统一计划和统一经营。随着整个国民经济的发展和国内市场的变化，国营商业的组织机构进行了一些调整和改变。万典武指出，商业计划改革的主要原因在于，随着“国民经济的进一步发展和农业、手工业、资本主义工商业的社会主义改造基本上完成以后，专业公司系统垂直领导的组织形式和原有的计划制度已经不能完全适应商业工作发展的要求，国营商业的组织和制度必须加以改进”③。

在这个历史时期，“商业”的概念虽然与现时代的“服务业”并不完全等同，但也不仅仅局限在商品收购、销售的范围内。社会主义商业本身不是生产，而是为生产服务的桥梁④。在这一时期，“发展经济、保障供给”是发展社会主义商业工作的总方针。

社会主义商业在支援农业方面有很多工作，主要包括：（一）根据及时收购农产品和同时安排农民生活的原则，做好收购工作。（二）根据品种对路、经济实用、农民欢迎的原则做好农业生产资料的供应。（三）根据城乡都需要的生活用品要优先供应农村的原则，大力组织农村所需要的日用工业品的下乡，保证农民需要。（四）根据“以粮为纲、多种经营”的原则，组织农村副业生产，积极收购和推销农副土特产品，增加生产队和社员的收入，提高农村购买力，发展农业经济。（五）千方百计地为农村提供商业服务，办好旅馆、饭馆、修理、照相、理发等业务。

---

① 杨波：《计划收购计划供应与国家的社会主义建设》，《经济研究》1956年第1期。
② 叶钧：《改变我国农业计划制度的商榷》，《计划经济》1957年第2期。
③ 万典武：《商业部系统计划制度的重大改革》，《计划经济》1958年第1期。
④ 杨春旭：《关于社会主义商业建设问题》，《新建设》1965年第7期。

社会主义商业在支援工业方面的工作主要包括：(一) 根据市场需要和扩大推销的可能，及时收购工业品。(二) 根据规格合用、质量优良、价格合理的原则做好原料、材料的供应工作。(三) 做好劳动保护用品的供应。(四) 协助农业部门，扶植那些作为工业原料的农作物生产基地，并且逐步建立这类新的基地。(五) 对于可以用作工业原料材料的农副产品，特别是可以制作中小农具的原料、材料，商业单位应当同农村集体经济单位密切协作，签订合同，促进生产，积极收购，及时供应。(六) 努力做好对工人、职员的生活资料供应工作，要特别关心高温、高空、井下、高寒、野外、海洋作业的工业的特殊需要。

从以上社会主义商业与农业、工业的关系来看，这一时期的商业不仅是商品收购和销售的部门，而且是一个具备生活服务和生产服务双重职能的服务部门。同时，社会主义商业发展突出强调了满足社会主义生产目的，也即提供更为优良的商品和服务，促进各产业发展和人民生活需要的满足。

四 经济建设和国防建设的比例关系

经济建设和国防建设有着密切的关系，一方面，国防的巩固是经济建设的重要保证，另一方面，经济建设为国防建设提供物质基础。在《论十大关系》中，毛泽东对经济建设和国防建设的关系进行了专门论述，在强调加强国防建设的重要性时，提出要把军政费用降到一个适当的比例，增加经济建设费用。因为只有经济建设发展得更快了，国防建设才能够有更大的进步。在帝国主义还存在的时期，战争是不可避免的，因此，社会主义国家为了有效巩固国防，必须进行国防建设。这就产生了经济建设和国防建设的关系问题。二者之间的关系不仅反映在国家预算的使用上，而且对社会生产的比例、分配的比例都有直接影响，因此，经济建设和国防建设的比例关系是具有重要理论意义和实践意义的命题①。

在工业内部比例关系中，国防工业和基础工业之间的比例关系是经济建设与国防建设关系的重要反映。社会主义国防建设需要重工业的发展作为支撑，特别是钢铁行业。工业内部“以钢为纲”，钢铁工业是工业内部关系的主导方面。姜川桂认为，大力发展钢铁工业除了具有重大的经济意义，还有更重大的政治意义，因为钢铁是加强国防力量的基础。现代国防

---

① 参见南开大学政治经济学系、政治经济学研究所《政治经济学》(社会主义部分) 下册，南开大学政治经济学系、政治经济学研究所 1976，第 332 页。

工业中的飞机、导弹、大炮和军舰等，无一不是依靠钢铁工业提供数量充足、规格复杂和质量要求严格的各种优质钢材。譬如，造一门炮和一支枪，就需要100多种不同的钢材品种和1000多种形状不同、尺寸不同的钢材。特别是这一时期美国在中国台湾海峡集结兵力，企图干涉我国收复金门、马祖等岛屿。因此出于国防需要就更为迫切地需要迅速发展钢铁生产①。

国防工业是维护无产阶级专政、防范和应对帝国主义侵略、援助被压迫人民和被压迫民族必不可少的一个工业部门，国防工业的发展要以基础工业发展为前提。恩格斯说过："暴力的胜利是以武器的生产为基础的，而武器的生产又是以整个生产为基础。"②《社会主义政治经济学》（未定稿第二版）详细论述了国防工业和基础工业的关系问题："没有冶金工业、化学工业、机械工业、电子仪表工业等基础工业的发展，国防工业是上不去的。国防工业和基础工业必须保持一定的比例关系……在加速经济建设的基础上来发展国防建设，把国防工业的发展，紧密地同基础工业的发展相联系，保持国防工业和基础工业的平衡，才能使国防工业和整个工业都得到更大更快的发展。"③

第四节　产业内部比例结构演变

一　农业的内部比例关系协调

农业生产内部主要有两个比例关系，一个是农、林、牧、副、渔五业之间的比例关系，另一个是农业内部粮、棉、油、麻、丝、茶、糖、菜、烟、果、药、杂十二个分业部门之间的比例关系。在农业内部的比例关系方面，具有指导性的纲领是"以粮为纲，全面发展"，只有粮食生产发展了，才能促进经济作物和其他农业子行业的全面发展，才能保证社会安定。但是，粮食生产是不能孤立发展的，农业生产之间也是相互依赖和相互促进的。毛泽东也提出："苏联伟大土壤学家和农学家威廉氏强调地说，农、林、牧三者互相依赖，缺一不可，要把三者放在同等地位。这是

① 参见姜川桂《为什么当前必须"以钢为纲"》，《财经研究》1958年第7期。

② 《马克思恩格斯选集》第3卷，人民出版社，2012，第546页。

③ 编写组：《社会主义政治经济学》（未定稿第二版），上海人民出版社，1975，第171页。

完全正确的。我认为农、林业是发展畜牧业的祖宗，畜牧业是农、林业的儿子。然后，畜牧业又是农、林业（主要是农业）的祖宗，农、林业又变为儿子了。这就是三者平衡地互相依赖的道理。”①

朱德有关发展“大农业”的观点，也是这一时期处理农业内部比例关系的重要思想。朱德认为，农业不光指狭义的种植业即农作物栽培，而是包括农业、林业、畜牧业、副业、渔业等在内的大农业。他深刻地认识到，农、林、牧、副、渔各业处在一个循环的大系统中，它们之间互相依靠，不可分离。1958 年，他强调：“国营农牧场必须搞多种经营。无论是以粮食、经济作物为主的农牧场，还是以畜牧业为主的农牧场，都应该因地制宜地把农、林、牧、水产、副业、饲养家畜家禽、饲养野畜野禽和开矿挖煤等结合起来。同时，国营农牧场还可以根据自己的生产情况，建立小型的加工厂。因为这种多样性的生产，不仅可以增加收入，同时，还可以最大限度地发挥劳动力的作用，避免生产方面半年忙、半年闲的忙闲不均的情况。”②

在这一时期，有关农业内部比例关系问题，涌现出不少具有较强应用价值和实践意义的理论研究。种植业和畜牧业是农业的重要组成部门，以粮食生产为主的人民公社或国营农场都必须发展畜牧业。但畜牧业的发展规模及速度，又一定要同粮食生产部门的发展相适应。其中，严瑞珍的研究具有代表性③。严瑞珍提出，粮食和畜牧业两大部门虽然存在着十分密切的内在联系，但两者却并不处于同等重要的地位。粮食生产部门在一定程度上决定着畜牧业的存在及发展，因而处于主导的、决定的地位。要发展畜牧业，首先要求一定数量的饲料，饲料中除一部分依靠粮食生产部门提供的副产品（如谷草、麦秸、豆秸等）、牧草及野生植物作为青粗饲料外，还必须依靠粮食生产部门提供一部分精饲料。特别在一部分土地面积较大而劳动力相对缺乏的农业企业中，如要建立规模较大的畜牧业，而不首先建立牢固的精饲料生产基地是不可能的。其次，畜牧业是一个耗费活劳动较多的生产部门。要发展畜牧业，就不能不从粮食生产部门中抽取一部分劳动力从事畜牧业生产。这一部分原来的粮食生产者，现在成了粮食的消费者。如果这时粮食生产的劳动生产率不变，这部分劳动力调离了粮食生产部门之后，势必影响粮食的生产。此外，发展畜牧业还需要一笔投

---

① 《毛泽东文集》（第 8 卷），人民出版社，1999，第 101 页。

② 《朱德年谱》（新编本）（下），中央文献出版社，2006，第 1653 ~ 1654 页。

③ 严瑞珍：《以粮食生产为主的农业企业农牧关系的初步探讨》，《经济研究》1964 年第 3 期。

资，特别是其中用于畜舍建筑及购置基本畜（种畜及产品畜）部分的投资，往往需要较长时间才能陆续收回。这部分资金也需要种植业部门的支持。

畜牧业的发展规模及速度取决于粮食生产部门提供口粮、精饲料及资金的能力，然而，粮食及畜牧业两大部门的自然再生产速度是不一致的。畜牧业自然再生产的速度较快。由于各种自然条件的限制，用于再生产的种籽数是严格地限制在一定范围之内的。它的规模的扩大在更多的情况下只表现为每年新垦粮田产量及每亩粮田的增产率，而新垦粮田在一般以粮食生产为主的农业企业中，在一定时期内是有限的，主要表现在每亩粮田的增产率上，它的增长速度同畜牧业自然再生产的速度比起来要慢得多。

可见，农牧两大部门如纯粹按它们自身的自然扩大再生产速度发展下去，畜牧业的发展速度肯定会大大超过粮食生产部门的单产（或总产）的提高速度，从而使畜牧业部门的规模及速度超过粮食生产部门的负担能力。畜牧业发展的规模及速度如过大、过快，占用粮食生产部门的耕地、劳动力及资金也会过多，那么粮食生产部门由于畜牧业的支持而增产的部分，抵消不了由于挤掉过多的耕地、劳动力及资金而引起的减产部分。

任何农业企业都存在一个与自己的粮食单位面积产量（或总产量）及劳动生产率相适应的最大限度载畜量这个指标。在畜牧业的初创期，畜牧业的规模逐渐增加，粮田的实际载畜量也逐渐从小到大，这时尽管畜牧业的发展速度很快，但总是在最大限度载畜量之下变动。所以一般能促进而不会影响粮食生产部门的发展。但到畜牧业的定型期，即畜牧业的发展规模及速度已经把实际载畜量提高到接近最大限度载畜量水平时，情况就不同了。这时只要产生某些导致粮食产量有所下降的因素（如自然灾害），就会引起最大限度载畜量的下降。如这时畜牧业不相应降低速度而仍按原来的速度发展，那么次年粮田实际拥有的牲畜数就有可能超过已经下降的最大限度载畜量。这时畜牧业的发展规模就超过了粮食生产部门可能提供的口粮及精饲料数，两大部门的发展就会不相适应。

为此，必须对粮食生产部门和畜牧业之间的关系主动调节，根据粮食生产部门的发展速度来调节畜牧业的发展速度。严瑞珍计算了必要载畜量、可能载畜量和实际载畜量三个技术经济指标，提出了畜牧业初创时期和定型时期处理粮食生产和畜牧养殖之间关系的基本准则。处理两者之间的关系，实质上就是建立饲料、畜力及肥料三者之间的平衡。要做到这一步，可以采取包括合理密植、扩大灌溉面积、适当增加复种及高产作物播种面积、增施化肥及其他肥料、扩大良种播种面积、工具改革、提高机械化水平等增产措施，努力提高粮食的产量及劳动生产率，积极创造农牧业合理结合的条件。

笔者认为，以严瑞珍（1964）研究为典型范例的技术经济分析，代表了这一历史时期政治经济学指导应用经济学科发展的最高水平。严格意义上来说，农业与畜牧业的关系属于产业经济学（部门经济学）的内容，但其整个分析的目的是如何处理不同部门之间的经济关系，属于中观层面的生产关系内容，理应归纳到政治经济学的研究范畴中来，而且，这一研究比较好地体现了政治经济学原则是如何指导应用经济学科开展具体经济问题研究的，即使对于今天的经济学研究而言，仍然具有很高的参考价值①。

二 工业内部行业的结构比例关系

工业内部行业之间也存在如何处理好结构比例关系的问题。轻工业与重工业的关系是《论十大关系》第一条阐述的内容，国民经济是一个复杂的有机的整体，各个经济部门的发展是密切联系的、互相制约的。工业首先是重工业，是我国经济的主导部门，是决定我国经济面貌的。但是，重工业的发展绝不是孤立的，必须得到工业其他部门以及农业、交通运输业等各部门的配合。

以国防工业为例，20 世纪 50 年代到 60 年代，新中国大国资源禀赋特征和高度集中的管理体制耦合，为国防工业的快速发展创造了条件，重点建设国防工业则引致了重工业的优先发展，改变了重工业发展严重滞后的畸形产业结构，推动了独立、完整工业体系的初步形成，这与大国建立完整工业体系的内在发展要求完全契合。解放前我国只能生产 100 多种碳素钢，到 1957 年，我国生产的钢材品种已达 4000 多种，钢材的自给率达到了 86%，过去不能生产的钢轨、无缝钢管、各种大型钢材、薄板和合金钢，均已开始生产。同时，我国有色金属工业不但生产能力大幅增加，

① 严瑞珍（1929～ ），农业经济学家，农村发展经济学家，教育家。他首次提供了计算中国工农业产品价格剪刀差的科学方法，并提出应把工农相互支持、协调发展看成处理工农关系唯一正确的方针；提出贫困地区经济、社会、环境综合发展缓解贫困的战略；积极倡导开展农业生产力经济学的研究与教学；定量测算了中国农业产业化水平、社会化服务贡献率，并对中国农村民间合作组织的发展进行了深入研究，为中国农业与农村经济发展以及农业经济科学发展作出重要贡献。参见严瑞珍《以粮食生产为主的农业企业农牧关系的初步探讨》，《经济研究》1964 年第 3 期。

还建立起一些新的工业部门，改变了有色金属工业体系残缺不全和互不配套的状况。新中国国防工业还带动了支撑军工发展的装备工业体系建设，促进了我国整体机械制造水平的快速提升，156 项工程中基础机械工业有 24 项，多为军工生产而配套建设。20 世纪 60 年代初，为满足国防工业发展需要而启动创建的九套大型成套设备，推动了制造业中的发电设备、冶金矿山设备、工程机械制造等部门从无到有的建立，还扩大和加强了机床工具和造船工业的发展。化学工业也在国防工业的带动下发展起来，"一五"期间，化学工业新增生产能力包括硫酸 29.2 万吨、纯碱 19.2 万吨、烧碱 8.1 万吨、合成氨 13.7 万吨。在军民两用特点突出的电子工业领域，优先建设电子管厂和无线电元件厂，重点建设雷达工厂和为航空配套的飞机电台及导航设备工厂，带动了我国电子工业技术水平和工艺制造水平的大幅提升①。

重工业和轻工业之间的关系、重工业和轻工业内部的结构关系，也是这一时期研究的重要内容。李富春（1962）提出，要做到设备逐步自给，必须发展机器制造业，现在主要是发展重型和精密机器制造业。制造机器需要钢，机器和钢的比例一般是一比三，即生产一吨重的机器需要三吨钢。炼钢又需要锰、钨、钼、铬等有色金属，因此，这些产业应优先发展②。此外，李富春在就我国十年规划问题给毛泽东的信中还提出：应当发展化学工业，特别是有机化学工业（各种燃料如煤炭、石油、天然气、木材等的综合利用，合成纤维、塑料、人造橡胶等）。加强化学工业，能带动其他工业的发展，而且有利于农业的发展（化肥、农药的增加），有利于加强国防，有利于为轻工业提供更多的原料，并且能与最近三四年内我们从资本主义国家进口技术设备相结合③。

许涤新分析了重工业内部采掘工业和加工工业之间的关系。加工工业的发展是以采掘工业的发展为基础的，采掘工业为加工工业提供了重要的原料来源和能源支撑。同时，采掘工业的发展受到更多的限制，它受到矿产资源分布、生成状况和储量的限制，采掘工业的劳动者一般要在地下劳动，劳动条件较为恶劣，此外，采掘工业往往分布在交通条件差的山区，还需要修建大量配套的交通设施。因此，采掘工业的建设周期长，生产能

---

① 彭敏主编：《当代中国的基本建设》（上），中国社会科学出版社，1989，第 28、33 页。转引自申晓伟、武力《中国国防工业与经济发展互动研究（1949～2015）》，《中国经济史研究》2016 年第 5 期。

② 《李富春选集》，人民出版社，1992，第 176 页。

③ 《李富春选集》，人民出版社，1992，第 304 页。

力形成速度慢，投资规模也相对较大。为此，在进行国民经济综合平衡时，应当更多地注意采掘工业的发展①。

在这一时期，轻工业内部比例关系也是被关注的重点之一。戎文佐分析了轻工业内部比例关系的若干问题，提出了要正确处理两个方面的关系，一是在轻工业内部要正确处理好农产品加工工业和工业品原料加工工业之间的比例关系。二是要处理好消费资料的生产和生产资料的生产构成的比例关系②。这实际上是把轻工业发展放到两大部类关系的马克思主义政治经济学框架中进行分析。

第五节 产业组织变迁

新中国成立后，地区、部门和企业在国家统一计划的指导下，逐步建立和发展了地区内部和地区之间、部门内部和部门之间以及企业之间的生产协作关系，这种生产协作关系可以根据不同的划分标准进行分类。一方面，企业积极开展多种经营、综合经营，形成了国营企业“大而全”的经营格局；另一方面，在这一时期也有不少国营企业形成了“小而精”的专业化经营格局，呈现出较高的产业分工水平。

一 生产协作

在这一历史时期，随着我国工业生产的发展，生产专业化水平的不断提高，生产协作的内容也越来越丰富。根据生产协作内容，可以将其分为三种类型③。一是原料、材料、燃料的供应协作。它是工业企业根据国家物资分配计划，把生产出的产品供给需用企业的一种协作。例如，在遵守国家物资分配计划的前提下，煤矿根据钢铁厂需要的煤种、质量、数量、供货时间，向钢铁厂供应煤炭；钢铁厂根据机床厂的需要，向机床厂供应一定品种和规格的钢材；等等。由于每个企业所需要的原料、材料、燃料的品种、数量和质量不同，供应时间的迟早不同，组织这种协作是一项十分复杂的工作。

二是产品的配套协作和零部件协作。有些工业产品的构成极其复杂，

---

① 许涤新：《论我国的社会主义工业建设》，《新建设》1962 年第 12 期。

② 戎文佐：《关于轻工业内部比例关系的若干问题》，《经济研究》1964 年第 4 期。

③ 乔荣章：《试论我国工业生产协作的性质和作用》，《经济研究》1965 年第 5 期。

一套完整的机器设备，往往需要很多企业协作才能生产出来。例如，生产一套发电设备，就需要组织锅炉厂、汽输机厂、电机厂、开关厂、变压器厂等有关生产企业进行协作。没有这种协作，就不能使机器设备配套，为需用单位提供成套产品。零件和部件协作是机器制造部门中生产主机厂与生产配件厂之间的一种协作形式。例如长春汽车制造厂生产的解放牌汽车，它所需要的仪表、电气设备、橡胶制品、玻璃等，就是由国内几十个协作厂提供的。

三是工艺加工和技术协作。它是在产品相近的工业企业之间，为了合理地利用专用设备而进行的一种协作。例如铸造厂向需用厂供应铸件、有热处理设备的机械厂为别的厂进行热处理加工等。技术协作有时表现为几个单位协作共同解决某一技术关键问题，有时表现为计量、测试、理化检验以及设备检修等的协作。

此外，邓展明根据协作参与主体将工业企业之间的协作分为三类①。第一类是一个需方（生产企业）与若干个供方（生产原料、材料、燃料的企业）建立原材料和燃料定点供应关系，或一个供方与若干个需方建立定点关系。第二类是生产一种产品的企业与若干个工艺性加工，生产零配件的企业建立固定专业分工生产的协作关系。第三类是以主管局为一个协作单位与物资部门或商业部门或供方厂建立工厂（店）直接供应的小量物资供需关系。

生产协作关系也可以看作产业网络关系，这种产业网络又可以分为纵、横、平行三种类型②。纵的生产协作关系主要是指产业链上下游形成的投入—产出关系。从原料、材料生产到成品加工而形成的联合企业，钢铁公司就是这类由矿山、炼焦、耐火材料、炼铁、炼钢和轧钢一系列纵的生产联系而形成的钢铁联合企业。纺织工业部门也有这类由原棉整理、纺纱、织布到印染的联合企业，化学工业部门也有这类由基本化工生产、中间体到成品的联合企业。纺织行业的针织品汗衫、背心、手巾等产品，根据纺织技术特点和技术要求，实行“专纺纱”的生产供应协作。

横的生产协作关系主要是指这样一种投入—产出关系：为完成一整套机器设备而把有关生产成套机器所需要的主要零件、部件专业化生产企业联合起来，组成机器制造联合企业。在机械工业部门的发电设备、工程机

---

① 邓展明：《关于工业企业之间开展经济协作的几个问题》，《经济研究》1965 年第 3 期。

② 范慕韩：《论工业生产协作化》，《经济研究》1963 年第 11 期。

械、汽车等制造行业，都适宜以这种形式组成联合企业。在轻工业中，这种横向生产协作还可以表现为组织产品包装、装潢的配套生产协作。如组织印刷（招贴纸、商标）、纸箱、纸盒、木箱、玻璃瓶、瓶盖等行业与使用厂配套协作。

同一类产品的生产协作关系。产品相同的专业化生产企业联合起来组成联合企业，如制糖、烟草、水泥、纺织、煤炭以及机械工业部门的元件、标准件、工具、仪表、维修配件等若干独立的专业化生产企业联合起来组成联合企业。这种联合企业的特点是它能为社会提供品种规格比较齐全、数量大和质量优良的工业产品。同时，也有利于组织同行业、同产品的技术协作或围绕技术关键组织各有关方面参加群众性的攻关协作，如肥皂行业解决甘油回收率的协作。

资源综合利用所形成的生产协作关系。以综合利用为基础，把相联的若干企业联合起来组成联合企业，如在炼焦、有色金属冶炼综合利用基础上建立起来的冶金化工联合企业；在炼油综合利用基础上建立起来的石油化工联合企业；在矿渣综合利用基础上建立起来的冶金、建筑材料联合企业；在页岩油综合利用基础上建立起来的石油、建筑材料联合企业。这类联合企业对发展国民经济有良好的作用，因为在采取以工业产品和生产工艺分类而组织起各种工业管理部门的情况下，在部门之间常常容易出现“三不管”地带，而采用联合企业形式，就比较容易实现综合利用，发挥最大经济效果。

二 综合经营与工业托拉斯

综合经营、多种经营、建设卫星厂，在带来规模经济和范围经济的同时，也有可能造成企业经营规模过大、多元化经营能力不足等问题。这一历史时期的企业综合经营，也成为日后广受诟病的“企业办社会”的实践源头。

（一）围绕综合经营实践的理论考察

在专业化和综合经营方面，牛中黄探讨了大型厂矿的“综合经营”问题，他提出大型工矿企业向联合企业发展，可以采取两条路径，一是扩大、改建或新建车间，二是办“卫星厂”。这种卫星厂也可以分为两种，一种是围绕主干企业，利用主干企业生产过程中废材、废料、废气进行加工生产的企业，另一种是为主干企业提供配套，生产附件和配件的企业。在理论依据上，牛中黄提出，拥有现代科学技术的大生产，日益朝着分工细化的方向发展，与此同时，各种不同的专业也将进一步密切结合，生产越是专业化，越是要求综合化和联合化[1]。实际上，这种“主干厂—卫星厂”的联合企业，已经接近于产业链、价值链的概念。

与此相接近的是，陈守中、中共第一汽车制造厂委员会结合具体的企业经营实践，探讨了大型工矿企业发展多种经营的重要意义[2]。第一，多种经营有助于就地取材生产配套产品，也能够推动资源充分利用。第二，多种经营促进了企业技术革新和技术革命运动的发展。第三，多种经营对于推动职工家属参加生产，发展和巩固以厂矿为中心的城市人民公社，也起到了重要的促进作用。第四，多种经营充分发挥了职工群众参与生产经营和技术革新的主观能动性，有效地提高了职工劳动技能水平，培养了技术人才。

（二）兴办工业托拉斯

值得注意的是，为了改变“条块分割”、“政出多门”等问题，从20世纪60年代中期，各地开始试办具有垄断性质的工业综合经营组织，其中，主要以“工业托拉斯”为代表。1964年，国家经委决定试办第一批工业、交通托拉斯，包括轻工业所属的烟草公司和盐业公司、煤炭工业部所属的华东煤炭工业公司、第一机械工业部所属的汽车工业公司、农业机械工业部所属的拖拉机、内燃机配件公司、纺织工业部所属的纺织机械公司、化学工业部所属的橡胶工业公司和医药工业公司等共计12个，其中全国性的9个，区域性的3个，实现计划、产品、供销、财务管理的高度集中[3]。这实际上在“部（局）—公司—厂”的“条条”式工业管理体制中，把经营权更多地向“公司”这个层面集中，使之形成计划传递和实施的枢纽环节。为了促成工业企业之间的协作，托拉斯根据国家计划，统一向有关部门申请国家统一分配的物资，统一对外签订经济合同，对于常年需要的大宗物资，实行定点、定量供应，直达供货，生产的产品由国家或商业部门统一分配、销售。此外，在基础设施建设、财务管理、劳动管理、技术研发等方面，托拉斯也被赋予了较大的权力。

三　产业分工的深化

企业经营的专业化和综合化是两个相对发展的趋势，在企业专业化的

---

① 牛中黄：《大型厂矿的“综合经营”》，《红旗》1959年第9期。

② 陈守中：《包头钢铁公司的多种经营》，《红旗》1960年第17期；中共第一汽车制造厂委员会：《大搞综合利用 发展多种经营》，《红旗》1960年第19期。

③ 雍桂良等：《吴亮平传》，中央文献出版社，2009，第269～270页；薄一波：《若干重大决策与事件的回顾》（下卷），中共中央党校出版社，1991，第1172、1176页。

基础上，产业发展呈现出分工深化的趋势。企业的分工和专业化是劳动组织形式的重要内容之一，在企业经济学、管理经济学中包含着大量与此相关的讨论，这些讨论往往以“产业链”、“价值网络”或“纵向一体化、横向一体化”等概念作为研究对象，但实际上，在这些研究对象背后隐藏的都是分工和专业化程度以及企业边界的选择问题。

（一）工业企业分工

社会生产的分工，是提高劳动生产率的一个重要条件。张有萱分析了公有制与生产分工之间的关系。在社会主义制度下，生产资料的公有制为实行最合理的生产分工创造了极其有利的条件，促进生产的迅速发展。专业分工程度首先取决于经济技术的发展水平；其次取决于社会对产品需求量的大小，需求量越大，各企业间的分工则越细化；再次，专业分工还取决于各行业的产品在全国现有企业内安排生产的可能，若同类性质的企业多一些，每个企业生产的品种就可以少一些，专业化的水平就能高一些，反之同类性质的企业少一些，每个企业生产的品种就会多一些，专业化的水平也就低一些。宏观层面上，国家根据需要和可能确定专业分工的时候，还必须考虑企业的地理分布和地区分工的必要。任何工业部门的企业，都必须有它的专业方向，其专业分工范围的选择和确定，必须按照全国一盘棋的原则，根据需要和可能，根据该行业的专业要求和地区特点，把全国的需要和地区的需要结合起来。微观层面上，在执行专业分工和协作的过程中，必须根据企业的性质，在专业方向不变的前提下，具体规定企业生产活动的经营范围。企业的综合经营应具备以下条件：第一，该厂生产过程中，副产物的综合利用和“废料”的合理利用；第二，该厂生产设备的合理充分利用；第三，结合该厂的技术特点，生产在生产技术上相近似的产品；第四，把生产过程紧密相连的不同行业，联合在一个企业内，以加速生产过程，节约运输开支。按照有计划按比例发展规律的要求，恰当地安排全国各工业企业的专业分工和综合经营，并随着情况的变化不断调整，使生产更加经济合理，真正做到多快好省①。

（二）城乡分工与企业分工的融合

在这一时期，农村主要采用人民公社的生产生活组织形式，这也影响到工业企业的组织模式，值得注意的是，这是一种城乡分工和企业分工的混合模式。牛中黄总结了社办工厂的几大特征：第一，这种工厂是同公社

① 张有萱：《工业企业的专业分工和综合经营》，《红旗》1959 年第 15 期。

的农业相结合的，在公社这个经济单位中，既有工业，又有农业，工业和农业紧密结合、相互支援；第二，在这种工厂中，从事生产的既是工人，又是农民，改变过去那种工人终身为工人，农民终身为农民的狭隘的社会分工；第三，这种工厂都是进行多种经营的、综合性的联合企业；第四，这种工厂在必要分工的条件下，生产者同时是管理者，管理者同时也是生产者；第五，这种工厂，作为公社的一个生产单位，它既是经济组织，又是教育组织和增进群众集体福利的组织。有了“大洋群”工业作为骨干，再加上“小土群”工业，我们在工业战线上就能用“两条腿”走路，使我国工业持续高速发展①。

当然，人民公社与城市工业的融合还不仅仅局限于社办工业，汪海波等在讨论城市组建人民公社的具体形式时，就提出过一种围绕大型工厂或大专学校为中心的方式。其设想的人民公社是包括职工家属、附近居民和周围中小型生产单位联合而成的公社，他们认为，这种公社形式不仅可以挖掘老厂的生产潜力，开辟更多的生产门路，同时也可以通过公社形式组建新的“卫星工厂”②。

（三）技术分工

“洋法”与“土法”的选择问题上，有的同志认为要尽可能地“大办”，建立大型工业企业，引进先进生产技术，尽可能替代落后的生产工具和生产方式，以“洋法”生产提高全社会的生产力水平。有的同志则充分运用了马克思主义政治经济学经典理论，并结合中国实际发展阶段，指出要摒弃技术“神秘论”的观点，以群众运动、全民参与的方式进行生产创新和科研，对县、社办工业和“土法”改良生产工具或生产方式要予以充分的支持，选择“洋土结合”的技术路线。宋乃德从我国造纸是采用草浆还是木浆的争论入手，通过案例、数据论证了“草浆小厂”存在和发展的合理性。认为办大厂经济效益高、成本低、质量高、技术先进，而小厂技术经济指标落后、成本高、质量低的观点是片面和不合理的。有些同志把生产技术看得过于神秘化，认为造纸工业地方管不了，更办不了，他们不但不支持地方办厂，而且看到地方上现有比较大的或有发展前途的厂，就想拿上来归中央管理。由于怀疑地方管理企业的能力，改进体制、下放企业的措施也受到质疑。但事实证明，依靠地方、依靠群

① 牛中黄：《人民公社工业化的起点》，《红旗》1958 年第 13 期。

② 汪海波、陈俊欧、刘培黎、王瑞荪、盛皿、杨枫：《在城市街道建立人民公社的若干问题》，《教学与研究》1958 年第 11 期。

众，才能充分运用一切人力、物力和财力，更快地发展造纸业[①]。薄一波认为工业建设需要打破那种对于办工业的神秘观点，实行全党办工业、各级办工业、全民办工业。具体来说，首先，若想实现工业遍地开花、争放异彩的高速发展局面，须摒弃只发展大工业的片面观点，而是实行大型企业与中小型企业并举的方针；其次，办工业须从我国的具体情况出发，实事求是地使用高标准和低标准同时并举，“土办法”和“洋办法”同时并举的方针；最后，办工业要采取中央工业和地方工业并举，全党办工业、各级办工业、全民办工业的方针，在发展中央工业的同时，放手各级依靠自己的力量、依靠群众的力量办工业[②]。曾希圣认为，洋土并举的方针在我国“大跃进”进程中起到重大作用，否定土法生产或只满足于土法生产而不积极搞洋法生产都是片面的。土洋之间是相对的且可相互转化，我们需要以历史唯物主义和辩证法的眼光看待事物的动态发展。大搞技术革命，需要把土的转化为洋的，把洋的再加以提高，不仅要用两条腿走路，而且要用两条健壮的腿走路。为贯彻多快好省的基本原则，应当注意以下两个方面。第一，对土法生产的特点和具体条件，要进行具体的分析，妥善安排；第二，在具有一定条件的地方，必须努力搞小型洋法生产。总的来说，为了多快好省地建设社会主义，必须按照国家的统一计划，实行大中小结合、洋土并举的方针。既不能否定土的，也不能过分夸大洋的。不应该单纯地认为在一个地方搞土的，在另一个地方搞洋的，而应该看成在一个小高炉中，在一个工地上，在一个矿井内，在一部机床里，把洋土结合起来，这种洋土并举，才是全面的洋土并举[③]。

本章小结

本章对 1957 ~ 1978 年有关产业结构比例关系的政治经济学理论观点进行了梳理。可以发现，在这一时期尽管实施了“以钢为纲”的重工业优先发展战略，但是，并不意味着忽视轻工业和生活资料生产部门，这需要辩证地把握“农轻重”国民经济计划安排顺序和生产资料优先发展规律两者之间的关系。此外，这一时期的政治经济学研究主动接触现实经济

① 宋乃德：《草木之争》，《红旗》1958 年第 3 期。

② 薄一波：《打破办工业的神秘观点》，《红旗》1958 年第 3 期。

③ 曾希圣：《谈洋土并举》，《红旗》1959 年第 6 期。

问题，运用马克思主义社会再生产理论、两大部类关系理论指导我国产业结构调整的具体实践，在处理产业间关系（包括工农业关系、轻重工业关系、民用工业与国防工业等）、产业内部关系甚至企业间的分工协作关系等方面都取得了一系列研究成果，有些成果开创了技术经济和部门经济的研究先河，为改革开放后的产业经济学学科发展奠定了重要基础。

第十章　社会主义区域经济关系的发展

社会主义改造完成之后，我国初步建立起一个框架完整的工业体系，但区域间工业布局不平衡的问题仍然比较突出，大部分工业企业集中在华北、东北等地区的大中城市，为了改变这种经济布局上的不平衡局面，同时也出于战备等方面的考虑，从20世纪60年代初开始，我国开展了大规模的“三线”建设，完成了我国生产力布局上的重大调整，极大地推动了我国中西部地区的工业化进程。在这一过程中，也产生了大量有关区域经济布局的理论探讨。

第一节　区域经济布局的计划调节

区域是开展生产活动的空间载体，劳动者与生产资料的结合必须在特定的空间中才能实现，因此，劳动力与生产资料的区域布局问题，是生产关系在中观层面的重要内容之一。在这一时期，通过社会主义改造和初步建立起来的计划经济体制，劳动力和生产资料的区域布局得到了初步调整，沿海与内地、城市与农村的区域经济关系得到优化①。

一　协调沿海工业和内地工业之间的关系

从工业方面来看，在旧中国，我国工业主要集中在沿海地区，辽宁、

① 我们注意到一个现象，这一时期的经济地理学研究中，不少学者认识到经济地理学不能仅仅把生产力作为研究对象，而是要研究作为生产力和生产关系统一的生产方式（他们将其称为生产地理配置），特别是要注意不能脱离生产关系抽象地去研究生产力的空间布局问题。这个观点，与本书提出的“政治经济学思想史要以生产方式系统性变迁作为梳理文献的线索”，具有很强的相互启发作用。参见胡兆量《不应该把经济地理学的对象局限在生产力范围内》，《教学与研究》1956年第4期；孙敬之《论经济地理学的科学性质》，《教学与研究》1956年第11期。

河北、山东、江苏、浙江、福建和广东等省份在工业方面占据了重要地位。根据1952年的统计资料，这些地区的主要轻工业产品产量在全国总产量中所占的比重为：棉纱82.6%，棉布88.3%，火柴72.7%，机制纸69.8%，糖67.5%，面粉63.6%，食盐77.1%；在重工业方面，煤48%，钢85.5%，硫酸99%[①]。为改变这种局面，新中国成立后，对全国的区域经济布局进行了调整。总的原则是：使工业接近原料、燃料的产区和消费地区，并使得工业的分布适合于巩固国防的条件，逐步地提高落后地区的经济水平。在第一个五年计划中开始建设的限额以上的694个项目中，有472个项目分布在内地。这些计划调节举措，使得我国生产力分布不平衡的问题得到了很大缓解。

这一时期，如何协调沿海工业和内地工业之间的关系，在地理布局上更加合理地配置劳动力和生产资料，也逐渐成为政府和经济学界考察和分析的重要主题之一。1956年毛泽东在《论十大关系》中将沿海工业与内地工业的关系列为第二位需要认真考虑的关系。他提出："沿海的工业基地必须充分利用，但是，为了平衡工业发展的布局，内地工业必须大力发展。在这两者的关系问题上，我们也没有犯大的错误，只是最近几年，对于沿海工业有些估计不足，对它的发展不那么十分注重了。这要改变一下……好好地利用和发展沿海的工业老底子，可以使我们更有力量来发展和支持内地工业。"[②]

在学术研究方面，吴景超以钢铁工业和纺织工业为例，提出工业的区域布局要考虑到动力能源和原料供应两个重要的因素，同时，还需要以带动少数民族发展为出发点建设新的工业基地。如新中国成立后在包头建立的工业基地，就为促进内蒙古的发展发挥了重要作用[③]。朱镕基比较系统地阐述了如何利用好沿海工业基础促进工业布局合理化的措施[④]。他认为，由于"一五"时期主要强调内地工业建设，一定程度上忽视了对沿海地区工业生产潜力的利用。因此，对于沿海工业，不仅不应限制其生产发展，还应当对原有企业进行一些必要的扩建和改建。这

---

① 参见朱镕基《充分地利用沿海地区的工业》，《计划经济》1956年第6期。朱镕基时任国家计委机械局综合处副处长。根据我们掌握的文献资料，这篇论文是新中国成立以来第一篇以区域经济为主题的学术论文。

② 《毛泽东选集》第5卷，人民出版社，1977，第270页。

③ 吴景超：《有计划按比例的发展国民经济》，中国青年出版社，1954，第45~47页。

④ 朱镕基：《充分地利用沿海地区的工业》，《计划经济》1956年第6期。

是因为，在内地新建工业不仅需要大量的投资和较长的时间，代价巨大且有可能与沿海工业结构趋同。因此，除了可以将部分沿海工业在条件可能、经济合理的情况下组织内迁，应当重视沿海工业的扩容和发展。沿海的某些地区拥有特别的资源，譬如广东有油页岩，山东有铁矿，福建、广东适于发展制糖、造纸，因此，还很有必要在这些地区新建大中型企业。

二 沿海工业的内迁

20世纪50年代以来，在中央调整工业布局和考虑国防安全的战略指导下，在内地省市积极争取的基础上，相当部分的沿海工业迁往内地。这一举措一定程度上改变了我国工业的区域分布格局。以上海为例，从1949年8月起，上海市就开始有步骤地把一些过分集中的工厂，按照就原料、就市场的原则陆续迁往内地或其他城市。谢忠强根据档案资料估计，从1951年到1954年，上海工厂内迁总数起码在200家以上，从1953年到1957年，仅轻工和纺织工厂每年就有50多家内迁①。

1956年后，随着中央对沿海和地方经济关系进行重新审视，对工厂内迁的管理也严格起来。1956年4月23日，中共上海市委办公厅印发的《关于正确处理上海工厂内迁问题的通知》指出："随着国家重点建设项目的增加，上海地方工业的任务也日益繁重，过去长期任务不足的状况已根本改变。中央最近指示：应该充分利用和发挥沿海工业基地的作用，以支援国家重点建设。因此当前上海地方工业不仅不应该消极地内迁，而且应该进一步发挥现有的潜在力量，更好地为满足国家重点建设的各项需要而努力。上海主管工业的各办公室、各局的工作同志对此应有明确的认识，充分估计上海地方工业当前和将来的繁重使命，今后除中央根据全局需要决定内迁的工厂以外，不得再向内地迁移工厂。"②

1958年后，中央为了推动地方工业的发展，提出了中央工业与地方工业并举的思路。但是，内地工业基础相对比较薄弱，发展工业遇到了很多困难。在这种背景下，沿海地区工业内迁又开始增多。根据上海市经济计划委员会的统计，1958年到1960年，上海共外迁工厂261家，其中支

---

① 谢忠强：《20世纪50年代上海工厂内迁研究》，《中国经济史研究》2013年第3期。

② 上海市档案馆馆藏档案《关于正确处理上海工厂内迁问题的通知》，档案号A80—2—223。转引自谢忠强《20世纪50年代上海工厂内迁研究》，《中国经济史研究》2013年第3期。

援江西和安徽的工厂最多，同为46家[①]。

第二节　地区经济综合平衡的理论探讨

在这一时期，大量研究从马克思主义社会再生产理论出发，深入分析了地区经济综合平衡问题。生产资料生产和生活资料生产两大部类产品的生产、分配、消费、积累相互间的综合平衡，不仅是在两部类之间展开的，同时也是在不同地区间展开的。

地区在经济、财政上都不是独立的体系，所以从物资、财政、信贷的总体上来观察，地区的物资、财政、信贷相互间的综合平衡关系，也具有和全国不同的特点。从全国来看，由于整个国家的国民经济和综合财政收支是一个完整的、独立的体系，财政收支、信贷收支、现金收支在一般情况下又总是保持着平衡关系，所以，在全国范围内透过财政、信贷、现金收支所表现出来的有支付能力的社会需求总量（对补偿生产消耗和用于积累、消费的物资需求），在正常情况下，是同各个时期的社会产品物资总量（可以用来补偿生产消耗和用于积累、消费的两部类产品的生产额）相一致的。但从一个地区来看，由于在中央和地方、地区和地区的经济联系中，既有基于地区分工协作而产生的以等价交换为原则的物资流入、流出，又有基于管理体制交错而产生的财政上缴、下拨和相应的物资产品的净转移，还有国家银行对地区的信贷收支引起的以到期偿还为原则的物资产品的暂时转移，所以一个地区的财政收支、信贷收支、现金收支，在一般情况下总是不能平衡的。

因此，王琥生根据地区社会总产品在实物形态上和在货币资金收入形态上的运动过程，分析了决定和影响地区社会总产品使用量和社会产品购买基金量的各种复杂因素，将实现地区社会再生产中两部类产品生产和积累、消费分配相互间综合平衡的条件总结为五个方面[②]。第一，地区基本建设投资的规模（包括中央建设投资、地方建设投资、企业及集体所有制单位的自筹建设投资），扣除基建工人工资部分以后，应当与本地区第一部类产品、生产量中扣除生产消耗和生产资料储备后可用于积累的第一

---

① 上海市档案馆馆藏档案《1958～1960年与各省市计划外协作情况简明汇总表（1961年12月）》，档案号B29—2—899。转引自谢忠强《20世纪50年代上海工厂内迁研究》，《中国经济史研究》2013年第3期。

② 王琥生：《地区经济综合平衡的若干问题》，《经济研究》1962年第1期。

部类产品相适应。第二，地区消费基金的规模和消费水平的高低，应当与本地区第二部类产品生产量中，扣除消费品储备后，可用于本地区消费的第二部类产品相适应。第三，地区物资储备的规模（包括两大部类的储备），即流动资产积累的规模，应当在保持正常储备水平的情况下，同第一、第二部类产品生产量中可用于增加储存的数量相适应。如果两者出现差距，应通过调整调出、调入的数量，或适度提高、降低储备水平来调节平衡。第四，地区的财政收支、信贷收支、现金收支，应当同前述积累同第一部类产品的关系、消费同第二部类产品的关系相适应。也就是说，要通过财政上缴、下拨，信贷差额扩大、减小，现金投放、回笼，来调节两部类产品和积累、消费相互间的综合平衡。第五，上述适应关系，都以按照积极平衡的原则，具体结合地区经济的原有基础和地区的资源条件、生产发展水平、生产分工以及地区承担的全国性生产建设任务为前提。也就是说，地区基本建设规模和第一部类产品的平衡关系，在担负全国重点建设任务的情况下，必须在保证完成国家建设任务的条件下来进行安排地区消费基金规模和第二部类产品的平衡关系，特别是在确定消费水平提高幅度的问题上，必须照顾左邻右舍，结合全国和其他地区的以及地区内部职工和农民的相互关系来进行安排。地区两部类产品的调出、调入，在有支援全国任务的情况下，必须在保证完成支援全国任务的前提下来考虑；在接受外地支援的情况下，必须在充分挖掘内部潜力的前提下来考虑。

由于两部类产品的具体实物内容基本上是农业、轻工业和重工业的生产，所以从农、轻、重的角度，结合各地区生产发展的不同水平和社会生产结构的不同情况来考察，两部类产品生产和积累、消费分配关系，在不同地区有不同的具体表现形式。换言之，地区经济的综合平衡问题，实际上与产业结构和产业间综合平衡问题是紧密联系在一起的。王琥生（1962）概括了三个方面的处理原则。第一，从全国来看属于重工业基地的地区，地区积累基金的规模，应根据先简单再生产、再扩大再生产的原则，同本地区重工业和生产性基建产品扣除补偿生产消耗、支援全国（指净调出）以后的数量，再加上农业和轻工业产品中可用于增加储备的数量和非生产性基建规模相适应。也就是说，地区基本建设规模的安排，不应影响支援全国任务的实现，不能超越可供本地区使用的重工业产品数量中满足商品再生产需要以后的余额。地区消费基金的规模，要在保证消费基金和居民消费水平较前一生产周期有所增长的情况下，同本地区生产的农业、轻工业产品或包括调入在内的农业、轻工业产品的数量相适应。应当根据本地区的具体条件，首先挖掘当地的生产潜力，在不影响以重工业品支援全国的前提下，尽最大可能来提高农业、轻工业产品的自给程度，以减少从其他地区调入农业、轻工业产品的负担，然后再考虑调入的规模和具体数量界限。

第二，从全国来看属于正在进行重点工业建设的地区。地区积累基金的规模，应同本地区生产的重工业和生产性基建产品加调入的重工业品，再扣除补偿生产消耗以后的数量，以及加上农业、轻工业产品中可用于增加储备的数量和非生产性基建规模相适应。也就是说，地区扩大再生产的规模扩大速度很快，它所需要的重工业产品，有一部分要靠从原有工业基地调入来获得保证。对于这类地区消费基金的规模，要在保证居民消费水平较前一生产周期有所增长和保证满足伴随重点建设而来的新增职工和居民生活消费需求的情况下，同本地区农业、轻工业的生产相适应。地区农业、轻工业产品能否完全自给，或者能否剩余下来同调进的重工业品相交换，应根据地区的资源条件和在最大可能条件下所能达到的生产水平来考虑安排。

第三，从全国来看还基本上属于农业地区，暂时又不是重点建设的地区。这类地区积累基金的规模，应同本地区生产的重工业和生产性基建产品中扣除补偿生产消耗以后的余额、与国家在本地区所进行的基本建设相适应的重工业产品调入量，以及本地区生产的农业、轻工业产品中可用于增加储备的数量和非生产性基建之和相适应。也就是说，本地区扩大再生产的规模和速度，主要取决于国家在本地区所安排的建设任务以及本地区社会生产力的发展水平。

这类地区消费基金的规模，要在保证居民消费水平较前一生产周期有所提高的情况下，同本地区农业、轻工业生产中扣除支援全国后的数量相适应。也就是说，本地区消费基金的规模和消费水平的提高，不应超越于农业、轻工业生产的规模和发展水平，以便能够调出更多的剩余产品，去支援农业和轻工业相对较少、重工业相对较多的地区。

第三节　工业布局调整与城乡关系的演变

很大程度上，工业合理布局问题同时也就是处理城乡经济关系的问题。在一般的工业化进程中，工业往往向大中城市集中，这就使得城乡在经济上对立起来。因此，如何在城乡合理布局工业企业，就成为构建合理的区域经济关系的主要议题之一。

一 工业的区域布局调整

重工业区域布局主要涉及四个行业，也即机械制造、钢铁、煤炭和电力。第一，机械制造工业的区域布局。在协作区要建设一个大型的具备铸造、锻造、冲压能力的机械制造中心，安装6000~12000吨水压机。局部条件为接近冶金中心，机器制造业本身比较集中，燃料和电力供应比较充分，地理位置适中且交通条件好。东北协作区已有富拉尔基重型机器厂和沈阳这一重型机械制造业中心。其他六大协作区都需要考虑新建，主要是在北京、上海、广州、武汉、成都、兰州。在省市自治区层面，建立具有1000~2500吨水压机的锻铸中心厂，建设年产20万吨左右的钢厂设备，年产30万吨左右的煤矿设备，年产1万吨合成氨氮肥厂的设备，1500千瓦以下的发电设备，28匹马力以下的拖拉机、小型汽车和农林牧大型机械设备。在县乡层面，可考虑建设小型综合机械工厂，生产各种畜力农具、简单的农产品加工机械、小型排灌机械、一般的滚珠轴承以及以上设备的配件。在各县的集镇建立小型综合修配厂，各乡的中心建设农具修配站，各乡建设流动修配组。

第二，钢铁工业区域布局。协作区钢铁企业的布局条件是，有足够的煤、铁资源，其储量与质量都能满足要求，有方便的交通运输，有安全的国防条件，适合于整个工业的部署。此外，厂址要靠近水源、城市、电力网，厂址所在地要地势平坦广阔，地质坚硬，能负担巨大的建筑群，并有发展相关企业的余地。在第二个五年计划时期，东北地区将在北部布置新的大型钢铁基地。华北区继续新建包钢，同时在太原、石景山钢铁厂的基础上扩建成两个大型联合企业。华中区续建武钢，西北、西南则分别建设酒泉、西昌、重庆钢铁基地，华南则布置广州、柳州两个点，华东区则先以马鞍山、上海钢铁厂为基础，扩建成大型联合企业。

第三，煤炭产业区域布局。在第二个五年计划时期，煤产量较多的东北、华北，仍需大力加强煤矿工业，前者以扩建抚顺、阜新、鹤岗、鸡西、双鸭等煤矿，开发老哈河煤矿为重点，力争煤炭自给。后者以山西各主要煤田、河北峰峰、内蒙古拐沟、扎赉诺尔等煤田为重点，建成大型煤炭供应地。华东以山东津浦路沿线到皖北、苏北的煤带和江西萍乡、丰城、乐平煤带为重点，华中以湘中南和豫中、豫西北煤田为重点，西北以渭北、贺兰山、乌鲁木齐煤田为重点，西南以黔西及重庆周围煤田为重点。华南以粤北曲仁煤田为重点，大力开辟新的煤炭基地。

第四，电力行业区域布局。在煤矿工业大发展与煤综合利用的基础上，结合河流的根治与综合利用，贯彻“水主火从”的建设方针，迅速扩大各协作区电力特别是水电站建设的规模，建立与健全各主要工业区的动力基地。

轻工业具有一些与重工业不同的特点，首先，它主要是以农产品为原料进行加工的，同农业生产有着天然的联系，而很多农业原料不适宜长途运输，因此在轻工业的地理分布上，特别强调接近农业原料产地，以保证最低的原料费用，减少运输中的损失，改善加工方面的技术经济指标。其次，轻工业产品的消费对象很普遍，同时许多轻工业产品的价值不大，长途运输并不经济，因此轻工业的分布还要考虑接近消费区，尽量均衡分布。

二　工业布局与城乡关系

为了缩小工农差别和城乡差别，应坚持“有计划地把工业分布在全国各地，以保证在以前落后的农业地区建立新的城市和工业中心，使农业和工业接近起来”的原则①。此外，为了使广大的少数民族在经济上、文化上逐步赶上先进民族，实现民族大团结，应坚持“生产分布有利于过去落后的少数民族地区经济水平的提高，消除各民族间事实上经济不平等，从而巩固与加强各民族的团结”的原则②。

区域经济布局调整是生产关系变革引领生产方式演进的典型例证，这一时期的区域经济布局调整，主要是通过国家在内地、农村和少数民族地区投资兴建国有企业这一途径完成的，也有少部分区域经济布局调整是通过改造资本主义工商业实现的。不可否认的是，新中国成立后，党和政府决定将工作重点从农村转移到城市，从农业转移到工业，在这一区域经济格局发生调整和变动的过程中，农村也不可避免地出现了“空心化”以及城乡居民生活水平差距拉大的现象。因此，党和政府也格外重视通过城乡一体化的建设措施，避免城乡差距加剧③。

---

① 霍波：《对社会主义生产分布原则的一些体会》，《学习》1956 年第 8 期。

② 刘再兴：《我国第一个五年计划的工业地区分布问题》，《新建设》1955 年第 11 期。

③ 譬如，梁漱溟在 1953 年就公开表示：“城里的工人生活提高得快，而乡村的农民生活却依然很苦，所以各地乡下人都往城里（包括北京）跑，城里不能容，又赶他们回去，形成了矛盾。有人说，如今工人的生活在九天，农民的生活在九地，有‘九天九地’之差，这话值得引起注意。我们的建国运动如果忽略或遗漏了中国人民的大多数——农民，那是不相宜的。尤其中共之成为领导党，主要亦在过去依靠了农民，今天要是忽略了他们，人家会说你们进了城，嫌弃他们了。这一问题望政府重视。”参见贺吉元《梁漱溟受毛泽东严厉批评的历史公案真相》，《世纪风采》2008 年第 9 期。

在这一时期，社会主义三大改造的完成，有效引导了区域经济布局调整和产业的空间优化。当然，换一个角度来看，由于采用国家直接进行项目投资的计划手段，区域经济布局调整也造成了某些地区产业“小而全”、分工不明确、专业化程度不高等问题，甚至出现了片面要求在中西部布局企业，导致交通不便、运输成本高等现象。可以说，区域经济布局调整，既是生产关系引领生产方式变革的例证，也对计划经济体制的调控和管理功能提出了更高要求。

陈云提出，如果企业过分集中在大中城市，很有可能脱离原料和燃料产地，这势必增加交通运输的困难，提高成本，如果算总账，可能并不合理。而企业适当分散在中小城镇和新矿区，一方面能够接近原料和能源的供应地，同时也能够通过工业企业建设带动当地的发展和人口增长，使供产销更好地结合起来。如果能够合理地组织运输和销售，则产品成本更加降低。同时，改变企业集中分布在大中城市的现状，也是工农结合和城乡结合的要求①。

部分研究关注了特定区域经济建设的个性问题，提出了一些有针对性的政策建议，这些文献很多都成为我国区域经济学的先导性研究。陆大壮提出发展山区生产的方针是“因地制宜、实行多种经营”，这主要是指以下几个要求②。第一，山区生产的规划必须从国家整体利益出发，把山区多种经济和整个国民经济的发展结合起来，使其成为整个国民经济的一个组成部分。第二，国家的整体利益要求山区能够防止水土冲刷，稳定河流水量，保障农业生产和防止水旱灾害，要求山区提供大量木材和各种林畜产品与土特产。第三，山区生产的全面规划应特别注意使生产时间长因而收益晚的林业生产同收益较快的农业耕作、畜牧业和土特产生产结合起来。使收益快的生产支持和养护收益晚，但又是山区重点部门的林业生产。第四，在远山区，应着重发展用材林，近山区，应着重发展特用经济林、薪炭林、各种果木和土特产。南方的山区，应注意发展油茶、油桐、竹子、桑树、茶树等，而北方的山区，应当注意发展核桃、柞树、花椒等。

城郊工业化也是一种特定类型的工业发展问题，同时也属于区域经济布局的研究范畴。中共党史特别班研究了城郊人民公社的工业化问题。城郊与城市之间是一种特殊的“生产—消费”关系，一方面，城市的工业

---

① 陈云：《当前基本建设工作中的几个重大问题》，《红旗》1959 年第 5 期。

② 陆大壮：《发展山区生产的若干问题》，《教学与研究》1958 年第 1 期。

生产可以为城郊公社的农业提供现代化的工业武装；另一方面，城郊为城市居民提供一部分消费资料，同时还为城市工业提供其所需要的部分原料或半加工成品。这种特殊的“生产—消费”关系，要求城郊应因地制宜地兴办自己的工业[①]。应当说，注重城市周边的工业差异性发展，对于完善工业布局、缩小城乡差距具有很强的现实意义和理论价值。

第四节　三线建设和经济协作区

在这一历史时期，我国区域经济布局在行政力量的推动下实现了重大调整，这特别又以三线建设和经济协作区的形成作为典型标志。

一　三线建设取得重大成就

三线建设是 1964 年由党中央决策进行的一场以战备为中心的经济建设战略。国家共投入 2000 多亿元资金和几百万人力，历时 15 年之久，在西南、西北 13 个省区建设起来的以国防工业、基础工业为主的近 2000 个大中型工厂、铁路、水电站等基础设施和科研院所。三线建设是新中国成立以来经济建设战略的伟大决策和英勇壮举，取得了显著成绩[②]。

第一，改变了中国经济建设的布局。通过三线建设，我国西部地区建成了一大批工业交通基础设施，新增了一大批科技力量，生产力水平得到显著提升。在交通建设方面，先后建成了一批重要的铁路、公路干线和支线，使三线地区的铁路里程占全国的比重由 1964 年的 19.2% 提高到 34.7%。建成了一大批机械工业、能源工业、原材料工业重点企业和基地，主要有攀枝花钢铁基地；成昆、湘黔、襄渝、南疆、青藏（西宁至格尔木段）、阳安、京原、焦枝、枝柳铁路；以重庆为中心的常规兵器工业基地；贵州六盘水煤炭、钢铁基地和航空工业基地；重庆至万县长江沿岸的造船工业基地；陕西的航空工业、兵器工业基地；酒泉、西昌、太原卫星发射中心；湖北十堰第二汽车制造厂；葛洲坝水利枢纽工程、秦岭火力发电厂、乌江渡水电站、刘家峡水电站；渭北煤炭基地、湖北江汉油田、陕甘宁地区长庆油田、河南中原油田；等等。这些都已经成为中国西

---

① 中共党史系特别班：《城郊人民公社的工业化》，《教学与研究》1959 年第 2 期。

② 有关三线建设成就的相关内容可参见张全景《毛泽东与三线建设——一个伟大的战略决策》，《世界社会主义研究》2016 年第 1 期。本节后续未作注释的数据和历史资料均转引自此文。

部地区的工业支柱。

第二，在西部地区建成了一批新兴工业城市。随着大批资金、科技人员和工业设施的投入，铁路、公路、邮电的开通，矿产资源的开发，科研机构和大专院校的内迁，一批新兴工业城市在西部拔地而起，如攀枝花、六盘水、十堰、金昌，这些城市现在都已经成为世界著名的钢城、煤都、汽车城、镍都，带动了西部地区经济、文化和社会生活的繁荣。周明长将三线建设中的工业城市发展分为四种类型，一是新建城市，如渡口、六盘水、十堰和金昌；二是依托老城扩建，如四川德阳、绵阳、江油、广元、自贡，贵州遵义、安顺、都匀、凯里，云南个旧、东川、曲靖，陕西宝鸡、咸阳、汉中、铜川，甘肃玉门、嘉峪关、酒泉、张掖，青海格尔木，宁夏石嘴山、吴忠，山西侯马、榆次、临汾等；三是依托老城扩建，如重庆、成都、贵阳、昆明、西安等中心城市；四是依托老镇扩建新兴工业城镇[①]。

第三，接续建设了大批国营农场，提高了农业整体发展水平。早在新中国成立之初，就在借鉴苏联集体化农庄的基础上，着手建设国营农场。1956 年党中央、国务院决定成立农垦部，统一管理全国的军垦农场和国营农场。三线建设开始后，国营农场建设步伐有所加快，特别是兴建了一批分布在中西部地区的国营农场。到 20 世纪 70 年代初，已形成六种类型的国营农场：国家农垦部所属中央国营农牧场，省、市、自治区所属地方国营农场，人民解放军总后勤部所属农牧场，公安部所属劳改农场，中侨委所属华侨农场，以及少量分属不同政府机关、军队机关、社会团体、大型国有企业的农牧场。根据国家农垦部的统计，从 1949 年至 1979 年的 31 年中，国家投入农垦系统的基本建设投资累计 103. 47 亿元，国营农场共开荒 8 771. 74 万亩，产出粮豆 1786. 84 亿斤、棉花 2485. 64 万担、油菜籽 859. 12 万担、甜菜 7142. 41 万担、干胶 89. 92 吨等[②]。中西部地区国营农场的建设，为农业规模化经营和集体化运作提供了宝贵经验，开辟了一条具有特殊意义的农业现代化探索道路，这也使得国营农场研究成为一项比较独立的研究课题。譬如，韩朝华认为，国营农场的体制既不同于集体所有制的人民公社，也不同于一般的国有工商企业。国营农场生产了大量农副产品，发展起了不少非农产业，实现了高速成长，但没能根本摆脱

---

① 周明长：《三线建设与中国内地城市发展（1964 ~ 1980 年）》，《中国经济史研究》2014 年第 1 期。

② 农垦部政策研究室、农垦部国营农业经济研究所、中国社会科学院农经所农场研究室编：《农垦资料选编》，农业出版社，1983，第 89 页。

效率低、成本高和大量亏损的被动局面。但是，国营农场的经营不善还受国家经济发展战略的影响，即国家为了积累工业发展资金，通过行政统制汲取农业剩余，给农场的运营绩效带来了深远的负效应。同时，为缓解城镇就业压力而大量接收安置城镇知识青年和其他富余人员，也成为妨碍国营农场效率提高的因素之一①。

第四，有效加强了国防力量。三线建设之初，我国面临的国际形势非常严峻，美国违反朝鲜停战协定，仍在韩国驻军，第七舰队侵犯我国台湾，并支持蒋介石窜犯大陆，英美法苏均支持印度，在边境对我虎视眈眈。自 1964 年 8 月至 1968 年 11 月，美军作战飞机侵入中国领空 155 批 383 架次，被我方击落 32 架，击伤 4 架，另有高空侦察机多次入侵，被击落 20 架。在我国北方边界，苏联陈兵百万，小的侵犯不断，1969 年发生了珍宝岛战争。在这种情况下，必须抓好战备，才能做到有备无患。当时的战备工作虽然对轻工业、农业、群众生活有一定影响，但也作了全面考虑。三线建设“备战备荒为人民”，并不是孤立地抓战备，而是通过战备促进经济建设。

第五，培育了建设时期艰苦奋斗的革命精神。当时的三线地区大多是山区，交通不便，贫穷落后，条件很差。像成昆铁路全长 1096 千米，穿越地质大断裂带，设计难度之大、工程之艰巨均属前所未有，沿线山势陡峭、奇峰耸立，地形和地质极为复杂。全路开凿隧道 427 条，总延长 341 千米；架设桥梁 991 座，总延长 927 千米，相当于 56 座武汉长江大桥。桥梁、隧道总延长占线路总长度的 40%。在三线建设中，很多同志牺牲在工地上，成昆铁路全路有 16 处烈士陵园。三线建设精神在实践中诞生并发扬光大，成为教育群众、鼓舞后人的生动教材。

对于三线建设的评价问题，学术界分歧比较突出，既有肯定者也有否定者。倾向于肯定者主要是从备战、资源开发、区域协调发展等宏观层面进行阐述，而否定者主要是从效率低下、后期转产搬迁废弃导致资源浪费等微观层面出发进行论证的。郑有贵等认为，与其绝对地肯定或否定三线建设，更应该总结三线建设的相关经验，这主要包括积极发挥政府在促进区域协调发展中的作用、科学规划和创新是实现发展的前提、嵌入式发展要实现向融合与内生转变、三线精神是项目成功实施的动力源泉②。

---

① 韩朝华：《新中国国营农场的缘起及其制度特点》，《中国经济史研究》2016 年第 1 期。

② 郑有贵、陈东林、段娟：《历史与现实结合视角的三线建设评价——基于四川、重庆三线建设的调研》，《中国经济史研究》2012 年第 3 期。

二 经济协作区建设

在企业管理权力下放和地方大办工业以后，除了加强集中领导和全面规划，还必须加强分工协作。原来由中央集中管理的很多部门和企业已经建立了密切的协作关系，但是，在它们下放给地方管理以后，原有的协作关系不存在了，这就需要调整或重新建立协作关系。1958 年，中央为了加强对地区经济的计划指导，协调各大区内省、市、自治区间的经济联系，根据当时的实际出发，考虑历史关系和政治、经济、军事需要，将全国划分为七个大区（东北经济协作区、华北经济协作区、华东经济协作区、华南经济协作区、西南经济协作区），相当于基本经济区。在协作区范围内，共同制定规划，实行全面协作。1961 年，华中区与华南区合并成中南区，全国形成六大经济协作区：东北经济协作区（辽宁、吉林、黑龙江），华北经济协作区（北京、天津、河北、山西、内蒙古），华东经济协作区（上海、江苏、浙江、安徽、福建、江西、山东），中南经济协作区（河南、湖北、湖南、广东、广西），西南经济协作区（四川、贵州、云南、西藏），西北经济协作区（陕西、甘肃、青海、宁夏、新疆）。台湾省及香港、澳门未包括在内。在 1970 年编制的“四五”计划中，决定以大军区为依托，将全国划分为西南区、西北区、中原区、华南区、华北区、东北区、华东区、闽赣区、山东区、新疆区十个经济协作区。

因此，如何发挥各协作区的资源禀赋特点，使之尽快地建立起独立而又合作的工业体系，成为这一时期区域经济布局的主要问题①。工业体系的区域布局是多层次的，协作区层面、省市自治区层面、县层面甚至乡镇层面，都要有相应的工业建设计划和企业建设计划。不同层面的工业企业建设在规模上、性质上、功能上需要有所差别。第一，坚持点面结合的工业布局。协作区完整工业体系的建设必须依靠城市。为了“面”的发展，必须加强“点”的建设，加强点面结合，以点带面。协作中心、省市中心和县城集镇中心都应成为带动区域工业体系建设的中心。第二，注重区域分工，发展各协作区具有独特优势的产业。各协作区应着眼于利用当地特殊有利的条件，建立面向全国的专业化部门，以低廉的成本，生产大量的产品，弥补其他地区的不足。如西北、西南的天然石油工业，西南、华中的有色金属工业，华北山西、河北的煤矿工业及煤化工工业，几个大型

---

① 本节内容的主要参考文献：刘再兴《论协作区完整工业体系的建立问题》，《新建设》1958 年第 10 期。

钢铁基地附近的重型机器制造业，大煤矿与有色金属基地的矿山机器制造业，沿海、沿江重要港口的造船工业，上海、北京等地的精密仪器制造业，华南的制糖和水果罐头工业等。

本章小结

区域是生产力空间布局的载体，不同区域之间所形成的经济关系，是中观层面生产关系的重要内容之一。本书涉及的历史时期，生产力布局在行政力量的推动下进行了剧烈调整，推动着我国地区产业布局趋于平衡，特别是沿海与内地、东部与中西部极不平衡的生产力空间布局得到有效调整。总的来说，在“前三十年”，为突破“胡焕庸线”，我们做出了诸多努力，进行了很多卓有成效的探索。但与此同时，在中西部某些自然条件比较恶劣、资源禀赋优势并不明显的地区发展工业，其生产效率低下、资源耗费量比较大等问题也引发了一些理论上的争议。总的来看，这一时期的区域研究并未像部门经济那样形成特有的理论范式和分析特色，定量和实证方法采用得也不多，这可能与经典的马克思主义政治经济学对区域和空间问题关注不多有关系。

第十一章　社会主义对外经济关系的发展

新中国成立后，党的第一代领导集体把发展对外经济关系置于探索社会主义建设道路的伟大实践中，在建设对外经济关系的过程中遵循“自力更生为主、争取外援为辅”的原则，坚持把满足国内需求作为生产的首要目的，同时，在极其困难和复杂的局面下，积极拓展对外经济关系，为社会主义建设争取了重要支持。马克思主义认为，在一切事物的发展变化中，外因是事物变化的条件，内因是事物变化的根据，外因通过内因而起作用。从根本上说，任何一个社会主义国家的经济建设，归根结底要依靠自己的力量。我国是经济落后、人口众多的社会主义大国，更有必要强调独立自主、自力更生，依靠自己的力量发展经济。但是，独立自主、自力更生绝不是闭关锁国、故步自封，排斥同外国进行平等互利的经济合作和技术交流。正如毛泽东在《论十大关系》中所指出的：“我们的方针是，一切民族、一切国家的长处都要学，政治、经济、科学、技术、文学、艺术的一切真正好的东西都要学。但是，必须有分析有批判地学，不能盲目地学，不能一切照抄，机械搬运。他们的短处、缺点，当然不要学。”①

第一节　我国对外经济关系的起步和发展

社会主义生产和再生产是在一个社会主义国家内部进行的，但是它又不能不同别的国家和民族发生经济上的交往关系。因此，对外经济关系就成为社会主义国家对外关系的一个组成部分。从理论上来看，劳动力和生产资料可以在国内外组合和搭配，生产方式的开放性特征决定了任何一个国家和地区都会形成对外经济关系。当然，在这一时期，我国主要的国际

① 《毛泽东选集》第5卷，人民出版社，1977，第285页。

经济合作形式是以对外经济援助和对外贸易为主，劳务输出、吸引外资和对外投资等方面的对外经济联系比较少。

一　社会主义国家对外经济关系的类型

对外经济关系属于对外关系的一个组成部分，而对外关系的根本原则是坚持无产阶级国际主义，服从于革命的外交路线，因此，我国对外经济关系也是在这条路线的指导下进行，并为这条路线服务的①。社会主义国家之间的经济关系是人类历史上完全新型的经济关系。这种经济关系是在无产阶级国际主义原则指导下的友好互助合作关系。社会主义国家同第三世界其他国家虽然社会制度不同，但是彼此都有遭受帝国主义侵略的共同历史，彼此都有维护民族独立、反对帝国主义的侵略和掠夺、反对超级大国的霸权主义的共同要求，彼此都有根除殖民主义祸害、发展民族经济的共同愿望，因此，社会主义国家和第三世界其他国家之间能够在反对帝国主义、殖民主义和霸权主义的旗帜下，在和平共处五项原则的基础上，建立和发展友好合作的经济关系。

社会主义国家同第二世界的发达的资本主义国家，在社会制度方面是根本对立的，但是，第二世界国家的情况是复杂的，它们当中的一些国家，至今还对第三世界国家保持着各种不同形态的殖民主义关系，有的甚至在继续实行野蛮的殖民统治。但是，这些国家又都在不同程度上受着超级大国的控制、威胁和欺负，这些国家在不同程度上具有摆脱超级大国的奴役或控制、维护国家独立和主权完整的要求。因此，社会主义国家同它们在和平共处五项原则的基础上发展贸易往来，有利于结成广泛的统一战线，反对超级大国的霸权主义。

社会主义国家同第一世界国家之间存在着对抗性的矛盾。帝国主义国家和社会帝国主义国家的本性，决定了它们必然要对外进行侵略和扩张。因此，尽管社会主义国家愿意在和平共处五项原则基础上同它们建立平等的贸易关系，但是要做到这一点，必须通过激烈的斗争。社会主义国家只有依靠自身力量的不断发展和壮大，依靠世界革命人民力量的不断发展和壮大，不断地反对超级大国，才能迫使它们在一定时期内，

① 我国的革命外交路线是：在无产阶级国际主义的原则下，发展同社会主义之间的友好互助合作关系；支援一切被压迫人民和被压迫民族的革命斗争；在相互尊重领土完整和主权、互不侵犯、互不干涉内政、平等互利、和平共处五项原则的基础上，争取和社会制度不同的国家和平共处，反对帝国主义的侵略政策和战争政策，反对超级大国的强权政治和霸权主义。

不得不同意在国家之间建立某种程度的和平共处关系，发展一些贸易关系和经济联系。

二 社会主义对外经济合作的方式

社会主义国家之间的经济合作方式主要包括三种方式，一是对外贸易，二是信贷合作，三是共同集资创办合营公司（这个时期主要是苏联与各人民民主国家合资兴办）。

对外贸易是社会主义阵营各国经济合作最重要的形式，也是社会主义世界经济体系内部经济联系的最基本的形式。其他各种经济合作的形式，无论是进行贷款、合营企业还是共同利用天然资源，都会引起国与国间的商品交换关系的扩大。社会主义阵营内部贸易与资本主义国家之间贸易有根本的区别。首先，社会主义国家的对外贸易是由共产党与工人阶级领导下的国家机构来进行的。苏联与欧洲各人民民主国家是采取对外贸易专业制的方式，完全排斥了私人资本参加对外贸易，我国在社会主义改造取得决定性胜利以前，在国家政权监督下虽然允许私人资本参加对外贸易，但国营对外贸易占有统治地位，同时我国与苏联及各人民民主国家的贸易完全是由国营对外贸易机构来进行的，对私营进出口商通过社会主义改造，使它们变成公私合营企业，从而使我国从对外贸易的管制政策过渡到社会主义专营制。其次，社会主义国家的对外贸易是根据国家计划来进行的，它反映着国民经济有计划按比例发展的规律，由于参加社会主义阵营各国都实行计划经济，生产各部门的关系，生产与交换、分配与消费各部门间的关系都是根据国民经济有计划按比例发展规律来进行的，这就保证了世界民主市场上商品流转有计划地发展，对外贸易成为各国国民经济计划化的有机组成部分，通过对外贸易把各国国民经济联系起来，充分利用各国货源以迅速发展社会生产力。最后，社会主义各国对外贸易是根据稳定的、统一的公平价格原则来进行的，这与资本主义世界市场上商品价格经常急剧波动的情况相反。在社会主义外贸市场上参加交换的无论是生产资料还是消费资料在实质上与形式上都是商品。它们虽然受到价值规律作用的影响，但是全民所有制与对外贸易计划化使得价值规律发生作用的范围大大受到了限制，正如前述它只能在一定限度内保持着商品流通调节者的作用。在世界民主市场上绝不可能有自由玩弄价格的情况。作为一个经济范畴来说，在社会主义外贸市场上对外贸易商品的价格与资本主义市场上商品的价格是不相同的，它是在平等互利的基础上由各个国家以自愿协商的方式来规定的，因而彻底消除了资本主义市场不等价交换与价格波动的情况。在社会主义外贸市场上商品价格通常是一年规定一次，绝大多数供应商品的价格甚至在几年之间也没有变动，只是考虑到由于商品价值与供求关系等因素的变化才通过相互协商的方式作合理的调整，因此商品价格是计划价格而非自由价格。基于以上特点，韩世隆认为，社会主义外贸市场没有商品销售的困难，其规模将会迅速扩大①。

社会主义对外经济合作的第二种方式是信贷合作。社会主义国家间的货币关系是建立在外汇国营制的基础上的，这不仅可以有效地避免汇率波动，同时还可以加强社会主义国家间经济合作的计划性，保证社会主义各国国际结算顺利进行。一方面，社会主义国家之间的信贷合作具有稳定性。社会主义国家货币汇率的稳定性不仅建立在黄金储备上，更重要的是建立在国家掌握的物质基础和计划价格上。另一方面，社会主义国家之间的信贷合作还具有很强的计划性。各国在金融与财政的统一计划范围内编制外汇计划，这就保证了信贷合作的计划性。

社会主义阵营各国经济合作的第三种方式就是苏联和各人民民主国家共同集资创办合营公司。苏联投资到各人民民主国家建立合营公司，按其性质与目的来说与苏联给予各国人民民主国家的贷款具有相似的作用，它是基于平等与兄弟般友好合作的原则经营的，这与帝国主义国家用以掠夺经济不发达国家的各种资本主义股份公司具有根本的差别②。这些合营公司具有以下几个方面的特点。一是公司系建立在平等原则上，一半股金属于所在国的政府，另一半属于苏联。二是对于公司的管理及收入与支出的分配均根据参加国家完全平等的原则来进行。三是苏联政府所参加的各合营公司业务的进行均严格遵守当地的股份公司法、劳动法、税收法与其他法令。四是合营公司系人民民主国家计划经济的有机组成部分，公司产品的数量和品种均由所在国政府计划机构来决定，公司所生产产品的价格、产值与销售都是根据所在国政府计划来决定的。

---

① 韩世隆：《社会主义国家经济合作及其发展趋势》，《四川联合大学学报》（哲学社会科学版）1959 年第 3 期。

② 东欧各人民民主国家如罗马尼亚、匈牙利与保加利亚最初成立的合营公司是在原属德国的企业基础上建立起来的，这些企业按照雅尔塔会议同波茨坦会议的决议已移交与苏联，作为对苏联因受到法西斯侵略的赔款，但苏联把这些企业仍然留在这些国家，在原有企业的基础上互助协作组成合营公司。

第二节 社会主义国家的对外贸易和国际分工

对外贸易是社会主义国家对外经济关系最主要的组成部分，而各国之间开展对外贸易的基础是生产过程的国际分工，在不断发展的对外贸易基础上，社会主义阵营国家之间形成了紧密的经济联系和国际分工格局。

一 我国对外贸易发展状况

新中国成立伊始，党和政府就力求发展对外贸易。在1949年召开的中共七届二中全会上，毛泽东就指出："人民共和国的国民经济的恢复和发展，没有对外贸易的统制政策是不可能的……对内的节制资本和对外的统制贸易，是这个国家在经济斗争中的两个基本政策。"① 1949年9月通过的《中国人民政治协商会议共同纲领》第五十七条规定："中华人民共和国可在平等互利的基础上，与各外国的政府和人民恢复并发展通商贸易关系。"新中国成立后，中国政府即成立了对外贸易的行政管理机构——中央人民政府贸易部对外贸易司，不但与社会主义国家进行国际经济往来，同时也努力与西方国家展开国际贸易。1952年9月，内贸和外贸分口管理，中央人民政府成立了外贸部，同时在各大行政区设立外贸部特派员。各大行政区撤销后，在各省和直辖市成立对外贸易局。1953年后，中央对外贸易体制进行了一些调整和变革，高度集中、统一管理、统一经营的对外贸易体制进一步得到巩固和完善，形成了由13家专业进出口公司统筹经营全国进出口业务的局面。

然而，在当时的国际环境下，新中国发展国际经济关系遭到了西方资本主义国家的重重封锁，1951年5月18日，美国操纵联合国通过了对中国的禁运案。针对美国的无理行为，中国政府针锋相对，坚决斗争。在这种严峻的国际经济环境下，新中国的对外开放不得不放在当时的社会主义阵营内部，重点在是苏联。1950年4月中苏两国贸易协定和贷款协定签订后，两国间的贸易额在中国内地对外贸易中的比重，就由1949年的第三上升为第一。到1952年，中国与苏联、东欧及亚洲社会主义国家的贸易总额已占到中国内地对外贸易总额的81.26%。苏联除了供应我国成套的机械装备，还对我国输出大量的钢材、有色金属、电气材料、石油化工

---

① 《毛泽东选集》第4卷，人民出版社，1991，第1433页。

原料、精密仪器等重要物资，我国还从苏联进口农业机械、农药、优良种子与畜种等，这对于提高我国农业生产技术水平与推进农业合作化运动也起了重要作用。此外，我国还从苏联进口了一部分日用必需品，如医疗、灯用煤油与纸张等。我国向苏联出口的则主要是农副产品，其中也有一部分是矿产品、轻工业品与手工艺品等，这些商品的出口不仅对苏联发展国民经济与改善人民生活有很大帮助，同时也增加了我国外汇储备，提高了居民收入水平。

二　社会主义阵营的国际分工与平行世界市场

（一）社会主义国际分工与平行市场的形成

二战后，在苏联的大力倡导之下，社会主义阵营各国形成了紧密的经济合作关系，一个新型国际分工格局逐渐形成①。在这个国际分工体系中，各国专门从事特定产业的生产活动，如罗马尼亚发展石油开采和炼油设备，发展化学工业、农业机器、运输机械等部门；捷克斯洛伐克主要发展重型机械制造、发电设备、机床制造、锻压设备、化工、纺织、玻璃和制鞋等部门；德意志民主共和国主要发展机械制造、机床制造、化工、化工设备、纺织机器、轧钢设备、锻压设备、造船、汽车、机车和车厢制造等工业部门②。

新中国成立后，我国同社会主义国家开展了广泛的对外贸易往来，形成了形式多样的国际分工格局。譬如，捷克斯洛伐克不仅供应我国技术先进的采矿冶金设备、工作母机、钢材、交通运输设备、仪器与化工原料，还供应我国电站设备、化工肥料工厂设备、制片工厂与电影洗印厂等工业设备。德意志民主共和国供应我国成套的工厂设备、重型机器、工具机械、铁路车辆、化工产品、载重汽车、精密仪器和光学仪器等。波兰也向我国出口钢铁、五金及机械。匈牙利供应的物资中也大部分属于生产资料。罗马尼亚则供应石油产品、钻探机与炼油设备。保加利亚向我国供应化学产品。阿尔巴尼亚则供应我国与其他兄弟国家石油、矿产品和某些农产品。蒙古人民共和国主要对我国及其他兄弟国家输出羊毛、肉类及其他畜产品。朝鲜民主主义人民共和国主要输出有色金属、水果及其他物品。我国则供应各人民民主国家大米、黄豆、花生、茶叶、植物油、皮革、

---

① 其标志性的事件是经济互助委员会（经互会）的建立。1949 年，由阿尔巴尼亚、保加利亚、匈牙利、德意志民主共和国、波兰、罗马尼亚、苏联和捷克斯洛伐克 8 个欧洲社会主义国家联合成立了经互会。

② 胡世杰：《谈社会主义国家间的经济关系》，《财经研究》1958 年第 8 期。

丝、猪鬃、矿砂、罐头食品以及其他物品。由于近年来我国工业生产迅速发展，我国对兄弟国家也输出一部分机械及工业品①。

与传统的发达国家之间以及发达国家和发展中国家之间的国际分工不同，社会主义阵营内部的国际分工呈现出很多新的特点。20 世纪五六十年代，社会主义政治经济学教科书都对社会主义阵营的国际分工进行了分析，大部分基本上作出了正面评价。

第一，由于社会主义世界经济体系内部消除了生产资料资本主义所有制，这就彻底消除了资本主义世界经济体系内部分裂为工业国与农业国、经济发达地区与落后地区、统治的宗主国与被统治的殖民地等相互对立的现象，社会主义国际分工是在各国平等互助保证经济共同发展的前提下发展起来的，它不是工业先进国统治农业落后国、宗主国掠夺殖民地，而是先进国基于真诚无私的帮助把经济落后国家与落后地区提高到先进国的水平。

第二，社会主义国际分工不是自发地片面畸形发展而是有计划地自觉调节，它不受资本主义商品生产竞争与生产无政府状态规律的支配，由于社会主义生产关系使生产力得到了解放，社会主义国家的商品生产以及在世界市场上的商品流通都可以根据各国社会主义建设的总方针与国际经济合作计划来进行。

第三，社会主义国际分工是基于各国经济上的密切配合和互相支援来实现的，不是依靠强迫和暴力来实现的，也不是通过残酷的竞争来实现的。因为世界社会主义体系是一个密切联系的经济整体，每个国家都可根据国际主义的原则，在照顾整个社会主义世界经济体系集体利益的前提下来着重发展那些在本国具有有利的经济条件与自然条件的某些工业部门和生产某些产品，分工合作、截长补短求得专业化与协作化的全面发展。譬如，捷克斯洛伐克的机器制造业有着优良的传统，但是缺乏铁矿和煤矿，得到苏联和波兰铁矿矿砂和原煤的支援后，捷克斯洛伐克的机器制造业得到了长足发展，为社会主义阵营的其他国家提供了更多的工作母机和焦炭②。

在这一时期，围绕社会主义国家之间形成的新型国际分工也有一些学术上的讨论。有学者认为，由于我国工业基础太薄弱，因此机器设备只能

① 韩世隆：《社会主义国家经济合作及其发展趋势》，《四川联合大学学报》（哲学社会科学版）1959 年第 3 期。

② 中国科学院武汉哲学社会科学研究所：《大众政治经济学》（社会主义部分）1960，第 175 页。

以进口为主。如马乃庶提出："我国在过渡时期的总任务是完成社会主义建设。在这总任务中最中心的最基本的任务是完成国家的社会主义工业化，我们要建设许多过去所没有的新的机器制造厂。建立许多工厂，需要很多条件，其中首先就是要有足够数量的最新式的机器设备。但我们现在既没有这样的机器设备，也几乎完全不能生产它，因此在目前最主要的办法是自国外输入。"他还提出了"输出是输入的前提，输出的目的是为了保证输入"这样的贸易原则①。但是，也有学者提出，即使能够通过加入社会主义阵营的国际分工得到各方面的支持，也不能认为我国不再需要建立一个完整的工业体系。未易指出，我国经济建设的规模日益扩大，完全依靠进口，将给国内造成很大负担，特别是需要通过出口换取外汇，因此，我国仍然有必要建立起一个完整或者基本完整的工业体系，这不仅有利于我国经济的长久发展，对于社会主义阵营的国际经济合作来说也是十分必要的②。把这些围绕国际分工的学术争论放到现在来看，也具有十分重要的现实意义，特别是对于如何构建"国内大循环、国内国际双循环相互促进"的新发展格局，具有十分重要的历史借鉴作用。

此外，围绕"统一的世界市场是否已经瓦解，是否形成了两个平行市场"这一问题，学界也展开了讨论。陈肇斌认为统一的世界市场并未瓦解，社会主义世界市场与资本主义世界市场的界限并不存在。世界市场是在国际分工的基础上形成的，其性质亦为国际分工的性质所决定。陈肇斌认为，世界上只存在一种国际分工，这种国际分工在资本主义制度下被蒙上了掠夺和剥削的特色，并通过世界市场显示出来，但这种特色并不能概括国际分工中的一切方面，后来由于出现社会主义国家间的商品交换，这同一的国际分工又增加了一种新的特征。因此，陈肇斌认为："从两个市场的概念出发的某些有关国际贸易资料，一般都只是简单地把社会主义国家的贸易资料和资本主义国家的贸易资料截然分开，这对于更全面、深刻地研究和分析现时代的国际经济关系问题，也显然是不很适当的。"③

针对陈肇斌否定存在平行世界市场的观点，王锐生、梁世彬认为：当社会主义生产方式不仅在一个国家，而且在许多国家建立起来后，生产力得到迅速发展，科学技术不断提高。在社会主义商品生产的基础上形成的

---

① 马乃庶：《社会主义工业化和出口任务》，《学习》1954 年第 8 期。

② 未易：《建立完整的工业体系和加强国际间的经济合作》，《学习》1957 年第 5 期。

③ 陈肇斌：《关于统一的世界市场瓦解问题的商榷》，《光明日报》1957 年 5 月 22 日第 4 版。

新型国际分工，就必然具有社会主义的性质，它表现为社会主义各国在充分发展生产的基础上，实行专业化与协作，通过合作与互助促进各国经济的高速发展，以满足各国人民不断提高的需要。因此，社会主义世界经济体系已经和资本主义世界经济体系并存。两个世界市场的概念在实质上反映了国际经贸领域内社会主义世界经济体系与资本主义世界经济体系、社会主义国家与资本主义国家阶级界限的划分。把这两个世界市场的概念运用到分析研究国际贸易资料上，把它们划分为社会主义国家的和资本主义国家的国际贸易资料，这种方法就是马克思主义阶级分析方法在国际贸易理论研究中的具体运用①。

（二）对苏联"国际分工"的批判

20世纪60年代中苏交恶之后，国内理论界对苏联提出的社会主义阵营"国际分工"进行了批判。

苏联提倡的社会主义阵营"国际分工"是以"最少劳动消耗"为依据的，也就是说，每一个国家应该生产什么、不应该生产什么，都要"根据自己最有利的自然条件和经济条件"来决定。实际上，早在亚当·斯密和李嘉图那里，这种国际分工理论就已经有了依据，这就是"绝对优势"和"比较优势"学说。恩格斯也曾对这种比较优势学说进行过分析，他指出："英国应当成为'世界工厂'，其他一切国家对于英国应当同爱尔兰一样，成为英国工业品的销售市场，同时又供给它原料和粮食。"② 但实际上，很多国家和地区形成的"单一经济"的局面并不是由自然条件决定的，而是资本主义殖民制度造成的，是资本主义国家对殖民地残酷压迫和剥削的结果。马克思就曾深刻地指出："例如，有人对我们说，自由贸易会引起国际分工，并根据每个国家优越的自然条件规定出生产种类。先生们，你们也许认为生产咖啡和砂糖是西印度的自然禀赋吧。二百年以前，跟贸易毫无关系的自然界在那里连一棵咖啡树、一株甘蔗也没有生长出来。"③

在现实中，社会主义阵营"国际分工"也不断暴露出一些问题。譬如，捷克斯洛伐克被要求专门生产金属切削机床、轧钢设备、大口径钢管、内河船只，农业生产大幅度下降；匈牙利不得生产普通卡车和一千五百吨以上的船只，原有的收音机工厂也因同样理由而被迫停产；保加利亚

---

① 王锐生、梁世彬：《驳"关于统一的世界市场瓦解问题的商榷"一文》，《经济研究》1958年第1期。

② 《马克思恩格斯全集》（第22卷），人民出版社，1965，第375页。

③ 《马克思恩格斯选集》（第1卷），人民出版社，1972，第208页。

在发展农业时，不是首先发展满足本国人民基本生活需要的谷物产品，而是发展蔬菜、水果、烟草等产品；蒙古则不得发展钢铁、机械等工业，只能发展畜牧业，以便向苏联供应牛、羊、毛、皮等畜产品。这就使得社会主义阵营中的很多国家形成了畸形产业结构，工业、农业以及工农业内部的比例结构严重失衡①。

针对“国际分工”的批判，其核心在于怎样看待比较优势，更深层次的含义在于如何看待后发国家工业化道路问题。自然条件、资源禀赋对于一个国家的经济发展有着很大的影响，但是，它并不能成为社会经济发展的主要的决定性的因素。对于那些在历史上长期受帝国主义侵略和剥削的后发国家（主要是农业国）而言，在取得革命胜利后，首要的任务就是尽最大的力量，动员国内的人力、物力和财力，迅速实现工业化，改变落后的经济状态。如果完全按照自然条件和资源禀赋来发展，那么这些国家的经济结构就只能保持原来的状况不变，农业国将永远是农业国，从而不能获得经济上的真正独立。

第三节　社会主义国家的对外经济援助

社会主义国家之间以及对第三世界的一部分国家进行援助，是社会主义对外经济关系的重要组成部分。在这一时期，社会主义国家对外经济援助主要集中在三个方面，一是协助受援助国家发展农业，逐步改变这些国家主要农产品依赖进口的状况，使它们的国民经济在农业逐步壮大的基础上健全地发展。二是帮助受援助国家建立必要的轻工业，使这些国家逐步摆脱人民生活必需品依赖进口的状况。三是协助受援助国家利用本国资源，建立从原料到成品的完整的工业部门，以逐步改变过去廉价出口原料，成为帝国主义的原料供应基地或附属加工厂的经济附庸地位。

一　社会主义国家对外经济援助的原则

在人类历史上，只有社会主义国家才有真正的对外经济援助。社会主义国家在无产阶级国际主义原则指导下的对外经济援助，同帝国主义和社会帝国主义的所谓“援助”，是根本不同的。我国在对外援助方面树立的

① 北京大学经济系：《政治经济学》（社会主义部分）1975，第440～442页。

八项原则是：（一）中国政府一贯根据平等互利的原则对外提供援助，从来不把这种援助看作单方面的赐予，而认为援助是相互的。（二）中国政府在对外提供援助的时候，严格尊重受援国的主权，绝不附带任何条件，绝不要求任何特权。（三）中国政府以无息或低息贷款的方式提供经济援助，在需要的时候延长还款期限，以尽量减少受援国的负担。（四）中国政府对外提供援助的目的，不是造成受援国对中国的依赖，而是帮助受援国逐步走上自力更生、经济上独立发展的道路。（五）中国政府帮助受援国建设的项目，力求投资少、收效快，使受援国政府能够增加收入、积累资金。（六）中国政府提供自己所能生产的、质量最好的设备和物资，并且根据国际市场的价格议价；如果中国政府所提供的设备和物资不合乎商定的规格和质量，中国政府保证退换。（七）中国政府对外提供任何一种技术援助的时候，保证做到使受援国的人员充分掌握这种技术。（八）中国政府派到受援国帮助进行建筑的专家，同受援国自己的专家享受同样的物质待遇，不容许有任何特殊要求和享受。

二 中苏经济合作

新中国成立后，苏联给予了我国强有力的经济和科技援助。除贸易外，苏联帮助我国建设了大量工矿企业，提供了贷款，组织了合营企业。在我国第一个五年计划建设开始之际，苏联政府就决定帮助我国新建和改建 147 个企业项目，1954 年，中苏两国政府又签订了关于苏联帮助我国新建 15 个工业企业与扩大原来协定供应范围的议定书，1956 年两国又签订了苏联再帮助我国新建 55 个新工业企业，总共 211 项工业企业的议定书。我国第一个五年计划建设就是以这些企业作为中心环节的，其中包括钢铁联合企业、有色冶金企业、煤矿、炼油厂、汽车制造厂、拖拉机制造厂、水力与火力发电站及化学工厂等，这对于我国进行社会主义工业化有着巨大的促进作用。1958 年，我国又与苏联签订了通商航海条约，在互助合作与平等互利的原则下，条约规定缔约国双方在一切经济联系和其他方面给予最优惠的待遇，在条约中还规定采用长期贸易协定的方式来加强两国的经济合作。此外，苏联与我国签订协议，又帮助我国新建 47 个企业，其中包括冶金设备企业、水轮机制造厂、发电站、煤矿、炼油厂、化工厂、木材加工厂以及特种金属制品厂等。

在贷款援助方面，1950 年，苏联与我国政府签订贷款协定，其目的是支付苏联供应我国的工业设备器材，贷款总数为三亿美元，通过这次贷款使我国能够在一年内从苏联进口的机器就超过第二次世界大战以前旧中国每年从资本主义国家进口机器总和的65%。1954年10月，我国又与苏联签订了关于苏联政府给予我国五亿二千万卢布长期贷款协定，这些贷款用于工业装备和生产资料的供应上。

在我国与苏联的经济合作中，合营公司亦曾有过重要作用。在我国国民经济恢复时期中，在平等互利与同等股权的基础上，苏联帮助我国将迫切需要的企业创办起来促进我国工业的恢复与发展，通过合股公司又培养了许多技术人才，传授了先进的生产技术及管理经验后，再把企业完全移交与我国。1950年和1951年中苏合办了四个股份公司，即中苏石油公司、中苏有色及稀有金属公司，中苏造船公司和中苏民用航空公司，目的在于促进我国工业和交通运输业的发展。从1955年1月起，将上述股份公司中的苏联股份逐步移交给我国，成为我国独营的国营企业。

本章小结

由于两个阵营——社会主义阵营与帝国主义阵营和两个世界体系——社会主义世界经济体系与资本主义世界经济体系的对立，在经济方面最重要的结果就是统一的与无所不包的世界市场的解体。第二次世界大战结束后，出现了两个平行的、互相对立的世界市场——世界资本主义市场与社会主义阵营内部的市场。在这一时期，我国积极创造条件发展与世界各国的经贸联系，尽可能地参与国际经济循环。一方面，有限度地加入了社会主义阵营的平行世界市场，与苏联和东欧等社会主义国家建立起密切的经贸往来，取得了开展社会主义经济建设急需的物资和技术支持。另一方面，尽管受到以美国为首的资本主义阵营的经贸封锁，新中国仍然尽一切可能在这种国际环境中与西方国家开展经济交流，20世纪70年代，与西方国家的贸易在中国对外贸易中的比重已超过50%。除了在对外贸易上与社会主义阵营国家展开合作，新中国在技术合作、人员交流和资金援助等方面的对外开放也取得了一系列成就。第一个五年计划实施时期，新中国在苏联的援助下新建了156个大型工业项目，与此同时，从苏联聘请了大批经济技术专家来华援建，这些对外开放举措，在新中国成立初期经济的恢复和发展中发挥了举足轻重的作用。

总的来说，在新中国成立后的“前三十年”里，我国主要依靠自身力量建立起门类齐全的国民经济体系，在此基础上打造了比较畅通的国内和国际经济循环。既考虑到“比较优势”的国际分工原则，又着眼于独立自主实现国家工业化的需要，尽一切可能发展对外经济关系，与世界各国互通有无，开放往来。“自力更生为主，争取外援为辅”的经济建设方针，为中国今天制定对外开放战略提供了宝贵的历史经验。

第十二章　中央政府与地方政府的关系

严格来说，中央政府与地方政府的经济关系属于同一系统内部的经济关系，但是，由于中央政府和地方政府的利益导向存在差异，计划经济体制中的信息传递和创新激励两大难题在中央和地方关系这个领域表现得尤为明显。在新中国成立后的“前三十年”，由于生产活动基本上是由政府组织动员的，因此，中央政府一直面临着赋予地方政府多大的权力来动用劳动力和生产资料开展生产活动的政策考量，这就构成了中央和地方关系动态变化的复杂图景。

第一节　第一轮中央—地方分权及其经济后果

无论是出于国民经济恢复还是重工业优先发展战略的要求，新中国成立后，一种中央高度集权的计划经济体制建立了起来，尽管“一五”计划取得了很大成就，但1956年后，这种中央高度集权的体制仍然有很大弊病。1957年3月召开的八届三中全会通过了《关于改进工业管理体制的规定》、《关于改进商业管理体制的规定》和《关于划分中央与地方对财政管理权限的规定》三个草案，并于1958年开始执行。这三个文件的中心议题是扩大地方经济自主权，包括计划权、企业管辖权、物资分配权、基本建设项目审批权、投资和信贷管理权、财政权和税收权、劳动管辖权[①]。应当说，1957～1958年向地方下放经济权力，地方经济建设热情高涨，也是造成“大跃进”时期经济过快增长的重要诱因之一。

一　扩大工商企业自主权

从1957年底开始到1958年底，原属中央各工业部的企业和事业单

① 吴敬琏：《当代中国经济改革》，上海远东出版社，2004，第46～48页。

位，已有80%下放给地方管理，同时，为了促进地方工业的迅速发展，把原属中央直辖的几个大工业城市也下放给地方，作为建立地方工业体系的基地。1958年前，国营工业企业的利润在提取了企业奖励基金以后，要全部上缴给国库，企业在增加基本建设投资、自有流动资金以及其他方面的需要时，则另由国家拨款解决。从1958年开始，为了进一步发挥企业和职工在增产节约中的积极性和主动性，我国开始实行企业利润留成制度，由国家拨给企业的四项费用（技术组织措施费用、新种类产品试制费用、劳动保护费用、零星购置费用）和企业奖励基金，都开始从企业实现的利润中，按照一定的比例留给企业，由企业自行使用。这样，企业必须加强内部管理才能获得更多的利润分成。在商业方面，不少地区把市属商业局、服务局和供销总社合并为一，交给区管理，有些地区实行仓库、批发、零售合一，有些大百货公司则撤销科室，把经营管理权限下放给各商品部，许多地方的商业机构更是下沉到农业社①。除利润留成外，从1959年开始，企业流动资金改为一律由银行管理，过去企业由财政拨款获得的流动资金全部转为银行贷款，开始试行“全额信贷”。而在同一时期，中国人民银行开始实行“存款下放、计划包干、差额管理、统一调度”的信贷管理制度，向分支机构下放贷款权力。这造成企业贷款量飞速攀升，1958~1961年间货币供应量大幅增长，发生严重通胀②。

1958年后，向地方和企业下放经济权力过多，引发了地区和地方企业各自为政、争夺资源的混乱局面。为了克服“大跃进”造成的经济困难，1960年中共中央提出了“调整、巩固、充实、提高”的八字方针，为推行以调整为中心的八字方针，中共中央1962年召开了一系列会议。在“七千人大会”上，刘少奇将“不适当地要在全国范围内建立许多完整的工业体系，权力下放过多，分散主义倾向有了严重的增长”作为几年来社会主义建设的一条缺点提出③。可见，这一时期有关中央和地方关系的认识还处在不断深化的过程中。

二 财政管理体制的改进

进入第一个五年计划时期后，我国开始进行大规模经济建设。财政管

① 成方：《财经管理体制与计划平衡》，《新建设》1958年第8期。

② 张鹏、许亦平、林桂军：《中国计划经济时期货币政策回顾：1952~1978》，《中国经济史研究》2010年第3期。

③ 参见萧国亮、隋福民《中华人民共和国经济史（1949~2010）》，北京大学出版社，2017，第146页。

理工作不仅要加强中央的统一领导和统一计划，而且要充分发挥地方的积极性。因此，从 1953 年开始，逐步确立了“统一领导、划分收支、分级管理”的模式。1958 年，开始推行新的财政管理体制，保持了中央权力下放的总体态势。财政方面建立起乡一级财政，进一步确定县和乡的财政收支范围和管理权限，把地方各项收入划给乡作为其固定收入，有些地区还把公债划一部分给乡并实行分成。李民立对原有财政管理体制上存在着的问题进行了概括。主要是地方财政没有能够实现本身政治经济任务的独立收入来源，因此不能根据收入安排支出，针对地方预算执行过程中的超收和节约、地方预算年终结余的处理上都存在问题。而新的财政管理体制的重要意义就在于明确划分了地方财政的收支范围，地方有了可以满足本身正常支出需要的独立收入来源，这为及时编制和确定地方预算也提供了有利的条件。不仅如此，由于地方收入多寡和企业的利润计划以及国家收入计划的完成情况发生着直接的依存关系，这就会充分发挥地方机关管理财政经济的积极性。此外，通过对年终结余和地方预算在执行过程中的超收节支进行妥善的处理会鼓励地方机关努力争取收入和节约资金的使用。在肯定新财政管理体制积极意义的同时，李民立还提出了改进财政管理体制应该注意的两个问题。对地方来说，权力扩大的同时责任也随之加重，因此必须合理使用资金，特别是要注意建立必要的后备，以丰补收。对中央来说，则应当适当改进领导方法和业务重点，把工作重点集中到综合平衡工作和有关方针政策的领导上去①。

实行新的财政体制以后，必然出现有的地方收入增长快，有的地方收入增长慢，从而导致不同地区经济文化建设的发展不平衡扩大的问题。这是一个值得注意的问题，对此，林允提出了以下几点建议。第一，在确定分成比例的时候，对于富庶省市可以不分成或少分成。对于贫瘠的省份，可以把分成比例定得宽一点，必要时，中央财政每年还给予一定数额的补助。第二，新兴城市市政建设支出、灾荒救济支出等不包括在正常支出基数以内，中央另外拨款。第三，更重要的是地方基本建设投资数字，不包括在地方正常支出以内，也每年由中央统一掌握。采用这样的办法，是可以既照顾到贫瘠地区和内地省份发展较快的需要，也照顾到富庶地区和沿海城市的适当发展②。中央将财政权力下放到地方，地方需要编制综合财政计划来合理规划财政收支。以县一级为例，梁治、甘铁崖提出要从以下

① 参见李民立《改进财政管理体制的重大意义》，《财经研究》1958 年第 1 期。

② 参见林允《论我国 1958 年财政管理体制的改进（下）》，《经济研究》1958 年第 11 期。

几方面着手编制县级的综合财政计划。一是坚决贯彻执行党的社会主义建设总路线和一整套两条腿走路的方针，从发展生产入手，积极组织资金和合理地分配资金。二是要加强对农业生产资金的支援和统筹安排。要根据农业生产季节性的特点，一般在上半年，特别是二季度收入少、支出多，下半年特别是秋收后收入多、支出少，进行全面平衡，合理安排。三是要做好财力和物力的统一平衡。通过清查库存、商业部门估算等方式摸清物资情况，挖掘物资潜力，从而把物力和财力结合起来①。

中央将经济权力下放到地方必然会带来地方建设经济的热情高涨，但同时也引发了部分学者对于国家计划完整性的担忧。林允对改进后财政体制的计划性与机动性之间的关系进行了概括。他认为："国民经济的计划领导并不排斥各地方各部门的机动性，相反计划领导能否取得成就，国民经济是否能在可能的条件下高速度地向前发展，这很大程度上取决于能否在计划指导下最广泛地发挥各地方、各部门和广大群众的积极性主动性。"② 实际上，下放经济权力会激发地方和群众的积极性和主动性是毋庸置疑的，但是一定程度上，这也直接或间接地导致了"大跃进"期间的经济增长过快。

经济权力的下放使得地方有了资金来源进行地方储备，有学者对其重要意义进行了概括。张久光指出国家储备制度的建立是为了防备帝国主义侵略、灾荒以及应付大规模经济建设急需。而地方储备是由省、市、自治区支配的，动用权在地方的储备资金。完善国家储备制度既要有国家储备又要有地方储备，在国家生产计划实现的同时，还要保证地方生产计划的实现。在国家权力适当下放之后及时地建立地方性的物资储备，这对整个生产是有利的③。

第二节 第二轮中央—地方分权及其理论理解

实际上，对于通过重新加强中央集权以纠正"大跃进"中地方政府的过激做法，中央领导层的看法并不一致。1959 年 12 月到 1960 年 2 月，毛泽东详细阅读了苏联《政治经济学教科书》并组织了讨论，针对中央

---

① 参见梁治、甘铁崖《关于开展县级综合财政计划的研究》，《经济研究》1961 年第 1 期。

② 林允：《论我国 1958 年财政管理体制的改进（下）》，《经济研究》1958 年第 11 期。

③ 参见张久光《关于国家储备的几个理论问题的初步探讨》，《经济研究》1959 年第 5 期。

和地方关系问题，他提出："都是全民所有制的企业，实行不实行中央和地方分权，哪些企业由谁去管，这些都是有关建设的重大问题。中央不能只靠自己的积极性，还必须同时依靠地方的积极性。"[①] 依靠中央和地方两个积极性的思路，为第二轮中央—地方分权奠定了理论上的基础。

1969 年 2 月，全国计划座谈会在北京召开，这次会议上，毛泽东提出，在处理"条块"关系时，要以"块块"为主。在这次会议中，提出要向地方下放财政、企业和物资管理三个方面的权力。在财政管理体制方面，除中央直接管理的企业收入和有关支出外，其他收入和支出都下放到地方。在物资管理体制方面，主要原材料和设备由中央统一分配，其他物资由地方支配，自行在区域间进行调剂余缺。此外，会议提出，企业要以地方管理为主，中央直属企业可以分为地方、中央和双重管理三种形式。经毛泽东亲自决定，1969 年 5 月 1 日全国最大的企业鞍山钢铁公司下放到辽宁省鞍山市管理[②]。以此为开端，掀起了全国下放企业管理权的高潮。1970 年，国务院发布《关于国务院工业交通各部直属企业下放企业管理的通知（草案）》，提出国务院各部把直属企业、事业单位的绝大部分下放给地方管理；少数由中央部委和地方双重领导，以地方领导为主；极少数的大型或骨干企业，由中央部和地方双重领导，以中央部委为主。同年，大庆油田、长春汽车制造厂、开滦煤矿、吉林化工公司等 2600 多个中央企事业单位下放地方管理[③]。

一直以来，"条条专政"都是困扰中央和地方关系的重要问题，各个部门的各自为政直接导致了行政机构的臃肿和效率低下。反对"条条专政"、扩大地方经济权力不等于弱化中央权力，相反经济工作要越做越细，领导工作更要加强，对机关革命化和工作科学化的要求更高了。里岗、吴家俊提出："正确处理中央和地方的关系，实际上也就是在经济工作中贯彻民主集中制的问题。""在经济工作中，用统一领导和分级管理相结合的原则处理集权和分权问题，就是要大权独揽，小权分散。凡是必须由中央统一掌握的权力，一定要集中于中央，不能任意分散；凡是应当由地方掌握的权力，也一定要放给地方，不能由中央统得过死。这就需要

---

① 《毛泽东文集》（第 8 卷），人民出版社，1999，第 126 页。

② 中央财经领导小组办公室：《中国经济发展五十年大事记（1949～1999）》，人民出版社，中共中央党校出版社，1999，第 320 页。

③ 中央财经领导小组办公室：《中国经济发展五十年大事记（1949～1999）》，人民出版社，中共中央党校出版社，1999，第 236～237 页；武力、彤新春：《中国共产党治国经济方略研究》，中国人民大学出版社，2009，第 90～91 页。

按照统一领导、分级管理的原则，明确规定从中央到地方直到企业各级的职权，使各级组织、各方面工作都有所遵循。当然，大权和小权是相对的，中央和地方职权的具体划分，要随不同时期政治经济形势和任务的变化而相应变化。所以经济管理体制不能一成不变，必须适时加以调整。”①

值得注意的是，“前三十年”优化和完善中央与地方经济关系的种种措施，实际上成了改革开放后中央与地方分权制改革的实践基础和理论先声，实际上，“前三十年”所塑造的中央与地方经济关系对于改革开放之后所形成的独特央地关系和经济增长模式都产生了深远影响。

第三节 在加强中央集中领导的基础上发展地方经济

中央与地方的关系与我国的工业化进程有着密切的内在关联，可以说，这种关系是服务于工业化进程的。这一时期，我国工业体系的完整需要地方工业的发展作为补充，而中央政府无法对所有地区的工业生产进行事无巨细的计划和统筹，因此就必然会导致经济权力向地方的下放从而建立地方工业体系。但是，管理权力下放并不意味着地方和企业可以只顾自己的局部利益，而不顾国家的整体利益。一方面下放管理权力，另一方面又加强集中领导和统一安排，也就是说需要既放又统，这样既可以保证全国重点，又可以照顾地方需要，这是民主集中制在经济建设中的具体运用，是中央集权和地方分权的统一。

一 发展地方工业的可能性和必要性

中央工业和地方工业并举是有其必要性的。一方面，仅仅发展中央工业无法满足广大人民群众的需求，只有兴办地方工业才能设法满足人民的多种需要。另一方面，我国发展很不平衡，如原有的工业集中在沿海一带的几个城市，内地的厂矿很少，为了消除地区之间的不平衡，充分利用各地的资源，必须在各地全面地开发②。此外，建立独立的地方工业体系还要有良好的客观条件支持。首先从自然条件来看，我国的矿产资源丰富且分布较广，在我国2000多个县中就有1500多个县拥有煤矿资源，半数以

① 里岗、吴家骏：《在巩固中央统一领导的前提下，发挥中央和地方两个积极性——学习〈论十大关系〉的体会》，《经济研究》1978年第2期。

② 沈立人：《关于全党、全民办工业的几个重要问题》，《经济研究》1958年第8期。

上的县拥有分散零星的铁矿资源。我国是世界上水利资源最丰富的国家，总蕴藏量有54000万瓦。因此水电站的建筑工程量小且造价便宜。其次社会条件也是十分有利的，我国第一个五年计划的胜利完成为地方工业的发展奠定了良好基础，东北、上海及其他沿海城市的原有工业基础正在迅速加强，将有力支援华北、华中、西北地区新工业基础迅速成长。不仅如此，中央各工业部门所属的企事业单位已经有80%下放给了地方，接管这样一批现代技术的大型企业对于地方独立工业体系的建立是有重要意义的①。

发展地方工业对于国家工业化进程具有十分重要的意义，沈立人对此进行了概括。他指出，中央工业和地方工业的区别实质上是少数人办工业还是发动大家办工业的区别。换言之，兴办地方工业意味着发动全国二十多个省、一百多个专区、二千多个县、八万多个乡镇、十万多个手工业合作社、七十多万个农业合作社都来办工业，就是充分利用各地的资源和人力、物力、财力。以钢铁行业为例，由国家办几个大型联合企业是必要的，如"鞍钢"、"包钢"、"武钢"等，虽然各有几百万吨，但是加起来也不过千万吨。与此对照，一旦发动地方办钢铁工业，会很快涌现大批量生产能力很强的企业，全国的工业化是通过各地的工业化逐步实现的②。

二　兴办地方工业的成功经验

在地方工业的发展问题上，张桂如以福建省晋江永春县为例，探讨了乡社工业的发展现状和前景。永春县贯彻执行了地方工业为农业服务的方针，否定了"农业靠群众，工业靠国家"的观点，而是提出"有力出力，有钱投资，有料献料"的口号，形成群众举办工业的热潮。在县、乡、社各级举办的各种小型工业，在学习和实践中培养了一大批技术人员，不仅促进了地方工业的发展，对农业的跃进也起到了积极作用。永春县以县农具厂为核心，以小煤窑、小铁厂、小肥料厂为骨干，去带动乡乡社社办工业，遍地开花。这对于多快好省地发展县办工业和社办工业都有一定借鉴和指导意义③。戈润生、卫广平、曹延明以南充为例，归纳总结了发展地方工业的几点经验。第一，必须围绕着农业生产和农业基本建设来发展地方工业，使地方工业密切地为农业服务；第二，兴办地方工业必须以小

---

① 林蔚人、陈惠丽、邹宗伊：《关于建立比较独立的地方工业体系的几个问题》，《财经研究》1958年第7期。

② 参见沈立人《关于全党、全民办工业的几个重要问题》，《经济研究》1958年第8期。

③ 张桂如：《水利和电力结合，乡社工业遍地开花》，《红旗》1958年第2期。

型工厂为主，同时也应当根据需要和可能，建立一些专县工业，作为地方工业的骨干；第三，必须贯彻执行依靠群众、全民办厂的方针；第四，做好思想工作，破除迷信，扫除自卑，树立敢想、敢说、敢做的新风格，真正把干部和群众办地方工业的积极性发挥出来；第五，书记挂帅，全党动手，坚持党的领导是建设地方工业的最根本保证①。

这一时期，地方工业发展的主要经验是使工业生产面向农业需求，工农并举。工业和农业是国民经济中最重要的两大部门，二者之间是密切联系的，农业生产需要的生产资料和农民生活需要的生活资料都离不开地方工业的工业，而农业生产出的经济作物又大多数用于地方工业的原料和加工，因而将工业和农业有效对接，对于发展地方工业来说具有至关重要的意义。杨繁指出地方工业为农业服务的任务有两个方面。第一，要尽可能又快又好地把农业装备起来，实现农业机械化和半机械化；第二，发展轻工业，为农副产品加工，满足广大农民的生活需要和出口需要②。陈大伦论述了地方工业的发展方向和任务问题。他认为，地方工业除了为大工业和满足人民生活需要服务，最基本的就是为农业的发展服务。地方工业发展必须依靠农业的发展来创造有利条件，特别是工业生产应该面向本地区农业生产的实际需要，这样一来，地方工业生产的产品才能受到农民欢迎，从而作用于自身的发展。譬如，河北省杨柳青铁工厂密切结合天津种水稻的农业生产需求，制造了简易的水稻插秧机，很受当地群众欢迎③。孟晋记录了天津专区由于洼地改造带来的农业生产的“大跃进”，从而形成了“农业逼工业，工业争上游”的良好态势。从数据上来看，1958 年 1 ~4 月全区已经建成和正在建设的企业就有 1343 家，5 月上旬又增加了 65 家。在这 1408 家企业中，包括农具制造修配厂、颗粒肥料厂、铜料加工厂、沼气发电站等多种类型的工业企业。专区还进行了电气化规划，力争“三年实现电气化”。小型水电站已建成 42 座，发电能力约 736 瓦，即将完成的有 37 座，这不仅解决了农村的照明问题，还大大解放了农村的劳动力④。可见，地方工业的发展面向农村，将农业需要与工业生产对

① 戈润生、卫广平、曹延明：《南充专区发展地方工业的几点经验》，《红旗》1958 年第 4 期。

② 参见杨繁《论发展地方工业》，《理论与实践》1958 年第 6 期。

③ 陈大伦：《关于中央工业和地方工业、大型企业和中小型企业同时并举》，《经济研究》1958 年第 6 期。

④ 孟晋：《干劲冲天，红花遍地——大跃进中的天津专区见闻记》，《经济研究》1958 年第 7 期。

接起来，对于推动工业和农业的共同发展具有至关重要的意义。

20 世纪 60 年代初，很多地区都陆续深入开展了工业的固定协作、定点供应工作。以江苏省为例，翁展总结了开展这一工作主要经历的四个阶段。第一阶段根据省内地方工业生产情况，狠抓重点产品升级的要求。第二阶段是在巩固和发展省内协作定点的基础上，积极地组织省内工业企业和上海市工业企业之间的固定协作、定点供应关系。第三阶段是狠抓不同产业的协作定点工作，积极组织手工业为大工业服务。第四阶段是继续巩固和扩大省内外协作定点。由于组织固定协作、定点供应，逐步发展了专业化与协作，促进了工业生产水平的进一步提高。无锡市重工业系统 1964 年在市内组织了八批较大的协作，解决了 8 万多工时的协作任务，同时在铸造、机修、热处理等方面已逐步形成专业化生产的良好态势①。江苏省的成功经验对于其他地区兴办地方工业具有借鉴意义。

本章小结

早在 1956 年，毛泽东在《论十大关系》中就提出了发展工业和发展农业同时并举、发展中央工业和地方工业并举的原则。党的八届二中全会又把上述原则确定为党的社会主义建设总路线的一个重要的基本点，这就是：在集中领导、全面规划、分工协作的条件下，中央工业和地方工业同时并举，在现代化大型企业为纲的条件下，大型企业和中小型企业同时并举，洋法生产和土法生产同时并举。处理中央工业和地方工业的关系实际上是处理中央政府与地方政府关系的一个缩影。长期以来，很多研究者认为如何处理中央和地方关系不属于生产关系的问题，实际上，在公有制占据绝对主导地位的所有制背景下，如何处理中央和地方关系，其实质就是国家通过何种方式实现生产资料公有制，以及在公有制基础上采取何种层级形式组织生产、交换和分配方式的问题。也正是在这个意义上，骆耕漠把处理中央工业和地方工业的关系问题明确纳入“全民所有制内部生产关系调整”的研究范畴②，这也是本书将“中央和地方关系”作为中观生产关系来处理的一个文献依据。

---

① 参见翁展《地方工业发展固定协作、定点供应问题》，《经济研究》1965 年第 4 期。

② 骆耕漠：《我国社会主义制度下的生产关系和生产力之间的矛盾》，《学习》1958 年第 12 期。

第四篇

微观层面的生产方式演进

微观层面的计划经济体制主要是指微观经济主体中的劳动力与生产资料的结合方式，在本篇，我们主要梳理了企业内部（主要是工业企业）的管理机制和劳动组织方式、农业合作社内部的管理机制和劳动组织方式以及劳动者个人的劳动力配置活动。在这一时期，微观主体管理体制和劳动组织方式的经济属性问题出现了一些学术争论①。这场争论的主要结论是管理体制和劳动组织方式不仅是一个生产关系问题，同时也是一个生产力问题；不仅是一个具有自然属性和技术属性的问题，同时也是一个具有经济属性和社会属性的问题。本书把管理体制和劳动组织方式看作微观层面的生产方式，也即生产力和生产关系在微观层面的辩证统一，恰恰体现了这些结论中的观点。

第四篇包括第十三、第十四章。第十三章主要围绕城市工商企业内部的劳动者关系展开梳理，阐述了企业民主集中制和“两参一改三结合”等管理原则和制度的具体运用情况，选取“鞍钢宪法”作为该时期企业管理制度的经典案例，围绕计划经济中信息和激励两大难题分析文献。第十四章主要围绕人民公社内部的劳动者关系展开梳理，分农村人民公社和城市人民公社两部分进行了文献回顾，特别是研究了人民公社的规模经济和范围经济效应，同时还对人民公社的劳动组织形式演进进行了理论回顾。

① 参见周勤淑《生产管理、劳动组织属于生产力范畴还是属于生产关系范畴》，《学习》1956年第8期；马梅初、林定昶《对“生产管理、劳动组织属于生产力范畴还是生产关系范畴”一文的意见》，《学习》1956年第10期；申复《生产管理和劳动组织具有生产力和生产关系的两重性质》，《学习》1957年第5期。

第十三章　企业内部的劳动者关系

企业是重要的微观经济主体，工商企业内部劳动者之间结成的生产关系，是社会主义生产关系在微观层面的重要组成部分。本章回顾了这一历史时期形成的特有企业管理原则和制度，特别是对党委领导下的厂长（经理）负责制、职工代表大会制、“两参一改三结合”和鞍钢宪法等企业管理方法进行了文献回顾，分析了社会主义企业内部各种类型劳动者关系管理模式的显著优势。同时，本章将经济核算作为一个独立的微观问题进行了文献回顾，梳理了这一时期有关经济核算必要性和企业经济核算指标的相关研究。

第一节　企业内部计划管理体制的建立

企业是经济体系中最重要的微观主体之一，企业内部的管理运营和劳动组织方式是生产方式在微观层面的重要内容之一。企业管理运营和劳动组织方式既具有生产力属性，又具有生产关系属性。其生产力属性是决定性的，随着生产力的发展，这两个范畴所体现的生产关系也要改变，另外，这两个范畴所体现的生产关系属性并不只是消极地适应生产力变化，而是塑造了其生产力属性的具体形式，并规定了其生产力属性的发展界限，这既可能促进也有可能阻碍生产力的发展。

一　公有制企业的管理机构和领导模式

从总体上来说，社会主义公有制企业的管理方法是建立在民主集中制的基础之上的，要求企业里的职工群众服从领导人的统一意志，但它并不抹杀职工群众的意志、妨碍职工群众的积极性和创造性的发挥，相反，这种管理方法发挥了职工群众的积极性和创造性，使领导人的意志成为职工群众意志的集中表现。

公有制企业的组织结构和管理方式首先涉及党委、厂长、工人三者关系问题。新中国成立初期，就出现了有关党委领导和“一长制”的讨论。1950 年 2 月 28 日，中财委发出《关于国营公营工厂建立管理委员会的指示》，并转发原华北人民政府 1949 年 8 月根据全国第六次劳动大会决议制定的《关于在国营公营企业中建立管理委员会与工厂职工代表会的实施条例》。根据《条例》，要求在当时的国营公营企业中实施厂长负责制，同时，工人有参加管理、监督批判行政领导之权。厂长由上级机关委任，厂长、总工程师、工会主席为管委会当然委员，其他生产负责人参加管委会则由厂长提名上级机关决定，职工代表则由职工大会选举产生。但是，由于“一长制”不仅无法协调企业内部党、政、工、团、妇等组织之间的关系，而且与全国党政机关的党委领导制不相适应，不易衔接。此外，由于当时劳动力素质普遍不高，特别是缺乏既懂经营又懂业务的干部人才，因此，“一长制”更加助长了干部的独断专行和官僚主义作风，在企业经营管理实践中引发了很多问题。在 1956 年党的八大上，“一长制”正式受到否定，由党委领导下的厂长负责制取而代之。

除党委和厂长外，工会也是具有社会主义特色的企业管理主体。工会在新民主主义革命时期曾发挥了重要的历史作用，人民政权建立后，如何认识工会在新历史时期的作用，就成为一个具有重要理论和实践意义的问题。在新中国成立初期，党内对工会作用的认识就出现了分歧，部分党和政府领导人认为，在新时期，工会与企业行政虽然在总体利益和根本立场上是一致的，但是工会更多地代表的是工人这个小集体的利益，与国家之间的关系是局部利益与整体利益、短期利益与长远利益之间的关系。因此，需要根据公私兼顾的原则、统筹协调的方式来解决两者之间的矛盾。但是，也有部分领导人否认工人阶级内部也存在公私矛盾，认为工会只是“共产主义的学校”，并不是企业内部调剂公私关系的机制。

1961 年，由邓小平主持制定了《国营工业企业工作条例（草案）》（工业七十条）。在这份文件中，除加强企业责任制、贯彻按劳分配原则之外，邓小平还创造性地提出了要建立企业职工代表大会制度。薄一波认为，邓小平的这一思想“是建国初期企业民主改革中的一个创造”，与邓小平关于整顿工业企业的思想一起，“作为他在开始全面社会主义建设时期的两项理论贡献，载入了党的十一届六中全会通过的《关于建国以来党的若干历史问题的决议》之中"[①]。

二　企业的劳动组织方式

劳动组织方式包括劳动协作、劳动分工和劳动纪律，此外，社会主义公有制企业的劳动组织方式还有其特殊之处，即开展劳动竞赛和先进生产者运动。在这一时期，这些微观层面的生产方式问题受到了理论界的重视，并形成了一些颇有见地的学术观点。

分工和协作是生产方式的微观表现形式和存在形式，计划经济体制在微观层面的建立，表现在社会主义劳动协作分工的展开、劳动组织和劳动纪律的形成。在这一时期，学者普遍认为：社会主义劳动分工和协作不再是剥削关系和奴役关系的表现，而是同志之间在劳动过程中进行合作和互助关系的表现。在这种分工和协作中，劳动者表现出了高度的创造性和主动性，因此，只有这种分工协作才能把分工协作提高劳动生产率的作用充分发挥出来，同时也只有这种分工和协作才能使分工协作的好处属于生产者自己[②]。

由于公有制企业开展大规模的劳动分工和协作，因此，必须建立严格的、健全的劳动纪律。在奴隶制度下，劳动纪律是依靠刀剑和棍棒来维持的；在封建制度下，劳动纪律是依靠刑罚和监狱来维持的；在资本主义制度下，劳动纪律是依靠失业和饥饿来维持的。但是，社会主义劳动纪律却完全是在另一种新的基础上产生的，由于社会主义制度下的劳动是摆脱了剥削的、为劳动人民自己的劳动，劳动者已经成了国家的主人和社会生产资料的主人，因此社会主义的劳动纪律是根据工作者自己的要求产生并且是从劳动者自己的根本利益出发的。因此，它体现了摆脱了剥削的人们在劳动过程中的新的生产关系——同志之间的合作和互助的关系。社会主义的劳动纪律，主要是依靠三种措施建立和巩固起来的：一是依靠说服和共产主义教育的方法，二是对于先进工作者的物质的和精神的奖励，三是必须对蓄意破坏劳动纪律的人使用强制的方法。

此外，劳动竞赛和先进生产者运动也是计划生产方式在微观层面的重要内容[③]。社会主义劳动竞赛是社会主义基本经济规律和按劳分配规律发

---

① 薄一波：《若干重大决策与事件的回顾（修订本）》（下卷），人民出版社，1997，第1000页。

② 伍丹戈：《社会主义制度下的劳动和工资》，上海人民出版社，1956，第10页。

③ 伍丹戈：《社会主义制度下的劳动和工资》，上海人民出版社，1956，第14～18页。劳动竞赛和先进生产者运动还涉及创新激励问题，这在本书第三章亦有涉及。

生作用的结果，由于社会主义生产的目的是满足整个社会经常增长的物质的和文化的需要，同时，社会主义制度下的劳动者又是按照自己劳动的数量和质量从社会取得物质报酬，因此，他们对于劳动具有直接的物质兴趣，这就为社会主义劳动竞赛的展开提供了理论和现实依据。

从原则和形式上来看，社会主义劳动竞赛的目的是提高社会主义劳动生产率，其根本原则是互相学习、互相帮助、取长补短、共同提高。从形式上来看，主要采取先进生产者运动的方式，这是指用创造性的劳动突破旧的生产定额、创造新纪录、节约物料的使用，对那些为国家创造更多财富的先进单位和个人加以鼓励，并把他们的经验加以推广的运动。这里的先进生产者的经验或工作方法包括两类：一是改进劳动组织和生产组织，提高劳动协作的生产力；二是改进生产技术和操作方法，例如改进工具、设备、机器以及作业过程等。实际上，我们认为，这里的先进生产者运动，已经涉及了创新问题的多个维度，譬如工艺创新和组织创新。

第二节 企业管理的原则和制度

人们在生产中的相互关系，最直接、最大量、最经常地发生在企业内部，建立同社会主义公有制相适应的企业管理制度，是改善相互关系的重要方面。在这一历史时期，企业管理原则和制度成为社会主义政治经济学重要的研究课题。

一 民主集中制及其具体运用

从20世纪60年代开始，理论界就开始探索适合我国国情的社会主义企业管理原则和制度。在这一时期，社会主义企业管理根本原则被总结为民主集中制，而作为民主集中制的具体运用，是党委领导下的厂长（经理）负责制和职工代表大会制。民主集中制就是在民主基础上的集中，在集中指导下的民主，是高度集中与高度民主的结合。一方面，在社会主义企业管理中，由于实施的是社会化的大生产，劳动分工和协作极为细致复杂，劳动过程往往具有不同程度的连续性，各生产单位之间的联系也十分紧密，所有这些，都要求有高度集中统一的领导，以便保证劳动者在生产中的组织性和纪律性。另一方面，高度集中又必须和高度民主结合起来，才能正确处理人们在生产中的相互关系，充分发挥群众的主动性和积极性，促进生产的迅速发展①。

党委领导下的厂长负责制，是党在社会主义革命和社会主义建设中总结出来的一项带有根本性的企业管理制度。这项制度保证了企业领导方面的政治挂帅，克服了一长制容易产生的忽视党和集体的领导以及忽视政治思想工作的缺陷。党委领导下的职工代表大会制度，是我国国营企业管理中执行党的群众路线的重要制度。这项制度扩大了企业的民主生活，把企业管理工作放在工人群众的管理、监督之下②。

二　“两参一改三结合”

1960 年 3 月，毛泽东在中共中央批转《鞍山市委关于工业战线上的技术革新和技术革命运动开展情况的报告》的批示中，以苏联经济为鉴戒，对我国的社会主义企业的管理工作作了科学的总结，强调要实行民主管理，实行干部参加劳动、工人参加管理，改革不合理的规章制度，工人群众、领导干部和技术员三结合，即“两参一改三结合”的制度。当时，毛泽东把“两参一改三结合”的管理制度称为“鞍钢宪法”，使之与苏联的“马钢宪法”（指以马格尼托哥尔斯克冶金联合工厂经验为代表的苏联一长制管理方法）相对立③。“两参一改三结合”的鞍钢宪法与具体企业的管理实践相结合，还产生了很多社会主义工业企业建设发展的典型案例，如“独立自主、自力更生、艰苦奋斗、勤俭建国”的“工业学大庆”群众运动④。

事实上，某些行业已经先于毛泽东的制度总结，在实践中开展了“两参一改三结合”。譬如，董久昌等就详细阐述了商业企业开展“两参一改”活动的经验⑤。他们提出四个方面的制度改革措施。第一，领导干部直接参加售货，党组织负责人、经理、副经理等企业负责人每周工作时间的 25% ~30% 用来参加售货，中层领导和管理骨干可使用 40% ~50%

① 编写组：《政治经济学教材》（社会主义部分），上海人民出版社，1963，第 92 ~94 页。

② 北京大学经济系实习队：《谈“两参一改”》，《新建设》1958 年第 10 期。

③ 实际上，“两参一改三结合”的前身提法仅包括“两参一改”。1958 年 4 月 25 日，《人民日报》发表了黑龙江省国营庆华工具厂关于工人参加管理、干部参加劳动与业务改革的经验介绍之后，全国各地掀起了一个学庆华、赶庆华的高潮，普遍推行这一企业管理经验。

④ 也有将企业管理的群众路线总结为“一交、四大、两参、一改、三结合”，这里的“一交”是指把方针任务和计划的底交给群众，四大是指“大鸣、大放、大字报、大辩论”。

⑤ 董久昌、高广礼、董德信、王子平、李绍白：《我国社会主义商业企业的“两参一改”问题》，《教学与研究》1958 年第 10 期。

的时间参加售货。第二，售货员直接参加管理，由售货员兼任管理员，值班主任由兼职管理员轮流担任，一般为一周轮值一次，到期进行交接和业绩评比。这就改变了原有的固定管理形式，把企业的管理工作建立在牢固的群众基础上。同时，还要下放四项权力：一是业务经营权，二是财产管理权，三是费用开支权，四是人事调配权。第三，改革规章制度。树立政治观点、生产观点和群众观点，敢于树立对立面，坚决依靠群众，走群众路线，贯彻多快好省和勤俭办企业的仿真。第四，调整业务经营机构，实行分部核算。一些大型商业机构在原业务经营机构（如销货科和商品柜台）的基础上成立商品部。将原来由企业集中掌握的组织进货、扩大推销、财产管理、按质标订、自采商品或加工商品的零售价格、缴纳税金、资金结算和残存商品的处理等权限全部下放给商品部，商品部实行计划管理和单独计算盈亏的组织方式，为半经济核算单位，可以独立对外进行经济活动①。

“两参一改三结合”的核心在于“干部参加劳动、工人参加管理”，这是民主集中制在企业内部劳动组织过程中的典型体现。一方面，人民群众通过干部参加体力劳动的活生生的事实，进一步了解到自己在国家中的主人翁的地位和责任，进一步提高了政治的和生产的积极性。同时，这也是使得干群关系更加密切的方式，即通过相互的激励来达到相互的促进。干部的榜样激励了群众，群众的榜样也激励了干部，干部密切联系群众，群众也由衷地信任干部，在这样的基础上，形成干部和群众打成一片的局面，这是我们事业取得胜利的一个根本保证。同时，知识分子和技术骨干到农村和工厂参与生产劳动，也能促进知识分子世界观的改变，使得工农群众在生产中所迫切需要解决的各种技术问题，现在变成了许多科学技术研究工作者所选择的主要研究题目②。另一方面，经济民主不仅要求干部参加劳动，同时也要求工人参与管理，两个方面相互结合。工人参加管理，就能够更好地了解企业的领导和管理工作的情况，使他们观察问题更加全面。这就为解决干部和群众因所处地位不同、观察问题的角度不同所引起的矛盾，创造了有利条件③。

因此，“两参”的最终目的是使领导、技术人员和广大职工三个方面的工作结合起来，使工作计划能落到实处，使技术人员在实际斗争中认识

① 笔者认为，这实际上已经接近于现代企业管理中“事业部”型的企业内部组织架构。

② 赵汉：《关于干部参加体力劳动》，《红旗》1960 年第 2 期。

③ 王鹤峰：《巩固发展“两参一改三结合”全面提高企业的管理水平》，《红旗》1960 年第 15 期。

到科学技术如何贯彻群众路线，从而实现“理论联系实际”，同时也促进了广大职工更好地学习技术、钻研业务。在此基础上，进一步推进改革企业中不合理的规章制度（即“一改”），从而达到“三结合”——在技术改革中实行企业领导干部、技术人员、工人三结合的原则。

建立“两参、一改、三结合”新型管理制度的关键在于纠正领导、专家与广大员工脱离的情况。于光远提出，我们反对的只是专家脱离群众，站在火热的群众运动外面，或是片面夸大专家的作用、贬低群众的作用。如果专家不是脱离群众，而是对群众运动持积极的态度，那么专家也就成为在科学技术战线上的群众中的一员，而且是起很重要的作用的一员。因此“两参”、“一改”最后落实到“三结合”，而不是为了否定领导、技术人员和职工中的任何一方面。另外，实现“三结合”的着重点在于让领导工作和科学研究工作更具有群众性，通过“务虚会”、“多路探索”、“大兵团作战”等方式来实现“三结合”①。

第三节　围绕“鞍钢宪法”展开的讨论

一　鞍钢宪法的主要内容

生产力与生产关系的矛盾仍然是社会主义社会的基本矛盾，社会主义国家还必须通过变革生产关系以使之适应生产力的发展。就生产关系而言，所有制的性质相对稳定，但生产劳动中人和人的关系却在不断变化，因此通过改善人和人的关系可以达到促进生产的效果。《工作方法六十条（草案）》提出干部要与工人建立平等的关系，同时要改革束缚劳动积极性的不合理的规章制度②。在 1958 年 5 月召开的党的八届二次会议上，毛泽东提出“干部参加劳动，工人参加生产管理”的建议。同时，在读苏联《政治经济学教科书》时，毛泽东强调了社会主义企业管理体制的问题，认为所有制问题基本解决之后，最重要的是管理问题，而管理问题归根结底是人和人的关系问题。具体而言，企业管理应采取群众、干部和技术人员三结合，干部参加劳动、工人参加管理，不断改革不合理的规章

---

① 于光远：《关于科学技术工作中的群众运动》，《红旗》1960 年第 3 期。

② 参见中共中央文献研究室《建国以来重要文献选编》第十一册，中央文献出版社，1995，第 39 页。

制度，等等。而“鞍钢宪法”正是“两参一改三结合”这一国营企业管理经验最具代表性的体现。

鞍山是我国第一个五年计划的重点建设城市。“一五”时期，鞍山市基本建设取得重大成就，共有 47 个重点项目竣工投产，其中就包括新中国第一家钢铁工业公司——鞍山钢铁公司。1960 年 3 月 22 日，中共中央批转《鞍山市委关于工业战线上的技术革新和技术革命运动开展的报告》，毛泽东代中央起草批示，将鞍钢实行的“两参一改三结合”的管理制度称作“鞍钢宪法”，宣称“鞍钢宪法在远东、在中国出现了”，并要求在工业战线加以推广。这份批示指出：“鞍钢是全国第一个最大的企业，职工十多万，过去他们认为这个企业是现代化的了，用不着再有所谓技术革命，更反对大搞群众运动，反对两参一改三结合的方针，反对政治挂帅，只信任少数人冷冷清清地去干，许多人主张一长制，反对党委领导下的厂长负责制，他们认为‘马钢宪法’（苏联一个大钢厂的一套权威的办法）是神圣不可侵犯的。”①

“鞍钢宪法”包含“坚持政治挂帅、加强党的领导②、大搞群众运动、实行“两参一改三结合”（即干部参加集体生产劳动、工人参加企业管理，改革不合理的规章制度，在生产、技术、管理等改革和改进上实行领导干部、技术人员和工人相结合）、大搞技术革新和技术革命”五项基本原则③。针对“鞍钢宪法”这五大原则，毛泽东在《读苏联〈政治经济学教科书〉的谈话》中指出：“在劳动生产中人与人的关系，也是一种生产关系。在这里，例如领导人员以普通劳动者姿态出现，以平等态度待人，改进规章制度，干部参加劳动，工人参加管理，领导人员、工人和技术人员三结合，等等，有很多文章可做。”④

1961 年，中共中央颁发的《国营工业企业工作条例（草案）》正式确

① 中共中央文献研究室：《建国以来重要文献选编》第 13 册，中央文献出版社，1996，第 109 页。这里的“马钢”是指苏联马格尼托哥尔斯克（Magnitogorsk Iron& Steel Works，MMK）钢铁公司，“马钢宪法”是苏联优先发展重工业的工业化发展方针之下结合本国工业发展水平和美国企业管理方式、技术手段的结果，其主要内容包括实行一长制、专家治厂、科层制管理、经济核算、不搞群众性的技术革命。

② 有理论学者认为，加强党的领导是针对专家治厂、一长制提出的，它使得中国的国营工业企业中实行党委领导下的厂长（经理）负责制。这既是以分权实现经济民主的一种方法，也是加强国家对经济宏观控制的一种方法。

③《鞍钢宪法五项原则》，《鞍钢革新》1972 年第 1 期。

④ 毛泽东：《读苏联〈政治经济学教科书〉的谈话》，《毛泽东文集》第 8 卷，人民出版社，1999，第 135 页。

认以“鞍钢宪法”为代表的国营企业管理制度，并倡导建立党委领导下的职工代表大会制度，使之成为扩大企业民主，吸引广大职工参加管理、监督行政，克服官僚主义的国营企业管理制度①。

1966 年后，以鞍钢宪法为集中体现的国营企业管理模式继续发展，取得了一些新的信息传递和员工激励方案。在贯彻“鞍钢宪法”的外贸仓库中，群众参加管理的组织形式概括起来主要有以下几种。（一）选拔优秀工人担任班组长，负责领导班组工作。（二）实行工保合一，即工人和保管员一体化，既参加劳动，又参加管理，有些仓库保管员是由干部负责的，没有实行工保合一，则实行“两参”，即保管员以保管为主，参加劳动；工人以劳动为主，参加管理。（三）建立五员、五组，即每个生产班组都推选工人分别担任该组的政治宣传员、安全生产员、财产管理员、经济核算员、生活卫生员；各生产班组的五员组织起来，就是相应的五组。五员、五组在党支部的领导下，分工负责有关方面的工作。（四）建立以工人为主体的、有领导干部和各方面代表参加的仓库管理委员会，负责讨论全库性的重大问题，对仓库管理发挥参谋和监督作用。（五）定期召开民主讨论会，党支部主持，广泛听取群众的意见②。

二　鞍钢宪法与“后福特主义”

实际上，鞍钢宪法是在改革开放后赢得了更多的肯定与赞誉。崔之元指出：鞍钢宪法的精神实质是“后福特主义”（post-Fordism），即对福特主义僵化的、以垂直命令为核心的企业内分工理论的挑战。崔之元的理论依据在于：技术分工不等于社会分工，生产产品的工序可以被切割为不同的分工环节，但这种技术分工并不直接等同于社会分工，工人可以同时从事不同的工种，掌握不同工作环节的技术。与鞍钢宪法“两参一改三结合”的核心理念类似，后福特主义、丰田模式的核心理念都在于团队合作，随时随地解决“无库存生产方式”中出现的问题。譬如，瑞典的沃尔沃汽车公司为了实现团队合作，从 1988 年起，就把传统的流水线改造为“装配岛”，在这个装配岛上，工人不再是机械地从事重复性的动作，

---

① 顾龙生主编：《中国共产党经济思想史》上册，山西经济出版社，2014，第 497 ~ 498 页。

② 李本珂：《以阶级斗争为纲　走“鞍钢宪法”道路 努力搞好外贸仓库基层建设》，《国际贸易问题》1976 年第 4 期。

而是协同配合地完成组装整车的工作任务[①]。

不仅如此，计划经济在运行中暴露出信息传递不畅的弊病，鞍钢宪法对于解决这一计划经济顽疾也具有重要的理论和现实意义。以技术创新为例，由于技术创新活动的市场不确定性和技术不确定性较强，事先计划往往与实际的技术创新进程存在很大差异，计划需要根据实际工作的进展不断调整和优化。此外，技术创新活动还涉及企业内部多个部门的协调一致，信息传递活动的效率就显得尤为重要。“两参一改三结合”正是要在群众路线的基础上，通过构建平等的劳动关系（两参），加强企业内部各类型主体的信息交流（三结合），不断改变陈旧的不符合现实状况的规章制度（一改），从而推动技术创新。周介生指出：从群众中来，到群众中去，是推进技术革新的根本方法。领导从生产需要出发，提出问题，发动群众献计献策；然后组织专题辩论，充分发挥广大职工的集体智慧，求得大多数认可可行的合理办法，再通过试验，从实践中克服困难，解决技术上、操作方法上的关键问题，从而使生产稳步上升[②]。

因此，“两参一改三结合”解决信息传递问题的关键在于纠正领导干部、技术专家与广大员工脱离的情况。于光远认为：我们反对的只是专家脱离群众，站在火热的群众运动外面，或是片面夸大专家的作用、贬低群众的作用。如果专家不是脱离群众，而是对群众运动抱积极的态度，那么专家也就成为在科学技术战线上的群众中的一员，而且是起很重要的作用的一员。因此“两参”、“一改”最后落实到“三结合”，而不是为了否定领导、技术人员和职工中的任何一方面，实现“三结合”的着重点在于让领导工作和科学研究工作更具有群众性，通过“务虚会”、“多路探索”、“大兵团作战”等方式来实现“三结合”[③]。

当然，对于鞍钢宪法为何没有在企业管理中坚持实施下去，崔之元认为是“文化大革命”混乱的局面导致鞍钢宪法的初衷和实施效果之间出现了很大差异。但贾根良认为，三年困难时期过后国民经济进入一个恢复调整时期，中央为了避免地方获得较大经济权限后再次狂热“跃进”，重新收回了大量权限，这就铲除了鞍钢宪法“经济民主”赖以生

---

① 崔之元：《鞍钢宪法与后福特主义》，《读书》1996 年第 3 期。

② 周介生：《老高炉的生产大跃进》，《红旗》1960 年第 2 期。

③ 于光远：《关于科学技术工作中的群众运动》，《红旗》1960 年第 3 期。

存的土壤，因为高度集权的中央计划体制在经济决策上的普遍特征是“非现场决策”，企业的自主决策权受到很大限制，更不可能“现场决策”了①。

第四节　企业经济核算

社会主义国家为了不断地提高劳动生产率和降低生产成本，必须进行严格的经济核算。社会主义经济核算是要核算生产中消耗的活劳动和物化劳动（生产中的各种物质消耗），要使各个企业按一定的价格出售其产品所得到的货币，能够充分补偿生产中支出的工资和各种物质消耗，此外，还能够取得一定数额的盈利来作为国家积累。20 世纪五六十年代，在总结“大跃进”经验教训的过程中，理论界普遍认识到开展社会主义经济核算的必要性和重大意义，这也掀起了有关社会主义经济核算和经济效果的热烈讨论。由于经济核算从本质上来看属于微观层面的国民经济计划管理方式，因此，我们将这部分内容放在本节加以阐述。

一　企业经济核算体制的初步建立

从经济核算制提出的背景和必要性来看，经济核算制主要是作为反对“供给制”思想的工具提出来的②。在这一时期，由于国营企业部分生产资料是国家调拨的，而出售商品的价格也是国家直接控制的，因此，在国营企业的经营管理中就出现了为完成生产计划而“不惜成本”的做法。比较典型的体现包括：在工业企业，缺少合理的先进的技术经济定额，甚至根本没有制定定额，这导致生产根本不注意产品质量，废品率很高，同时，也不注意降低成本。在基本建设过程中，在没有进行勘察设计、没有备足材料、没有精确编制预算的情况下就开始施工，结果在施工过程中发现厂址不合适，或出现停工待料，或大大超过原来预算。在商业部门，有些国营商店、供销社根本不按照居民需要组织货源，而是发来什么商品就卖什么商品，形成人民需要的不能供应、人民

① 贾根良：《“鞍钢宪法”的历史教训与我国跨越式发展战略》，《南开学报》（哲学社会科学版）2002 年第 4 期。

② 杜向光：《实现国家的社会主义工业化必须贯彻经济核算制——学习〈联共（布）党史〉和我国过渡时期总任务的体会》，《学习》1955 年第 6 期。

不需要的商品积压很多的情况[①]。

在全国范围内推行经济核算制，是在1951年由铁道部和重工业部所属企业的推动下逐步实现的。当时对全国工业企业提出了两个层次的经济核算要求，第一个层次的要求是针对尚未开始进行经济核算的国营企业，要求在一年内初步建立其以下体制机制。第一，编制生产、劳动、材料供应、成本、财务等各项具体计划；第二，清理资产、确定资金规模；第三，制定合理可行的平均先进技术定额，首先是定质、定量、定料与定工[②]；第四，从企业生产经营最为薄弱的环节入手，建立生产责任制；第五，建立健全财务成本管理制度，加强统计，健全基层记录制度。第二个层次的要求是针对已经初步建立经济核算制的企业，第一，加强车间工作，实施车间成本管理，使经济核算制贯彻到车间去；第二，改善资金管理，更合理地组织生产和供销过程，加速资金周转；第三，加强技术管理，制定更切合实际的操作规程与技术标准，建立独立而有权威的检验标准；第四，逐步推广计件工资制。

二 经济核算的范畴界定

经济核算的概念超越了企业的簿记和会计范畴，是社会主义国家有计划地利用价值形式和货币形式对企业进行经济管理的方法、形式或原则，这是国家计划在公有制企业层面的体现。譬如，谷书堂等认为，经济核算是社会有计划管理企业的方法。它要求企业在服从国家计划的前提下，采用货币形式比较企业经济活动的消耗和成果，用本企业的收入补偿支出之后，尚有盈利[③]。何建章等认为，企业经济核算是适合社会主义特点的管理企业的良好形式。企业经济核算的内容，应包括成本核算和资金核算两个方面。因为在企业进行生产过程中不仅要消耗一定数量的劳动，而且要占用一定数量的资金。企业要进行全面经济核算，既要进行产品的成本核算，又要进行资金核算[④]。

当然，也有研究认为经济核算还不仅仅是方法和工具，还是经济关系

---

① 《经济研究》编辑部：《社会主义政治经济学若干基本理论问题》，山东人民出版社，1980，第215～226页。

② 具体来说，技术经济定额包括产品生产时间定额、原材料消耗定额、人员定额、机器设备定额、人员定额等多种类型。

③ 谷书堂、熊性美：《对农村人民公社经济核算问题的商榷》，《东风》1959年第13期。

④ 何建章、桂世镛、赵效民：《关于社会主义企业经济核算的内容问题》，《经济研究》1962年第4期。

甚至是社会主义经济规律，如王德升等认为，经济核算是社会主义社会特有的经济关系。它体现社会主义生产关系的一定方面，即以价值形式体现着企业与国家、企业与企业、企业与职工在生产经营活动中的经济关系。这种关系首先是以各方面的物质利益表现出来，不但有质的规定性，而且有量的规定性。综合反映了社会主义再生产过程中生产、分配、流通和消费的关系[①]。江冬（1959）提出，经济核算反映着人们在生产实践中的要求，同时形成了客观经济活动中最一般、最本质的生产关系的一个方面。余绪樱区分了经济核算和经济核算制，认为前者属于生产关系，后者属于上层建筑[②]。

从上述对经济核算范畴界定的研究来看，在20世纪五六十年代的讨论中形成的普遍认识是：经济核算不仅仅局限于企业内部的会计活动，还是国家对企业实施计划管理的重要方法和工具。在社会主义制度下，不仅有企业范围的经济核算，而且应该有整个国民经济范围的以至于各个部门和各个地区的经济核算[③]。但是，经济核算是否能上升为经济关系甚至上层建筑层面，尚存有争议，也正是在这个意义上，在本书中，我们将经济核算放在微观层面生产关系中加以阐述，并没有将其完全视为微观层面的企业管理和技术问题[④]。

三　实施经济核算的必要性和依据

实施经济核算对于国营企业和人民公社这些公有制经济单位而言，具有十分显著的必要性。在社会主义社会中，在国家的集中统一领导下，各个国营企业在业务经营上具有相对独立性，每个国营企业除必须完成国家所布置的生产任务外，还必须以自己的收入补偿开支，负有向国家上缴利润的任务。由于每一个国营企业都是独立经营的单位，因此，一个国营企

---

① 王德升、阎金锷：《试论经济核算的实质》，《教学与研究》1959年第7期。

② 余绪樱：《社会主义经济核算的客观基础问题》，《中国经济问题》1961年第3期。

③ 相关的文献还包括：作沅《关于社会主义经济核算的几个问题的探讨》，《经济研究》1961年第11期；薛暮桥《关于社会主义的经济核算》，《红旗》1961年第23期；何建章《谈谈企业经济核算的几个理论问题》，《文汇报》1962年4月5日第3版；何建章、桂世镛、赵效民《关于社会主义企业经济核算的内容问题》，《经济研究》1962年第4期；李成瑞、左春台《我们对于社会主义经济核算中若干问题的看法——在一个学术座谈会上的发言》，《光明日报》1962年6月4日第4版。

④ 需要指出的是，在后续各卷中，经济核算问题将被放在企业劳动组织方式（微观生产关系）中进行阐述。主要考虑的是，在1978年后的经济体制改革中，随着非公有制经济的迅速发展，在宏观和中观层面上进行国民经济核算的微观基础从根本上已经被动摇了。

业需要另一个国营企业的产品，就不能无代价地取得，而必须估价、算账、付款，这就需要经济核算。而对于人民公社与人民公社之间的交换、人民公社与国营企业之间的交换，同样如此①。

实行经济核算，不仅是国营企业的计划管理方式之一，同时也是与其他劳动组织形式紧密结合在一起，共同发挥作用的。曾直探讨了实行经济核算与“两参一改三结合”的关系②。广大群众参加小组核算，就使经济核算由少数人进行的工作，成为群众性的工作，使经济核算工作进入了大搞群众运动的阶段。群众参加核算，大大加强了主人翁的责任感，丰富了“两参一改三结合”的内容，提高了经济事业的经营管理水平，促进了生产建设的“大跃进”。群众性的经济核算运动开展以后，同劳动竞赛和适当的物质奖励（综合奖）结合起来，具体做法是：把小组核算的主要指标作为竞赛评比的主要内容，同时又作为小组奖励的基本条件。小组经济核算同劳动竞赛和适当的物质奖励相结合，形成了一套经常性的小组管理制度，由此提高了小组管理的水平，降低了产品成本，推动了生产的持续跃进。

在计划经济时期，社会主义经济核算在微观上主要是由国营企业和农村人民公社实行的，问题在于，社会主义经济核算是以什么作为依据的？薛暮桥较早地提出，社会主义经济核算只能是以价值（社会必要劳动量）作为依据③。这里的价值，是指生产这件产品所消耗的社会必要劳动量，只有将必要劳动量而不是个别劳动量作为核算依据，才能奖励先进的企业、鞭策落后的企业。薛暮桥认为，即使国营企业之间是由国家进行生产资料调拨，产品的所有权并没有发生改变，但仍然必须在价值规律的基础上进行“等价交换”，否则无法进行全国范围内的经济核算。

特别需要指出的是，薛暮桥还认为，国营企业的经济核算是建立在按劳分配制度上的，同时这也是社会主义经济核算与共产主义经济核算的差别之所在。企业产品的价值由物化劳动和活劳动组成，活劳动大体上等于企业付给职工的工资和企业的上缴盈利（包括税款）。因此，国营企业的经济核算实际上是与按劳分配制度密切相关的，也就是说，只要国营企业以价值作为经济核算依据，那么，职工的劳动量与职工的收入状况就是紧

---

① 编写组：《政治经济学教材》（社会主义部分），上海人民出版社，1963，第182页。

② 曾直：《论群众性的经济核算》，《红旗》1960年第14期。

③ 薛暮桥：《社会主义制度下的商品生产和价值规律》，《红旗》1959年第10期。

密联系的。而在共产主义社会，劳动者的收入不决定于他们所提供的劳动的多少，而决定于“需要”[①]。此时，企业中就不再有“工资”这一项，这时的经济核算与劳动者个人利益已经不再相关了。

实施经济核算是在生产中运用价值规律的典型体现[②]。实行经济核算的企业，要求以本身的收入来补偿其支出。一个企业生产的单位产品所消耗的个别劳动时间高于社会必要劳动时间，这个企业就不能完全补偿自己的过去劳动和活劳动的消耗，也就是说这个企业要亏本。因此，企业进行经济核算的重要依据，就是根据价值规律的要求，改进生产，降低劳动消耗。王德中等（1961）、余绪缨（1961）等均持这种观点[③]。

但是，也有观点认为，社会主义经济核算的存在是由时间节约规律或社会主义基本经济规律决定的。对于前者来说，葛家澍的观点较有代表性，他认为，经济核算的内容是核算和比较劳动耗费和有用效果，节约活劳动和物化劳动，提高劳动生产率，以最少的耗费取得最大的经济效果。各种节约归根结底是劳动时间的节约[④]。对于后者来说，徐日清提出，经济核算不仅仅是一般性的时间节约规律的要求，同时更是社会主义基本经济规律的体现[⑤]。

四　企业经济核算指标

在这一时期有关经济核算的争论中，企业使用何种指标开展核算是一个热点问题。主要的分歧在于，有的学者认为企业经济核算既要采用价值形式指标，也要运用使用价值形式（以及工时）指标。但也有学者认为，只要运用价值指标即可，企业经济核算不需要采用使用价值指标。

持第一种观点的学者认为，首先，价值形式指标具有综合性、全面性以及可以把消耗同成果进行比较的优点，但是也有间接性、指导生产不及时以及会受价格同价值背离影响等缺点；而使用价值形式和工时形式指标则能直接地、具体和及时地反映消耗和成果的某个侧面，因此，价值形式指标必须同使用价值形式和工时形式指标互相配合、互相补

① 劳动不再是谋生的手段，而成为生命活动的第一需要。

② 宋涛：《利用价值规律为社会主义经济建设服务》，《新建设》1959 年第 4 期。

③ 余绪缨和下文提到的葛家澍都是厦门大学的会计学学者，但他们都具有从政治经济学基本理论出发探讨会计实际问题的研究风格。

④ 葛家澍：《经济核算的客观依据是时间节约规律》，《中国经济问题》1961 年第 3 期。

⑤ 徐日清：《促进生产高速度发展是社会主义经济核算的根本任务——略论社会主义经济核算的必要性和作用》，《经济研究》1960 年第 3 期。

充，才能构成完整的经济核算指标体系。其次，为了便于同国家计划指标相吻合，也要既有价值指标，又有使用价值指标和工时指标。再次，经济核算包括群众性经济核算，而群众性经济核算多半是采取使用价值指标和工时指标的[①]。具体来说，企业开展经济核算的指标体系应包括成本、利润等价值形式指标，以及产量、品种、质量、劳动生产率等使用价值和工时指标[②]。

主张企业经济核算只需要价值形式指标的观点认为，只有运用那些能够反映企业劳动耗费和经营成果的价值指标，如资金、收入、成本、利润等，才符合企业经济核算的要求。这是因为，社会主义企业经济核算体现的经济关系是企业在国家的集中指导下具有经济上业务上相对的独立性，独立经营、以收抵支、自负盈亏。因此，企业进行经济核算必须利用价值指标来正确处理国家和企业的权责关系，即衡量和测度是否以自己的收入弥补了自己的支出、自己的资金有无短缺、再生产过程会不会中断、有没有取得盈利等。离开了这一要求的指标，就不是为企业经济核算的任务服务的指标，尽管这些指标从企业生产管理和技术管理的角度看是十分重要的，从反映企业经济效果的一个侧面来看也是重要的。例如产量和产值指标，就要通过销售收入指标的核算，通过在制品和制成品所占用的企业资金的指标的核算，才能成为为企业经济核算服务的指标，而它们本身则只是经济核算指标体系的组成部分。劳动生产率指标也是如此。如果把产量、产值、品种、质量、劳动生产率等看作经济核算指标，实际上是把社会主义经济核算和统计核算、业务核算、技术经济指标核算等所核算的混为一谈了[③]。

本章小结

综观这一历史时期的企业内部生产关系（劳动者结成的相互关系），

---

① 所谓群众性核算，是指企业中由工人自发进行的经济核算，这种经济核算是以生产小组为单位进行的，也是通过对劳动消耗与成果的核算分析，达到以最少的劳动消耗取得最大经济效果的目的。参见程明鉴等《关于进一步巩固与发展群众经济核算的几个问题的探讨》，《经济研究》1962 年第 6 期。

② 杨润瑞、李勋：《试论工业企业的经济核算》，《人民日报》1962 年 7 月 19 日第 5 版。

③ 沈经农：《关于社会主义企业经济核算的几个问题》，《光明日报》1962 年 5 月 28 日第 4 版；戴园晨：《社会主义企业经济核算核算什么》，《光明日报》1962 年 9 月 17 日第 4 版。

最大的特点在于对于劳动者本身的关切。从贯彻民主集中制的基本理念到“两参一改三结合”的基本原则，再到“鞍钢宪法”等具体操作方法，都鲜明地体现出社会主义企业内部劳动关系的特点，就是以劳动者为本，把劳动者真正作为生产过程的主体来对待。因此，在这一时期的企业内部生产关系中，并没有出现管理层与一线工人的对立，而是坚持决策从群众中来、到群众中去，这些举措在一定程度上解决了计划经济在微观层面的信息传递和激励难题。同时，这种生产关系不仅在质上反映出来，也反映在量上，这就是社会主义的企业经济核算。这种经济核算方式兼顾使用价值形式和价值形式，所使用的收入、成本、利润等指标的内涵也不同于资本主义生产方式中的指标。

第十四章　人民公社的劳动组织方式

人民公社是在我国社会主义改造基本完成之后出现的新型经济社会组织，它一方面是社会主义建设“大跃进”的产物，同时也极大地推动了大跃进的开展。从1958年夏季开始，只经过了几个月时间，人民公社基本上覆盖了我国农村广大地区。直到1978年，人民公社一直是我国农村基本的经济社会组织形式。

人民公社实现了政社合一，实现了工农商学兵的结合，不仅是社会主义社会在农村中的基层单位，还是我国无产阶级专政的国家政权在农村中的基层单位。一方面，相对于农业合作社来说，人民公社规模更大，经营的生产项目也不仅包括农业，还兼营工业和其他副业。另一方面，人民公社的公有化程度更高，人民公社的农田水利设施和大型农业生产工具，是由国家和人民公社共同投资兴建和购置的，因此，人民公社的集体经济已经带有国家所有制的成分①。

本章并不打算探讨有关人民公社所有制和产品分配的内容，而是着重从人民公社中劳动力与生产资料的结合方式，探讨人民公社劳动组织方式的优势和缺陷，从理论上厘清社会主义农业生产方式与小农生产方式的区别，并评价人民公社的生产效率。

第一节　人民公社的规模经济效应与范围经济效应

农业和农村合作社是我国社会主义建设中比较特殊的一类微观主体，与全民所有制企业相比，合作社的生产资料是集体所有的，但与城市的集体企业相比，合作社主要从事的是农业生产活动。新中国成立后 ，我国农业通过“三步走”逐步构建起合作社运营体制。第一步，先组织带有

---

① 编写组：《社会主义政治经济学》（未定稿），上海人民出版社，1973，第74页。

某些社会主义萌芽的几户或十几户的农业生产互助组，初步克服个体经济的弱点，培养农民的互助精神和集体观念。第二步，在互助组的基础上，组织以土地入股和统一经营为特点的小型的带有半社会主义性质的农业生产合作社。这种初级社虽然保留土地和大型生产资料的私有权，但使用权已经归合作社统一掌握，便于统一计划、合理配置。第三步，在小型的半社会主义性质的合作社的基础上，组织大型的完全社会主义性质的农业生产合作社（类似于苏联的国营农场）。1958～1959 年，全国 74 万多个农业生产合作社改组为 24000 多个人民公社，参加人民公社的农民达到 1 亿 1 千多万户，每个公社平均约 5000 户，相对于原来农业合作社每社 160 户的规模，人民公社扩大了 30 多倍[①]。因此，人民公社所引致的经济效应，主要体现在规模经济和范围经济两个方面。

一　人民公社的规模经济效应

在种植业中是否存在劳动力的规模经济效应，一直是存在争议的问题，马克思主义经济经典作家的农业生产方式分为小农生产方式、资本主义农业生产方式和社会主义农业生产方式，但是，西欧的小农生产方式并没有完全按照预期的那样转变为大工业模式的资本主义农业生产方式，在很大程度上与农业生产方式特征有关系。一方面，农业生产在空间和时间安排上，无法像工业生产那样进行分工处理，这就限制了规模经济发挥作用。另一方面，农业受地形、地貌和自然气候的影响，生产条件千差万别，工业生产的标准化流程也很难直接套用到农业生产中来。

在本书涉及的历史时期，人民公社已经取代农业合作社，成为中国农村生产和生活的主要组织形式。随着农业机械化电气化逐步实现，农业生产将越来越和工厂式的生产相接近[②]。研究者认为，人民公社的规模经济效应主要取决于以下几个方面。第一，由于人民公社规模大，拥有丰富的劳动力资源，可以在不同的生产队之间调剂余缺，避免同时出现有人没事

---

① 编写组：《中华人民共和国史稿（简明读本）》，学习出版社，2015，第 128 页。

② 童大林指出，正是这种机械化的生产力发展趋势，要求农业产业军的建立。这支农业产业军的特点是没有地主富农剥削，同时也脱离了小生产状态。在社会主义制度下，中国共产党领导下的工农生产队伍以及民兵组织，都是实行民主集中制的原则，是高度的集中和广泛的民主相结合的产物。我国社会主义工农产业军的形成和发展，对促进国家发展、消灭工农差异都有重要意义。参见童大林《社会主义的农业产业军》，《红旗》1959 年第 2 期。

干和有事没人干的现象[①]。第二，人民公社可以集中大量人力进行农田水利工程基本建设，也便于实施大规模的农田整治规划，以便于改良土壤，更为合理地利用土地。第三，人民公社可以根据不同生产队的经济特点和自然特点，采用适合当地具体情况的农艺措施和动物饲养措施，因地制宜地发展农业生产。第四，人民公社能够更快地实现资金积累，购置并合理使用大型农具、化肥农药和现代化农业机器，提高农业生产效率。

二 人民公社的范围经济效应

范围经济是指同时从事多种经营活动而产生的报酬递增现象，人民公社出现范围经济效应的原因也是多个方面的。第一，人民公社可以大力发展农业多种经营，在农业外，发展畜牧业、林业、渔业等产业。第二，人民公社不仅经营农业，还将开办工业和服务业，譬如建设农具制造厂、修理厂、肥料农药厂、农产品加工厂、建筑材料厂等，此外，还可以发展商业和运输车队。第三，人民公社兴办公共食堂、托儿所等福利事业，为农民提供生活保障，解决后顾之忧。

农业集约经营的规模经济效应和范围经济效应是统一的。农业集约经营并不是简单地对土地追加劳动和生产资料。它必须既考虑提高单位面积产量，又考虑提高劳动生产率；既考虑活劳动的消耗，又考虑生产资料的支出；既考虑当前的经济效果，又考虑长远经济效果；既考虑投资收效的大小，又考虑投资收效的快慢。只有全面地考虑这些要求，因时制宜、因地制宜地安排追加投资的方式和方法，才能正确有效地进行农业的集约经营。

为使我国农业集约经营发展取得更大成就，还需重视以下几方面：第一，开展农业企业的多种经营；第二，采用现实可行的先进农业技术措施；第三，逐步实现农业技术改造，建立农业现代化的物质技术基础。在考虑我国农业集约化问题时，任何时候都应把巩固发展我国农村人民公社

① 中国人民大学法律系人民公社研究小组就提出了一种“事业生产队”的劳动组织形式，这种事业生产队要求在生产大队内打破地区界限，改变按照自然村原有状态分片组织劳动的形式。事业生产队按照劳动力强弱、技术水平高低进行组合搭配，组成“生产小组”，生产队负责人根据具体生产任务的特点调配适合该任务的生产小组去进行劳动。这一方面解决了“自然生产小队”不适合差异性任务的问题，另一方面也避免了临时调配组建任务组造成劳动力缺乏磨合的问题。参见中国人民大学法律系人民公社研究小组《关于石景山人民公社劳动组织、劳动纪律、家属参加生产的问题》，《教学与研究》1958 年第 11 期。

的集体经济，正确处理国家、集体和个人之间的经济关系，提高农民群众对于建设社会主义的思想觉悟，提高农民群众的文化技术水平，作为一个重要前提①。

三　城市人民公社

尽管人民公社主要是农村的生产生活组织方式，但在本书涉及的历史时期，很多城市街道也开始尝试建立人民公社或类似的劳动组织。在这里，街道并不是一个单纯的经济组织，而是一个行政区划概念，这个区域内包括工厂、企业、学校、机关等组织，街道的居民绝大多数是工厂企业机关的职工和家属。在城市人民公社中，除了全民所有制经济成分，还存在着大量集体经济所有制成分，这包括手工业合作社、合作商店、生产服务合作社等形式。汪海波等提出，城市人民公社的发展目标是以生产为中心，有计划地组织生产和消费的单位，成为政社合一、政治、经济、文化、军事全面结合的统一体。在城市中建立人民公社，其目的是增强全民所有制的领导作用，通过公社分配生产任务，统一安排劳动力和设备，改善消费和积累的关系，以便于把集体所有制更好地纳入国家管理和计划的轨道中来②。

从城市人民公社的优越性来看，主要体现在三个方面，经兵进行了较为系统的总结③。第一，城市人民公社是生产、交换、分配和人民生活的统一组织者，加强了社会再生产过程各环节的相互联系。特别是城市人民公社兴办了公共食堂、托儿所、幼儿园、生活服务站等集体福利事业，将分配和消费都纳入了集体组织的范围，生活集体化使生活方式适应了生产发展的需要，最大限度地发挥社会主义生产和再生产各个环节的协同作用。第二，城市人民公社有助于形成产业链条和产业网络。公社工业可以使用大工业在生产过程中形成的各种废弃物进行综合利用，同时分担大型工业企业的基础配套工作，生产配件、零部件等中间投入品。第三，家务劳动的社会化、集体化使得妇女从家庭中解放出来，成为重要的劳动力④。

---

① 赵天福：《论我国农业的集约经营问题》，《红旗》1964 年第 2～3 期。

② 汪海波、陈俊欧、刘培黎、王瑞荪、盛皿、杨枫：《在城市街道建立人民公社的若干问题》，《教学与研究》1958 年第 11 期。

③ 经兵：《略论城市人民公社的优越性》，《教学与研究》1960 年第 5 期。

④ 关于家务劳动社会化的问题，我们在本书的家务劳动章节有详细的阐述。

第二节 人民公社的劳动组织形式演变及相关理论探讨

在本书涉及的历史时期，人民公社的生产承包责任制主要是以生产小队作为包产单位的①。人民公社实行“三级所有、队为基础”的生产资料集体所有制，这里的“队为基础”是指生产队一级的所有权是基本的，公社一级和生产小队一级都只享有部分生产资料所有权。在这里，生产小队享有部分生产资料所有权，主要目的就是明确生产小队的责任和提高它的积极性。并且，在生产小队内部还出现了形式各样的劳动组织方式，而这些劳动组织方式本身也在实践中不断改进。

一 农业生产劳动组织形式的演变：以大寨为例

大寨地处山西省晋中市昔阳县城东南部，全村面积 1.88 平方公里，海拔 1162.6 米。大寨自然环境恶劣，群众生活十分艰苦，20 世纪 60 年代，大寨兴修农田水利工程，通过引水浇地改变了靠天吃饭的状况，并得到了毛泽东的肯定，于 1964 年发出了“农业学大寨”的号召，从而大寨成为全国农业的一面旗帜。

大寨的发展是 20 世纪五六十年代我国农村人民公社集体经济发展的缩影，其劳动组织方式的演进具有很强的代表性。陈永贵总结了初级社、高级社和人民公社三个不同历史阶段大寨劳动组织方式的变化情况②。在初级社阶段，将每个生产队分为三个固定的作业组，每个作业组安排组

---

① 在这一时期，围绕“包产”下限问题也出现了一些争论，这里的下限主要是指农业生产的经济核算主体下限。经过争论，取得较为一致的看法是：包产下限定为生产小队是比较合适的做法。在这种包产形式中，生产小队的包产部分要上交给生产队，超产部分按一定的比例上交给生产队之后，其余部分归小队所有，节约下来的全部生产费用也全部归生产小队支配。在本书所涉及的历史时期，人民公社普遍采用“三包制”的劳动组织方式，这是指公社和生产队规定出一定单位土地面积上的产量、完成某种生产任务的用工数量和投资指标后，包给生产小队（也即包工、包产和包成本）。生产小队承包后，要充分利用自己的自然条件，充分挖掘自己的劳动力和经济潜力，完成和超额完成生产任务，包产部分要全部上交给生产队，实行统一分配，超产的部分除按照一定比例上交给生产队之外，其余部分归生产小队所有。还有些人民公社实行“四定一奖制”，就是把全年各种作物的产量、措施、用工、投资等指标定下来，超额完成各项指标的给予奖励，因经营管理不好而不能完成任务的给予批评，以致必要的处罚。参见中国人民大学经济系《政治经济学》（社会主义部分），中国人民大学出版社，1960，第 216 ~ 222 页。

② 陈永贵：《在劳动管理中怎样坚持社会主义方向》，《经济研究》1966 年第 3 期。

长，这个办法责任明确、包工方便。但是，固定的作业组限制了劳动力配置的灵活性。在遇到某些特殊情况需要从作业组抽调劳动力时就会遇到很多障碍。

在高级社阶段，大寨对这种固定的作业组模式进行了改革，大队向生产队实行了“三包一奖、四固定”，作业组实行定额包工，建立起临时工作组。作业组组长固定，组员可以按照农活需要临时抽调。这种劳动组织方式类似于“固定部门 + 项目制”的作业模式，优点是有利于灵活地调配适合工作要求的劳动力，避免和减少了劳动力的浪费。但缺点在于劳动力不再固定在作业组内，工作内容的变化比较大，不便于控制劳动质量。

1960 年后，大寨对其内部劳动组织形式又进行了调整，除对畜牧业、副业采取常年固定、专人负责的办法外，对大量的田间农活，本着劳动力服从工作安排的原则，实行了“三不固定、一服从”的劳动组织形式。所谓“三不固定、一服从”，就是指作业组长不固定、作业组成员不固定、作业组的劳动力数量不固定，一切服从农活需要。组长由生产队长根据农活需要临时确定，所有组员都可以担任组长。

从“信息传递”和“劳动激励”两方面来看，这种劳动组织模式的特点在于：第一，灵活的作业组可以根据农事季节、天时气候的变化随时组建，减少了固定作业组在抽调劳动力时的信息沟通工作。第二，非固定的作业组长制度，使得每个组员都有机会担任组长，这极大地锻炼了组员的组织领导能力。大寨将这种做法形象地称为“长干部、短干部、天天培养新干部”。也就是说，非固定的作业组长为所有人提供了领导权激励，这也要求所有组员都要关心农业生产活动。

二　以人民公社为载体，实现工农业同时并举

本书第三篇从中观层面梳理了社会主义过渡时期工业化战略和农业生产合作社的关系。农村公社化以后，农业经济进一步集体化，要求更高的组织性和计划性，同时，有利于促进农业机械化发展。这些变化为贯彻党的工农业同时并举的方针提供了有利条件。

“以钢为纲”的群众运动，造成了在农村普遍办工厂的现象。顾其瑞从地方工业发展的方针的视角，提出了地方工业的发展必须与农业经济相结合等一系列具体要求。由于工农业相互依存，应贯彻地方工业为农业服务的方针，如发展农业加工的工业产品；小型工业投资少、见效快，可以动员农业社的人力和物力，以适应我国农业资源分散、消费品市场分散的

特点①。牛中黄指出农村人民公社的煤炭综合工厂或者其他综合工厂初建时的特点，一是这种工厂同公社的农业相结合，在公社这个经济单位中，工业和农业紧密结合，相互支援也很直接；二是在这种工厂中，工人和农民基本上是实行供给制和工资制相结合的分配制度，从事工业劳动和农业劳动的人，在物质待遇上差别不大；三是这种工厂在必要分工的条件下，生产者同时是管理者，管理者同时也是生产者②。这一观点在当时具有一定的代表性，认为农村的人民公社有了工业，尤其是重工业，实现农业工厂化和缩小工人与农民的差距就比较容易了。例如，吴芝圃直接指出，党的总路线包括一整套同时并举的方针，“首先是，在优先发展重工业的条件下，工业和农业同时并举，重工业和轻工业同时并举。人民公社最便于实现这两个并举”③。祝融峰以南岳人民公社的社办工业为例，“一年来，公社工业生产和推广各种新式农具（如打稻机、割禾器、划行器、中耕车、板车、牛车、钢丝车等）达十三种，四千三百多件。这些新式农具普遍提高功效一倍至数倍，有的甚至十几倍，因而节省了约一百四十八万五千个劳动日，等于增加了四千九百五十个劳动力，相当于原有劳动力的百分之二十六”④。从具体数据来看，公社工业的发展，有力地支援了农业，提高了农业效率，促进了农业生产的发展。

除了社办工业，人民公社还与运输业相结合。张邦英认为，所谓更高的组织性和计划性，就是说公社不能仅仅满足于搞副业运输或者临时组织突击运输，而必须把副业运输和突击运输同组织专业运输队进行经常运输结合起来，以经常运输为主，把运输办好。具体采取“社有经营”还是“队有经营”的形式，“应从人民公社管理体制、生产资料所有权和群众的切身体验出发”，“如果脱离现实的可能，一味追求高级形式，就必然会损害生产队和群众办运输的积极性，结果是‘欲速则不达’”⑤。在理论上，有学者注意到农业和工业并举的同时，强调了工农业在结合现实生产力的情况下健康发展。

洪行也强调公社办工业要有步骤地进行，如果没有农业经济的健全发展，工业经济就不可能健全发展。公社的资金和劳动力，应主要用于农业方面。“如果从农业中抽取过多的积累用于工业的投资，或从农业中抽调

① 顾其瑞：《地方工业遍地开花的道路》，《财经研究》1958 年第 3 期。
② 牛中黄：《人民公社工业化的起点》，《红旗》1958 年第 13 期。
③ 吴芝圃：《人民公社的巩固和发展》，《红旗》1960 年第 1 期。
④ 祝融峰：《南岳人民公社的社办工业》，《红旗》1960 年第 3 期。
⑤ 张邦英：《人民公社办运输》，《红旗》1959 年第 17 期。

过多的劳动力用于工业方面，就势必妨碍农业的迅速发展。”那么，公社工业虽然在一个时期内可能得到较快的发展，但是却很难持久地健全地发展下去，工业和农业同时并举的目的也就不能实现。所以，洪行强调，公社举办工业，要有步骤地进行，而不要一下子办得过多。办得过多了的，要加以调整，“把工业占用的过多的资金和劳动力转回到农业方面来”①。另外，赵石也强调了社办工业为农业生产服务、为农业技术改造服务的方针。他指出，建立和发展社办工业的目的，也是加速农业发展的需要，所以在社办工业和农业生产之间安排劳动力时，应首先保证农业生产的需要②。以上观点对当时社办工业和农业的协调发展有重要的理论指导意义，同时，对我国当代工农业的协调发展和不同部类之间的结构均衡也有着重要的借鉴意义。

“文化大革命”时期人民公社的发展更多的是放大了阶级斗争的路线。《红旗》1969 年发表的关于贵州省乌当区东风公社的调查报告提出，公社水电技术队伍的快速成长主要取决于三点原因：其一，广大贫下中农捍卫了毛主席的无产阶级革命路线；其二，工人阶级对农民的大力帮助；其三，东风公社的技术人员是在阶级斗争、生产斗争和科学实验中培养、锻炼出来的③。强调工农业互助的同时，也强调工农业并举过程中，技术人员是在阶级斗争中产生的。

综上可见，人民公社使集体经济的计划性更高，这在一定程度上为发展公社工业提供了有利的条件。从当时的农业机械的产量数据来看，工业的发展对农业效率的提高起到了积极的作用。理论界也注意到了工农业同时并举不能冒进的问题，主张有步骤、有计划地进行。这对于当代工农业结构的调整和促进农业经济健康持续发展有重要的借鉴意义。

“文化大革命”结束后，1978 年秋，安徽、四川部分地区因遭受灾害，农民自发恢复了包产到组、包产到户等生产责任制形式。此时的包产到组，是以社员户为单位向生产队等基本核算单位承包一定任务的一种经营形式，将社员的劳动数量和劳动质量与经济利益直接联系起来④。社员拥有了一定的生产自主权，也大大提高了社员的生产责任心和创造力。虽

① 洪行：《人民公社的积累要适当》，《红旗》1959 年第 7 期。

② 赵石：《关于农村人民公社社办工业发展方向的研究》，《经济研究》1961 年第 1 期。

③ 《一支能工能农的农村水电技术队伍是怎样成长的——贵州省乌当区东风公社的调查报告》，《红旗》1969 年第 1 期。

④ 胡寄窗、谈敏：《新中国经济思想史纲要（1949～1989）》，上海财经大学出版社，1997，第 273 页。

然20世纪60年代以后对于人民公社思想曾有过反思和修正，但其核心内容和人民公社这一制度设想，则长期居于此后我国农业生产关系领域的支配思想地位，一直到80年代初期。

本章小结

人民公社建立初期出现“一大二公”、“一平二调”这些做法，严重地损害了社员的利益，也必然要求对人民公社的劳动组织形式进行调整和改革。本章从现代经济学视角出发，着重探讨了人民公社劳动组织形式的优势和不足，特别是从规模经济、范围经济角度分析了人民公社在组织农业生产和多元化经营方面的特点。此外，尽管在这一历史时期涌现出如大寨等农业生产创新模式，但从总体上来看，局限于时代背景和技术手段，人民公社并未从根本上解决好劳动激励问题。不过，作为政社合一的社会组织形式，人民公社在社会管理方面仍然有很多宝贵的历史经验值得我们进一步深入挖掘。

第五篇

社会主要矛盾与生产关系调整

第五篇包括五章内容。第十五章在对“生产关系”概念进行辨析的基础上，总体上概述了社会主义制度建立起来后人们在生产相互关系上的特点，特别是对“同志式的互助合作关系”和“社会主义生产关系二重性”概念进行了分析。社会主义仍然存在矛盾，并且其中主要是人民内部矛盾，这种矛盾不同于以往社会中对抗性的、你死我活的阶级矛盾，需要区别对待。总体而言，优化、完善、改革社会主义生产关系，就是要使其更加适应生产力发展的需要，消灭城乡差别、工农差别、体力劳动与脑力劳动的差别。

第十六章和第十七章是两个经济史章节，分别阐述了过渡时期生产资料所有制和产品分配关系改革的历史过程。生产资料所有制和产品分配关系构成了社会主义基本经济制度的主要内容，同时也是“人与人在劳动中结成的关系”的集中表现和存在形式。本书将生产关系界定为生产方式（特殊），从生产关系改造引领计划经济体制的建立（宏观层面）、生产关系改造引领工业化（中观层面）以及生产关系改造引领企业行为方式变化（微观层面）三个方面着手，从经济思想和学说观点的视角出发，梳理了生产关系变革对生产方式和生产力的作用及影响。这条路径，有别于由生产力发展推动生产方式变革和生产关系调整的经济社会发展路径，在现实中表现为新兴阶级通过暴力革命建立起国家政权，通过国家政权强力实施生产关系改造，由此促进生产方式的根本性变革并极大地提高了生产力水平，为此，我们将其称为“第二条路径”。

本篇是生产关系演进线索的深化和拓展。生产资料所有制关系以及与之相适应的产品分配关系是“人与人在生产中的相对地位及其关系”的外在表现形式和存在形式，同时也是决定生产关系社会属性的因素，反映了各个社会经济形态的生产关系具有“特殊性”的一面。本篇第十八章梳理了这一历史时期生产资料所有制理论的发展，围绕全民所有制、城市集体所有制和农村人民公社所有制的理论发展展开了文献回顾。第十九章涉及产品分配理论的思想史发展，逻辑性地探讨了社会主义工资制度、按劳分配与资产阶级法权和劳动力所有制关系等重大理论问题。

第十五章　社会主义主要矛盾问题

人们在生产中形成的相互关系，本身是对“生产关系”概念的词义拓展，从本质与表象的关系来看，人们在生产中形成的相互关系是“生产关系”的内在本质，生产资料所有制、产品分配关系等“人—物”关系都是这种“人—人”关系的外化形式。从严格意义上来说，人们在生产中的相互关系，涵盖了生产关系的全部内容，可以进一步分解为宏观、中观和微观三个层面，因此，本章实际上是统领本书第二篇至第四篇（甚至包括第五、第六篇）的纲领性章节。也正是出于这个考虑，本章并没有具体考察社会主义制度下人们在生产中的相互关系，而是从抽象的原则性视角进行了概述，当然，这种概述是建立在全面梳理这一历史时期相关研究文献的基础上的。

第一节　社会主义制度下人们在生产中的相互关系

一　同志式的互助合作关系

在社会主义制度下，社会生产不再是为了满足一小部分剥削者追求剩余价值的贪欲，而是为了满足社会及其成员日益增长的需要。社会生产的发展，是使国家繁荣富强、劳动者生活逐步改善的根本前提。全体劳动者在社会主义生产中有着同呼吸、共命运、休戚与共的关系，这种关系必然要求全体劳动人民在生产中实行同志式的互助合作。因此，社会主义制度下人们在生产中的相互关系是同志式的互助合作关系①。这种同志式的互助合作关系体现在三个方面。

① 编写组：《政治经济学教材》（社会主义部分），上海人民出版社，1963，第 84 ~ 87 页。

（一）工人与农民之间以及工人内部、农民内部的关系

随着无产阶级革命的胜利和生产资料公有制的建立，一方面，工人和农民开始以国家主人的身份进行协作和相互支援，工业和农业的产业联系日益加深，工人和农民之间在生产上的相互支援和密切协作的关系，为工农联盟增加了新的内容。另一方面，工人内部和农民内部在生产中的相互关系，也由于无产阶级革命的胜利而发生了极大的变化。工人摆脱了被压迫和被剥削的地位，为社会、为自己而劳动，在不同地区、不同部门和不同企业之间以及在同一企业内部进行着生产协作。原来以小生产者互相对待的农民，也已在社会主义集体经济中联合起来，进行共同劳动，并在不同集体之间相互支援。

（二）脑力劳动者同体力劳动者之间的关系

脑力劳动者与体力劳动者之间的关系，就是指知识分子同工农群众之间的关系。在这一时期，仍然将知识分子看作资产阶级的组成部分，认为知识分子的出路是改造自己的思想，同工农群众打成一片，为社会主义制度服务①。此外，随着新的工人阶级知识分子逐步成长起来，脑力劳动者与体力劳动者之间的对立关系被消灭，两者也开始形成同志式的互助合作关系。

（三）领导与被领导、管理人员同直接生产者之间的关系

领导和管理生产的职能，是任何较大规模的共同劳动都需要的。在社会主义制度下，工人、农民和劳动知识分子都是社会主义国家和企业的主人。他们不仅享有工作、受教育、休息等权利，还享有管理国家和企业的权利。领导者与被领导者、管理人员与直接生产者的区分，只是由于社会分工的需要，而绝不是意味着社会地位的高低。领导者与被领导者、管理人员与直接生产者，在社会地位上是平等的。

二 社会主义生产关系二重性和“资产阶级法权”

20世纪60年代中期开始，有关“社会主义生产关系二重性”的讨论逐渐增多。所谓“社会主义生产关系二重性”，主要是指社会主义生产关系应作“一分为二”的理解，既有生长着的共产主义因素，又有衰亡着的表现为资产阶级法权的资本主义传统或痕迹，由此而形成一个社会主义生产关系中的此消彼长的矛盾运动过程②。这里的二重性，其确切含义是

① 编写组：《政治经济学教材》（社会主义部分），上海人民出版社，1963，第86页。

② 编写组：《社会主义政治经济学》，上海人民出版社，1976，第486页。

社会主义生产关系中存在着资本主义因素，而这种资本主义的传统或痕迹，集中表现为资产阶级法权，存在于社会生产、分配、交换和消费的整个过程中。

“文化大革命”时期的政治经济学教科书倾向于认为社会主义生产关系二重性表现得十分明显，“资产阶级法权”还普遍存在。在社会主义条件下，人们在相互交换劳动方面存在着三大差别，是按照等量劳动相交换的原则，也就是商品交换的原则进行的，因而在人们的相互关系方面，“资产阶级法权”还很严重。特别是“文化大革命”上海版《社会主义政治经济学》批判了“同志式的互助合作关系”，认为公有制一旦建立，人们在生产中的相互关系就成为“同志式的互助合作关系”，这是一种唯心论和形而上学的观点。

三　消灭城乡差别、工农差别和体力劳动脑力劳动三大差别

在社会主义社会，由于消灭了生产资料私人占有制，消灭了剥削，从而消灭了城乡矛盾的对抗性、脑力劳动和体力劳动矛盾的对抗性。为消灭城乡差别和工农差别，根本举措在于“工农业并举”，从四个方面极大地提高生产力①。第一，加速实现全国工业化，使工业遍城乡，为农业的机械化、电气化创造物质基础。第二，人民公社大办工业，形成一个工业和农业密切结合的生产体系，加速实现农业机械化、电气化，造成劳动力的新配置。第三，在高速度发展生产的基础上，促使集体所有制逐步向全民所有制过渡，建立统一的社会主义全民所有制。第四，普及教育、大搞技术革命，提高乡村劳动者的文化、科学、技术水平。

在消灭脑力劳动和体力劳动方面，在我国，社会主义革命完成后，知识分子和工农劳动者的关系发生了新变化。毛泽东提出了“工农群众知识化，知识分子劳动化”的指示，由资产阶级专家、学者垄断知识的状况已经不存在了，一般知识分子的面貌也发生了很大变化，劳动人民已经开始成为文化、科学、技术的主人，广大劳动群众在文化、教育、科学方面，破除了迷信，解放了思想，表现出劳动人民的极大才能和极高的智慧。1956 年，周恩来在中共中央召开的关于知识分子问题会议上郑重宣布：“他们中间的绝大部分已经成为国家工作人员，已经为社会主义服

---

① 徐琳：《从我国社会主义建设实践看消灭城乡差别、工农差别和体力劳动与脑力劳动差别的问题》，《教学与研究》1959 年第 1 期。

务，已经是工人阶级的一部分。”① 从具体办法来看，工业中的“两参一改”（干部参加劳动，工人参加管理，改变旧的规章制度），农业中种“试验田”的做法，都是群众创造的缩小脑力劳动和体力劳动差别的好的举措。

第二节 生产力与生产关系之间关系的理论研究

从严格意义上来说，生产力与生产关系之间的关系问题，属于历史唯物主义的基本问题。生产力与生产关系、经济基础与上层建筑，是历史唯物主义分析范式中的两对社会基本矛盾。在政治经济学看来，生产力与生产关系的关系问题，长期以来是存在争议的。争议的第一个方面是，对生产力和生产关系进行这种绝对化的区分，本身是否符合辩证法的精神？换言之，是否存在不依赖于生产关系的生产力，是否存在不依赖于生产力存在的生产关系？争议的第二个方面是，生产力和生产关系的作用与反作用是归属于生产方式的两个方面，还是两个不同概念之间的互动？也正是在这个意义上，本书将生产力视为生产方式的技术形式，将生产关系视为生产方式的社会形式，利用生产方式这一统一的概念将生产力和生产关系两者统摄在一起。争议的第三个问题是有关政治经济学研究对象，其中，特别又以政治经济学是否应以生产力作为研究对象为争论的焦点，这个争论持续时间之长，波动范围之广，牵涉学者之多，当数中国政治经济学研究的第一位重大疑难问题。

也正是出于避免过度地卷入以上这些争议的考虑，本书在回顾生产力与生产关系之间的关系时，更多的是将其作为一个历史唯物主义的问题来对待。笔者甚至认为，有关这个问题的分析为政治经济学研究奠定了重要的唯物史观基础，但不宜对其进行词义上的烦冗讨论，否则将有可能使中国政治经济学研究重蹈“形而上”的覆辙。

1956 年党的八大政治报告决议提出，我国国内当前的主要矛盾已经转变为“先进的社会主义制度同落后的社会生产力之间的矛盾”。围绕这个判断，理论界开展了一系列讨论。

① 《周恩来选集》（下卷），人民出版社，1984，第 162 页。

一 毛泽东对中共八大主要矛盾提法的不同意见

毛泽东将社会主义社会的矛盾分为敌我矛盾和人民内部矛盾两类，这是从阶级关系和政治角度出发的做法，并没有否定社会基本矛盾和主要矛盾的马克思主义唯物史观分析方法。实际上，在《正确处理人民内部矛盾的问题》中，毛泽东明确提出："在社会主义社会中，基本的矛盾仍然是生产关系和生产力之间的矛盾，上层建筑和经济基础之间的矛盾。"社会主义社会仍然存在着生产力与生产关系之间的矛盾，这就要求不断调整生产关系以适应和推动生产力发展，而调整人与人在生产中形成的关系，就成为调整生产关系的主要内容。

1956 年 9 月，中国共产党第八次全国代表大会通过了《关于政治报告的决议》（以下简称《决议》），阐述了中国共产党对社会主义改造基本完成之后中国社会基本矛盾和主要矛盾的理解①。《决议》提出："由于资产阶级民主革命和社会主义革命的胜利，生产力发展的障碍基本上已经扫除了。毫无疑问，我国人民还必须为解放台湾而斗争，还必须为彻底完成社会主义改造、最后消灭剥削制度而斗争，还必须为继续肃清反革命残余势力而斗争。不坚决进行这些斗争，是决不许可的。但是，我们国内的主要矛盾，已经是人民对于建立先进的工业国的要求同落后的农业国的现实之间的矛盾，已经是人民对于经济文化迅速发展的需要同当前经济文化不能满足人民需要的状况之间的矛盾。这一矛盾的实质，在我国社会主义制度已经建立的情况下，也就是先进的社会主义制度同落后的社会生产力之间的矛盾。"这段描述，被认为是党的八大对社会主要矛盾的基本判断。

但是，仔细阅读文本不难发现，这里提出的"主要矛盾"，其实质，"在我国社会主义制度已经建立的情况下，也就是先进的社会主义制度同落后的社会生产力之间的矛盾"。这就表明，中共八大《决议》中所指的"主要矛盾"，并不是哲学层面上所指的"社会各种矛盾中居于主要地位"的那个矛盾，而是生产力与生产关系、经济基础与上层建筑这一社会基本矛盾在社会主义社会的特殊表现形式（当然是在生产力不发达前提下的

---

① 这里的"政治报告"是指刘少奇同志代表中国共产党中央委员会向党的八大所作的《政治报告》，耐人寻味的是，《政治报告》本身并没有对社会主要矛盾问题进行阐述。

特殊表现形式)[①]。

总的来说,《决议》是在毛泽东“要把矛盾突出一下。现在主要是先进与落后”这一思想的主导下写作的,但是,《决议》中的某些具体表述是否完全符合毛泽东的本意,仍然存在很大争议。其中,“我国的无产阶级同资产阶级之间的矛盾已经基本上解决”、“这一矛盾的实质,在我国社会主义制度已经建立的情况下,也就是先进的社会主义制度同落后的社会生产力之间的矛盾”两个重大论断更是长期争论的焦点所在。

中共八大闭幕不久,大约是在1956年9月27日通过《决议》以后两个星期,毛泽东表示这个提法恐怕不妥当,而陈伯达提出,列宁的文章中有这样一个说法。毛泽东说:“你们讲列宁的文章和中国的情况不是一回事。俄国同西欧来比,生产关系先进,生产力落后,这是个实际情况。你们按照这个说法来说我们国内的矛盾是先进的生产关系和落后的生产力之间的矛盾,是自己与自己比。同列宁的原意就不一致了嘛。”[②]

这表明,毛泽东对《决议》中有关主要矛盾的提法表达了不同意见,但毛泽东并没有急于推翻这一判断。这是因为,作为中国共产党认识飞跃的重大成果,对主要矛盾的判断需要在实践中加以检验,才能够对其进行修正或完善。这一点,本身也是符合毛泽东所提出的“认识—实践—再认识”的认识论规律的。

二 生产关系是否走在生产力之前

第一种意见,认为生产关系走在生产力前面了。理由包括,我国社会主义革命是在生产力水平落后于典型资本主义国家的情况下进行的,现在生产的社会革命已基本完成,但生产的技术革命还只是开始。此外,我国生产关系改变之后,人民群众对物质、文化的需要迅速增长,推动着生产力向前发展,这就是生产关系先进、生产力落后的表现。生产力和生产关系作为矛盾的主要方面或次要方面,是随着不同的历史时期相互转化的,在一定的条件下可以表现为生产力落后于生产关系的发

① 江诗永结合苏联《哲学问题》杂志有关社会主义社会矛盾问题研讨会的相关资料,深入探讨了社会主义基本矛盾问题,他认为,生产和需要的矛盾是贯穿一切社会的基本矛盾,是生产力与生产关系这一基本矛盾的集中表现形式,社会主义基本矛盾也不例外。但是,生产和需要的矛盾既是一般的,又是特殊的,社会主义生产与需要之间矛盾与其他社会形态生产与需要之间的矛盾又是不同的。参见江诗永《论社会主义生产方式的基本矛盾》,《新建设》1958年第4期。

② 参见《毛泽东传(1949~1976)》(上),中央文献出版社,2003,第537页。

展。既然我国当前的主要问题是生产力落后，就应该明确提出生产关系走到生产力前面了，生产力需要赶快地追上去，使大家有一个明确的工作重点和努力方向①。

但也有意见认为，生产关系并没有也不可能走在生产力前面。如果说我国目前生产关系已走在生产力的前面，那似乎就是要表明，我国目前的生产关系不是按照生产关系一定要适合生产力性质的规律建立的，而是凭着人们的主观意愿建立的。任何社会生产都是生产力和生产关系的统一，生产关系虽有影响生产力的重大作用，但它是始终被生产力决定的，如果说生产关系走到了生产力的前面，生产关系与生产力的辩证统一关系和相适应的问题就解释不通了。“走在前面”是个距离远近的概念，“先进”是个性质的概念，“先进”不能理解成“走在前面”。目前我国私有制还没有最后取消、按劳分配的原则还未完全实现，足见我国还没有建立完全的社会主义生产关系，这就意味着生产力发展的障碍没有完全扫除，所以现在还是要继续改善生产关系，促进生产力的发展②。

三　生产力和生产关系谁是矛盾的主要方面

作为社会基本矛盾的两个方面，在特定历史阶段，生产力和生产关系必然有一个是处于矛盾的主要方面。一种意见认为，矛盾的主要方面是落后的生产力。严北溟提出，第一，先进的社会主义制度，首先是经济制度既然基本上适合当前生产力的性质，并具备着推动生产力发展的无穷潜力，因此，在这个制度已经建立之后，我们当前的主务，就是要在尽量利用和发挥先进制度的优越性及其无穷潜力的前提下，把我们的工作重点摆在发展生产力这个主要目标上。第二，生产力成为矛盾的主要方面，还因为巩固新制度的决定性条件在于生产力落后状态的克服。第三，为了认清当前主要矛盾的性质，以便进一步确定解决矛盾的方向，也就必须把生产力看成主要方面。第四，把先进制度不看成矛盾的主要方面，是否认为我们的制度没有问题了呢？当然不是。我们的制度中某些环节还有不适合生

① 《关于我国国内当前主要矛盾的争论》，《人民日报》1956 年 12 月 9 日第 7 版；《江西日报》理论宣传组：《四个多月以来的争论（关于“生产关系一定要适合生产力发展的规律”一文的讨论）》，《江西日报》1956 年 12 月 30 日第 2 版。

② 《关于我国国内当前主要矛盾的争论》，《人民日报》1956 年 12 月 9 日第 7 版；《江西日报》理论宣传组：《四个多月以来的争论（关于“生产关系一定要适合生产力发展的规律”一文的讨论）》，《江西日报》1956 年 12 月 30 日第 2 版；刘毅敏：《生产力或生产关系走在前面的提法对吗?》，《争鸣》1957 年第 3 期。

产力发展要求的地方①。

另一种意见认为，矛盾的主要方面是先进的社会主义制度，它在当前条件下是起主导作用的方面，它规定了社会主义社会的根本性质，为生产力的发展开辟了广阔的途径②。有学者不同意严文的观点，认为严文把工作重心即解决矛盾的途径，与矛盾的主要方面混为一谈，因而得出了错误的结论③。有学者认为，发展生产力是我国当前的主要任务，但主要任务和主要方面（即主导作用）是有区别的。正因为先进的生产关系是矛盾的主要方面，所以它的主要任务就是保护和发展生产力④。

第三节 社会主义社会基本矛盾和主要矛盾

社会主义制度下人们在生产中结成同志式的互助合作关系，并不意味着这种关系就已经十分完善了，换言之，社会主义制度下仍然存在着各种矛盾。

一 新中国成立以来首次对社会主义主要矛盾的界定

1956 年我国社会主义改造基本完成，中国共产党人开启了社会主义建设的探索之路。在这个历史节点，迫切需要对过渡时期的建设经验进行提炼总结，将新中国成立以来开展社会主义建设的感性经验上升为理性认识。中国共产党第八次全国代表大会《关于政治报告的决议》（以下简称《决议》）就是这一理性认识的重要体现之一，这份《决议》也因此成为中国共产党在社会主义建设道路过程中第一次认识飞跃的象征。

《决议》是中国共产党历史上为数不多的大会决议之一。《决议》全文 8000 多字，对中共八大政治报告作了详尽的补充说明，其中最为引人注目的是，《决议》对八大政治报告中提及的社会主义主要矛盾问题进行了更为清晰的表述。《决议》指出：

---

① 严北溟：《什么是当前国内主要矛盾的主要方面?》，《解放日报》1957 年 1 月 28 日第 4 版。

② 《全省高校政治教师举行学术讨论和教学座谈会，热烈讨论我国当前主要矛盾问题》，《新华日报》1957 年 1 月 27 日（版次不详）。

③ 周学：《不能把矛盾的主要方面和解决矛盾的途径混而为一》，《解放日报》1957 年 2 月 28 日（版次不详）。

④ 莫耶：《我对主要矛盾问题的看法》，《甘肃日报》1957 年 1 月 20 日第 3 版。

> 我国的无产阶级同资产阶级之间的矛盾已经基本上解决。我们国内的主要矛盾，已经是人民对于建立先进的工业国的要求同落后的农业国的现实之间的矛盾，已经是人民对于经济文化迅速发展的需要同当前经济文化不能满足人民需要的状况之间的矛盾。由于社会主义革命已经基本上完成，国家的主要任务已经由解放生产力变为保护和发展生产力。

《决议》是在毛泽东“要把矛盾突出一下。现在主要是先进与落后”这一思想的主导下写作的，但是，《决议》中的某些具体表述是否完全符合毛泽东的本意，仍然存在很大争议。其中，“我国的无产阶级同资产阶级之间的矛盾已经基本上解决”、“这一矛盾的实质，在我国社会主义制度已经建立的情况下，也就是先进的社会主义制度同落后的社会生产力之间的矛盾”两个重大论断更是长期争论的焦点所在。

二　正确处理人民内部矛盾

1956 年，个别地区发生了少数工人学生罢工罢课的事件，同时，还有一些合作社社员闹社。在国际上，匈牙利发生了由群众和平游行而引发的武装暴动。国内国际的局势和社会主义建设中出现的种种问题，都要求决策层和理论界重新思考社会主义社会人与人的关系问题。1957 年 2 月 27 日，毛泽东在最高国务会议第十一次扩大会议上发表了《关于正确处理人民内部矛盾的问题》的演讲，对社会主义存在的两类矛盾进行了系统的阐述，其中涉及很多政治经济学内容，由于引发了大量后续学术讨论和理论研究，有效推动了中国社会主义政治经济学的发展并形成了第一次研究高潮。

（一）社会主义制度下两类不同性质的矛盾及其处理方式

毛泽东在《关于正确处理人民内部矛盾的问题》（以下简称《正处》）中鲜明提出，社会主义社会中仍然存在矛盾，这主要包括两类：一是敌我之间的矛盾，二是人民内部的矛盾。这两类矛盾的性质完全不同。敌我之间的矛盾是对抗性的矛盾，人民内部的矛盾在劳动人民之间说来是非对抗性的。人民内部矛盾包括工人阶级内部的矛盾，农民阶级内部的矛盾，知识分子内部的矛盾，工农两个阶级之间的矛盾，工人、农民同知识分子之间的矛盾，工人阶级和其他劳动人民同民族资产阶级之间的矛盾，民族资产阶级内部的矛盾，等等。毛泽东指出，凡属于思想性质的问题，凡属于人民内部的争论问题，只能用民主的方法去解决，只能用讨论的方法、批评的方法、说服教育的方法去解决，而不能用强制的、压服的方法去解决。具体来说，可以把解决人民内部矛盾的民主方法称为“团结—批评—团结”，就是从团结的愿望出发，经过批评或者斗争使矛盾得到解决，从而在新的基础上达到新的团结。

《正处》为唯物史观的矛盾分析方法开辟了一个新领域，这就是从敌我矛盾和人民内部矛盾两个层面分析社会矛盾问题。特别值得注意的是，与《决议》中作出的“我国的无产阶级同资产阶级之间的矛盾已经基本上解决”这一判断不同，《正处》逻辑性提出了三个层次的观点：没有矛盾的想法是不符合客观实际的天真的想法。在我们的面前有两类社会矛盾，就是敌我之间的矛盾和人民内部的矛盾。这是性质完全不同的两类矛盾。在我们国家，工人阶级同民族资产阶级的矛盾属于人民内部的矛盾。中国社会主义和资本主义之间在意识形态方面的谁胜谁负的斗争，还需要一段相当长的时间才能解决。这是因为资产阶级和从旧社会来的知识分子的影响还要在中国长期存在，作为阶级的意识形态，还要在中国长期存在。如果对于这种形势认识不足，或者根本不认识，那就要犯绝大的错误，就会忽视必要的思想斗争。

笔者不揣冒昧地认为，《正处》的重要意图之一，就是要纠正中共八大《决议》中有关社会主义主要矛盾过于一般化的结论，再次提醒调整和改革社会主义生产关系对于促进生产力发展的重要意义。当然，由于《正处》写于1957年，距离中共八大时间不长，其形成的理性认识仍然需要在实践中进行检验，但作为理论上的反思性认识，已经呈现出与《决议》有所不同的判断。

（二）正确处理人民内部矛盾与社会主义政治经济学

结合政治经济学来看，这一历史时期的研究者们认为《关于正确处理人民内部矛盾的问题》在研究对象、探讨内容和分析方法上都对社会主义政治经济学具有重大的启发意义，将社会主义政治经济学的研究推向了新的阶段①。雍文远提出，可以将社会主义政治经济学的研究对象界定为社会主义经济领域中所特有的人民内部矛盾，具体来说，也就是要研究这些人民内部矛盾的产生原因及表现形式，分析矛盾的双方各占何等特定的地位，各用何种具体形式和对方发生相互依存而又相互排斥的关系，各

---

① 王惟中：《两类不同性质的矛盾学说对政治经济学方法论的重大发展》，《两类社会矛盾学说对政治经济学的重大贡献》，上海人民出版社，1958，第1～9页。

种矛盾在其总体上如何相互联结等等①。

很多学者认为，可以以社会主义基本矛盾或社会主义基本经济规律作为中心或红线，构建社会主义政治经济学理论体系。譬如，漆琪生提出，要建立社会主义政治经济学经济理论体系，就必须以社会主义基本矛盾为中心，以基本经济规律为红线，从这个中心点出发，沿着这条线索，顺次探讨相关的各种次要矛盾和次要经济规律，明了它们的内在联系和发展方向，一环紧扣一环，将全部社会主义的经济关系和经济过程的本质通盘了解，将所有经济范畴的逻辑体系贯穿起来②。陈彪如也提出，经济规律是互相矛盾的经济联系统一的表现，是矛盾的运动形式，因此，应运用矛盾分析的方法研究社会主义经济发展的规律性，用社会主义基本经济规律作为红线构建社会主义政治经济学部分③。

采用矛盾的分析方法来研究和构建社会主义政治经济学，同时也就提出了重视经济政策学、部门经济学的要求。在经济生活中，矛盾是无处不在的，生产力与生产关系、经济基础与上层建筑两对基本矛盾具有多种多样的表现形式和存在形式。漆琪生提出，必须在经济理论研究中重视制定经济政策的原则，不能将经济政策和经济管理的内容从政治经济学中完全剔除出去④。朱懋庸提出，要注重从社会主义生产、分配、交换、消费和再生产五个环节进行矛盾分析⑤。

三　社会主义基本矛盾和主要矛盾关系的学术讨论

（一）1957～1966年有关社会主义基本矛盾和主要矛盾的学术讨论

在这一历史时期，有关社会主义基本矛盾和主要矛盾的学术争论也比较多，这些学术争论由矛盾问题延伸到社会主义生产目的的讨论，并且在

---

① 雍文远：《毛主席“关于正确处理人民内部矛盾的问题”对社会主义政治经济学的重大发展》，《财经研究》1958年第3期。

② 漆琪生：《毛主席的两类社会矛盾学说对政治经济学社会主义部分理论体系建立的伟大贡献》，《两类社会矛盾学说对政治经济学的重大贡献》，上海人民出版社，1958，第23～37页。

③ 陈彪如：《两类社会矛盾学说对经济科学的指导意义》，《两类社会矛盾学说对政治经济学的重大贡献》，上海人民出版社，1958，第77～81页。

④ 漆琪生：《毛主席的两类社会矛盾学说对政治经济学社会主义部分理论体系建立的伟大贡献》，《两类社会矛盾学说对政治经济学的重大贡献》，上海人民出版社，1958，第23～37页。

⑤ 朱懋庸：《两类社会矛盾的学说是研究社会主义政治经济学的纲》，《两类社会矛盾学说对政治经济学的重大贡献》，上海人民出版社，1958，第38～47页。

学科体系构建方面表现为社会主义政治经济学研究对象的持续性争论①。

1. 如何理解生产关系要适应生产力发展的规律

由于对生产力性质的理解不同，因而对生产关系一定要适合生产力什么性质看法也不一样。骆耕漠认为生产关系不仅需要适应生产力在量上的特征，还要适应其在质上的特征。例如，如果是以简单的、分散的、个体化的手工工具生产，面对这样的生产力，人们一般是分别私自占有来生产，构成个体经济，而当出现以蒸汽磨代替手工磨，即以机械化劳动代替手工劳动时，这样社会化的、集中的和巨大的生产力，就不能分散和个别经营②。

孙叔平认为生产力的性质决定于生产资料的性质，所以生产关系一定要适合生产力的性质，也就是生产关系一定要适合生产资料的性质。一定性质的生产资料客观地决定着生产力水平，要求着和自己相适应的生产资料所有制，从而也就要求着和这种生产资料所有制相一致的产品分配方式和交换方式③。

徐崇温对孙叔平的观点进行了商榷，他认为，生产力的性质乃是指生产力不断发展的本性。我们无论在把握生产关系一定要适合生产力性质这一规律的具体内容时，或是在把这一规律应用于现实生活，用以分析生产关系变革所借以实现的物质前提时，都应当从不断发展的生产力和相对稳定的生产关系之间的矛盾出发，从由此产生的生产关系和生产力在各个场合所具有的具体矛盾的具体分析出发，而不应当离开了生产关系和生产力之间的矛盾，从生产力本身所具有的质的和量的规定性出发。因此，不能把生产力对于生产关系的最终决定作用，简单地归结为生产资料、劳动工具的物质技术性质对于社会经济结构，生产资料所有制的直接的、机械的决定作用④。

---

① 正如我们在本书前面所指出的，我们不赞同把生产力和生产关系严格区分开来的形而上学做法，而是联系生产关系研究生产力，把两者作为社会生产方式的一个整体加以分析。因此，我们并没有单设“生产力理论回顾”这一章节，而是把有关生产力的政治经济学研究纳入生产关系的讨论中。本部分有关生产力和生产关系的关系的探讨，参考了《经济研究》编辑部《建国以来社会主义经济理论问题争鸣（1949~1984）》（上册），中国财政经济出版社，1985，第106~112页。

② 骆耕漠：《谈谈生产关系一定要适合于生产力性质的问题》，《大公报》1961年11月27日第3版。

③ 孙叔平：《生产关系为什么一定要适合生产力的性质?》，《群众》1961年第10期；孙叔平：《关于生产关系一定要适合生产力性质的规律》，《哲学研究》1962年第3期。

④ 徐崇温：《关于生产关系一定要适合生产力性质的几个问题》，《学术月刊》1962年第11期；徐崇温：《关于生产力和生产关系矛盾运动规律问题——和孙叔平同志商榷》，《新建设》1963年第3期。

2. 生产关系在一定条件下能否对生产力起决定性作用

在一定条件下，生产关系能否决定生产力性质？一种意见是：一定历史条件下的生产关系可以决定着一定的生产力性质及其发展方向。历史上的生产力由于同一定的生产关系相结合，可以区分为原始社会的生产力、奴隶社会的生产力、封建社会的生产力、资本主义社会的生产力和社会主义社会的生产力。这些不同的生产力不仅以其生产力中的劳动工具和劳动力的发展状况相区别，而且要以其与一定的生产关系相结合的状况相区别。生产力是建立起一定的生产关系的基础，但在一定的条件下，一定的生产关系又可以成为生产力、劳动工具的发展以及生产力性质的变革的先行和前提的条件。在这里，原因与结果是经常辩证地交换着位置的[①]。

也有学者从矛盾的相互转化角度探讨了这一问题[②]。既然生产力和生产关系是作为社会生产的两个不可分割的方面而相互依存、相互矛盾着的，那么，在矛盾发展的一定阶段上，生产力和生产关系所处的地位、所起的作用，就必然会互易其位、互相转化。任何一种生产关系都规定着生产力发展的一定界限，当生产力已经发展到旧的生产关系基本上不能再同它相适应的时候，为了使生产力能够不断地日益加速地发展，就不能不将这种生产关系加以根本地改变。也正因为如此，在这种时候，生产力的发展就总是有赖于变革这种不能同它相适应的旧的生产关系来为它开辟道路，并总是以新的、适合于它的生产关系的建立、巩固和发展为它的社会条件的。当然，生产关系的变革在社会生产的发展中所具有的这种决定作用，又是在被生产力所决定的前提下和范围内发生的。

另一种意见是认为不宜把生产力和生产关系之间的决定和被决定作用颠倒过来，特别是不能把生产力要素以外的东西作为决定生产力性质的依据。有什么样性质的生产力，就要求有什么样的生产关系与之相适应，而不是相反。尽管在不同的社会制度下生产力的发展状况有根本的不同，生产关系对生产力的发展都起着巨大的影响，但却不能因此就认为生产力具有资本主义性质或社会主义性质。因为决定生产力性质的因素，应当从生产力的要素中去寻找[③]。

当然，生产关系对生产力的决定作用必须在“一定条件”下才能成

① 陈志安：《关于生产力性质问题的探讨——与孙叔平同志商榷》，《苏州大学学报》（哲学社会科学版）1962 年第 8 期。

② 徐崇温：《关于生产力和生产关系矛盾运动规律问题——和孙叔平同志商榷》，《新建设》1963 年第 3 期。

③ 方永祥：《也谈生产力性质的几个问题》，《江海学刊》1962 年第 11 期。

立，这里所说的“在一定条件下”是指人们对“生产关系的变更”的实践活动来说的。离开了人们的实践活动，生产关系并不会自动地变更，去适应生产力的性质。由党所领导的资产阶级民主革命和社会主义革命实质上都是为消灭旧生产关系解放生产力而斗争，也就是生产关系的变更起了主要的决定的作用；而当我们的社会主义革命已取得了决定性胜利，当前问题已不是生产关系阻碍生产力发展，而是不利用新生产关系的优越性大力发展生产力，就不能巩固新的经济基础的时候，发展生产力就又起着主要的决定的作用①。

（二）1966～1976 年有关社会主义基本矛盾和主要矛盾的认识

在这一时期，政治经济学对社会主义基本矛盾和主要矛盾作出了一些新的判断。上海版《社会主义政治经济学》提出，生产关系的变革，由生产力的一定发展引起，但是，生产力的一定发展，又是由一定的生产关系推动的。在阶级社会内，生产关系归根结底是阶级关系。在社会主义社会，无产阶级和劳动人民要使生产力不断地得到发展，必须善于维护已经建立起来的社会主义生产关系，并适时地调整或变革已经同生产力的发展不相适应的那部分生产关系；而调整或变革生产关系，也就是增强和发展生产关系中的共产主义因素，限制生产关系中的资产阶级法权，因而也就是调整和变革阶级关系，即经过一系列的步骤实现消灭一切阶级和阶级差别②。

从以上内容来看，这一时期政治经济学对社会主义基本矛盾的认识仍然是从“生产力—生产关系”的唯物史观框架出发的，强调了调整和变革生产关系对于促进生产力发展的重要意义。只不过，这个时期的政治经济学沿着这个方向又进行了更深一步的探讨。上海版《社会主义政治经济学》认为，对生产关系的调整和变革，必然要激起一切党内外新老资产阶级的反抗和破坏，形成无产阶级和资产阶级之间的斗争。无产阶级要达到自己的目的，就要在一切领域，在革命发展的一切阶段，坚持无产阶级专政，不断把无产阶级专政下的继续革命进行到底，否则，生产力就不能迅速发展③。

生产力和生产关系两者之间的矛盾，也体现为社会主义生产关系二重性之间的矛盾。正在生长着的共产主义因素同严重存在的资产阶级法权的

① 严北溟：《再论国内主要矛盾的主要方面》，《解放日报》1957 年 3 月 28 日第 4 版。

② 编写组：《社会主义政治经济学》，上海人民出版社，1976，第 120～123 页。

③ 编写组：《社会主义政治经济学》，上海人民出版社，1976，第 120～123 页。

对立统一，构成了社会主义相互关系的特征，形成了社会主义相互关系的一系列的矛盾运动。这个矛盾运动，也就是相互关系方面生长着的共产主义因素和严重存在着的资产阶级法权彼此斗争的过程，反映到阶级关系上，就是无产阶级和资产阶级的斗争过程①。

这样，“无产阶级专政下继续革命论”的政治经济学逻辑就很清楚了。生产力和生产关系这一社会基本矛盾的发展，必然要求调整和变革社会主义生产关系和上层建筑，表现在阶级关系上，社会主义基本矛盾就具象化为无产阶级和资产阶级之间的矛盾，这就是当时的社会主义主要矛盾。

本章小结

本章的核心问题是如何把握社会主义社会人们在生产中所结成的相互关系，这种关系究竟是“同志式的互助合作关系”还是仍然存在矛盾的？显然，作为一个从资本主义社会向共产主义社会过渡的社会形态（中国是从半殖民地半封建社会），社会主义生产关系是具有二重性的，这也就意味着仍然需要从矛盾的视角来理解社会主义生产关系。在马克思主义唯物史观看来，生产力与生产关系的矛盾是所有社会形态的基本矛盾，而社会主要矛盾都是从生产关系是否适应生产力发展，特别是生产资料所有制关系是否适应生产力发展这个角度进行界定的。但是，在已经建立起生产资料公有制这一先进生产关系的社会主义社会，如何认识生产关系与生产力之间的矛盾，就成为一个亟待从理论上进行解释的问题。

在这一历史时期，毛泽东一方面从敌我矛盾和人民内部矛盾双重性视角对社会主义矛盾作出新的解释，在社会主义矛盾问题上作出了重大理论创新。另一方面，对党的八大作出的主要矛盾判断进行了长时间的反复探索，在这个探索过程中，毛泽东坚持从社会基本矛盾——生产关系和生产力、经济基础与上层建筑之间的矛盾出发进行思考，提出不能仅仅从“供给—需求”这个生产力的一般层面界定社会主义主要矛盾，而是要从如何调整生产关系以促进生产力发展、如何调整上层建筑以促进经济基础演进的“特殊”层面把握社会主义主要矛盾，这也为我们理解“抓革命、促生产”这一提法的深层次含义提供了一个学理性的角度。

---

① 编写组：《社会主义政治经济学》，上海人民出版社，1976，第74页。

第十六章　社会主义基本经济制度的建立

我国从1953年开始进行社会主义改造。社会主义改造的内容是：在逐步实现社会主义工业化的同时，通过合作化运动将个体小农经济转变为社会主义集体经济，通过自愿互利原则引导个体手工业走合作化道路，对资本主义工商业进行利用、限制和改造，至1957年，基本上实现了把过渡时期形成的多种所有制并存的面貌改造成为社会主义生产资料公有制，初步建立起社会主义基本经济制度。本章简要地梳理这一段经济史内容，为后续的理论回顾提供一个史料基础。当然，1957年后，社会主义基本经济制度仍在继续发展，如人民公社化运动的兴起。

第一节　农业的社会主义改造

从1951年12月开始，中央颁布一系列决议，规定了我国农业社会主义改造的路线、方针和政策。在此前的土地改革期间，全国互助合作运动就已经逐步推进，农业生产互助组从1950年的272.4万个增加至1952年的802.6万个①。随着我国土地改革的完成，获得土地的农民迸发出极大的生产积极性，但是，农村个体经济本身就是十分脆弱的，细碎化的土地利用格局无法开展大规模农业基础设施建设，农产品产量提升和农业技术优化必然是十分有限的。同时，由于个体经营的效果很大程度上依赖于农民家庭的劳动力状况、自然条件以及各种偶然因素的作用，因此，很有可能使得农民之间产生两极分化。为此，1953年12月，中共中央《关于发展农业生产合作社的决议》指出："我们组织个体农民参加互助组以及帮助搞好互助组的工作，也就是为着便利于再引导它们发展成为农业生产合作社，并准备再进而实现完全的农业社会主义改造。如果不把互助组看成

① 中国农业年鉴编辑委员会编：《中国农业年鉴（1980）》，农业出版社，1981，第4页。

是逐步引导农民走向社会主义改造的一种初级的过渡的形式，因而不重视互助组的工作，这将是一个重大的错误。”① 从 1953 年起，初级农业生产合作社数量迅速增加。

1954 年至 1955 年底，初级社在全国普遍建立和发展。到 1954 年 3 月，包括已经建立和正在建立的初级社达到 7 万多个，5 月增加到 9 万多个，夏收前初级社数量增加到 10 万个，秋收前又新建了 12 万个。到 1955 年初，数量达到 48 万个。1955 年以后，农业生产合作化进入高级农业生产合作社阶段，高级社数量从 1955 年的 1000 个左右增加到 1956 年的 54 万个。根据 1956 年底的统计，全国 1 亿 2 千万农户中，有 1 亿 1 千万户加入农业生产合作社，占农户总数的 91.7%。其中，有 7500 万户加入了高级合作社②。农业合作社的建立和发展，引领了农业生产方式的变革，从而推动了农业生产力的发展。孙晓邨、萧鸿麟、曹锡光分析了土地改革以后农业生产力进步的数据，同时指出：“农业中新的生产力已经产生，它要求发展，而且目前一家一户的耕者有其田的小农生产关系已显然不能适合这个生产力发展的要求，而成了阻碍的力量，只有代之以互助合作的生产关系才能使生产力得到发展。这就是在一九五三年时已经显著地出现的客观事实。”③

值得注意的是，从 1957 年下半年开始，高级社进一步向“人民公社”体制转变，乡村基层政权开始逐步转变为“政社合一”的形式。从既有的党史文献来看，比较多的是从整风运动等政治因素来研究高级社向人民公社体制的转变过程，从经济因素进行分析的比较少。实际上，高级社向人民公社转变是一个典型的生产方式变迁过程，农村生产力发展的迫切需求是这个变迁过程的重要决定性因素。

1957 年 9 月，中共中央、国务院发布了《关于今冬明春大规模地开展兴修农田水利和积肥运动的决定》，各地纷纷制定农田水利建设规划，开展农田水利建设。但是，农田水利建设往往涉及很大的地理范围，特别是牵涉河流的整个流域，因此，这种类型的建设体量，只靠一个合作社是很难完成的。这也就是使得广大农村在统筹开展农田水利建设时，自发地

---

① 中共中央文献研究室编：《建国以来重要文献选编》第 4 册，中央文献出版社，1993，第 675 页。

② 参见《人民日报》1956 年 4 月 30 日第 1 版。

③ 孙晓邨、萧鸿麟、曹锡光：《我国农业的社会主义改造的若干政策的客观依据问题》，《经济研究》1955 年第 1 期。

形成了多个合作社联合起来开展工作的需要。譬如，河北省建明高级社计划修建一条蓄水 500 万立方米的中型水库，但是，该社只有 1300 多名劳动力，面对这种巨大的土方工作量是远远不够的。为此，区委调动全区 19 个高级社的 4700 多名劳力，跨社联合修成一条 216 米长的溢洪道，修渠道 5000 多米①。

1958 年后，为了进一步适应农业生产力发展的需要，满足农田水利基本建设、田间作业以及农林牧副渔等多种经营对农业集中经营和规模化生产的要求，我国农村开始逐步建立起人民公社体制。1958 年 8 月在北戴河召开的中央政治局扩大会议上，通过了《关于在农村建立人民公社问题的决议》，正式决定在全国农村中建立人民公社。《决议》指出："人民公社将是建成社会主义和逐步向共产主义过渡的最好的组织形式，它将发展成为未来共产主义社会的基层单位。"并宣布"共产主义在我国的实现，已经不是什么遥远将来的事情了，我们应该积极地运用人民公社的形式，摸索出一条过渡到共产主义的具体途径"②。到 60 年代初期，基本形成了"三级所有，队为基础"的人民公社体制（人民公社、生产大队、生产队）。也即，人民公社实行以生产队为基本核算单位，同一个公社内部的生产队都实行独立经济核算，自负盈亏。生产队内部实行按劳分配原则，各生产队之间以及生产队与大队和公社之间，在物资和劳动力上相互支援，实行等价交换的原则。

此外，高级社从农业向工业部门的拓展，也为人民公社的形成奠定了重要基础。中央提出：县以下办的工业主要应该面向农村，农村干部们不仅要学会办社，还要学会办厂③。据中国人民大学对全国 17 个省的调查，1958 年社办的农具制造厂和修理厂约 8 万个，生产修理农具 1 亿多件；炼钢炼铁炉 60 余万个，炼出土铁 240 多万吨，土钢 53 万吨（不包括城市、专区县地方工业生产的土钢）；煤窑 5.9 万个，生产原煤 2530 万吨；水泥厂 9000 多个，生产水泥 29 万多吨；小型发电站 4000 个，发电 3640 万度。此外还建立了大量的为农业生产和社员服务的土化肥厂、粮食加工厂、榨

① 《河北省西铺村合作社"穷棒子"创业史》，《当代中国的农业合作制》编辑室编《当代中国典型农业合作社史选编》（上），中国农业出版社，2002，第 148 页。转引自吴淑丽、辛逸《上下互动：再论农村人民公社的缘起》，《中国经济史研究》2018 年第 4 期。

② 《建国以来重要文献选编》（第 11 册），中央文献出版社，2011，第 388 页。

③ 《中共中央关于发展地方工业问题的意见》，载中共中央文献研究室编《建国以来重要文献选编》第 11 册，中央文献出版社，1995，第 225 页。

油厂、制糖厂和缝纫厂等[①]。

从本节的梳理来看，农业合作化运动的持续推进，其动力不仅来自上层的行政命令，同时也是地方和农民自发积极性的体现。更重要的是，农业合作化运动的展开、人民公社体制的最终形成，必须放到当时我国工业化的大背景下去理解。农业基础设施建设、农业机械化和工业化水平的提高，客观上对农业劳动组织方式（农业生产方式）提出了更高的要求。规模化、组织化的人民公社响应了这种社会化大生产的需要，这也恰恰体现了本书反复强调的，由生产力发展引致的生产方式变迁的理论思路。

第二节　资本主义工商业的“公私合营”

社会主义工业化和农业合作化的发展要求资本主义工业提高产品质量、降低成本、增加产量。同时，也要求资本主义工商业进行调整以适应市场的需求。在过渡时期，资本主义工商业改造逐步推进，从原来主要的国家资本主义初、中级形式，推进到高级形式，最终在全行业公私合营和改组合并的条件下，企业的生产资料直接掌握在国家手里，经营管理按照社会主义原则进行。

到 1953 年底，全国公私合营企业有 1000 多户，公私合营企业产值占全国工业总产值比重由 1949 年的 2% 增加到 6%，国营及地方国营企业占全国工业总产值比重为 57%，但私营工业企业仍有 15 万多户[②]。1955 年全国私营工业企业数量约 8.8 万户，到 1956 年底尚未改造的私营工业仅剩 800 余户，私营工业的改造面达到 99%（见表 16－1）。其中，除了极少数转入地方国营工业，大部分组成了 3.3 万多个公私合营企业[③]。

---

① 中国人民大学农业经济问题研究小组：《人民公社的优越性》，农业出版社，1960，第 54～55 页。转引自吴淑丽、辛逸《上下互动：再论农村人民公社的缘起》，《中国经济史研究》2018 年第 4 期。

② 中国社会科学院、中央档案馆：《1953～1957 年中华人民共和国经济档案资料选编·工业卷》，中国物价出版社，1998，第 294、325 页。

③ 中央工商行政管理局、中国科学院经济研究所资本主义经济改造研究室：《中国资本主义工商业的社会主义改造》，人民出版社，1962，第 219 页。该书是研究资本主义工商业社会主义改造的经典书目，后又在 1978 年、2020 年两次再版。

表 16-1　1956 年私营工业改造情况

	户数（千户）	职工人数（千人）	总产值（百万元）
1955 年底原有私营工业	88.80	1310	7266
1956 年内已经改造的私营工业	87.93	1296	7257
1. 实行公私合营的	64.23	1075	6545
2. 转入地方国营工业的	1.00	23	98
3. 划归手工业改造的	15.60	117	299
4 其他（主要转为公私合营商业）	7.10	81	295
改造面%	99.00	98.9	99.6
1956 年底尚未改造的私营工业	0.87	14	29

资料来源：中央工商行政管理局、中国科学院经济研究所资本主义经济改造研究室：《中国资本主义工商业的社会主义改造》，人民出版社，1962，第 219～221 页。

全国 240 余万私营商业户，到 1956 年底，已有 82% 实现了改造。其中除少数转入国营商业或供销社商业外，分别组成了公私合营商店、合作商店、合作小组（见表 16-2）。截至 1956 年底，在全国商业机构的商品零售额中，国营商业企业和供销合作社占 68%，公私合营商业占 17%，合作商店和合作小组占 12%，私营商业企业所占比重仅 3%①。

表 16-2　截至 1956 年底私营商业社会主义改造情况

	绝对数			比重%		
	户数（千户）	从业人员（千人）	资本额（百万元）	户数	从业人员	资本额
总　计	2423	3138	841	100	100	100
1. 已改造部分	1991	2824	785	82.2	85.1	93.3
转入国营、供销社者	147	224	—	6.1	6.8	—
公私合营	401	877	601	16.5	26.4	71.5
公私合营中实行定息的	281	706	554	11.6	21.3	65.9
合作化商业	1443	1723	184	59.6	51.9	21.8
合作化商业中合作商店	581	722	104	24.0	21.8	12.4

① 中国社会科学院、中央档案馆：《1953～1957 年中华人民共和国经济档案资料选编・商业卷》，中国物价出版社，2000，第 545 页。

续表

	绝对数			比重%		
	户数（千户）	从业人员（千人）	资本额（百万元）	户数	从业人员	资本额
2. 未改造的私营	432	494	56	17.8	14.9	6.7

资料来源：中央工商行政管理局、中国科学院经济研究所资本主义经济改造研究室：《中国资本主义工商业的社会主义改造》，人民出版社，1962，第219～221页。

对资本主义工商业的改造结合了我国具体国情，在不同时期采取了不同方式，有步骤、有计划地完成对资本主义工商业的改造。在国民经济恢复时期，主要采取国家资本主义方式将私营企业纳入国家管控轨道，这主要有两种形式：其一，由国营经济向私营工商业者订货，再收购其工业产品。这种形式没有改变资本主义工商业的私有性质，但加工和收购的方式在一定程度上控制了工商业的货源和商品市场。其二，国家对资本主义工商业实行委托加工、计划订货、统购包销、委托经销代销，这种形式使国家控制了资本主义工商业的原料市场，一定程度上从生产环节限制了资本主义对工人的剥削。这一阶段，资本主义工商业部分地纳入了国家计划的轨道，逐渐脱离完全自由的市场，成了不完全的资本主义经济。

1953年，李维汉向中共中央报送了《资本主义工业中的公私关系问题》的报告，提出通过国家资本主义（主要是公私合营形式）改造资本主义所有制，逐步完成由资本主义到社会主义的过渡①。其主要做法是：第一步，政府借助股份公司的外壳，利用混合所有制机制，通过混合所有制桥梁，实现资本家私有产权向社会主义公有产权的变革②。在这个过程中，政府向合营企业投资，派驻公股董事、监事，掌握公私合营企业董事会，任命经理、厂长等管理人员，控制企业的生产经营。第二步，政府购买私营企业资本家的原始股权，实现原始产权层面的变革，彻底将资本主义私有产权转变为公有产权。

相应地，在分配层面，资本主义工商业的社会主义改造也经历了两个

---

① 杨波：《李维汉在我国资本主义工商业改造运动中的杰出贡献》，《河南师范大学学报》（哲学社会科学版）1988年第4期。

② 赵学军认为：从现时代的理论看，当时私营企业“公私合营”后，改组而成的公私合营股份公司其实是混合所有制企业。混合所有制在当时其实是资本主义私有制通往社会主义公有制的桥梁。参见赵学军《经济体制变革中的“混合所有制”——20世纪50年代私营工业企业“公私合营”再探讨》，《中国经济史研究》2016年第6期。

政策阶段。在全行业公司合营之前，在私营企业和老公私合营企业中，大多实行的是“四马分配”的分配原则，也即在企业的正当盈利中，按国家所得税、企业公积金、资方的股息红利、代理人酬劳等几个方面分配，分配的比例大致上各占四分之一。1956 年 7 月，中共中央正式颁布了《中共中央关于公私合营企业定息办法的若干指示》。其中最主要的两条，一是“关于公私合营企业的定息办法，中央同意陈云同志在对资改造十人小组汇报会议所作的总结，并由陈云同志在全国人民代表大会作了发言，不分工商，不分大小，不分盈户、亏户，不分地区，不分行业，统一规定为年息五厘。个别需要提高息率的企业，仍然可以超过五厘”。二是“一定要在本年 7 月或者 8 月发息一次（上半年的定息）。定息一般自本年 1 月 1 日起算”①。定息率确定之后就是各行业、企业私股股东定息额的计算和确定，此后就是首期定息的发放。应该说，在对资本主义工商业进行“和平赎买”的过程中，定息制度是最得人心的制度安排之一。据陈云所言：“全国工商业资本家的资本总额估计为二十二亿元，定息五厘，一年付息一亿一千万到一亿二千万元。”② 到 1966 年定息发放结束，全国付出定息总额约为 12 亿元。

总的来看，在过渡时期，通过公私合营的形式，私有制工商业被消灭，建立起社会主义的公有制工商业体系，资本家逐步从企业的决策和管理活动中脱离出来，仅从企业拿到一定数额的定息，少部分资本家对企业的管理也是以服从国家的经济计划为基础的。“和平赎买”是中国共产党依据中国国情作出的决策，对官僚资本实行没收政策，对民族资本采取“利用、限制、改造”政策，进行“和平赎买”，实现了马克思、列宁提出的以和平赎买方法解决资产阶级的伟大设想，也是政治经济学在社会主义建设时期的一个重要发展。

第三节 手工业和个体商业的社会主义改造

1953 年底，第三次全国手工业生产合作会议明确提出了手工业社会主义

① 《中共中央关于公私合营企业定息办法的若干指示》（1956 年 7 月），《中国资本主义工商业的社会主义改造》中央卷（下），人民出版社，1962，第 1157 页。转引自刘岸冰《全行业公私合营后上海工业企业的定息及其用途研究》，《中国经济史研究》2019 年第 1 期。

② 陈云：《为什么要对资本主义企业实行赎买政策》（1956 年 11 月 28 日），《陈云文选》第 3 卷，人民出版社，1995，第 37 页。

改造的原则、步骤和方针。手工业合作社采用手工业生产小组作为试办措施，这一阶段主要是从供销方面把手工业劳动者组织起来，以革命积极性较高的贫苦手工业劳动者和手工业失业工人为主体，组织了第一批手工业合作社，向供销、消费合作社和国营企业购买原料，推销成品或为其加工。国家商业部门对这些合作小组通过供销业务组织生产，而不是单纯地购买其产品或供应其原料。这一阶段，个体手工业者逐渐摆脱了商业资本和高利贷资本的剥削，同时也帮助政府掌握更多的货源，促进市场稳定。但是，这一阶段的合作社由于缺乏明确的方针和制度，带有很大程度的自发性。

1954 年以来，根据第一阶段试办手工业合作社的经验，为了解决在原料采购和产品销售等方面的问题，一些个体手工业劳动者组织起来，开展了集中协作。到 1954 年底，全国手工业合作组织数量达到 4. 1 万多个，社员数量达到 113 万多个，全年产值 11. 6 亿元①。1955 年 10 月，毛泽东在七届六中全会（扩大）上的讲话使手工业改造逐步掀起了高潮。同年召开的第五次全国手工业生产合作会议提出，“一五”计划期间要基本完成对手工业社会主义改造的全面规划，具体要求是：1956 年合作组织成员数量要达到全国手工业人员总数的 70%，1957 年达到 90%，1959 年至 1960 年全部组织起来②。而实际改造速度远远超过了这一规划，到 1956 年 2 月，全国有 143 个大中城市（约占全国大中城市的 88%）和 691 个县的手工业全部或基本上实现了合作化。到 1956 年 6 月，除部分偏远地区外，全国基本上实现了手工业合作化③。

对个体商贩的改造也经历了两个阶段。第一个阶段的主要工作是推动个体小商业被纳入社会主义商业的经销网络，截至 1956 年 6 月，在全国 240 多万小商小贩中，为国营商业和供销合作社代购代销的约占 60%（见表 16 - 3、16 - 4）。1956 年社会主义改造高潮以后，合作商店、合作小组成为对城乡小商小贩进行社会主义改造的主要形式。合作小组是由同一行业和业务相近的一些经营额小、业务零星分散的小商小贩在国营商业及合作社商业领导下自愿组织起来的。它的成员统一向社会主义商业承揽业务、统一组织货源，但分散经营，各负盈亏。合作商店则是由有一定经营

---

① 中国社会科学院、中央档案馆：《1953 ~ 1957 中华人民共和国经济档案资料选编 · 工业卷》，中国物价出版社，1998，第 934 页。

② 中共中央文献研究室、中央档案馆：《共和国走过的路——建国以来重要文献专题选集（1953 ~ 1956）》，中央文献出版社，1991，第 106 页。

③ 国家经济贸易委员会：《中国工业五十年第二部（1953 ~ 1957）》（上卷），中国经济出版社，2000，第 81 页。

能力、一定资金，同行业或业务相近的几户或几十户小商小贩根据社会需要在国营商业或供销合作社领导下自愿组织起来的。它开始改变个体经营为集体经营，资金入股，不但在组织货源方面已经统一起来，在商品销售方面也统一起来了，并且统一计算盈亏，有了集体财产和公共积累。到1956年底，商业及饮食业小商小贩组织成合作小组的有115万户，组织成合作商店的有80万户①。

表16－3 **截至1956年底私营饮食业社会主义改造情况**

	绝对数			比重%		
	户数（千户）	从业人员（千人）	资本额（百万元）	户数	从业人员	资本额
总　计	757	1142	87	100	100	100
1. 已改造部分	651	1015	79	86.0	88.9	90.8
转入国营、供销社者	60	84	—	7.9	7.4	—
公私合营	84	210	37	11.1	18.4	42.5
公私合营中实行定息者	55	154	32	7.2	13.5	36.7
合作化饮食业	507	721	42	67.0	63.1	48.3
合作化饮食业中合作饭店	214	317	22	28.4	27.8	25.3
2. 未改造的私营	106	127	8	14.0	11.1	9.2

资料来源：中央工商行政管理局、中国科学院经济研究所资本主义经济改造研究室：《中国资本主义工商业的社会主义改造》，人民出版社，1962，第219～221页。

表16－4 **截至1957年底全国私营服务业社会主义改造情况**

	绝对数		比重%	
	户数（千户）	从业人员（千人）	户数	从业人员
总　计	327.7	573.5	100	100
1. 已改造部分	254.4	475.6	77.6	82.9
转入国营、供销社者	6.4	14.6	2.0	2.5
公私合营	48.5	163.3	14.8	28.5
公私合营中实行定息者	36.1	140.4	11.0	24.5
合作化服务业	199.5	297.7	60.8	51.9
合作化服务业中合作商店	83.6	133.5	25.5	23.3

① 中央工商行政管理局、中国科学院经济研究所资本主义经济改造研究室：《中国资本主义工商业的社会主义改造》，人民出版社，1962，第246～247页。

续表

	绝对数		比重%	
	户数（千户）	从业人员（千人）	户数	从业人员
2. 未改造的私营	73.3	97.9	22.4	17.1

资料来源：中央工商行政管理局、中国科学院经济研究所资本主义经济改造研究室：《中国资本主义工商业的社会主义改造》，人民出版社，1962，第219~221页。

第四节 社会主义改造取得的巨大成就

在社会主义改造过程中，社会主义工业化为农业、手工业和资本主义工商业的改造提供了技术和物质基础，农业、手工业和资本主义工商业改造为扩大商品流通提供了市场。社会主义改造完成，我国社会的经济结构发生了根本性的变化，也从生产关系层面彻底改变了我国社会的阶级关系。个体经济在国民收入中的比重从1952年的71.8%下降到1957年的2.8%，合作社经济由1952年的1.5%上升到1957年的56.4%，公私合营经济所占比重由1952年的0.7%上升至1957年的7.6%，国营经济由1952年的19.1%上升到1957年的33.2%①。

社会主义基本经济制度的建立极大地提高了社会生产力，在国民经济恢复和第一个五年计划时期，基本经济制度发挥了巨大的生产力推动作用。吴承禧考察了社会主义改造期间的经济发展状况，“首先，从工业总产值的增长方面来看，1954年预计现代工业的总产值将等于1949年的4.2倍；工农业总产值则将等于1949年的2.2倍。……公私合营工业的产值，在1953年已经达到1949年的9倍多，预计1954年又将等于1953年的两倍多”，“国营和合作社商业在社会商品零售总额中的比重，已占百分之五十左右，在批发总额中的比重已占百分之八十左右”，“在生产发展的基础上，人民生活水平也有了相当的提高。全国工人阶级的队伍壮大了，1953年全国公私企业的职工已经达到了一千三百七十四万五千余人。根据统计，1953年按货币计算的平均工资比1950年增加了百分之八十四。农村居民的购买力，1953年比1950年增加了百分之七十六”②。在

① 郑有贵：《中华人民共和国经济史（1949~2012）》，当代中国出版社，2015，第30页。

② 吴承禧：《生产力与生产关系》，华东人民出版社，1954，第56~57页。

第一个五年计划期间，我国国民生产总值由1952年底的679.0亿元跃升到1957年的1069.3亿元，累计增长57.5%①，这些巨大的建设成就与社会主义改造的推动作用是分不开的。

本章小结

本章仍然以“生产力—生产方式—生产关系”作为基本分析范式，将生产关系界定为生产方式（特殊）。社会主义改造的核心内容是生产资料所有制的变革，但这种变革对生产方式演进和生产力发展起到了引领作用。本章从生产关系改造引领计划经济体制的建立（宏观层面）、生产关系改造引领工业化（中观层面）以及生产关系改造引领企业行为方式变化三个方面着手，从经济思想和学说观点的视角出发，简要梳理了生产关系变革对生产方式和生产力的作用和影响。尽管我国进行了社会主义改造，但生产方式实质上还处在商品经济形态，这就与当时建立起来的社会主义经济制度产生了一些矛盾，如何认识以及处理这些矛盾，也成为本章关注的重点问题之一。

① 国家统计局国民经济综合统计司：《新中国60年统计资料汇编》，中国统计出版社，2010。

第十七章　收入分配体制的社会主义改造

从理论上来看，收入分配制度也从属于基本经济制度，收入分配状况特别是直接生产过程结束后的初次分配，主要是由生产资料所有制决定的。但与此同时，收入分配制度本身又具有一些特殊规定性，政府参与的二次分配呈现出自身特有的规律性。因此，本章回顾了我国过渡时期收入分配制度改革和按劳分配体制的建立过程，并就相关研究文献进行了梳理。

马克思主义有关未来社会分配方式的理论和苏联的实践经验对中国分配方式的选择产生了很大影响。马克思在《哥达纲领批判》中指出，从分配方式来看，共产主义社会可以分为两个阶段。第一阶段，阶级差别消失，具有平等地位的劳动者“各尽所能、按劳分配”。第二阶段，共产主义达到“各尽所能，按需分配”的公平。生产方式决定了分配方式，随着生产资料公有制改造的完成，按劳分配成为社会主义基本经济制度的重要内容①。在中国社会主义改造时期，按劳分配的原则对于发展和巩固社会主义生产方式具有重大意义，但按劳分配方式的转变是一个循序渐进的过程，而过渡时期经济成分的复杂性也决定了收入分配方式具有多样性的特点。

本章拟梳理三个方面的思想史内容。第一，按劳分配的实现前提和决定因素。第二，如何处理收入分配关系，这又包括两个方面的内容，一是如何妥善处理国家、集体与个人之间的关系，二是如何处理消费和积累的关系。第三，在工农业中收入分配的具体方式。

第一节　按劳分配的实现前提和决定因素

实现按劳分配的前提条件和决定因素问题，在 20 世纪 50 年代末 60

① 由于所有制包括生产资料所有制和劳动力所有制这两个方面，研究生产关系必须考察生产资料所有制关系和劳动力所有制关系，我国理论界在 20 世纪 60 年代和 80 年代展开了关于劳动力所有制相关问题的讨论。

年代初被提出。社会主义改造的完成，意味着生产资料公有制的初步建立，而生产资料公有制的建立，为按劳分配方式的实现提供了重要的前提和实现的可能性。在这一历史时期，生产资料所有制改造极大地推动了生产力水平的提高，这为按劳分配提供了重要的物质基础。但是，在讨论按劳分配的决定因素之前，应当回答按劳分配的“劳”是什么。这一时期学界围绕如何计量按劳分配中个人向社会提供的劳动展开了探讨，当时着重于从劳动的性质来考察。比较具有代表性的观点是华学忠提出的，他认为：“唯一能够作为度量劳动者的具体劳动的尺度，是抽象劳动。抽象劳动是任何具体劳动的共同的东西。同时每个人所支出的抽象劳动的多少同他对社会的贡献是成正比的，这反映在抽象劳动所创造的价值抽象劳动的多少不但同劳动时间有关，而且同劳动的质量复杂程度有关。因此，以每个人所支出的抽象劳动也就是以每个人所创造的价值来度量每个人的劳动，在社会主义制度下是最合理的。”① 可见，这是从劳动的性质出发对“劳”进行界定的。喻良新则认为：“按劳分配规律要求直接按每个工作者劳动的数量和质量来分配产品。为了贯彻这一规律的要求，国家就必须对每个社会成员的劳动量和消费量实行经常的有效的统计和监督……社会不能直接用时间数量、钟点数量来计算耗费在各种不同的生产品中的劳动，而不得不用曲折迂回的方法，不得不用价值作为它们的统一指标。”②

对于按劳分配的决定因素，理论界有不同看法。代表性的观点有生产资料所有制决定分配制度和劳动力所有制决定分配制度两种。其中，喻良新较早地提出了生产资料所有制决定分配制度。他认为产品的分配原则始终都只以生产资料所有制的形式为转移，有什么样的所有制，就有什么样的分配方式。“社会主义社会消灭了生产资料的私有制，确立了社会主义的公有制，社会成员都平等地摆脱了生产资料私有制和剥削，都平等地利用公共的生产资料进行工作，他们所提供出来的都只是自己的劳动。因此，以私有制为基础的分配方式就失去了存在的客观前提。”③ 伍丹戈提出在社会主义制度下，劳动就表现为直接的社会劳动的性质，“在社会主义社会里，由于生产资料公有制的建立，就消减了私有财产制度下把各个

① 华学忠：《社会主义制度下商品生产的必然性是由按劳取酬的经济规律所决定的》，《学习》1957 年第 3 期。

② 喻良新：《试论社会主义社会存在商品生产的原因》，《大公报》1957 年 1 月 27 日第 1 版。

③ 喻良新：《试论社会主义社会存在商品生产的原因》，《大公报》1957 年 1 月 27 日第 1 版。

商品生产者的社会联系隔开的现象，社会主义国家可以实现计划经济，在全社会范围内按照一定的计划来组织劳动。每个劳动并不是自己单独地处理劳动的，他的劳动是由整个社会来处理和支配的，因而就直接成为整个社会劳动的一部分”①。在这里，伍丹戈实际上已经探讨到了劳动力所有制的问题，但只是从使用权的层面，认为劳动力由集体进行支配，这在一定程度上成为按劳分配的重要前提。千家驹分析了社会主义两种不同的生产资料所有制，即国营企业实行的全民所有制和合作社、集体农庄的所有制，所决定的两种不同形式的劳动报酬，“社会主义按劳分配的原则，对于国家企业和机关的工人和职员是以货币形式的工资来实现的；而在集体农庄里，则采取了把公有经济中的实物和货币按劳动日分配给集体庄员的方式”②。苏绍智、胡鉴美分析了社会主义制度下劳动和产品的性质，“因为剥削已经消减，所以劳动不再分为必要劳动和剩余劳动，产品也不分为必要产品和剩余产品。生产工作者的劳动分为这样两部分：为自己的劳动和为社会的劳动。与此相适应，产品也分为两部分：归自己的产品和归社会的产品”③。可见，生产资料公有制的建立为社会总产品的按劳分配奠定了基础，同时，由于劳动力所有制的两重性，即部分归集体所有，产品也被划分为不同的部分。

有学者从商品等价交换的角度理解按劳分配中的等量劳动交换，并将二者等同。譬如，华学忠指出：“要使分配能符合按劳取酬的经济规律，除了进行商品交换，是没有什么更好的办法的。这样一种交换，是社会和个人之间的交换。它体现在：社会根据劳动者的劳动数量和质量通过工资形式给予报酬，而劳动者则按照自己所得的报酬，取得自己所需要的东西。在社会主义制度下，这样一种交换的存在是非常必要的。”“那末，在社会主义制度下，人们为了取得社会上的消费品，是不是要把自己的劳动力也当作商品同社会进行交换呢？决不是这样。我们可以说社会生产是为了社会上的各个劳动者而不是为了社会本身，而我们决不能说劳动者具有劳动力是为了社会而不是为了个人，是为了交换而不是为了‘自用’。”④ 正是通过将按劳分配中的等量劳动交换与商品等价交换相挂钩，从而论证了按劳分配决定社会主义条件下商品生产存在的必要性。

---

① 伍丹戈：《社会主义制度下的劳动和工资》，上海人民出版社，1956，第4页。

② 千家驹：《为自己的劳动和为社会的劳动》，《经济研究》1955年第5期。

③ 苏绍智、胡鉴美：《社会主义社会的国民收入》，上海人民出版社，1956，第26页。

④ 华学忠：《社会主义制度下商品生产的必然性是由按劳取酬的经济规律所决定的》，《学习》1957年第3期。

除了对按劳分配存在的前提条件展开讨论，在这一时期理论界有学者提出了按劳分配与资产阶级法权的关系问题。如王巽人说：“实行按劳分配，就是把同一标准——劳动应用于持有劳动能力各不相等的人们，其结果就造成劳动者的消费水平不一样，甚至相差悬殊的现象。可见按劳分配这种平等权利是相对的，它同时也是一种不平等的权利。唯有共产主义制度才能消除这种不平等，消除‘资产阶级式的法权底狭隘眼界’。”① 仲津也提出：“社会主义制度的建立消灭了剥削，这是社会上真正平等的基础，但是‘按劳分配’仍是资产阶级法权，比起各取所需来说是一种社会上不平等的现象。”② 这一问题在这一时期只是初步涉及，1958 年后围绕按劳分配与资产阶级法权的关系展开了讨论。

第二节 妥善处理收入分配关系

如何在分配中妥善处理国家、集体与个人之间的关系，是这一时期收入分配问题的重要议题之一，中国共产党第八次全国代表大会提出应重视集体利益和个人利益之间的矛盾，特别是要从正确处理好积累与消费之间的关系着手，这是使国家建设和人民生活改善两个方面得到适当结合的重要途径。为实现社会主义工业化，全国人民必须使当前利益和个人利益服从长远利益和集体利益，艰苦奋斗，克勤克俭，在发展生产和提高劳动生产率的基础上增加国家的资金积累。同时，政府必须厉行节约，认真节减国防费用和行政费用的支出。但是如果过高地规定国民收入中积累的比重，不注意在劳动生产率提高的基础上适当地改善人民的生活，不注意人民群众当前利益和个人利益，就会损害人民群众建设社会主义的积极性，损害社会主义的利益③。

要找到把社会公共利益和劳动者个人利益正确结合的具体形式，于光远提出，按劳分配是把社会公共利益和劳动者个人利益正确结合的可行形式，也就是说，按劳分配可以把消费者的消费量与他的劳动量之间的联系固定下来，这就一方面激励劳动者提高劳动效率，保障了社会公共利益，同时又保障了劳动者个人利益④。顾准提出要“使劳动者的物质报酬与企

① 参见王巽人《杂谈“按劳分配”》，《学习》1957 年第 9 期。

② 仲津：《也来谈谈按劳分配和工农收入对比》，《新建设》1957 年第 9 期。

③ 《中国共产党第八次全国代表大会文献》，人民出版社，1957，第 814 页。

④ 于光远：《论劳动者的个人利益与社会公共利益的结合》，《学习》1954 年第 12 期。

业盈亏发生程度极为密切的联系”，“实行经济核算制，就有可能利用价格与工资率，调节劳动者的报酬”①，尽管这在当时被认为是修正主义，但是从物质利益角度出发看待这一问题具有很强的借鉴意义。

收入分配关系可以通过酬与劳的比例关系得到体现。比较具有代表性的是仲津的研究。仲津提出：“在消费基金总额已经确定的前提下，劳动者所得报酬的多少，就要看劳动者的报酬到底是怎样同他的劳动量联系起来。……在劳动者为社会所作的劳动量同他从社会取得的报酬之间，大体上保持一种比例关系。但我们却不能机械地认为，按劳付酬规律严格地要求在劳动者的劳动量同他取得的报酬之间必须严格地保持一个固定的比率。假定甲、乙、丙、丁四个人他们为社会所作的劳动量之比是1：2：3：4，那么，不论他们从社会所得的报酬之比是1：2：3：4或是2：3：4：5或是3：4：5：6，都应该承认是符合于按劳分配的规律的，尽管在后面两种情况下不同的劳动者所作的劳动量同他们取得的劳动报酬之间的比率并不是固定的。……只在劳动多反而报酬少，或者在劳动量不等而报酬相等、劳动量很悬殊而劳动报酬很接近这样一种情形下，才算违背了按劳分配的规律。”② 此外，劳动者的培养费用扣除问题涉及了国家、集体和个人之间的物质利益关系，1957年讨论知识分子报酬时仲津提出：“在无产阶级革命胜利后成长起来的知识分子，他们的才能是国家（也就是劳动者以自己劳动的果实）办学校培养出来的，当然他们自己的努力也是他们之所以获得较高才能的一个因素，那么他们并没有充足的理由强调‘按劳分配’，要求得到很高的工资。”③ 后来又进一步从知识分子扩展到熟练工人：“这种不能完全按劳动复杂程度给以报酬的事情，其实不仅对知识分子来说是如此，对熟练工人来说也有这个问题。”④

宋平认为劳动报酬上的平均主义是违背社会主义基本经济规律的。全社会劳动人民创造的国民收入分为积累基金和消费基金两部分，积累基金主要用于扩大再生产，消费基金用作个人和社会的消费，消费基金又分为社会的和个人的两类。个人的消费基金，主要依据按劳分配规律来进行分配，即按照劳动者付出劳动的数量和质量进行分配。在具体分配工作中，要科学研究各种劳动的复杂程度以及不同劳动条件下的劳动数量和劳动质量，譬如当时出现了“三包制”、“以件计酬”、“以产计酬”等分配方式

---

① 顾准：《试论社会主义制度下的商品生产和价值规律》，《经济研究》1957年第3期。

② 仲津：《再来谈谈“按劳分配”问题》，《学习》1957年第6期。

③ 仲津：《对“按劳分配”的一些看法》，《学习》1957年第2期。

④ 仲津：《也来谈谈按劳分配和工农收入对比》，《新建设》1957年第9期。

的尝试①。

当然，工农业之间、各地区之间的消费和积累关系也是不同的，朱澄平强调应根据国家政治经济任务，“保证国民收入消费和积累间正确的比例关系；保证各居民阶级和社会集团间国民收入消费基金正确的分配，使劳动人民生活迅速增长，工人与农民生活逐步接近；保证国民经济各个部门、部类、地区间建立新的比例关系，使国民收入积累基金的分配适应社会主义发展的需要”②。杨波认为过渡时期工农业劳动者之间的收入差别基本上是适当的，符合按劳分配的原则。“由于工人和农民在劳动的复杂程度方面不同，劳动生产率不同，因之在我国目前的经济条件下，职工和农民消费水平之间保持一定的差距，是必要的，合理的。”③

第三节 工农业收入分配的具体方式

一 农业部门的收入分配方式

从1953年开始，中国农村展开了社会主义合作化改革，这一过程是渐进性的，经历了互助组、初级合作社、高级社等多个阶段，农业的生产组织形式也从松散型合作转变为土地入股、合作经营，再逐步过渡到生产资料集体所有制基础上的统一经营。伴随着农业合作化进程，收入分配方式也发生了深刻变化，特别是渐进性改革也导致分配方式出现多样化和复杂性。为此，毛泽东指出：“在分配问题上，我们必须兼顾国家利益、集体利益和个人利益。对于国家的税收、合作社的积累、农民的个人收入这三方面的关系，必须处理适当，经常注意调节其中的矛盾。”④ 中共中央在1955年颁布的《关于发展农业生产合作社的决议》中特别强调：“现有形式的农业生产合作社是走向完全社会主义化的过渡形式的合作社，包含有两方面的性质即私有的和合作的性质。因此，也就必须采取一些灵活的和多样的过渡的分配方法。”⑤

在农业合作化改造的过程中，合作社收入主要分为三个部分，一是劳

① 宋平：《略论按劳分配规律》，《计划经济》1957年第5期。

② 朱澄平：《关于国民收入若干问题的商榷》，《经济研究》1957年第3期。

③ 杨波：《试论我国国民收入的分配问题》，《经济研究》1957年第6期。

④ 毛泽东：《关于正确处理人民内部矛盾的问题》，人民出版社，1964，第18页。

⑤ 《关于发展农业生产合作社的决议》，人民出版社，1953，第11页。

动者报酬部分，二是土地和生产资料入股报酬，三是合作社的公共基金部分。在劳动者报酬部分，何均考察了“工分制”的优点和缺陷，他提出，需要把“计件制”和“计时制”结合起来，既要考虑到劳动者自身劳动能力的差异，又要注意考察劳动者每天劳动的真实效果，做到“死分活评”①。于光远、林子力、马家驹分析了过渡时期农业生产合作社社员个人收入分配各种形式及其比例关系，认为劳动报酬构成社员个人收入的主要部分，“不仅劳动报酬是完全由他们自己的劳动所构成的，而且土地和其他生产资料报酬中还有一部分或者全部也是由他们自己的劳动所构成的”②。

如何处理按劳分配和土地报酬的关系，也成为这一时期的重要研究主题。按劳分配是以公有制和集体劳动为基础的社会主义分配关系，土地报酬即地租是以土地私有制为基础的非社会主义的分配关系。陈秋梅等认为两者之间存在着深刻的矛盾，也正是这一矛盾的存在，决定了初级农业合作社只是半社会主义性质。在农业合作社初级阶段，社员带着土地入社之后，虽然还保存着对土地的私有权，但事实上土地已经归合作社经济和集体使用了。土地报酬包括了一部分级差地租和全部的绝对地租，作为地租总额中的一部分，社员在土地报酬的形式下得到一部分，这就体现了土地私有者社员和社员集体之间的收入矛盾关系③。陈秋梅等认为，随着农村生产关系的改造，随着农业生产合作社的发展和土地报酬的降低，“绝对地租将不再存在，而级差地租除了扣除公共基金和农业税之外，将有更大的部分放在劳动报酬中进行分配”④，土地私有制的经济意义逐渐消失，并逐渐在实际上成为公有财产。

黄汉强、黄炘昌认为，土地报酬的核心问题并不是土地私有者的社员

---

① 何均：《论农业生产合作社内部的分配关系》，《学习》1953 年第 2 期。需要指出的是，农业生产过程中针对“工分制”的研究是一个具有很高理论价值的问题，这涉及计划经济体制在微观层面激励作用的测度。“死分活评”为农业合作劳动的分配问题提供了重要的思路，但由此也提出了如何在农业合作劳动中开展监管的新问题。

② 于光远、林子力、马家驹：《论半社会主义的农业生产合作社的产品分配》，《经济研究》1955 年第 2 期。

③ 对于初级农业生产合作社的地租形态，学者们在文中作了阐述。由于各初级社支配的土地在质量上处于不同的等级，级差地租的产生就有了一定的自然基础。加入初级社的地租，在某种意义上是被当作公有的土地来使用的，初级社的级差地租就是社员们共同利用入股了的土地以及其他主要生产资料，进行集体劳动、统一经营的结果。所以，在初级农业合作社中，级差地租的大部分仍然是依据社会主义原则进行分配的。

④ 陈秋梅、卫兴华、宁玉山、赵之农：《关于初级农业生产合作社的地租形态和土地报酬问题》，《教学与研究》1956 年第 10 期。

和集体之间的关系，而是反映贫农与中农之间的关系，中农通过土地报酬占有贫农少量劳动的问题。土地报酬内部存在着按劳动日提供土地报酬与按地股数取得土地报酬的矛盾[①]。他们还提出，土地报酬所反映的贫中农关系，是在一定生产组织内的互利关系，但并没有具体阐述互利合作具体表现为哪些方面。无论从外部分析土地私有者社员和集体之间的矛盾，还是从内部分析贫农与中农之间的关系，都反映了在过渡时期我国农业生产方式的特殊性。与资本主义地租形态不同，土地报酬和按劳分配在生产关系改造时期，表现为非冲突性的矛盾。随着土地报酬比例的缩减，剥削因素也随之被削减，从而实现从初级社向高级社的过渡。

曹国兴指出，两种所有制性质的矛盾主要表现在以下几个方面："其一，土地私有及其报酬部分与劳动力报酬部分的矛盾；其二，牲畜和其他主要生产资料私有及其代价与按劳分配的矛盾，及其与社内统一使用的矛盾；其三，土地及其他生产资料报酬部分与社会主义积累的矛盾。"[②] 曹国兴提出必须使劳动农民集体所有制代替劳动农民的部分集体所有制，由于半社会主义性质的农业生产合作社的私人经济因素和社会主义经济因素的矛盾并不敌对，在发展生产、提高社员收入和思想觉悟的基础上，逐步增加社会主义经济因素可以解决这些矛盾。在这一方面，何均（1953）也提出，应在农业生产合作社不断增产的基础上提高劳动报酬，逐步降低土地报酬，最后取消私有报酬，这也就意味着土地私人占有的作用完全消失。

二 工业部门的收入分配方式

新中国成立后，我国经济建设的重心也由农村进入城市，由农业进入工业。在工业部门采取何种收入分配方式，工人（包括产业工人、商业职员和其他公共服务部门职员）的工资保持在什么样的一个水平，是处理收入分配关系中的重要问题之一。

1956 年 6 月，国务院全体会议第 23 次会议通过并颁布了《国务院关于工资改革的决定》，比较系统地阐述了这一时期工资体制改革的思路[③]。主要措施包括：第一，职工工资的提高必须与劳动生产率的提高相适应，

① 黄汉强、黄炘昌：《初级农业社的土地报酬是反映了作为土地私有者的社员与社员集体间的关系吗——与陈秋梅等四位同志的商榷》，《教学与研究》1956 年第 12 期。

② 曹国兴：《半社会主义性质的农业生产合作社如何过渡到完全性质的农业生产合作社》，财政经济出版社，1955，第 98 页。

③ 《国务院关于工资改革的决定》，《人民日报》1956 年 7 月 5 日第 1 版。

同时还必须遵循按劳分配和国家工业化战略，工资增长向重工业部门、重点建设地区、高级技术工人和高级科学技术人员倾斜。第二，取消工资分制度和物价津贴制度，实行直接采用货币规定工资标准的制度，简化工资计算手续，便于企业推行经济核算。第三，改进工人的工资等级制度，使熟练劳动和不熟练劳动、繁重劳动和轻易劳动，在工资标准上有比较明显的差别。第四，改进企业职员和技术人员的工资制度，特别是为高级技术人员和有特殊贡献的技术人员增设特定津贴。第五，推广和改进计件工资制。各产业都应制定切实可行的计件工资制度和规程，凡是能计件的工作，都应在 1957 年全部或大部分实行计件工资制。第六，改进企业奖励工资制度和津贴制度。这次工资改革，首次将货币化工资、等级制工资、计件工资以制度的形式固定下来，对于我国工资制度的成熟定型具有深远的影响。

在理论研究上，由于劳动生产率增长速度是工资增长的重要依据之一，因此，这一时期有不少学者研究了工资水平与劳动生产率关系的问题，并提出了工资增长的基本要求。袁方探讨了工业部门劳动生产率增长与工资增长之间的关系，提出两者之间应保持适当比例，以符合按劳取酬的原则。“1954 年劳动生产率比 1953 年提高 15%，超过每年平均增长 10% 的速度，说明了职工做了又多又快又好又省的劳动，这是应该的，也是好的；但是工资只增长 2. 3%，比每年平均增长 5. 8% 不足 3. 5%，说明了职工没有得到相应的报酬，这就不好，不符合按劳取酬的原则。”[①] 因此，工资计划也应作相应的调整，这一调整受到生产力发展水平、积累与消费的比例关系以及一定时期具体政治经济任务、农民和工人的生活水平对比等多方面因素的影响。但是，也有一些研究认为工人工资应保持在一个较低的水平上，譬如，宋平就明确地提出，采取合理的低工资制度，是与当时的低生产力水平相适应的，一方面，能够把有限的资金更多地投入建设，另一方面，实行低工资制度可以解决更多的就业问题。总之，宋平提出，维持合理的低工资制度，不仅没有违背按劳分配的原则，反而体现了社会主义分配模式的特点，这就是“反对劳动报酬的悬殊，也反对工资分配中的绝对平均主义”[②]。

---

① 袁方：《我国劳动生产率增长与工资增长的比例关系》，《新建设》1956 年第 12 期。

② 宋平：《为什么要实行合理的低工资制？》，《学习》1957 年第 23 期。

三 其他收入分配方式的发展

在社会主义改造过程中，资本主义工商业主所获得的定息或利润等剥削所得并不是按劳分配，各种农业劳动在报酬上的高低不等也不符合按劳分配的要求。一方面，个体经济形式仍然存在，不同的所有制决定了分配方式的多样性；另一方面，“在社会生产力的发展还不足以使农业生产水平有很大的提高以前，这种差别则不可能迅速消失”①。随着三大改造的完成和社会主义生产资料公有制的实现，个人利益和社会利益相一致，分配方式不断得到改进，有计划地利用劳动力、有计划地再生产劳动力，并且有计划地分配国民经济各部门之间的劳动力成为社会主义国民经济发展的重要特征之一，也为按劳分配的实现提供了可能性。

本章小结

1952年提出的过渡时期总路线指出：从中华人民共和国成立，到社会主义改造基本完成，这是一个过渡时期。党在这个过渡时期的总路线和总任务，是要在一个相当长的时期内逐步实现社会主义的工业化，并逐步实现国家对农业、手工业和资本主义工商业的社会主义改造。这条总路线是照耀我们各项工作的灯塔，各项工作离开它，就要犯右倾或“左”倾的错误。

过渡时期总路线的积极意义在于，它将生产方式转变（工业化）和生产关系变迁看作一个整体，特别强调了生产关系调整对于引领工业化的重要作用，这是非常值得肯定的。但是，正如我们在本书绪论部分所阐述的，我国过渡时期的理论认识偏误体现在两个方面，一是将“小过渡”与“大过渡”相混淆，急于启动商品经济形态向产品经济形态的演进，而产品经济形态客观上要求实现生产资料的国家所有制或合作所有制。二是尽管官方和理论界都认识到过渡时期需要利用、限制和改造私人资本，但在实际上更多的还是集中在改造私人资本上。实际上，即使我们将其称为“小过渡”，生产资料资本主义所有制的消灭和社会主义生产资料公有制的建立也是一个漫长的历史进程。

改革开放之后的大量经济史和思想史研究都认为，这一时期的生产关

① 袁方：《我国劳动生产率增长与工资增长的比例关系》，《新建设》1956年第12期。

系改造急于求成，使得生产关系走在了生产力发展水平的前面，由此产生了尖锐的矛盾，客观上造成了后期的经济困难。我们的研究表明，这种“超前”更深层次地表现在急于过渡到产品经济形态，实施这种以产品经济形态为目标的过渡，其途径无非有两条，一是依靠生产力发展逐步超越商品经济形态，二是通过生产关系改造反过来引领社会经济形态的演进。显然，中国共产党领导的人民政权更多地寄希望于第二条路径，企图采用生产关系改造引领计划经济体制的构建，这个做法在当时取得了巨大的经济发展成效，但也为之后的严重困难埋下了伏笔。

第十八章　生产资料所有制理论的发展

到1956年，我国基本上完成了生产资料私有制改造，进入全面建设社会主义的时期。无产阶级专政建立起来后，通过没收官僚资本、和平赎买和大规模有计划的经济建设，逐步在工业行业建立了社会主义全民所有制，在手工业建立起以合作社为主要形式的集体所有制。在农村，农业生产合作社逐步由初级向中级再向高级社演进，1958年，我国开展了社会主义建设事业大跃进，“政社合一”的人民公社借助农田基础设施建设，逐渐成为农村集体所有制经济的主要实现形式。在这一历史时期，学界对生产资料所有制理论的探讨不断深化，并形成了20世纪50年代末60年代初的研究高潮。本章贯彻历史与逻辑相统一的研究方法，沿着生产资料所有制逐步建立并完善的历史演进线索，对全民所有制和集体所有制的理论研究进行文献回顾。

第一节　社会主义全民所有制的发展及相关理论探讨

社会主义全民所有制是同社会主义改造完成后，工业中高度社会化的生产力相适应的一种社会主义公有制。一方面，全民所有制是对资本主义经济实行社会主义国有化，所以，在1973年《社会主义政治经济学》教材中将全民所有制定义为“社会主义国家所有制”①。另一方面，随着大规模地有计划地开展社会主义建设事业，需要国家作为中心来统筹各部门和企业的生产活动。

---

① 1973年《社会主义政治经济学》（未定稿）中将“社会主义全民所有制”定义为“社会主义国家所有制”，并提出社会主义国家所有制是由无产阶级专政的社会主义国家代表全体劳动人民占有生产资料的一种所有制形式。1975年《社会主义政治经济学》重新定义为“社会主义全民所有制”，将“社会主义国家所有制”作为“社会主义全民所有制”的具体形式提出。

一　社会主义全民所有制：必要性和本质特征

在高度集中的计划产品经济和工业化战略背景下，各个企业相互联系、相互制约，成为社会化大生产整体的有机组成部分。"任何一个部门、任何一个企业，离开了其他部门的密切配合，都无法单独进行生产。现代工业中这种高度社会化的生产力，客观上要求有一个社会中心来统一支配所有的部门和所有的企业，以便使各部门各企业的生产都能够紧密地相互配合，克服生产的无政府状态。"[①]工业生产力的发展，要求各部门各企业有统一的支配权，也就是说，只有在这些部门和企业的生产资料都归于以国家为代表的全体劳动者所有的条件下，这样的生产方式才能实现。

生产资料全民所有制是社会主义公有制的高级形式，这不仅因为它同现代工业中的高度社会化的生产力相适应，而且也因为，这种公有制彻底地摆脱了私有制的残余。蒋学模指出：全民所有制最核心的特征是，属于全民所有制范围内的生产资料，如社会主义国家的河流、矿山、铁路，以及一切国营企业的生产资料和产品，不仅不为个人服务，不能由任何个人据为己有，或基于对这些生产资料的使用来取得某种不劳而获的收益或额外利益，而且也不能由社会的任何一部分人来擅自加以支配，用以增进这一部分人的特殊利益。也正是在这个意义上，全民所有制与资本主义社会的股份制是有本质差别的，因为股份制中的股东不劳而获地瓜分工人创造的剩余价值，生产资料在这里是完全用来为所有者的私人利益服务的[②]。

还有部分研究以国营农场为例对全民所有制的重要作用进行了探讨。王震指出了国营农场作为社会主义全民所有制经济组成部分的重要性。一方面，国营农场改进了农业技术，提高了劳动生产率；另一方面，国营农场在开垦荒地和建设祖国边疆方面起着特别重要的作用[③]。丁履枢考察了黑龙江省国营农场的管理和经营，国营农场作为全民所有制的社会主义农业企业，以先进的技术装备，进行大规模的机械化生产，在合理安排的生产规模和经营制度下，农业和牧业、工副业生产相结合，为国家增产了大批粮食、工业原料和农畜产品，支援了社会主义建设[④]。可见，全民所有

---

① 编写组：《政治经济学教材》（社会主义部分），上海人民出版社，1963，第69页。

② 蒋学模：《环绕着社会主义所有制展开的两条道路的斗争》，《复旦大学学报》（哲学社会科学版）1963年第1期。

③ 王震：《加强国营农场的建设》，《红旗》1961年第7期。

④ 丁履枢：《关于国营农场合理经营问题的探讨——对黑龙江省国营农场经营管理问题的调查研究》，《经济研究》1963年第12期。

制的制度形式并不局限于工业部门，国营农场同国营工厂企业一样，直接按国家计划进行生产。以农业为基础的国营农场也在社会主义经济建设中起着重要作用。

社会主义生产资料公有制（宏观）和国营企业的责任制（微观）相互促进和制约，为全民所有制的完善和发展提供了重要的制度保障。费悟文等比较了资本主义制度和社会主义制度下责任制的不同本质和表现，认为在社会主义条件下，生产的社会性和生产资料公有制是相统一的，国营工业企业的责任制具有广泛而坚实的群众基础。相应地，社会主义企业只有建立严格的责任制度，才能保证企业正常进行生产，保证整个国民经济有计划、互相协调地发展①。

1975 年版《社会主义政治经济学》教材进一步补充了社会主义国家所有制的形式，阐述了社会主义全民所有制的客观必然性。“社会主义全民所有制经济是通过剥夺资产阶级的生产资料产生的，而它的发展壮大，则是大规模地有计划地开展社会主义建设的结果。”全民所有制采取国家所有制的形式，因为“属于社会主义全民所有的生产资料，只能由无产阶级专政的社会主义国家代表全体劳动人民来占有，并按照无产阶级和劳动人民的需要，作统一的合理的调度和运用，以增进全体劳动人民的利益”②。

这一历史时期关于全民所有制必然性的讨论，充分考虑结合了这一时期生产力发展实际状况和在较短时间内实现国家工业化的迫切需要，为高度集中的计划产品经济和国家直接管理企业的生产经营活动提供了理论说明。

二 社会主义全民所有制的巩固和发展

在这一时期的生产资料所有制理论中，有关全民所有制的争议相对较少，20 世纪 60 年代主要集中于对南斯拉夫“工人自治”体制的批判，1975 年版《社会主义政治经济学》教材提出了管理劳动和体力劳动的区别，认为社会主义全民所有制应该在斗争中得以巩固和完善。③

（一）对全民所有制不同运行机制的讨论

南斯拉夫“工人自治”的主要内容是把企业交给劳动集体自行管理，

---

① 费悟文、桂世镛、刘复荣：《论社会主义国营工业企业的责任制》，《经济研究》1962 年第 7 期。

② 编写组：《社会主义政治经济学》（未定稿第二版），上海人民出版社，1975，第 47 页。

③ 编写组：《社会主义政治经济学》（未定稿第二版），上海人民出版社，1975，第 53 页。

由各企业自己采购原料，决定产品的品种、质量和价格，由企业决定购买、生产、销售和分配各个环节。齐厚认为，南斯拉夫实行这种制度的实质，是以追逐利润为企业活动的最高准则，所谓“经济刺激”作为推动企业和工人的唯一动力，完全贯彻资本主义经营方式。并且，在企业运作过程中形成垄断组织，以抬高价格作为牟利的手段①。1963 年《政治经济学教材》提出，南斯拉夫规定企业有权自行买卖和租赁固定资产，铁托集团认为这是用“直接和真正的公有制”代替原来的“间接公有制”，而这些“工人自治”、“工厂归工人”的口号本质上是无政府工团主义的口号，是资产阶级社会主义和老机会主义者、老修正主义者的口号②。

1975 年，《社会主义政治经济学》从宏观层面进一步具体地批判了“工人自治”的修正主义思想，认为如果把工矿企业分给各个企业的工人所有，那么，“第一，无产阶级专政国家的手中将不再有强大的社会主义国营经济，无产阶级专政将失去其主要的经济基础—社会主义全民所有制。第二，无产阶级的战斗队伍将被小集团所有制分裂。第三，社会主义国家对整个国民经济的集中统一领导将无法贯彻，竞争和生产无政府状态将无法克服”③。这些理论在批判“工人自治”的同时，实质上强调了社会主义全民所有制必须采取国家所有制的形式。在运行机制上，由国家代表全体劳动人民占有和调度生产资料，以增进全体劳动人民的利益。

由于“文化大革命”期间出现诸多对“利润挂帅”、“物质利益原则”等理论的不同意见，在全民所有制理论探讨上也出现了对苏联国营企业的批判。1957 年，赫鲁晓夫提出把“盈利和生产基金利用情况”规定为“计划和考核企业、建设单位的重要指标”。1961 年苏共二十二大将“应当提高利润和盈利的意义”作为纲领性要求提出。勃列日涅夫接替赫鲁晓夫上台后，积极推行“经济核算制的生产联合公司”。《社会主义政治经济学》认为，在苏联国营企业里，“少数官僚垄断资产阶级分子攫取了工人创造的巨额剩余价值，充分说明了苏联的国营经济已经完全蜕变为官僚资产阶级所有制经济了”④。苏星指出我国国营企业产品高标准的质量来自高标准的思想，而靠物质刺激和检查关卡正是修正主义企业的做

① 齐厚：《南斯拉夫实行“新”分配制度的真相》，《经济学动态》1961 年第 12 期。

② 编写组：《政治经济学教材》（社会主义部分），上海人民出版社，1963，第 69～70 页。

③ 编写组：《社会主义政治经济学》（未定稿第二版），上海人民出版社，1975，第 49～50 页。

④ 编写组：《社会主义政治经济学》（未定稿第二版），上海人民出版社，1975，第62 页。

法[①]。这一观点强调了意识形态在生产中的作用，领导、工人和技术人员三结合的管理经验在这一时期对企业的发展起到一定的积极作用。

“文化大革命”期间在国营企业内也出现了“批修整风运动”，武汉冶金建筑机械修造厂党委会提出工厂也要注意培养理论队伍，“理论工作是无产阶级革命事业的一个重要组成部分，厂矿企业也要重视搞好政治思想战线的社会主义革命，要批判资产阶级，要抓好批修整风这件头等大事”[②]。到了这一阶段，在全民所有制企业内部开展思想教育的目的，更多地强调“在斗争中提高”和“推动革命的发展”，“生产的发展”在全民所有制这一制度下被忽略。但在同时期，由于群众运动的开展，有些国营企业的生产能力不断提高。例如，鞍钢第一初轧厂“发动群众抓住企业不同时期生产中的主要矛盾，提出重点体术革新课题，集中力量打歼灭战，较快地收到了成效”[③]。在充分发挥工人群众的创造力和共同治理的热情中，“鞍钢宪法”发挥了重要的指导作用，企业的生产能力和创新能力都有了极大的提高。

从全民所有制建立，强调采取国家所有制的形式，到“文化大革命”期间对两条道路和两种路线的批判，在国营企业内部展开了激烈的讨论和群众运动，这一方面使得企业内部阶级斗争被放大，对生产的重视程度被削弱，生产关系和思想政治教育的作用被过度夸大。但另一方面，企业的生产创新能力在群众运动中得到相应提高，全民所有制经济在劳动者激励方面的独特优势得到了体现。

（二）对管理劳动和体力劳动的考察

1975年版《社会主义政治经济学》教材将1973年版教材中的“社会主义国家所有制的巩固和完善”标题改为“社会主义全民所有制在斗争中巩固和完善”[④]，考察了国有企业内部管理劳动和体力劳动在性质上的区别。

《社会主义政治经济学》教材提出，社会主义全民所有制中，脑力劳动和体力劳动的社会分工仍然存在，一方面具有共产主义的因素，另一方

---

① 苏星：《高标准的质量，来自高标准的思想》，《红旗》1966年第1期。

② 中国共产党武汉冶金建筑机械修造厂委员会：《工厂也要注意培养理论队伍》，《红旗》1973年第8期。

③ 《工人群众有无限的创造力——鞍钢第一初轧厂提高开坯能力的调查》，《红旗》1973年第8期。

④ 详见编写组《社会主义政治经济学》（未定稿），上海人民出版社，1973，第45页；编写组《社会主义政治经济学》（未定稿第二版），上海人民出版社，1975，第53页。

面又具有旧社会的传统或痕迹。这种情况表明，社会主义全民所有制“仍然存在向共产主义发展和向资本主义倒退这两种可能性”。从国营企业内部具体考察来看，“在社会主义阶段，劳动者还主要只能通过国家委派的代表，或者通过选举产生的代表来领导和管理生产，这些代表一般具有相对的固定性，主要从事脑力劳动”①。对于这一问题，教材提出应在无产阶级专政下创造条件来逐步消灭脑力劳动和体力劳动的社会分工，如果“把这种社会分工巩固、扩大、强化，就会出现新的精神贵族、技术贵族把持和垄断企业的领导权，从而将最终改变社会主义全民所有制的性质”②。

这一时期关于国有企业内部脑力劳动和体力劳动的问题，1963 年上海版《政治经济学教材》提出，直接生产劳动和管理劳动是私有制社会所固有的社会分工，国有企业应普遍实行“领导干部、工人同技术人员‘三结合’的办法，使领导和群众结合起来，技术理论知识和劳动实践结合起来，思想政治工作和经济工作结合起来”。在“三结合”过程中，管理人员同直接生产者之间的固定界限逐步被突破，另外，知识分子的劳动化和劳动群众的知识化将逐步缩小体力劳动和脑力劳动的差别③。恽希良指出，社会主义社会初期，在社会劳动中，大量的还是体力劳动，脑力劳动只占很小的比例。这时体力劳动和脑力劳动的分工还是必要的。为了建设一个发达的社会主义国家，还需要有日益增多的脑力劳动者。但同时，他也提出逐渐消灭体力劳动和脑力劳动差别的途径，如工农群众知识化、知识分子劳动化，教育与早期生产劳动相结合等④。这一阶段学界对体力劳动和脑力劳动的考察特点主要体现为，承认社会主义制度建立初期生产力水平低下的客观事实，同时也提出逐步减小两者差别的方法和途径。

在所有制层面，这一阶段的观点论述特点在于，偏离了生产方式的阶段特殊性，从阶级和路线斗争上强调了脑力劳动和体力劳动的区别。但是“鞍钢宪法”和“三结合”等一系列措施为我国国有企业的发展提供了重要的经验⑤。

---

① 编写组：《社会主义政治经济学》（未定稿第二版），上海人民出版社，1975，第54 页。

② 编写组：《社会主义政治经济学》（未定稿第二版），上海人民出版社，1975，第54 页。

③ 编写组：《政治经济学教材》（社会主义部分），上海人民出版社，1963，第 94 ~96 页。

④ 恽希良：《社会主义社会中的体力劳动和脑力劳动》，《经济研究》1965 年第 11 期。

⑤ 本书在产品分配理论章节探讨有关“资产阶级法权”概念时，有观点认为脑力劳动和体力劳动的差别标志着资产阶级法权的存在。

（三）全民所有制经济内部权利关系问题的讨论

生产资料所有权是一个内涵十分丰富的概念，从广义上来看，所有权不仅包括狭义的“所有”权，还包括占有权、支配权和使用权，在这里，除最终的所有权外，使用权的归属是最为受到关注的。在本书涉及的历史时期，已经开始触及生产资料所有权和使用权分离配置的问题，并引发了一系列争论。

1961 年 6 月，孙冶方在《关于全民所有制内部的财经体制问题》研究报告中提出：“用全民所有制经济内部的体制问题代替所有制问题而与劳动过程（直接生产过程）中人与人的相互关系和分配关系并列，作为社会主义政治经济学所要研究的生产关系的主要方面之一。这个提法是有很大理论意义的。”[①] 孙冶方就全民所有制条件下所有权和占有、支配以及使用权的“分离”提出了较为具体的管理方案，同时，也就当时的理论争议提出了见解，“在有些经济学者心目中，政治经济学研究经济管理制度，而且主张扩大企业职权，是被当作修正主义倾向看待的”。关于全民所有制条件下如何管理企业，孙冶方的思想特点主要是主张把国民经济计划放在价值规律的基础之上，主张“大计划、小自由”的计划体制原则。但是，孙冶方的提法受到了一些学者的批评，梦奎和晓林认为，按照孙冶方的主张，国家和企业之间的关系就变成了借贷资本家和产业资本家之间的关系，“投放资金，收取利润，这是国家的事情；企业拿到钱以后，生产怎么搞，生意怎么做，这是企业的事情，国家不必过问，也无权过问”[②]。这种观点针对“利润挂帅、企业自治”的思想，将国营企业治理方式的问题放大为社会主义同资本主义的斗争，这也是“文化大革命”期间对价值规律理论进行批判的立足点。

围绕生产资料所有权的分置问题，讨论一直持续到“文化大革命”前夕。苏绍智具体分析了生产资料社会主义所有制关系，就一个企业来说，生产资料的占有权、支配权和使用权混合在一起，也就是我们通常所说的经营管理权，“生产资料所包括的几个‘权’不是孤立的，而是相互依存、相互制约的。……其中起决定作用的是所有权”。作者在文中提出，在生产资料所有制已经确定的限度内，“所有权、占有权、支配权和使用权（企业的所有权和企业的经营管理权）又不是完全不可分的。……它们之间的关系，反映着不同的经济关系，反映着一定的所有制

---

① 孙冶方：《社会主义经济的若干理论问题》，人民出版社，1979，第 138 ~ 151 页。

② 梦奎、晓林：《评孙冶方反动的政治立场和经济纲领》，《红旗》1966 年第 10 期。

的内部的矛盾，它既决定于一定的生产力水平，又会对生产产生一定的影响”[①]。作者从更加微观的层面第一次提出“一定的所有制的内部矛盾”，论述了在公有制条件下，企业的所有权和经营权是可以分开的，这对于政治经济学研究以及后来国有企业的改革有着重要贡献。

针对苏绍智的文章，朱剑农发表了商榷文章，认为全民所有制中所有权、占有权和支配权“属于国家”，只有使用权可以放给企业[②]。而后，李泽中提出“支持企业享有使用权”的观点也是值得商榷的。其主要论据是“构成所有制内容的占有、支配和使用权，应当是所有权的重要体现”，“生产资料的‘四权’是不能分属于不同阶级或个人的”[③]。关于全民所有制具体权利分配问题的集权化趋势，也反映了当时部分学者的理论观点偏离了社会主义初级阶段生产力发展的实际状况和发展水平，过分强调将企业经营管理权力都统一掌握在国家手里。譬如，蒋学模提出，在保卫和巩固社会主义全民所有制的问题上，两个阶级和两条道路的斗争主要表现在：是坚持由国家对全民所有制企业的生产实行集中统一的计划领导，还是听任各个部门、各个企业各自为政地去盲目发展生产；是坚持国家对主要生产资料进行集中统一的调拨、坚持统一的价格制度，还是听任各个部门、各个企业自己决定价格、自行采购原料和自由销售成品；是坚持国家统一分配的原则，坚持统一的工资标准和奖励制度，还是听任各个部门、各个企业自行支配其盈利、自行决定其工资标准和奖励制度；这实际上是把全民所有制所有权和使用权的关系问题上升到了阶级斗争层面[④]。

在坚持生产资料公有制的基础上，由国家代表全体劳动人民占有和调度生产资料，但是，在具体的运营层面上，出现了权利如何分配的理论争议，这也反映了这一阶段对全民所有制的讨论由宏观到微观、由抽象到具体的思想史特点。

---

① 苏绍智：《试论生产资料的所有权、占有权、支配权和使用权——对社会主义生产资料所有制的具体分析》，《学术月刊》1962 年第 6 期。

② 朱剑农：《论社会主义时期生产资料的四权问题》，《学术月刊》1962 年第 12 期。

③ 李泽中：《略论生产资料所有制的问题——兼同苏绍智同志商榷》，《新建设》1965 年 11、12 月合刊。

④ 蒋学模：《环绕着社会主义所有制展开的两条道路的斗争》，《复旦大学学报》（哲学社会科学版）1963 年第 1 期。

第二节 农村集体所有制形式演进及相关理论探讨

农村人民公社是农村集体所有制的进一步发展。在社会主义建设总路线的指导下，农村的社会主义教育运动大大提高了农民的生产积极性，1958年后，我国农村出现了以兴修农田水利为中心的大规模的生产运动。同年在北戴河召开的中央政治局会议通过了《中共中央关于在农村建立人民公社问题的决议》，提出“人民公社发展的主要基础是我国农业生产全面的不断的跃进和五亿农民愈来愈高的政治觉悟”，“建立农、林、牧、副、渔全面发展、工、农、商、学、兵互相结合的人民公社，是指导农民加速社会主义建设，提前建成社会主义并逐步过渡到共产主义所必须采取的基本方针”①。农村集体所有制进一步向前发展，人民公社形成了一种特有的政社合一的生产资料公有制形式，并由此产生了极为丰富的人民公社所有制思想。

一 人民公社的所有制实现形式

马克思在《资本论》中提到：“就在劳动方法不变的场合，多数劳动者同时的使用，也会在劳动过程的对象条件上引起革命。”“结合劳动的结果，在这里，是全然不能由个别的劳动得到；即使能够，也必须花费更长更多的时间，或只能在极小的规模内得到。”② 马克思在这里所提的“结合劳动”，在我国人民公社的实践中表现为集体劳动，公社内的劳动大协作就是在大规模的范围内，充分发挥出“结合劳动”的效能。毛泽东（1955）在《大社的优越性》一文的按语中指出：“小社人少地少资金少，不能进行大规模的经营，不能使用机器。这种小社仍然束缚生产力的发展，不能停留太久，应当逐步合并。”③ 农村合作化运动的高潮使毛泽东认识到，根据生产力迅速发展的要求，对生产关系和上层建筑进行不断的改革，就能为生产力的发展开辟新的道路。

农业生产“大跃进”，核心内容是进行大规模以农田水利建设为核心的农田基本建设。大规模地兴修水利，需要大量的劳动力和建设水利工程

---

① 《中共中央关于在农村建立人民公社问题的决议——一九五八年八月二十九日》，《人民日报》1958年9月10日第1版。

② 马克思：《资本论》第1卷，人民出版社，1953，第387~389页。

③ 《建国以来毛泽东文稿》第5册，中央文献出版社，1991，第515页。

的物资。因此，“必须有许多农业生产合作社的联合和合作，把劳动力统一组织起来，把建设水利工程的物资集中起来共同利用。大规模地兴建水利，还要求把许多农业生产合作社的土地连结在一起”①。兴修水利和社办工业的“大跃进”，要求在较大规模的建设过程中实行劳动协作，这些超出了高级农业生产合作社的规模和范围。生产力和生产关系的矛盾具体表现为“高级社社小，积累的资金少，买不起大型机械化农具，即使买得起，由于土地少，也不能充分发挥农业机器的作用”②。也有学者从生产关系对生产方式的引领这一路径分析，指出我国农村在实现合作化和人民公社化以后，充分显示了先进的生产关系对生产力发展的促进作用，“广大农民在大规模改造自然的斗争中，越来越感到对机械、化肥、电力等农业生产资料的需要，同时，集体经济的发展，也在生产规模和资金积累等方面，为逐步实现农业机械化创造了极为有利的条件”③。那么，从生产力的发展要求上来看，高级社这种集体所有制，必然要进一步向前发展。另外，在农业改造的过程中发展起来的农业生产力，大量采用新式农业生产工具和机器，要求建立更能适应生产力发展要求的生产关系。

1962 年 2 月，中共中央发出《关于改变农村人民公社基本核算单位问题的指示》④，确定以生产队为农村人民公社基本核算单位，规定“三级所有，队为基础”，由此形成了人民公社特有的所有制实现形式，也即生产队为基本核算单位，公社、生产大队和生产队的生产资料三级所有体制。生产队一级的所有制是基本的，它拥有土地、耕畜、农具和小型农机等生产资料，支配着本队的劳动力，实行独立核算，直接组织生产和收益分配。公社和大队两级的所有制是部分的，一般拥有大中型农业机械、运输工具、一些较大的农田水利设施以及社办和大队办的工业和副业。人民公社是一个统一的集体经济组织，公社范围内的各个生产队和生产大队都是人民公社的有机组成部分。根据自愿互利的原则，公社可以组织队与队之间、大队和大队之间的协作，或者举办生产队和大队无力举办的事业。公社一级和大队一级的集体经济的发展，主要靠公社和大队本身的积累，

---

① 《政治经济学》（社会主义部分），人民出版社，1963，第 191 页。

② 编写组：《社会主义政治经济学》，上海人民出版社，1975，第 74 页。

③ 河南省革命委员会编写小组：《我国社会主义农业的发展道路》，《红旗》1970 年第 2 期。

④ 1961 年 10 月，中共中央办公厅印发《中共中央关于农村基本核算单位问题，给各中央局、各省、市、区党委的指示和附件》，1962 年 2 月，中共中央发出《关于改变农村人民公社基本核算单位问题的指示》。

但根据需要和可能，经过社员讨论同意，也可以从生产队提取一定的积累，举办一些为全公社、全大队服务的事业。通常，公社又是国家政权在农村的基层单位，由于政社合一，集体经济就更便于接受国家的领导，更有利于在集体经济中贯彻执行国家的方针、政策和计划①。

二 关于人民公社所有制性质的探讨

人民公社的主要特点是“一大二公”和“政社合一”，在生产关系的具体形式上，既不同于原有的农业生产合作社，也不同于全民所有制下的国营企业。在实际工作中，有些地方将人民公社作为全民所有制的实现形式，这在一定程度上造成了思想上的混乱，有关人民公社的所有制性质也成为学界热议的主题之一。

（一）人民公社的所有制性质

刘少奇指出，人民公社的所有制现在虽然还是社会主义的集体所有制，生产队（相当于原来的高级农业生产合作社）的集体所有制是基本的，公社的所有制是部分的，但是，这部分的公社所有制是原来农业生产合作社所没有的，它包含着某种程度的全民所有制成分。公社可以逐年从生产队中提取一部分积累用于社办企业，并接受国家对公社的直接援助，因此，公社所有制部分必将逐步扩大，以致转变为公社所有制是基本的，而生产队的所有制是部分的②。王绍飞考察了广东省曲江县樟市乡乡联社集体所有制的变化情况，从该乡联社的分配过程和分配结果来看，总收入的50%直接归联社支配，22%中除生产费用外则是国家税收，直接上缴给国家。在28%的劳动报酬中有一部分（比重不大）以工资形式直接支付给社员。所以王绍飞认为，把联社作为整体来看，它既是全民所有，又是集体所有，同时它既非全民所有制，也非集体所有制，而是一种集体所有和全民所有的混合形式，从发展的角度来看，它是由集体所有制向全民所有制的过渡形式③。关梦觉更加具体地对人民公社的组织形式进行了分类，除了一乡一社和一县一社，还有直接的全民所有制性质的人民公社。以吉林市郊区的红旗人民公社为例，它由原来的两个国营农场、两个国营苗圃和五个农业生产合作社合并而成。这一合作社向国家缴纳农业税和其

---

① 北京市高等学校政治课政治经济学教材编写组：《政治经济学》（试用稿），人民出版社，1975，第266~277页。

② 刘少奇：《马克思列宁主义在中国的胜利》，《红旗》1959年第19期。

③ 王绍飞：《从一个乡联社看集体所有制的变化》，《经济研究》1958年第8期。

他税收，公社的积累作为国家的投资，供扩大再生产之用[①]。童源轼等作了进一步分析，人民公社一方面作为经济组织来说，它是公社内的那部分劳动群众的集体；从另一方面来看，人民公社作为一个政权组织，它所代表的不仅仅是它那一部分劳动群众，还是全国人民的国家政权的基层单位[②]。在人民公社的集体所有制中，已经包含了全民所有制的成分。因此，随着人民公社体制的发展，全民所有制将逐渐地代替集体所有制。

但也有一些观点认为人民公社的所有制性质仍然是集体所有制占主体。譬如，张卓元认为，有的人民公社已经是全民所有制的性质了，因为公社的公共积累由县来调度，“不过一县一社目前只意味着在全县的范围内实现了全民所有”[③]。骆耕漠认为，大多数农村人民公社基本上还是集体所有制，但有些县人民公社的全民所有制因素“可能已占优势”，“已经达到基本上全民化”的程度[④]。张锡昌等总结，人民公社的所有制性质是“大集体、小全民”，因为人民公社“不但彻底消灭了私有制的残余，而且扩大了集体所有制范围”，同时公社实际上已经包含了若干全民所有制的成分[⑤]。以上意见从当时人民公社的分配和交换关系论证了公社性质的变化和发展趋势。汪旭庄等（1959）从集体所有制的范畴出发，认为人民公社使集体所有制扩大和提高，但也仍然是集体所有制范畴以内的变化，并没有改变所有制集体的性质[⑥]。具体来说，人民公社中生产资料与产品的公有化、社会化程度提高了，但仍局限在一个公社集体范围内，远没有达到全民范围的公有化程度。贺笠从当时生产力发展的实际水平出发，提出：“社会生产力是制约生产关系的发展的，像我们目前农村人民公社的情况只宜于集体所有制，以发挥公社自力更生的积极性。”[⑦] 当时过分强调人民公社已经是全民所有制的观点是过于片面的，贺笠的观点虽然没有具体指出公社运动本身以及我国农村生产力水平和农业生产的特点，但注意到生产力对变革生产关系的制约，对于纠正当时公社化运动种

---

① 关梦觉：《人民公社是通往共产主义的捷径》，《经济研究》1958 年第 12 期。

② 童源轼、陈招顺、顾存伟：《谈农村人民公社的全民所有制成分》，《财经研究》1959 年第 2 期。

③ 张卓元：《关于人民公社向全民所有制过渡问题的探讨》，《经济研究》1958 年第 11 期。

④ 骆耕漠：《我国农村人民公社所有制性质的分析》，人民出版社，1958，第 26～27 页。

⑤ 张锡昌等：《关于人民公社所有制性质问题的讨论》，《经济研究》1958 年第 12 期。

⑥ 汪旭庄、雍文远、蔡雪柏、谢自奋：《当前农村人民公社所有制的性质》，《财经研究》1959 年第 1 期。

⑦ 贺笠：《我国目前农村人民公社是集体所有制呢？还是全民所有制呢?》，《经济研究》1958 年第 12 期。

种过急行为有着重要的理论意义。

（二）人民公社所有制形式的制度优势

人民公社建立以后，由于合作社规模的扩大，集体所有制的范围也随之扩大，生产资料公有制的程度也相应提高。从理论上来说，由原来的各自经营的高级社集体变成有统一领导和计划安排的有机整体，具有显著的优越性。

首先，从人民公社的组织体制来看，有一县一社和一县数社等形式。赵福基考察了黑龙江省肇源县一县一社制的人民公社，指出在县联社的组织体制下，各乡人民公社对于社务经营有很大的自主性，即在很大程度上自主地进行生产经营、计划管理、劳力调配；它自行核算，自负盈亏；公社的收益由各社根据章程自行分配，除本社保留一定比例的公积金外，还提取一定数额的积累交县联社用于全县范围的建设开支。另外，一县一社的优越性还具体表现为以下几个方面：其一，对土地进行集中规划、统一使用；其二，便于水源的利用和水利的综合开发；其三，便于统一规划，发展多种经济；其四，统一调动劳动力；其五，有雄厚的力量统一运用资金以发展工业……①县联社的人民公社体制优越性在于规模扩大之后，管理更加集中，有更多的全民所有制的因素，因而有可能在更大范围内和更大规模上充分利用土地、水源等自然资源和其他自然条件。另外，也可以在更大范围内和更大规模上统一调配劳动力和资金，这就必然会促进生产力的发展。

人民公社能够组织大规模的农田水利建设，开展农林、牧、副、渔等多种形式的经营，这就为妇女广泛参加劳动创造了有利的条件。所以，人民公社进一步解放了农村生产力，能够更充分地发动妇女参加劳动，更好地统一调配劳动力，统一使用土地和其他农业生产资料。党的第八届中央委员会第八次全体会议文件中强调了人民公社生产资料公有制的优越性，包括组织规模大和活动范围广，“可以统一筹划全社的生产和分配，可以比农业合作社更有效地充分动员和合理安排农村的劳动力，可以兴办农业生产合作社所难以兴办的建设，便于加快农林副牧渔和工农商学兵的综合发展，便于实现农业机械化，便于实现农民收入的稳定增长和加快农村整个生活的进步，便于发展公共食堂、托儿所等集体事业……”② 谭启龙以山东省为例，随着人民公社的建立，山东省“全省已经办起了公共食堂

① 赵福基：《从肇源县人民公社看一县一社制》，《财经研究》1958 年第 9 期。

② 《中国共产党第八届中央委员会第八次全体会议文件》，人民出版社，1959，第 7～8 页。

二十多万处，幼儿园和托儿所十八万九千处，粮食加工厂七万多处，缝纫组两万八千组。由于办了这样的集体事业，就有六百七十七万个具有劳动能力的妇女，摆脱了家务劳动的束缚，投入了工农业生产"[①]。上海社会科学院对"大跃进"中的卫星人民公社进行了考察，指出了人民公社军事化生产组织的优越性，一方面解决了组织效率低下的问题，农民按照专业分工从事生产劳动，便于生产专业化和提高生产技能；另一方面，便于统一调配和使用劳动力，"这种好处特别明显地表现在应付突击任务中，如修水库、抗旱等"[②]。童大林则从农业分工的视角对人民公社的优越性进行了分析，他提出在人民公社制度下，农民们作息时间一致，劳动纪律加强，调动灵活，行动迅速，这就消除了过去在农村中浪费劳动时间的严重现象，彻底克服了农民自由散漫的习惯，大大地提高了劳动生产率。在生产管理方面，由于实行了统一领导、分级管理的制度，实行了分层包干的责任制和生产专业化等，使人民公社中有了科学合理的分工[③]。人民公社可以在更大范围内统一规划农业生产活动，一方面，需要更多的劳动力投入，所以为将妇女从家庭活动中解放出来提供了有利条件；另一方面，人民公社是集体所有制的进一步发展，在生产管理上更有统一性和计划性，例如柴茂从财贸工作的视角探讨了人民公社的优越性，在财贸工作中，不论是领导关系、机构设置还是业务计划、业务范围和工作量方面，都大大地发展和丰富了[④]。

我国在1959年到1961年遭受了严重的自然灾害，农村生产力遭到破坏，人民公社在抗拒自然灾害和组织灾后的生产斗争中显示了重要作用。"尽管几年大灾造成了严重的困难，但在党和毛泽东同志的正确领导下，人民公社集体经济越来越巩固，社员群众集体生产的积极性越来越高涨，农业生产不仅以超出预计的速度得到了恢复，而且和国民经济的其他部门情况一样，一年比一年好。"[⑤] 四川财经学院经济研究所农村人民公社经济调查组考察了四川省武胜县龙门公社三级所有队为基础的制度优势，指出各个生产队之间的生产力差别还没有达到可以实行公社基本所有制的情况下，实行"三级管理、三级核算"，更好地处理了公社内部各个小集体

① 谭启龙：《还是办人民公社好》，《红旗》1958年第9期。

② 上海社会科学院卫星人民公社参观团：《大跃进中的卫星人民公社》，《财经研究》1958年第6期。

③ 童大林：《社会主义的农业产业军》，《红旗》1959年第2期。

④ 柴茂：《从财贸工作看人民公社的优越性》，《经济研究》1959年第11期。

⑤ 编写组：《政治经济学教材》（社会主义部分），上海人民出版社，1963，第81页。

之间以及和大集体之间的关系，充分调动了各级干部和社员的积极性，保证全社生产更迅速地发展[①]。许涤新从农业生产力发展的角度，提出人民公社为农业机械化开辟了广阔的道路。在一定程度上，由于各个生产大队之间联合，人民公社突破了高级社的地界局限性，这就为公社大量使用农业机械提供了有利的条件[②]。同时，恢复了自留地和家庭副业，这对当时恢复灾后的农村经济起到了重要作用。到这一阶段，人民公社的优越性由生产队为基本单位的集体劳动体现出来。

有一部分学者从劳动积累[③]的角度探讨了人民公社的制度优越性。如周振华提出只有主要依靠劳动积累进行农田基本建设，才能克服社队资金不足的困难，发扬自力更生、艰苦奋斗的革命精神[④]。滕兴祥也提出，在农业战线上，要想搞到更多的物资积累、资金积累，不能祈求别的“外快”，只有依靠集体力量，自力更生，大搞劳动积累，通过劳动积累创造出更多的物质财富，然后才有可能拥有较多的物资积累和资金积累。在此基础上，劳动积累就加速了社会主义生产力和生产关系的发展，促进社会主义生产关系更加适合生产力的发展[⑤]。

但是在“文化大革命”期间，由于农业生产过程中阶级斗争的路线被过于强调，人民公社的优越性也不能充分体现出来。例如，赵丰年提出的“抓好斗、批、改就行了，春耕生产不用多抓，自然会好”的思想是一种放弃生产领导、不利于推动生产新高潮的错误思想。但是同时，他也强调生产领域的阶级斗争，提出要结合生产活动，深入开展革命大批判[⑥]。在农村“学大寨”的过程中，这一现象更为普遍，“我们在学大寨的过程中，每前进一步，都经历了两个阶级、两条道路、两条路线的尖锐斗争”[⑦]。“衡量一个地方学大寨的成绩如何，不能只看收入多不多，产量高不高，更重要的是，要看是不是真正学到了大寨的根本经验……能不能

---

① 四川财经学院经济研究所农村人民公社经济调查组：《从武胜县龙门公社看三级所有队为基础制度的优越性》，《经济研究》1961 年第 1 期。

② 许涤新：《论现阶段农村人民公社的根本制度》，《经济研究》1961 年第 5 期。

③ 所谓“劳动积累”，滕兴祥在《试论劳动积累》一文中解释道，劳动积累指在积极搞好当年农业生产的前提下，挤出尽可能多的劳动力和劳动时间，用于农田基本建设，改变自然面貌，改变生产条件，为扩大再生产创造可靠的、长期起作用的物质条件。参见滕兴祥《试论劳动积累》，《经济研究》1966 年第 2 期。

④ 周振华：《关于人民公社农田基本建设劳动积累的几个问题》，《经济研究》1966 年第 2 期。

⑤ 滕兴祥：《试论劳动积累》，《经济研究》1966 年第 2 期。

⑥ 赵丰年：《突出无产阶级政治，抓紧春耕生产》，《红旗》1970 年第 3 期。

⑦ 山东曲阜县夏家村大队党支部：《大寨的道路宽又广》，《红旗》1971 年第 1 期。

从政治、经济、思想文化各个领域加强无产阶级对资产阶级的全面专政。……只有抓住阶级斗争这个纲，发动广大群众大批修正主义，大批资本主义，大干社会主义，普及大寨县才有希望。”[①] 路线斗争在生产领域被逐渐放大，生产关系逐渐偏离生产力发展的实际水平，这就导致人民公社的制度优势无法在生产中很好地体现出来。

毛泽东一方面借鉴了苏联的经验，另一方面结合当时我国的具体国情，在《关于农业合作化问题》《论十大关系》《关于正确处理人民内部矛盾的问题》等著作中深刻揭示了工业和农业的相互关系[②]。他指出："我们对于工业和农业、社会主义的工业化和社会主义的农业改造这样两件事，决不可以分割起来和互相孤立起来去看，决不可以只强调一方面，减弱另一方面。"[③] 那么，这一理论在生产资料所有制上，体现为全民所有制和集体所有制之间的密切联系。

1963 年的《政治经济学教材》（社会主义部分）提出，只有在全民所有制经济的领导下，两种社会主义经济互相支援，才能促进社会主义经济的发展。从农业和手工业中较低的生产力发展水平来看，只有巩固和发展集体所有制经济，使农业生产有更大的发展，“才能为工业提供大量的粮食、原料、资金、劳动力和广阔的市场，才能提供越来越丰富的主副食品，更好地满足人民不断增长的社会需要”。另外，集体所有制的手工业合作社也是国营工业不可缺少的助手，因为“绝大部分日用小商品在很长的历史时期内仍然需要由手工业合作组织来进行生产”[④]。可见，国营经济的发展离不开集体经济，没有农业和手工业部门中占主要地位的集体经济发展，国营经济也不可能发展。而且，没有在工业部门占统治地位的国营经济的迅速发展，集体经济就缺少了国营经济的领导，也不会迅速发展。而集体所有制和全民所有制实质上就是农业和工业这两个最重要的物质生产部门的关系，即农民和工人这两大阶级的关系。

对全民所有制和集体所有制的区别的探讨，主要集中于具体制度形式

---

① 向辉：《深入进行农村两条道路的斗争——纪念〈中国农村的社会主义高潮〉序言和按语发表二十周年》，《红旗》1976 年第 1 期。

② 苏联在实践中，农业的增长一度远远低于工业的增长，尤其是低于重工业的增长。据统计，1953 年苏联工业比 1913 年增长 20 倍，其中重工业增长 45.5 倍，轻工业增长 7.8 倍，农业总产值在此期间只增加 40%。详见王珏《中国社会主义政治经济学四十年》（第 1 卷），中国经济出版社，1991，第 83 页。

③ 毛泽东：《关于农业合作化问题》，《毛泽东选集》第 6 卷，人民出版社，1999，第 432 页。

④ 编写组：《政治经济学教材》（社会主义部分），上海人民出版社，1963，第 78 页。

和工农业的差别。全民所有制的生产资料属于全体劳动人民，“由无产阶级专政的国家代表全体劳动人民占有和支配，根据国民经济发展的需要，在全国范围内统一调拨和安排”。而集体所有制的生产资料是以一个一个的集体经济组织为范围，分别属于各个集体经济组织的劳动者所共有，即“各个农村人民公社、一个公社的各个生产大队、一个生产大队的各个生产队、各个手工业生产合作社”①。同时教材提出，在社会主义社会的一个相当长的时期内，社会主义劳动群众集体所有制和全民所有制的差别会一直存在，这从根本上来说，是由工业和农业、手工业中生产力的不同发展水平决定的。如本书前面所指出，全民所有制同工业高度社会化的生产力基本适应，集体所有制同这一阶段农业和手工业社会化程度较低的生产力相适应。

（三）人民公社向全民所有制过渡的条件和时机的理论探讨

人民公社从成立时起，就承担了由集体所有制向全民所有制过渡、由社会主义向共产主义过渡的历史角色，但在具体分析人民公社向全民所有制过渡的条件和时机时，理论分歧却很明显。

张卓元认为，人民公社成立后，集体所有制向全民所有制转变的条件问题就是集中分配问题。只要国家能按全民的要求决定公社收入的分配，支配公社的积累和统一社员的收入水平，使社员的收入水平同他们所创造的国民收入和他们所支配、使用的生产资料好坏相分离，也就在实质上解决了由集体所有制向全民所有制过渡的问题，即“一个是国家能够支配公社的公共积累，一个是统一公社社员的收入水平”②。类似地，林铁提出，公社在分配上实行工资制，或者实行半供给制和半工资制，是由集体所有制向全民所有制转变的重要环节③。

在这一阶段有学者提出将社会生产力水平和群众的觉悟水平作为由集体所有制向全民所有制过渡的重要条件。例如，七兵认为张卓元没有将发展生产作为人民公社从集体所有制向全民所有制过渡的一个主要条件，低估了这一过渡时期所需要的物质生产基础。同时，也没有把不断提高社员的觉悟作为过渡的另一个主要条件，忽视了群众的觉悟。七兵指出，人民公社从集体所有制向全民所有制过渡的主要条件：一是大力发展生产，二

---

① 编写组：《社会主义政治经济学》（未定稿第二版），上海人民出版社，1975，第79页。

② 张卓元：《关于人民公社向全民所有制过渡问题的探讨》，《经济研究》1958年第11期。

③ 林铁：《河北省的人民公社运动》，《红旗》1958年第9期。人民公社的分配制度在本书的分配理论部分具体展开，在此只围绕收入分配方式作演进为人民公社向全民所有制过渡条件这一特定主题进行简单探讨。

是大力开展共产主义教育运动，不断提高社员的共产主义觉悟[①]。黄逸峰、邹今朴也提出由集体所有制向全民所有制过渡，“最根本的问题在于尽全力发展生产力和提高人民觉悟”，这样就使人民公社的集体所有制向全民所有制过渡有了客观和主观的前提[②]。

何畏提出了与上述两类观点不一样的理论，他认为人民公社从集体所有制转变为全民所有制必须具备三个基本条件：一是个人消费品实行全民性分配；二是生产资料实现公社工业化和农业机械化、电气化；三是商品交换有了高度的发展[③]。智中从多个层面论述了人民公社全民化的条件：一是公社的生产社会化扩大到一定程度，把公社的生产、分配和交换纳入国家计划；二是当公社的积累随着生产发展增长到这样的数量，以至于它的大部分必须由国家统一调度才能有利于公社经济和整个社会经济的发展的时候，公社就有了全民化的必要；三是各个公社的生产能使各社社员收入水平趋于接近，且收入水平不断提高……[④]骆耕漠也指出当前人民公社的生产发展有其积极作用，集体所有制向全民所有制过渡的迟早，取决于生产发展的水平和人民觉悟的水平这些客观存在的形势，而不能决定于主观愿望[⑤]。综述以上几种观点，由于当时人民公社生产力水平还不高，分配制度还需完善，集体所有制经济的发展具有长期性，以上几种过渡条件并不十分成熟，因此，1960 年前理论界在人民公社过渡为全民所有制的问题上仍然是较为谨慎的。

关于人民公社向全民所有制过渡的时机，张卓元提出，人民公社在成立以后就开始具备转向全民所有制的条件，“如果我们能利用目前农业的生产大跃进时机，及时将集体所有制引向全民所有制，一定会比将来集体所有制巩固和发展以后再搞全民所有制容易得多”，于是张卓元主张“采取不断革命的办法提早实现共产主义”[⑥]。但是，薛暮桥提出不能过早过急地把人民公社转变为全民所有制。在农业还主要依靠手工劳动、没有完成技术改革以前，在农村人民公社的工业还没有广泛建设起来以前，不可

① 七兵：《关于人民公社向全民所有制过渡问题——与张卓元同志商榷》，《经济研究》1958 年第 12 期。

② 黄逸峰、邹今朴：《关于我国农村人民公社所有制性质问题的探讨》，《学术月刊》1959 年第 1 期。

③ 何畏：《关于人民公社由集体所有制转变为全民所有制的基本标帜》，《经济研究》1958 年第 12 期。

④ 智中：《关于人民公社全民化的条件》，《财经研究》1959 年第 1 期。

⑤ 骆耕漠：《略论县联社》，《经济研究》1959 年第 1 期。

⑥ 张卓元：《关于人民公社向全民所有制过渡问题的探讨》，《经济研究》1958 年第 11 期。

能过早地使人民公社转变为全民所有制，即使勉强这样做了，对国家和人民也是不利的。只有到农村人民公社的工农业产品相当丰富，除扩大再生产外，还能够保证全体农民的生活获得较大的改善的时候，才能逐步地向全民所有制过渡[①]。王琢（1958）也认为，我国工农业生产水平还不高，过早地把农村人民公社转变为全民所有制，不仅不能促进生产力的发展，而且会不利于生产的“大跃进”[②]。

综上，在人民公社所有制性质的讨论中，部分观点忽视了生产力这一根本条件的重要性，认为公社生产资料公有程度越高越优越，公社规模越大越先进，这就忽视了集体所有制的长期性，把生产关系的作用绝对化，从而导致实际工作中出现了冒进的错误。但也有很多学者从实际出发，比较客观地分析了人民公社的过渡性质。

（四）社会主义集体所有制在“斗争”中巩固和发展

集体所有制在性质上与全民所有制存在着差异，在一定程度上成为束缚生产力发展的因素，譬如，许涤新就指出，农业的初级社和高级社的组织架构都不能满足大规模农田基础设施的需要，手工业的集体所有制长期维持下去，就要与国家对产品的供产销统一安排产生矛盾，同时，手工业集体所有制的分红制度会妨碍企业的资金积累和扩大再生产[③]。

有学者探讨了集体农庄和国营农场的问题。郑国绮、刘震在很多文章中提到，随着生产力的发展，必须将集体农庄合作社所有制提高到全民所有制水平。借鉴了苏联学者的观点，认为集体农庄公积金的增长是两种所有制接近的经济基础[④]。苏联在这一阶段有不少农庄转变为国营农场，并且主要是经济上落后的集体农庄。温什尔认为：“集体农民和工人阶级之间的差别只是生产资料公有化和劳动社会化的程度上的差别。因此，如果把集体农庄变成国营农场，……他们的劳动更加社会化。同时生产资料的社会化程度也提高了。”[⑤] 但他也提出，这种措施只能部分地逐步地实行，现阶段还没有具备把全部集体农庄转变为国营农场的现实可能性。沿真从组织和管理形式上探讨了集体农庄发展的新趋势，即苏联领导农业生产的

---

① 薛暮桥：《论建设社会主义和向共产主义过渡》，《新建设》1959 年第 1 期。

② 王琢等：《关于农村人民公社所有制性质问题的讨论》，《经济研究》1958 年第 12 期。

③ 许涤新：《论我国社会主义生产关系的特点》，《新建设》1959 年第 1 期。

④ 郑国绮、刘震：《苏联经济学界近两年来关于集体农庄所有制发展问题的一些论点》，《经济学动态》1961 年第 10 期。

⑤ 〔苏〕沃·温什尔：《现阶段集体农庄所有制的发展》，苏联《经济问题》1960 年第 12 期。

区间集体农庄—国营农场生产管理局和农业委员会的组织。沿真指出这种管理局的建立将有助于实施深入的专业化和生产的集中，有助于大规模农产品生产和加工的集体农庄—国营农场联合组织的出现①。晓怡也提出集体农庄国营农场管理局的作用是集体农庄所有制同全民所有制不断接近，使将来逐渐产生工农业联合组织，这种联合组织包括由于生产联系起来的现在邻近的农庄和农场等等。晓怡还提出集体农庄和国营农场将构成一个完整的生产和社会经济的综合体②。

《经济学动态》针对部分学者关于现阶段把集体农庄改为国营农场的观点进行了批评，主要批评的一些观点为：认为国营农场是集体农庄生产发展的最高阶段；主张把集体农庄和国营农场这两种经济形式融合为一种具有两者特点的新的经济形式；认为集体农庄的农业生产形式已不能保证将来有更高的劳动生产率水平。该评论文章指出："集体农庄和国营农场是历史地形成的两种不同的农村社会主义经济形式。它们各自起着自己的特殊作用，人为地去掉其中任何一种形式都只会带来损害。""把集体农庄所有制提高到全民所有制水平的这个极其简单的想法……实际上把集体农庄看作已经过时的经济形式。他们没有考虑到先进集体农庄的经验，没有考虑到集体农庄形式提供了使个人利益和公共利益相结合的最好的可能性。"③ 这一评论文章实际上不仅从简单的经济组织形式上考虑了集体农庄的发展问题，还考虑了城乡之间、工农之间的差别，考虑到了现阶段集体农庄作为集体所有制不能向全民所有制的国营农场转变的客观条件。

综上可见，中观层面的工业和农业两大部类之间的关系，最终也会决定于生产资料所有制的互动。巩固和发展集体所有制，才能保证国营经济发展的原料市场和消费品市场；另外，全民所有制也是巩固集体所有制的重要条件。但是在集体所有制发展的过程中，由于对这一时期主要矛盾的认识不同，尤其"文化大革命"十年，关于农村经济的主要矛盾和斗争也产生了不同的理论观点。

社会主义集体所有制的"斗争"性观点主要集中于对农村"分田到户"和资本主义倾向的讨论。刘少奇（1961）在《同炭子冲农民的谈话》中提到部分农村地区公共食堂的现状："食堂没有优越性，不节省劳动

---

① 沿真：《苏联〈经济报〉谈国营农场和集体农庄的一些情况》，《经济学动态》1962 年第 13 期。

② 晓怡：《苏一经济学家宣扬集体农庄是集体和全民的混合所有制》，《经济学动态》1963 年第 18 期。

③ 本刊评论：《关于集体农庄的一些经济问题》，《经济学动态》1961 年第 8 期。

力，不节省烧柴。这样的食堂要散，勉强维持下去没有好处，已经浪费几年了，不能再浪费下去。"[①] 那么，集体食堂解散以后，土地是否适合分田到户？"食堂是食堂，田是田，食堂可以散，分田到户不行。有些零星生产可以包产到户，如田塍，可以包产到户。"[②] 在社会主义建设时期，刘少奇的主要经济思想之一是将工作重点由阶级斗争转移到经济建设上来。

1969 年《红旗》发表了关于浙江德清县下高桥大队的调查报告，认为刘少奇"三自一包"的理论有复辟资本主义倾向，发展集体所有制要深入农村进行两条道路斗争的教育。例如，在种植计划上，要分清"是从全局的、长远的利益出发，自觉地服从国家计划经济的要求，还是从局部的、眼前的利益出发，搞自由种植"；在产品出售上，出售农副产品，"是服从国家要求，着眼于支援工业、支援城市，还是搞'自由买卖'，着眼于挣钱牟利"[③]。《社会主义政治经济学》在 1975 年对刘少奇等"允许单干"的思想进行了批评，认为"扩大自留地、发展自由市场[④]、多搞自负盈亏企业和包产到户"是大刮单干风，"不要怕资本主义泛滥"、"农业也要退够，包括包产到户"等思想会从根本上破坏人民公社集体经济[⑤]。这一对立思想的源头在于，教材认为社会主义集体所有制的发展也是农村两个阶级、两条道路和两条路线斗争的重要方面。刘少奇则将经济建设作为这一阶段的主要矛盾，针对农村集体所有制发展过程中出现的具体问题，倡导"灵活性"，这一思想对"大跃进"给当时生产力带来的破坏起到一定的保护作用。

社会主义集体所有制的"斗争性"还体现在对苏联集体农庄的批判思想上。1969 年，苏联颁布了《集体农庄示范章程》，规定集体农庄的主席有权出租或转让农庄使用的国有土地；有权支配农庄的财产和资金，直到自由买卖农业机器等生产资料；有权决定庄员的劳动报酬和奖金；有权

① 刘少奇：《同炭子冲农民的谈话》，《刘少奇选集》下卷，人民出版社，1985，第 329 页。

② 刘少奇：《同炭子冲农民的谈话》，《刘少奇选集》下卷，人民出版社，1985，第 330 页。

③《深入进行农村两条道路斗争的教育——浙江德清县下高桥大队的调查报告》，《红旗》1969 年第 9 期。

④ 三大改造完成后，我国流通领域逐步纳入国家计划轨道。刘少奇发现这一过程中还存在一些问题，如"一部分工业品质量下降，品种减少，一部分农产品和副业产品减产，一部分物资受到妨碍"等现象。所以，刘少奇提出，在统一的社会主义市场的一定范围内，允许国家领导下的自由市场的存在和一定程度的发展。参见《刘少奇选集》下卷，人民出版社，1985，第 237 页。

⑤ 编写组：《社会主义政治经济学》（未定稿第二版），上海人民出版社，1975，第85 页。

开除庄员和雇工；等等。这一章程扩大了农庄主席的权力，“苏联广大的劳动农民目前受着双重的剥削。苏修叛徒集团通过税收和提高工业品价格、压低农产品价格等办法，剥夺广大庄员群众的劳动果实，……农庄主席以及总经济师、会计师、农艺师那一伙则在‘按劳分配’的外壳下，竭力扩大工资和奖金的差距，对庄员群众进行剥削”①。《人民日报》在1975年也发表评论文章，提出苏联集体农庄内部人们对生产资料的实际关系已经表明，苏联集体所有制的性质已经发生了变化，“集体农庄原来的社会主义经营管理方针完全被篡改，而遵循一条以利润挂帅、物质刺激为核心的修正主义路线。赚钱变成了农庄一切活动的最终目的，而物质刺激则是达到这一目的的主要手段”②。所有制在生产关系中起着决定作用，当集体所有制的性质蜕变，“按劳分配”性质也会被破坏，在集体农庄中出现剥削关系。

本章小结

由于“大跃进”时期工业和农业组织的发展比较激进，在国民经济调整时期，理论界对生产资料所有制理论的探讨呈现出两个方面的特点：一是强调区分和警惕修正主义和资本主义倾向的同时，要有步骤、有计划地发展工业和农业，以巩固和发展全民所有制及集体所有制。二是理论观点的多样性，关于集体所有制向全民所有制过渡的时机和条件，学界从生产力发展水平、分配方式和群众觉悟水平等多个方面进行了探讨。关于人民公社的所有制性质，也有学者提出应结合实际充分发挥人民公社的制度优越性。“文化大革命”期间，出现了批判全民所有制企业“讲成本、重经济效益”的理论观点，认为集体所有制要强调两个阶级、两条路线的斗争，片面地强调生产关系特别是生产资料所有制对生产力的决定性作用。“文化大革命”结束后的两年时间里，工业企业的经济效益重新得到重视，僵硬的所有制形式得到一些局部的改革。农村仍然保持了人民公社“三级所有、队为基础”的所有制形式，但某些分产到组的所有制形式缓慢地发展起来。

---

① 编写组：《社会主义政治经济学》（未定稿第二版），上海人民出版社，1975，第94页。

② 新华社记者：《苏联集体农庄已经蜕化变质》，《人民日报》1975年8月16日第6版。

第十九章　产品分配理论的发展

本章集中梳理了这一历史时期理论界有关社会主义产品分配制度的讨论。随着社会主义公有制的建立和发展，我国也逐步建立起以“按劳分配”为主要方式的产品分配形式。与此相适应，学界有关产品分配理论的研究也在持续深化。在这一历史时期，在分配方面也出现了“按需分配”的苗头，如在“大跃进”时期，农村部分地取消了工分制的按劳分配形式，广泛推行半供给制半工资制；在城市，部分单位取消了工资制，实行供给制；全国范围内基本上取消了计件工资和奖金。在经济恢复调整时期，重新强调按劳分配原则，学界对分配方式和劳动形式再次展开了热烈讨论。至“文化大革命”时期，产品分配理论主要集中于对按劳分配与资产阶级法权关系的讨论上。另外，与产品分配问题紧密相关的劳动力所有制研究也得到了持续关注，这一研究无论在理论上还是实践上都有十分重要的意义。

第一节　社会主义工资制度的实践和理论发展

“大跃进”期间，结合实践中出现的分配新形式，理论界也出现了一些否定按劳分配、宣扬平均主义的声音，这在实践中一定程度上影响了劳动者生产积极性的发挥。1958 年 12 月，党的八届六中全会通过的《关于人民公社若干问题的决议》重新强调了按劳分配的重要性，“否定按劳分配原则，就会妨碍人们劳动的积极性，就不利于生产发展，不利于社会产品的增加，也不利于促进共产主义的实现”①。到 1959 年后，对按劳分配取得了较为一致的肯定意见，但对按劳分配的依据、性质和作用等问题仍然存在分歧。对劳动报酬的研究主要是围绕供给制和工资制等问题展开

① 《中国共产党第八届中央委员会第六次全体会议文件》，人民出版社，1958。

的，本节将分别探讨这一时期人民公社和国营企业工资制度的实践和理论发展。

一　人民公社分配方式的演进及理论分歧

（一）“大跃进”时期的人民公社分配方式及其争论

农业合作社是在国家经济计划的指导下，组织集体劳动进行生产，同时将集体生产的成果根据“按劳取酬”的原则进行分配。吴沪生、陈治钧、何俊祥等指出农业社的实物收入和货币收入都要参加农业社的分配。在贯彻按劳取酬的原则进行分配时，必须遵守国家粮食统购统销政策的规定，并注意实物和现金的搭配问题，把分给社员的现金、粮食和其他实物统一计算在一起来体现按劳取酬的原则。在具体的分配核算方面，平时为了照顾社员的生活需要，应将年度中的收入预先分配给社员，在年终时再正式进行决算分配①。刘政分析了这一时期农村劳动力的基本情况，提出在劳动力差别的情况下，要贯彻按劳分配、多劳多得的原则，按照劳动数量和劳动质量来计算报酬，就必须采取在定额管理基础上的评功记分制度。这一制度既与当前农业生产力发展水平相适应，又能促进农业生产力的发展②。这一时期农业生产合作社的“按劳取酬”主要以社员每个月的出勤日计数，但同时在劳动生产中受一定限度劳动组织纪律的约束，以保证生产计划的按时完成。

在“大跃进”时期，大部分地区的公社化运动取消了合作社原有的评工计分制度，实行工资制和供给制相结合的分配制度。部分合作社大力推广“吃饭不要钱”的供给制，试行把社员全部或大部分生活包下来，例如“七包”、“十包”③。这在公社的分配方式上企图过早地否定按劳分配，实行“按需分配”。但在当时的政治环境下，普遍对供给制给予极高的评价，但也有学者对这一分配方式进行了客观理性的分析。

李先念在评价人民公社半供给半工资的分配制度时提出，许多公社已经由过去评工记分、春秋预分、年终决分的分配办法，改为部分供给制和基本工资加奖励工资的办法，这是人民公社发展的一种必然产物。供给部

---

① 吴沪生、陈治钧、何俊祥：《农业社收入分配核算问题的研究（上）》，《财经研究》1957年第4期。

② 刘政：《农业劳动中的定额管理和评工记分》，《经济研究》1961年第8期。

③ 有的地方对社员生活实行“七包”、“十包”。所谓“七包”，就是包吃、包穿、包住、包生养、包教、包婚、包看病。所谓“十包”，除上述“七包”外，还包烤火费、包理发、包看戏看电影。

分是社员基本生活必须的部分，工资部分是社员其他开支和生活零用的部分。“前一部分是根据当前生产条件按需要分配（按人平均分配）的部分，后一部分是按劳取酬的部分。”① 何畏认为在人民公社的分配制度上，必须有利于解放劳动力和扩大劳动力资源，使分配制度适应劳动力的统一调配，全面协作，适应组织军事化、行动战斗化、生活集体化的要求，这就要求举办以公共食堂为中心内容的各种集体的生活福利事业，实行基本的生活供给制②。《红旗》1959 年的评论文章强调在一个相当长的时期内，我国人民公社还不是共产主义性质，而是社会主义性质；在一定时期内，它还不是全民所有制，而是集体所有制。因此，在人民公社内部的产品分配方面，实行社会主义的按劳分配、多劳多得的原则是完全必要的。“在消费部分的分配中，集体消费部分和个人消费部分也要有正确的比例，而且个人消费部分应当占主要部分，……在个人消费部分中，实行工资制和供给制相结合的制度。”③ 当时理论上从政策层面对半供给半工资制度进行了解释，刘少奇也提出：“许多人民公社采取部分的供给制（一般来说，占社员收入的百分之二十到三十），它在目前的主要作用，是保证丧失劳动力的人和儿童的生活。”④

但另一方面，理论界对于我国人民公社的供给制和共产主义分配原则之间是否存在本质联系，仍然存在很多不同的意见。侯芳春提出，必须直接否定社会主义阶段实行按劳分配的必然性，她认为，在“大跃进”后人民公社已经形成的情况下，按劳取酬的分配原则必须由共产主义的分配原则——供给制代替⑤。许刚的观点则稍显缓和，他认为由于社会主义社会是共产主义的初级阶段，经济基础都是生产资料公有制，所以共产主义分配规律在社会主义社会里也能对消费品的分配起到一定的作用，“应尽可能缩小分配上的不平等，在分配制度上同时贯彻按劳分配和按需分配的原则”⑥。许刚这一观点强调了供给制的优越性。朱剑农（1959）提出了相似的意见，认为人民公社可以打破按劳取酬的框框，开始向着更高一级的分配制度过渡，并且预测，“从供给制与工资制相并而行的发展趋势来看，今后它们之间的比重的变化，决不是工资制的扩大，而是供给制的扩

① 李先念：《人民公社所见（通讯）》，《红旗》1958 年第 10 期。

② 何畏：《农村实行供给制的伟大意义》，《经济研究》1958 年第 11 期。

③ 《在人民公社中贯彻执行按劳分配的原则》，《红旗》1959 年第 6 期。

④ 刘少奇：《马克思列宁主义在中国的胜利》，《红旗》1959 年第 19 期。

⑤ 侯芳春：《法权不能超过经济制度》，《吉林日报》1958 年 11 月 17 日（版次不详）。

⑥ 许刚：《关于改行部分工资制和部分供给制的几个问题》，《经济研究》1958 年第 12 期。

大，乃至于后者之完全代替前者”①。上述观点的依据主要是认为我国已经开始从社会主义向共产主义过渡，因而从分配层面主张从按劳分配过渡到按需分配，但此时的供给制是水平较低的限量平均分配，并不等同于共产主义的按需分配。

与上述观点相悖，有学者从农业生产的实际情况出发分析人民公社的分配方式，认为这一时期人民公社的分配方式与共产主义的分配原则还有很大差距。骆耕漠（1958）认为人民公社实行的供给制包含着共产主义因素，但还不是“各取所需”。他分析，共产主义分配制度必须具备两个特征：一是不按劳动多少和好坏而按人口和需要分配；二是对生活资料可以实行无限额供应。后者更是具有决定意义的条件，我国现行的供给制虽然按人口分配，但有定额限制，因而不能算是共产主义的各取所需的分配制度。基于以上分析，骆耕漠强调要全面看待供给制和工资制，认识其两重性，“在一定范围内采用新的供给制是完全必要和正确的，但是我认为，也不能因此忘了工资制在目前阶段还有它的优越性，和供给制在一定情况下也会有麻痹劳动积极性的可能性”②。骆耕漠注意到了人民公社的供给制和共产主义分配原则的差别，客观地提出了供给制可能产生的消极作用，实质上也指出了现阶段人民公社生产力水平还不足以支撑按需分配的实际情况。李成蹊就直接指出了我国当时尚未具备实行按需分配的条件，“如果不经过按劳分配的历史过程，以为可以跳跃这个历史过程，一下子达到按需分配，这实际上是办不到的”③。1958 年底，中央《关于人民公社若干问题的决议》下达后，骆耕漠和李成蹊等学者的观点开始占主导地位。

（二）人民公社分配方式的改进和优化

1960 年下半年开始，提出对国民经济进行以调整为中心的调整、巩固、充实、提高的方针，并多次加以重申④。同时，在人民公社不断发展

---

① 朱剑农：《论产品交换与产品直接分配》，《财经研究》1959 年第 2 期。

② 骆耕漠：《论供给制——我国共产主义分配制度的萌芽》，《经济研究》1958 年第 11 期。

③ 李成蹊：《论工资制和供给制相结合的分配制度——从一个人民公社的分配制度说起》，《学术月刊》1959 年第 2 期。

④ 1960 年 8 月，李富春多次提出对经济进行调整、巩固、提高的问题，周恩来表示赞成，并加了“充实”二字。1960 年 9 月，党中央在批转国家计划委员会《关于 1961 年国民经济计划控制数字的报告》中提出，1961 年要“把农业放在首要位置，使各项生产、建设事业在发展中得到调整、巩固、充实和提高”。1961 年 1 月，党的八届九中全会批准并宣布了“八字方针”。1963 年 2 月，中央工作会议重申，从 1963 年起，再用 2～3 年的时间，继续实行“八字方针”。

的过程中，在分配方式上逐步放弃了工资制和供给制相结合的办法，代之以恢复“评工记分”的办法①。陈永贵将大寨村的劳动分配方式总结为“标兵工分、自报公议”，这一做法具有较强的典型意义②。所谓“标兵工分、自报公议”，是指记工员只记录每个社员的工别和出勤天数，到月底再进行评比总结。采用的方法是，首先评定哪些社员在这一时间段内劳动态度最好，出勤最多，工作质量最高，评定其为“标兵”，规定出标兵一天所得工分。其余社员按照自己的体力强弱、技术高低、劳动态度等要素自报自己一天应得的工分，社员自报之后，让全体社员进行评议。如果社员对自报的工分没有意见，就自报记工，个别人自报的不合适，全体社员都有权利进行评议修正。由于这种产品分配方式是从长期的农业劳动实践中提炼总结出来的，同时也经历了大寨村较长时间的检验，取得了较好的效果，总体来看，具有以下几个方面的优势。

第一，将评价时段定为一个月而不是天或周，这一方面极大地减少了在评价工分上投入的人力和时间，降低了管理成本。特别是以往为评分耗费大量时间、精力的干部，现在可以节省出更多时间参加生产劳动。另一方面，由于很多劳动活动的效果无法在较短时间内进行有效观测，延长评价期有利于更为全面地测度劳动效果，有利于更为准确地评定社员的劳动投入。

第二，“标兵工分”实际上为社员工分设定了一个最高限，这就使得社员的自报工分既有差距，但又不会太大③。各人自报工分差距之所以不太大，是因为各人的劳动成果都受到其他社员的监督，社员在接受思想政治教育的同时，受到的是一种强大的“舆论约束”，自报工分过高很容易受到批评和谴责，这无形中激励了劳动者更多地追求农活质量，争当“标兵”。我们认为，这种“标兵工分、自报公议”的做法，接近于西方企业的“科学管理”，也即找出工作效率最高的工人作为其他工人示范的管理方法。但是，人民公社的劳动激励方式又发挥了社员自身的管理能动性，通过集体监督的方式有效抑制了劳动者收入分配差距过度拉大，有效

① 1961年6月，中共中央颁布《农业六十条（修正草案）》，取消了实行部分供给制的决定，每个生产队办公共食堂等之前的硬性要求也得以改变。

② 陈永贵：《在劳动管理中怎样坚持社会主义方向》，《经济研究》1966年第3期。

③ 陈永贵（1966）的数据是，1965年大寨有技术的强劳力平均每天得十一分，中强劳力九点五分，半劳力七分，辅助劳力五分，最高和最低比较相差一点二倍。再拿畜牧业和副业来看，像铁匠、石匠，技术要求高，劳动量又大，所以比同等劳力的工分高百分之十九；饲养员（包括繁殖）高百分之十五；木匠高百分之十一；做粉条的、放羊的只高百分之十。

地把物质激励和精神激励有机地结合在一起。

第三，形成良好的劳动激励功能，其关键还是在于思想政治教育工作。评工记分也好，按件记分也好，都是为了调动社员的生产积极性，把生产搞好。如果只是为了多挣工分，而不顾农活质量，农业发展质量是无法保证的。单纯依靠检查是不行的，要紧的是依靠群众自觉，也就是“定额先定心”。因此，关键问题还是在于提高社员的思想觉悟，思想觉悟不高，多严格的制度也难免出漏洞。因此，必须把党的政治思想工作放在第一位，加强对社员的思想教育。党支部反复向社员讲清农活质量和产量的关系；产量和工分值以及社员个人收入的关系，使社员们普遍提高思想觉悟，认识到要想增加个人收入，必须提高产量，要想提高产量，必须认真劳动，保证农活质量。

当然，人民公社在供给制方面也采取了一些新的做法，尽管这种供给制还只占农村居民劳动成果分配的很小部分，但毕竟已经包含了一些共产主义按需分配的萌芽，体现了共产主义社会的集体主义精神和互助本质。譬如，对农村中缺乏劳动力和生活有实际困难的鳏寡孤独和老弱残疾的社员，实行了“五保”制度——保吃、保穿、保烧（能源燃料）、保教（儿童和青少年）、保葬（老年人），这种社会保险机制实际上已经形成了供给制。骆耕漠指出：有些地区设想实行比伙食供给制更为广泛的供给制（如衣着、住房、交通出行等），也就是实行以供给制为主、工分制为辅。这种设想就超越了我国农村实际的生产力水平和农民的思想觉悟水平，否定了按劳分配原则，容易导致平均主义，挫伤劳动者积极性①。

“文化大革命”时期，理论界又出现了把工资制体现出的“按劳取酬”原则与资产阶级法权联系起来的做法，人民公社的供给制分配方式又有所发展，这部分内容将在本章第三节进行探讨。

二　国营企业职工工资理论的相关探讨

（一）制定工资的原则和依据问题

毛泽东在《关于正确处理人民内部矛盾的问题》中指出：“我们作计划、办事、想问题，都要从我国有六亿人口这一点出发，千万不要忘记这一点。”“我们的方针是统筹兼顾，适当安排。”② 工资是劳动者获取报酬、进行劳动力再生产的重要途径，必须在妥善处理国家、企业和个人三者利

---

① 骆耕漠：《关于我国实行按劳分配制度的经验研究》，《经济研究》1961 年第 4 期。

② 毛泽东：《关于正确处理人民内部矛盾的问题》，人民出版社，1964，第 24～25 页。

益关系的基础上制定工资标准。这里主要涉及两个问题，一是工资增长率与劳动生产率之间的关系，二是物质利益刺激与精神激励之间的关系。

在第一个问题上，刘子久从长远利益上指出制定工资的原则，认为应在生产发展的基础上，适当提高职工的工资。正确的方针应该是在发展生产、提高劳动生产率的基础上，使工资福利适当地逐步增加，但也不可增加过多，即不可不增，亦不可多增。所以，制定工资时，应把重点放在长远利益上①。也就是说，工资提高的速度应慢于劳动生产率提高的速度。在计划经济体制下，内部的积累是社会主义扩大再生产的资金积累的主要源泉。而从长远来看，社会劳动生产率的提高，则是增加社会主义经济内部积累的重要因素。所以，工资增长的速度要依据生产发展的速度。中国人民大学《政治经济学》教材提出，制定工资时，既要承认差别又要反对相差悬殊，主要体现在以下几方面：其一，关于工农关系。历史、工农业差别、工人和农民劳动复杂程度及生产率的差别等因素，决定了在一定时期工人和农民的收入还有一定程度的差别。另外，由于这一阶段工业劳动生产率远远高于农业劳动生产率，工人和农民的生活水平也应保持同样大的距离。其二，关于复杂劳动和简单劳动、脑力劳动和体力劳动之间的关系。根据按劳分配原则，复杂劳动和简单劳动、脑力劳动和体力劳动的报酬应当保持一定的差距。在劳动的社会差别没有消灭以前，更多地缩小它们之间报酬上的差距也是不应该的，不利于鼓励劳动人民学习文化、学习技术，迅速提高自己的文化技术水平。其三，关于地区之间的工资差别。由于各地经济发展极不平衡，所以我国目前地区之间的工资关系极其复杂②。

在第二个问题上，这一时期的讨论主要集中在，在制定工资标准时，利润是否可以作为企业职工的物质兴趣的基本刺激③？辛华文认为，把利润作为物质兴趣刺激这一概念的产生，一方面是根据资本主义的经营经验和把这一范畴搬到社会主义经济中来，另一方面是根据南斯拉夫的国有企业管理经验。他指出，在社会主义企业中，利润不像资本主义企业中那样强烈地体现出来，所以，“在社会主义经济中物质兴趣的基本刺激是劳动

① 刘子久：《略论工资关系—工资差别》，《劳动》1960 年第 2 期。

② 中国人民大学编写组：《政治经济学》，人民出版社，1960，第 312～315 页。

③ 进一步来看，这个问题的根源在于：社会主义生产发展的主要激励因素是物质激励还是精神激励？在本书“工商企业的劳动组织形式”章节将深入探讨这一问题。

工资，更精确地说就是工资制度”[1]。《经济学动态》发表评论文章，强调了个人物质利益原则是培养共产主义劳动态度和同旧的意识残余作斗争的重要工具，并提出将物质利益原则看作社会主义社会里保留资产阶级法权的看法是站不住脚的[2]。莫·拉普金提出，在社会主义制度下，物质利益是提高劳动生产率，提高劳动者的文化技术水平和科学技术进步的强大刺激力。它鼓舞工作者提高自己的知识和熟练程度，改变劳动组织并有效地利用技术[3]。阿·沃尔科夫将物质利益作为提高社会主义生产的强大手段，“根据每个工作人员劳动的数量和质量付报酬的原则，过去和现在都是提高社会主义生产的强大手段，鼓励那些为社会福利诚实工作的人们以及自己的劳动增加社会福利的人们”[4]。同时，只有始终贯彻这一原则，才能把劳动者引导到共产主义的分配原则。

（二）有关供给制与工资制的争论

1958年，张春桥在《破除资产阶级的法权思想》一文中指出，“薪金制”是“钞票挂帅”，而不是“利润挂帅”，认为按劳分配是资产阶级法权思想，应予以反对[5]。在“大跃进”时期，社会上出现了供给制和半供给制，与此相呼应，理论界出现了反对工资制、提倡供给制的倾向。典型的研究包括，李心福认为供给制的取消是一种倒退。供给制的取消是对资产阶级法权思想的让步，会导致等级观念的加强、名誉地位即“争名于朝，争利于市”的倾向的增长。“工资制对革命机体只是起了腐蚀作用，并不是一个由低到高的发展；供给制的取消并不是必然规律所需，我们应把它看作一个历史教训来记。”[6] 陈明则提出与张春桥类似的观点，认为供给制是一种革命的、先进的分配制度。这一制度不仅适合于战争时期，也适用于建设时期，如果能够一直保持供给制的阵地，并逐步加以扩大，这应当是合乎革命发展规律的，但结果却走了一段弯路，“以后几年，供给制却全部退出阵地，让位给反映资产阶级法权的工资制”[7]。以上观点

---

① 辛华文：《波兰〈政治〉周刊讨论企业的经济刺激问题》，《经济学动态》1963年第7期。

② 本刊评论：《个人物质利益原则是培养共产主义劳动态度和同旧的意识残余作斗争的极重要的工具》，《经济学动态》1963年第22期。

③ 〔苏〕莫·拉普金：《列宁论个人物质利益》，《经济报》1962年第17期。

④ 〔苏〕阿·沃尔科夫：《始终不渝地实行物质利益原则》，《真理报》1962年4月4日刊（版次不详）。

⑤ 张春桥：《破除资产阶级的法权思想》，《人民日报》1958年10月13日第7版。

⑥ 李心福：《供给制的取消是一种倒退》，《河南日报》1958年11月10日（版次不详）。

⑦ 陈明：《不该退出供给制的阵地》，《人民日报》1958年10月30日第7版。

认为供给制改行工资制，在一定程度上助长了资产阶级个人主义，加强了资产阶级法权思想的阵地。

与上述观点相反，有学者提出供给制改为工资制“不是倒退，而是前进”[①]，“工资制好处大”[②]，“工资制在解放后势在必行”[③]。《学术月刊》也发表综述文章，指出工资制与供给制相比是个进步，因为后者虽然体现了优良传统，但它是一个军事共产主义制度，在特殊情况下迫不得已而实施的，它不是“各取所需”，而是“限制所需”。在当时的历史条件下，由于还保留生活资料的私有制，脑力劳动和体力劳动的差别还存在，生产力水平不高，物质资料还不丰富，全国有劳动力的人尚未全部就业，共产主义觉悟尚未在全民中占优势以及其他实际困难，实行工资制是必须的[④]。这一综述较为客观地交代了供给制产生的社会背景，供给制是在革命战争时期物资极其短缺的情况下产生的一种临时的生活制度，在战争时期，供给制对于克服当时的财政困难和加强革命团结起到了积极的作用。

当然，也有人认为应统筹考虑供给制和工资制的观点。金若弼较为客观地讨论了关于供给制和工资制的几个主要问题。其一，“按劳取酬”在一段相当长的时期内仍然是处理我国分配关系的主要原则之一，同时工资（津贴）制形式在该阶段还有它积极的作用，应在分配制度中予以保留；其二，关于供给标准，由于城市工资水平较高，供给标准以稍低为宜，以缩短城市职工和农民之间的收入差距；其三，在现阶段，城市职工的货币形式的分配制度是必要的，在将来条件具备以后，应及时缩小货币形式在分配中的比重，扩大实物形式的部分，以有效去除资产阶级法权思想[⑤]。金若弼从城市工业发展和集体经济发展的实际情况出发，提出了工资制和供给制同时存在的必要性，同时也强调了在将来具备客观条件时，缩小工资制以去除资产阶级法权思想的必要性。许刚认为在社会主义社会里，社会主义分配规律和共产主义分配规律都在起作用，所以该阶段我国的分配制度应该是部分工资制加部分供给制。同时，他还提出了两种分配制度的比例问题，由于城乡和工农之间还存在着一定的差别，所以现阶段农村以

---

① 何培煜：《不是倒退，而是前进》，《人民日报》1958 年 10 月 27 日（版次不详）。

② 方徨：《工资制，好处大》，《人民日报》1958 年 10 月 11 日第 3 版。

③ 刘艺：《工资制在解放后势在必行》，《人民日报》1958 年 10 月 17 日第 7 版。

④ 《上海社联六次座谈资产阶级法权问题综述》，《学术月刊》1958 年第 12 期。

⑤ 金若弼：《关于在城市中如何实行新的分配制度的几点意见》，《财经研究》1958 年第 9 期。

工资和供给各占一半为宜，而城市职工则应以工资为主，供给为辅，供给制部分的比例应低于一半①。

新中国成立后特别是社会主义改造完成后，全国城乡都在探索实行新的分配制度，学界在这一变化的过程中也从理论上进行了辨析。随着20世纪60年代国民经济恢复调整，学界普遍认为社会主义制度下在国营企业实行工资制是可行的，因此，有关供给制与工资制的争论在城市工业部门中基本上结束了。

(三) 关于工资形式的争论

工资形式是指劳动者获取劳动报酬的方式，在工业生产中，主要采取计件工资、计时工资、奖金、津贴等工资形式。在本书涉及的历史时期，计件工资两度遭到否定。一是1958年的“大跃进”，一度出现减少或取消计件工资。“计件工资制是不符合社会主义的‘各尽所能、按劳分配’的原则的，是妨碍发展生产、提高工人的觉悟、影响职工之间以及领导与群众之间的关系的，必须加以改革。”② 1959年4月在上海举行了计件工资问题讨论会，有关计件工资的优势得到重新重视，计件工资又开始恢复。“文化大革命”期间，全国国营企业几乎全部取消了计件工资制度，“计件工资体现的资产阶级法权明显地暴露出来，严重地影响人民相互关系和生产的发展”，以及计件工资体现的资产阶级法权有其“产生新的资产阶级分子的必然性”③。1976年后，计件工资再次得到恢复。

关于计件工资制是不是按劳分配的基本形式，理论界存在较大的争议。初学以武汉机床厂为例，提出计件工资制弊多利少，其引发的问题主要表现为以下几个方面：其一，计件工资过分强调物质刺激作用，导致部分工人将个人利益放在国家利益之上；其二，片面追求产量而忽视质量的现象普遍发生；其三，导致计件工人与计时工人之间工资悬殊加大④。金若弼认为计件工资不是按劳分配的最好形式，也不可能是社会主义工业企业劳动报酬的基本形式。其理由为：其一，计件工人的劳动成果中往往或多或少地包含许多计时工人的劳动在内。随着产量的提高，计件工人可以相应地提高工资，但计时工人的工资却不能增加或增加很少；其二，同等

① 许刚：《关于改行部分工资制和部分供给制的几个问题》，《经济研究》1958年第12期。

② 龚树基：《北京市商业局储运公司九龙山仓库装卸工人取消计件工资前后的情况》，《关于计件工资问题（1959年4月讨论会论文资料汇编）》，科学出版社，1960，第4页。

③ 编写组：《社会主义政治经济学》（未定稿），上海人民出版社，1973，第335页。

④ 初学：《关于计件工资问题的探讨——武汉机床厂工资制度的破立》，《财经研究》1958年第6期。

级的计件工和计时工，通常情况下，大多数计件工的工资总是高于计时工，计件工人的那种多劳多得不见得合理；其三，低级工人往往做某些专业产品，一定时期后，达到相当熟练的程度，容易超额多得工资，相反，高级工人由于具有多种技艺，活路经常变换，不易超额，不易多得工资；其四，定额不可能制定得非常合理，并不完全反映工人的劳动数量和质量①。金若弼以计件工和计时工的劳动差别进行分析，完全以计件工人所做产品的数量计算和支付劳动报酬并不合理。《光明日报》也于1959年发表讨论文章，认为计件工资有很多弊端，如造成工人之间工资高低悬殊；容易使人滋长资产阶级思想，不利于发扬不计报酬的共产主义精神；不利于劳动者之间的团结；容易忽视产品质量；影响部分工人的劳动积极性；等等②。

与以上观点相反，李云认为计件工资和计时工资都是社会主义消费品分配的一种形式，本质上都是社会主义的。与计时工资相比，计件工资把按劳分配的原则表现得更加简单明了③。李岳也提出，在社会主义制度下的“工资”和其他一些经济范畴——商品、价值、利润等一样，内容和实质都有了本质的改变，所以对社会主义制度下的计件工资制和资本主义计件工资制应区别对待④。根据这些支持计件工资制的观点来看，按劳分配在社会主义阶段是必要的，按劳动时间计算工资报酬是按劳分配的原则，那么，按产品质量和数量来计算工资也应作为按劳分配的原则。薛栋总结了《河内日报》在1961年7月13日的一篇社论，指出了计件工资存在的一些问题，如生产定额问题、不同劳动力的生产率差异等问题，但计件工资制的作用也是十分明显的，如提高劳动生产效率等，所以计件工资制是符合生产发展规律的，应该广泛推广⑤。林集则考察了苏联和欧洲若干社会主义国家的计件工资演变情况，总结出集体计件的工资制度适合于机器制造业等这种取决于整体努力的行业，而纺织业等行业的工作不取决于整个集体的努力，每个工人可以挖掘并利用一切有利因素，提高劳动生产率和增加产量，在这类行业中最有效的工资制度是个人计件工资制⑥。

---

① 金若弼：《计件工资制是不是按劳分配的最好形式?》，《学术月刊》1959年第3期。

② 《关于计件工资问题的讨论》，《光明日报》1959年10月22日第3版。

③ 李云：《对于计件工资的一些看法》，《经济研究》1959年第5期。

④ 李岳：《不能完全否定计件工资制》，《经济研究》1959年第4期。

⑤ 薛栋：《〔越〕〈河内日报〉提倡广泛推行计件工资》，《经济学动态》1961年第16期。

⑥ 林集：《苏联和欧洲若干社会主义国家的计件工资演变的一些情况》，《经济学动态》1962年第19期。

林集从不同的行业分类出发探讨计件工资制（集体计件和个人计件）的必要性，这为我国工资制度的理论发展提供了独到的研究视角。

“文化大革命”时期，计件工资被认为是资本家加强对工人剥削的手段，体现了资产阶级法权思想。主要依据有：其一，资本家以体力强壮、动作灵敏、操作熟练、技术较高的工人的日产量作为计算标准，把产品的工资单价压得很低，工人为了维持生活，不得不提高劳动强度；其二，当大多数工人的劳动强度提高时，产品的单价进一步降低，工人必须进一步提高劳动强度和增加工作时间才能保持原有的工资水平；其三，资本家对产品的严格验收来监督工人劳动，借口克扣工人工资等①。

计件工资作为按劳分配的报酬形式，使劳动者的劳动支出和贡献同其工资报酬直接地联系起来，在我国经济建设时期有利于调动劳动者的生产积极性，所以，计件工资与计时工资一样，都能较好地体现社会主义阶段按劳分配的基本原则。1976 年以后，这种全盘否定计件工资制的倾向得到纠正。既要看到计件工资的积极作用、适用条件和范围，同时又要分析其在生产过程中可能造成的收入分配差距和其他不良影响，这是计件工资讨论所产生的积极的理论意义。

第二节　按劳分配与资产阶级法权

在我国，由于土地改革的完成，封建地租被消灭，小生产者的私有制被改造成社会主义集体所有制，按劳动日来计算报酬成为农民中普遍的分配形式。另外，由于实现了私营工商业的合营，资本家的利润只留下一条定息的尾巴。上述改造完成以后，按劳分配的制度才最后确立起来，成为我国主要的分配方式。

毛泽东在《关于正确处理人民内部矛盾的问题》中对于分配问题的具体论述不多，但是从宏观层面强调了应统筹兼顾。在按劳分配的具体原则上，刘少奇给予了关注和研究。1957 年春天，刘少奇在河北、河南、湖北、湖南、广东五省作了调查研究，同年 4 月在中共上海市委召开的党员干部大会上讲话，指出“人民内部矛盾还特别表现在分配问题上面”。刘少奇提到：“不是讲生产关系与生产力的矛盾吗？生产关系与生产力的

① 徐禾等：《政治经济学名词解释》，人民出版社，1974，第 36、57 页。

矛盾表现在什么地方？我看是大量地表现在分配问题上。”① 他将分配问题归于生产关系的重大问题，并把它的是否正确处理同能否促进生产力的发展联系了起来。“文化大革命”期间，有学者将刘少奇的观点总结为分配决定论，认为是资产阶级法权思想的体现。本节对按劳分配方式存在的条件以及按劳分配与资产阶级法权的关系理论进行了总结。

一 按劳分配存在条件的继续讨论

马克思在《哥达纲领批判》中指出，“消费资料的任何一种分配，都不过是生产条件本身分配的结果”②。也正是基于这个判断，理论界普遍把生产资料的社会主义公有制作为按劳分配的客观依据。喻良新针对这一阶段我国社会主义改造完成的实际情况，认为我国确定了社会主义公有制，社会成员都平等地摆脱了生产资料私有制的剥削，都平等地利用公共的生产资料进行工作，他们所提供的都只是自己的劳动。因此，以私有制为基础的分配方式就失去了存在的客观前提③。徐崇温在其《论按劳分配的性质》一书中也提出，按劳分配的可能性和必要性都是由社会主义所有制决定的。在性质上，按劳分配是完全的、彻底的社会主义原则。“正确认识一个分配原则的性质，划清它与其他分配原则的界限，就必须始终坚持马克思列宁主义关于生产方式、所有制决定分配方式的基本原理。”④ 以上观点都论述了生产条件对于消费品分配的决定作用。按劳分配依存于社会主义公有制，一方面是由于生产资料的所有制关系决定了劳动产品的归属关系。在公有制条件下，劳动者成了生产资料的主人，同时也是劳动产品的主人，所以有必要按照各人付出的劳动分配自己的劳动产品。另一方面，生产资料的所有关系又决定了人们在生产中的地位和相互关系。在社会主义公有制条件下，人们在生产中建立起平等地位和互助互利的合作关系，在分配中才有权根据有利于生产发展、有利于兼顾劳动者各方面利益的原则平等地取得消费品。从这一层面上来说，回答了为什么按劳分配依存于生产资料公有制，但没有解决按劳分配的具体形式的问题，换言之，从生产资料所有制层面探讨按劳分配存在的条件还不全面。

薛暮桥强调了按劳分配是由生产资料公有制和生产力水平共同决定

---

① 《刘少奇选集》下卷，人民出版社，1985，第303页。

② 《马克思恩格斯选集》第3卷，人民出版社，1995，第306页。

③ 喻良新：《试论社会主义社会存在商品生产的原因》，《大公报》1957年1月27日第1版。

④ 徐崇温：《论按劳分配的性质》，上海人民出版社，1959，第47页。

的。“社会主义社会为什么还要按照劳动进行分配，而不能按照需要进行分配呢？这是由于在社会主义社会（共产主义的低级阶段）生产力还没有充分发展。”具体来说：其一，社会产品还没有丰富到能够充分满足全体人民一般的生活需要，还必须让人们根据自己的收入省吃俭用地来安排生活；其二，在生产还没有完全机械化、自动化以前，劳动的时间还比较长，劳动的强度还比较高，劳动对人们来说还是一个比较沉重的负担；其三，劳动人民还没有可能普遍享受文化教育，各人的劳动能力在事实上还存在着显著差异；其四，大多数人民的头脑中还或多或少地存在着“资产阶级式的权利的狭隘观点”，还不能不需要任何“权利”而为社会劳动。在这种情况下，只有采取按劳分配原则，才能最有效地鼓励劳动人民积极生产①。生产资料公有制条件下，分配的基本原则有按劳分配、按需分配和平均分配。在我国社会主义改造完成后的初期，生产力水平还不高，平均分配不利于调动劳动者的生产积极性，同样，物质生产还没有充分到可以实行按需分配的水平，所以，按劳分配应是这一阶段的主要分配方式。

以上两类观点是1957年至1965年我国学界探讨按劳分配依据的主要理论，当然，也有学者从多方面因素的综合作用角度作了分析，如王爱珠指出，生产资料公有制是按劳分配产生的决定性前提，工农差别、城乡差别、体力劳动和脑力劳动复杂程度的不同，是实行按劳分配的客观依据，生产力发展水平为按劳分配提供了物质条件②。

二　按劳分配与资产阶级法权思想关系的探讨

将按劳分配与资产阶级法权联系起来，并不是“文化大革命”时期社会主义政治经济学首创的。从1958年起，理论界就有观点认为按劳分配是资本主义性质的，是“资产阶级法权”的表现形式。从历史上来看，所谓“资产阶级法权”是作为维护等级制度的封建地主阶级特权的对立物出现的，在当时的历史环境下是具有重大进步意义的。在资本主义生产方式中，商品交换是按照等量劳动相交换的原则实现的，而在劳动力市场也实行这一原则，这表现为资本家在流通领域以支付劳动力价值（工资）的方式“等价”购买工人劳动力，这完全符合商品经济的价值规律，是一种形式上的“平等”。但是，当资本家购买劳动力以后，在生产过程

---

① 薛暮桥：《社会主义社会的按劳分配理论》，《人民日报》1959年10月23日第7版。

② 王爱珠：《关于按劳分配的客观必然性》，《中国经济问题》1964年第4期。

中，资本家无偿占有工人创造的超出其劳动力价值的部分——剩余价值，因此，劳资双方在事实上又是不平等的①。在这里，社会主义的按劳分配原则具有与资产阶级权利相似的地方，即等量劳动相交换的原则所体现的权利，仍是形式上平等，事实上不平等的权利②。

在社会主义社会，劳动力仍然是作为劳动者个人所有财产存在的，对于工作能力不同或家庭负担不同的劳动者来说是不平等的，一方面，按劳取酬的概念强调多劳多得；另一方面，它表现在劳动上划分等级，等级越多似乎越合乎按劳取酬③。《人民日报》也发表了评论文章，认为在实行按劳取酬时，事实上承认了资本主义制度下的某些原则，例如熟练劳动比不熟练劳动得到较多的报酬，脑力劳动比体力劳动得到较多的报酬，受高等教育的人的劳动比受教育程度低的人得到较多的报酬等等，因此在社会主义按劳取酬制度中还保留着某些资产阶级法权④。

部分学者承认社会主义社会是从资本主义向共产主义过渡的历史阶段，还保留了资产阶级法权的某些残余。例如黄逸峰强调这些残余在分配关系中主要体现在按劳付酬的分配制度中，但同时，他也客观地分析了资本主义私有制被消灭后，资本剥削劳动的物质生活条件消失。在这种情况下，分配方式取决于所有制形式、生产力发展水平和产品的数量，所以在社会主义阶段采取按劳付酬的分配原则是不可避免的⑤。《经济学动态》介绍了德国统一社会党中央机关刊物刊载的文章《物质利益原则是我们农业生产合作社中的实现》，指出物质利益原则有利于贯彻按劳分配原则，但物质利益必须和教育相结合，过度强调物质利益原则，会促进个人主义，导致集体主义瓦解⑥。这也说明，按劳分配原则贯彻的过程中，只要适当运用物质利益原则，就可以避免资产阶级法权的影响。骆耕漠从长

① 也正是在这个意义上，马克思指出，要解决资本总公式的矛盾（资本流通两端价值量不相等，违反价值规律），就必须深入生产过程分析剩余价值的创造过程，所以，“秘密既在流通过程，又不在流通过程”。

② 1978 年后，王珏在批判“文化大革命”政治经济学时曾认为，这里的“资产阶级权利”只是马克思借用的一个名词，社会主义按劳分配中的“资产阶级权利”与资本主义生产方式中的资产阶级权利，在本质上是不同的。参见王珏《中国社会主义政治经济学七十年》第 3 卷，中国经济出版社，1991，第 237 页。

③《上海社联六次座谈资产阶级法权问题综述》，《学术月刊》1958 年第 12 期。

④ 参见胡绳《从供给制说起》，《人民日报》1958 年 11 月 13 日第 7 版。这里还涉及劳动力所有制问题，将在本章第三节具体展开论述。

⑤ 黄逸峰：《试论破除资产阶级法权与按劳分配问题》，《财经研究》1958 年第9 期。

⑥ 本刊评论：《民主德国强调在农业生产合作社中贯彻物质利益原则》，《经济学动态》1961 年第 13 期。

期视角提出，城乡差别、工农差别、体力和脑力差别还存在，社会生产力水平不高，只能实行社会主义按劳分配原则①。骆耕漠提出按劳分配具有两面性的观点。一方面，按劳分配方式“是社会主义革命胜利后才诞生的新制度，是改革的平等的分配制度，是无产阶级法权，也是社会主义法权”，另一方面，按劳分配“又有不平等性，是资产阶级法权”②。李石泉指出，按劳分配虽然是社会主义原则，但仍具有资产阶级法权的性质，因为社会主义分配领域中还通行着资本主义的商品等价交换原则，而按劳分配中的平等权利只是形式上的平等而事实上不平等③。

一些学者强调，随着社会主义向共产主义过渡，按劳分配将逐步地被按需分配代替。如汪洋指出：“如果我们只看到按劳分配的历史进步性而看不到它的历史局限性；只看到它在社会主义阶段的相对稳定性而看不到它的过渡性，那当然是非常片面的、非常错误的。”为了正确地实行按劳分配原则，汪洋提出：“必须既反对企图过早否定按劳分配的‘左’的倾向，又反对把按劳分配凝固化的右的倾向；既同平均主义划清界限，又同修正主义划清界限。”④

当然，也有学者反对按劳分配是资产阶级法权的观点。刘庆堂、张玉璞强调了按劳分配只有一重属性，即无产阶级法权。他们指出，“等价交换”与“平等”“不平等”不能作为区分按劳分配阶级属性的标准，“决定按劳分配原则的阶级属性的是它所反映的经济内容和阶级意志”。从这个标准来看，按劳分配原则“就其阶级本质属性来说，是社会主义或无产阶级法权，只是在表现形式上具有资产阶级法权的特征”⑤。按劳分配是社会主义制度下的分配方式，是社会主义经济的一个重要特征，它从根本上实现了劳动平等和报酬平等。而劳动能力的差别和家庭赡养人口多少的差别等虽然使劳动者之间还存在着不平等，但这并不是阶级差别的表现，更没有表现出人与人之间剥削与被剥削的关系。以按劳分配所反映的经济内容和阶级意志为标准判断按劳分配的阶级属性，这一思想是我国理论界对按劳分配性质认识上的重要发展。

---

① 骆耕漠：《关于我国实行按劳分配制度的经验研究》，《经济研究》1961年第4期。

② 骆耕漠：《论按劳分配原则的两重性》，《大公报》1962年4月6日第3版。

③ 李石泉：《按劳分配原则具有资产阶级法权性质——与刘庆堂、张玉璞同志商榷》，《江汉学报》1963年第9期。

④ 汪洋：《关于按劳分配规律的一点想法》，《经济学动态》1962年第22期。

⑤ 刘庆堂、张玉璞：《按劳分配原则是无产阶级法权——与骆耕漠、徐崇温同志商榷》，《江汉学报》1963年第4期。

“文化大革命”时期，有关“资产阶级法权”的思想进一步发展，甚至超出了分配理论本身的范畴。主要的考虑是，如果把按劳分配绝对化、凝固化，巩固、扩大和强化按劳分配中的资产阶级法权及其带来的不平等，就必然导致劳动者内部进一步出现贫富悬殊和两极分化的现象，产生一部分社会成员在按劳分配的外衣下无偿地侵占另一部分社会成员的劳动的情况，资本主义和资产阶级就会在这样的基础上很快地产生出来①。但是，这些讨论也伴随着“绝对平均主义”思想的重新出现，1975 年是马克思《哥达纲领批判》发表 100 周年，张春桥和姚文元撰写文章主张绝对平均主义②。邓小平在 1975 年 8 月的《关于工业发展的几点意见》中提出：“坚持按劳分配原则。这在社会主义建设中始终是一个很大的问题……如果不管贡献大小、技术高低、能力强弱、劳动轻重，工资都是四五十块钱，表面上看来似乎大家是平等的，但实际上是不符合按劳分配原则的，这怎么能调动人们的积极性？”③

那么，要防止出现贫富悬殊和两极分化的现象，就必须从多个方面限制按劳分配。这种限制包括两个方面，第一，在分配过程中减小不同等级劳动者之间的收入差别，例如，在“大体平均、略有差别”的方针下，在国营企业中长期实行“八级工资制”，按照生产劳动的复杂程度和技术的熟练程度将工资分为八个等级。为了区别复杂劳动和简单劳动，不同工种按技术上的差别分成若干种等级线，最高等级可以到八级，另一些技术比较简单的工种，最高的只能到四级或者五级。从 1956 年开始，全国企业工人都实行八级工资制，一直持续到 20 世纪 80 年代中期为止。第二，逐步扩大共产主义按需分配的因素，对职工实行劳动保护、公费医疗制度，对于老年职工实行退休制度，对于丧失劳动力和因家庭负担过重而生活特别困难的人，由国家或集体给予补助和照顾，等等。

第三节 劳动力所有制理论的继续发展

在本章按劳分配存在条件的理论争议中，不仅有学者从生产资料所有

---

① 编写组：《社会主义政治经济学》，上海人民出版社，1976，第 380 页。

② 张春桥：《论对资产阶级的全面专政》，《红旗》1975 年第 4 期；姚文元：《论林彪反党集团的社会基础》，《人民日报》1975 年 3 月 1 日第 1 版。

③ 邓小平：《关于发展工业的几点意见》，《邓小平文选》（第 2 卷），人民出版社，1994，第 30 ~ 31 页。

制和生产力发展水平方面进行了研究，也有学者从劳动力所有制方面进行了探讨。本节对劳动力所有制性质的相关理论、社会主义劳动力所有制与按劳分配的关系等进行考察，并对其理论和实践意义做出总结。

20 世纪 60 年代初，国民经济进入调整期。为了总结我国社会主义革命和建设的经验和教训，骆耕漠在《关于生产关系的几个理论问题的研究》一文中指出，所有制包括生产资料所有制和劳动力所有制两个方面，研究生产关系必须考察生产资料所有关系和劳动力所有关系[①]。在 1961 ~ 1965 年期间，学界围绕骆耕漠的文章形成了一次讨论高潮。

一　劳动力所有制性质问题的讨论

（一）劳动力所有制存在于一切社会形态经济范畴

骆耕漠的观点对生产资料所有制是生产关系唯一基础的理论提出了异议，扩大了理论界对生产关系研究的视野。他还指出，劳动力所有制是区别不同性质的生产关系的标志。奴隶制经济和现代雇佣制经济的区别，“除了作为其前提的生产力水平有很大不同外，在所有制方面就只在于对劳动力这个生产要素有不同的所有关系”，“这就是说，在古代奴隶制社会和现在资本主义社会中，生产资料都不属于劳动者所有，这是相同的，这两种社会的差别之一是在劳动力的所有关系方面”[②]。马克思揭示了资本主义生产方式的本质，说明剩余价值的起源，关键在于马克思分析了资本主义社会的劳动力所有制，说明了劳动力作为商品的买卖背后的经济关系。所以，如果把劳动力所有制排除在生产关系之外，排除在政治经济学研究对象之外，是无法说明各个不同生产方式的本质差别的。

蒋家骏从生理观点和经济观点进行解释，从生理观点上看，劳动力总是归劳动者所有，不会随着生产方式的改变而改变；从经济观点上看，劳动力却并不是永远归劳动者所有，在不同的生产方式下，它可以有不同的所有关系[③]。何桂林也指出，政治经济学所要研究的所有制，实际上是生产条件所有制，包括物质的生产条件所有制和人身的生产条件所有制[④]。也就是说，我们在考察某一种生产方式时，只有同时考察了上述两方面的

① 骆耕漠：《关于生产关系的几个理论问题的研究》，《光明日报》1962 年 1 月 23 日第 2 版。

② 骆耕漠：《关于生产关系的几个理论问题的研究》，《光明日报》1962 年 1 月 23 日第 2 版。

③ 蒋家骏：《试论劳动力所有制关系问题》，《文汇报》1962 年 6 月 7 日（版次不详）。

④ 何桂林：《关于劳动力的所有制问题》，《天津日报》1962 年 7 月 11 日第 4 版。

生产条件的占有关系之后，才能揭示出该种生产方式的具体特点。

在一切社会经济形态下，劳动力所有制与生产资料所有制并存。生产资料的占有形式和劳动力的占有形式一起构成所有制，从而决定生产关系的性质。那么，到社会主义社会，生产资料所有制发生了变革，但劳动力所有制并没有完全相应地变为劳动力公有制。

（二）社会主义条件下，劳动力所有制的性质

我国建立生产资料公有制以后，生产力的发展水平和程度限制了劳动还仅仅是谋生的手段。只有到了共产主义社会，社会产品能充分满足社会成员的需要，劳动力的完全公有制才能实现。柯宗瑞提出了社会主义条件下劳动力所有制的双重性质，即既归劳动者个人所有，又归社会所有。"劳动力的生产和再生产的费用由谁承担，是判定劳动力归谁所有的一个最集中的最明显的标准。"[①] 社会主义条件下，劳动力生产和再生产的费用由劳动者个人和社会共同承担，因此，社会主义制度下劳动力具有两重性质。

佘伯乃、张明堂等以生产力的发展水平和性质作为标准，提出劳动力所有制的双重性质。劳动力所有制是生产关系中的所有制关系的一个基本环节，它同生产资料所有制一样，其发展变化主要根源于生产力发展水平及其性质。因此，"在生产方面已经取得了公有的性质，已经当作了一个社会劳动来支配，但在分配方面还保留着个人所有的性质，并且作为分配消费品的唯一的直接依据"[②]。综合以上观点，在这一阶段生产力水平条件的主要作用下，劳动力的生产和再生产的费用一部分由社会承担，另一部分由劳动者个人承担。那么，社会主义条件下劳动二重性的理论，看到了社会主义条件下劳动力不完全是公有的因素，在一定程度上反映了当时的社会主义生产关系。

20 世纪 50 年代后期，学界对劳动力个人所有制作了否定，从而否定按劳分配，影响了国民经济的发展，60 年代初对这一观点予以了纠正，劳动力所有制相关的理论也正是在这一阶段取得了较大的发展；"文化大革命"期间对劳动力个人所有制的否定，导致了分配上平均主义的泛滥，破坏了生产力尤其是人民公社的发展，这一现象在"四人帮"被粉碎以后再次得到了纠正。

---

① 柯宗瑞：《试论社会主义制度下劳动力所有制的性质问题》，《天津日报》1962 年 6 月 6 日第 4 版。

② 佘伯乃、张明堂：《略论劳动力所有制的性质——兼与柯宗瑞、何桂林同志商榷》，《天津日报》1962 年 9 月 5 日第 4 版。

二　社会主义劳动力所有制与按劳分配的关系

在社会主义制度下，生产资料公有制的建立是对按资分配的否定，而社会主义初级阶段的生产力发展水平决定了产品分配上只能实行按劳分配。艾思奇、于伍等提出社会主义社会实行按劳分配的直接依据是劳动力个人所有制。

艾思奇认为，在社会主义社会，人们按照自己所供给的劳动来取得相应的报酬的这种等价交换权利，仍然是一种资产阶级式的法权。“因为这里虽然没有生产资料的私有，但个人劳动力在实际上仍被承认为私有。由于这样的私有权利，人们才可能按照自己的劳动向社会要求相应的报酬。”[①] 1962 年，于伍发挥了艾思奇的这一观点，认为社会主义按劳分配原则的本身就说明“劳”（劳动力支出的数量和质量）是消费品分配原则的直接依据，说明不同的劳动能力是不同的分配权利的直接依据，也就说明社会主义社会承认劳动者与其自身劳动力直接是一种所属关系。那么，社会主义社会就还存在着劳动力本人私有制这一生产关系[②]。以上将劳动力的个人所有（或部分个人所有）作为按劳分配的直接依据，是对马克思关于产品分配理论的发展，也为我国按劳分配理论的发展提供了一种依据。

薛暮桥也强调社会主义生产条件下分配关系是生产资料公有和劳动力部分个人所有。这样一种生产条件下的分配关系决定了生产资料和劳动力的结合必须采取一种特殊的方式，“全体劳动人民利用他们共同占有的生产资料结合成一个生产的共同体，同时按照各人所提供的劳动数量和质量领取劳动报酬”，这种结合方式“表明社会主义阶段，劳动者和生产资料结合的共产主义方式还不成熟，还不完善。个人劳动转化为社会劳动，必须通过一个‘中介’，通过一个特殊方式，即以等量劳动换取等量产品（作了扣除）”[③]。对“文化大革命”期间平均主义思想进行纠正后，薛暮桥的这一观点将我国社会主义生产关系的研究再次拓展到了劳动力所有制领域。

综上所述，劳动力所有制理论相关问题的提出和探讨，突破了仅仅从生产资料所有制层面研究产品分配理论的限制，这为我国理论界进一步研

---

① 艾思奇：《努力研究社会主义社会的矛盾规律》，《哲学研究》1958 年第 7 期。
② 于伍：《试论社会主义社会的劳动力所有制形式》，《新建设》1962 年第 6 期。
③ 薛暮桥：《中国社会主义经济问题研究》，人民出版社，1979，第 69 ~ 70 页。

究分配制度提供了思想资料，也为我国分配制度和劳动制度的改革提供了理论基础。

本章小结

在本书涉及的历史时期，产品分配理论的研究呈现出复杂多样和在争议中发展的特点。“大跃进”期间，由于人民公社被认为是向共产主义过渡的农村社会组织形式，因此突出了供给制和按需分配。国营企业工资制度的多样化也引起了理论界的热烈讨论，特别是在计件工资、等级工资、奖励工资等方面形成了不少有现实意义的研究成果①。国民经济调整期间，学界对产品分配理论的讨论范畴扩大，将劳动力所有制和生产资料所有制都作为生产方式的研究层面提出，推动了分配理论的大发展。“文化大革命”时期，按劳分配是形式上平等而事实上不平等的观点占据了主导地位，而这一观点为“无产阶级不断革命论”提供了分配层面的理论支撑。我们认为，在社会主义生产资料公有制占据绝对主体地位的所有制基础上，劳动力不可能真正成为商品，因此，资本主义生产方式形式上的平等和事实上的不平等，与社会主义按劳分配形式上的平等和事实上的不平等，具有内涵上的很大差异，不宜等量齐观。也正是在这个意义上，“按劳分配中的资产阶级权利，乃是不反映资产阶级的利益，并且是反对资产阶级利益的资产阶级权利”②。

产品分配理论的曲折发展也反映了党领导社会主义建设的重要经验，这是主导的一面；另一方面，由于工作指导方针的失误和经济发展的曲折过程，产品分配理论和分配制度的形成和完善也经历了一个曲折的探索过程，这为我国现时代的分配政策和劳动人事制度改革都提供了重要的理论和实践经验。

---

① 1963 年 11 月 25 日至 12 月 26 日，劳动部在江苏省无锡市召开了工资问题座谈会，与会学者围绕工资制度的多个方面问题展开了深入讨论。这次研讨会是新中国成立以来规模较大的一次工资问题研讨会。参见张琢琨、刘长青、李量《关于我国国营企业工资制度问题的一些看法》，《经济学动态》1964 年第 7 期。

② 本报评论员：《贯彻执行按劳分配的社会主义原则》，《人民日报》1978 年 5 月 5 日第 1 版。

第六篇

构建中国社会主义
政治经济学的艰辛探索

本篇包括三章内容。第二十章整理了新中国成立初期政治经济学学科建设和专业教学的历史资料，对这一时期的理论研究成果和教学体系建设进行了回顾。作为对中国社会主义经济建设的理论反映，政治经济学思想史也通过一些外在形式呈现出自身的演进线索，这些外在形式包括学科建设、学术平台和载体的培育以及专业教学体系的发展等，因此，我们专门探讨这些内容，其目的就在于不仅从经济建设实践的发展历程中提炼和总结经济思想，同时也能够通过具体的发展载体刻画经济思想的演进轨迹。

第二十一章是一个独立章节，回顾了20世纪50年代末60年代初我国主要党政领导人集中学习《苏联社会主义经济问题》和《政治经济学教科书》的历史，围绕毛泽东等领导人针对苏联政治经济学教科书的基本看法，特别是对他们有关如何结合中国实践构建中国社会主义政治经济学的观点进行了梳理和回顾。第十四章对这一历史时期国内社会主义政治经济学理论体系探索过程进行了梳理，分类整理了该历史时期的社会主义政治经济学文献，围绕社会主义政治经济学理论体系构建的相关问题，如研究对象、结构主线、中心议题和逻辑起点等进行了探讨。

第二十二章梳理了20世纪60年代中国社会主义政治经济学理论体系的接续探索。1959~1963年，中国社会主义政治经济学掀起了新中国成立以后第一次学习研究高潮。中国共产党及经济理论界在学习借鉴苏联理论体系的过程中，对其中不符合中国具体国情的理论判断提出了质疑，虽未能取得系统性的研究成果，但已逐步破除对苏联范式的绝对迷信。在这一时期，毛泽东同志的《论十大关系》和《关于正确处理人民内部矛盾的问题》书写了中国特色社会主义政治经济学的序篇，标志着构建中国版社会主义政治经济学任务的正式提出。而在学术界，各种政治经济学教材百花齐放、百家争鸣，特别是对政治经济学社会主义部分进行了多样化的探索，对于在现时代推动马克思主义政治经济学中国化具有十分重要的意义。

第二十章　中国社会主义政治经济学理论体系构建任务的提出

创作本书的指导理念是“史论结合，论从史出”，正是在这一理念的指导下，我们试图把政治经济学思想史的梳理融入经济史当中，在历史进程中探索社会经济形态的演进和政治经济学思想的发展。因此，从本书的结构布局来看，并没有按照人物、专题对经济思想进行编年体的梳理，而是从生产力提升、生产方式演进和生产关系变革这些历史事件中自然地“生长出”经济思想史。但与此同时，作为对中国社会主义经济建设的理论反映，政治经济学思想史也通过一些外在形式呈现出自身的演进线索，这些外在形式包括学科建设、学术平台和载体的培育以及专业教学体系等，因此，我们在最后一章专门探讨这些内容，其目的就在于不仅从经济建设实践的发展历程中提炼和总结经济思想，同时也能够通过具体的发展载体刻画经济思想的演进轨迹。

在过渡时期，一方面，全国掀起了学习苏联政治经济学的理论成果的热潮，其中又特别以学习和研究《苏联社会主义经济问题》和《政治经济学教科书》为代表。另一方面，中国共产党及经济理论界在学习借鉴苏联理论体系的过程中，对其中不符合中国具体国情的理论判断提出了质疑，虽未能取得系统性的研究成果，但已逐步破除对苏联范式的绝对迷信。在这一时期，毛泽东同志的《论十大关系》和《关于正确处理人民内部矛盾的问题》书写了中国社会主义政治经济学的序篇，标志着构建中国版社会主义政治经济学任务的正式提出①。

---

① 有学者认为，这两篇经典文献是中国特色社会主义政治经济学的开篇。参见顾海良《中国特色社会主义政治经济学的始创及理论结晶——毛泽东〈论十大关系〉和〈关于正确处理人民内部矛盾的问题〉研究》，《毛泽东研究》2016 年第 5 期；顾海良《中国特色社会主义政治经济学的序篇——纪念毛泽东〈论十大关系〉发表 60 周年》，《毛泽东邓小平理论研究》2016 年第 3 期。

本章从三个方面进行梳理。一是苏联政治经济学体系的引进和学习，二是政治经济学学科发展和教学体系建设，三是社会主义政治经济学理论体系研究的发端。

第一节　政治经济学的学科发展和理论研究

一　研究机构的学术活动

在这一时期，政治经济学研究主要集中在中国社会科学院经济研究所（当时称中国科学院哲学社会科学学部经济研究所）、中国人民大学、中共中央党校等教学和科研部门，同时，中央政府部门中也有一批研究政治经济学的学者型官员①。

中国社会科学院经济研究所前身为中华教育文化基金会社会调查部，于1929年改组成立社会调查所，1934年与“中央研究院”社会科学研究所合并，称为“中央研究院”社会科学研究所，1945年更名为“中央研究院”社会研究所，1950年改称中国科学院社会研究所，1953年更名为中国科学院经济研究所。在本书涉及的历史时期，中国科学院经济所的政治经济学研究人员主要有孙冶方、顾准、张卓元等。1950年成立的中国人民大学，也是新中国政治经济学教学和研究的重要阵地之一，这一时期的政治经济学教学研究主要集中在经济系，主要研究人员包括宋涛、吴树青、卫兴华、胡钧等。

此外，在当时的政府部门中，也有不少学者型官员，他们主动运用政治经济学理论知识，对很多实际工作中出现的问题进行了分析，比较有代表性的有骆耕漠（中共中央华东局财经委员会委员，华东财委秘书长、副主任，国家计委成本物价局局长、副主任，全国人大办公厅副主任）、许涤新（先后担任上海工商行政管理局局长、复旦大学经济研究所所长、中共中央统战部秘书长兼中央私营企业局局长）、薛暮桥（时任国家计委副主任、国家统计局局长）、马洪（先后担任东北局政策研究室主任，东北局委员、副秘书长，国家计划委员会委员兼秘书长）、王学文（新中国

① 需要说明的是，本书的思想史梳理是以理论本身的展开作为线索的，并未按照学者个人的学术思想进行整理，因此，本节只是对该时期的研究者进行简要介绍，不过多涉及其经济思想。

成立后长期在中共中央宣传部工作，并在中共党校讲授政治经济学）。这些学者们的观点贴近现实，兼有理论性和政策操作性，对推动马克思主义政治经济学的中国化进程发挥了重要作用。

在这一时期，有关政治经济学仍然以学习和借鉴苏联模式为主，但面对中国社会主义建设实践中出现的新问题，学术界也展开了一些理论研讨。譬如，1954～1955 年，《学习》杂志刊登了多篇有关过渡时期经济法则的论文，由此掀起了一场广泛的学术讨论。为此，《学习》专门出版了专辑收录相关论文。1954 年 12 月，中国社会科学院经济研究所、《人民日报》社和《学习》杂志社召开了学术座谈会，就过渡时期经济法则问题开展研讨，与会的有于光远、千家驹、王思华、王惠德、沙英、狄超白、杜润生、宋涛、巫宝三、林里夫、姜君辰、张锡昌、贺笠、杨培新、霍泛、苏星、苏奋、严中平等。

二　理论刊物的创建和发展

伴随着新中国建设事业的全面展开，各种理论刊物也应运而生。在这一时期，刊登政治经济学学术研究作品的理论刊物主要有《学习》《新建设》《教学与研究》《经济研究》《计划经济》等。本节拟对这些主要刊物进行简要介绍，对这些刊物发表的代表性学术作品进行介绍。

（一）《学习》

《学习》杂志创刊于 1949 年 9 月，1958 年 10 月停刊。《学习》杂志最初由生活·读书·新知三联书店出版发行。1951 年 4 月，《学习》杂志社从三联书店独立出来，成为中央宣传部的下属单位，《学习》也转由中国图书发行公司发行。《学习》在我国的报刊发展史中占有重要地位，刊发了大量哲学社会科学领域的学术作品，发行量在停刊前达到 70 万册。1958 年 6 月，为了加强全党的理论学习，《学习》杂志更名为《红旗》，并由中共中央委员会主办。

从办刊的定位来看，在当时空前高涨的马克思主义学习氛围中，《学习》杂志开辟了一个各界人士共同讨论问题、相互交换心得、介绍学习方法、交流学习经验的园地，设有专论、问题商讨、名著题解、学习经验、读书笔记、读者笔谈、传记、学习测验、名词解释等栏目。其中，马克思主义政治经济学原理的学习讨论占据了相当大的篇幅。特别值得一提的是，《学习》自 1955 年第 11 期起，连续介绍国内学习苏联《政治经济学教科书》的意见，反映了当时学习苏联政治经济学的状况，同时也刊登了很多读者有关苏联政治经济学的感想和思考，对于吸收、借鉴苏联政治经济学并实现其与中国国情的结合，具有重要的理论意义。此外，《学习》杂志还先后组织了一些专题笔谈，主要包括社会主义公共利益与个人利益的结合、资本主义工商业改造中的定息和剥削问题、社会主义农业合作社的建设和管理等等，有力推动了政治经济学基本原理与中国实践的有机结合。

（二）《新建设》

《新建设》杂志是1949年9月创刊的，它的前身是《中国建设》半月刊（1947年春出版）。《中国建设》是一本综合性刊物，其办刊宗旨是揭露国民党的反动本质，团结和教育各民主党派及全国各族广大人民群众，1949年9月《中国建设》被国民党反动派查封。在第一届全国政治协商会议召开前夕，我国学术界中民主党派和无党派民主人士中一些知名人士如吴晗、费青等共同商定创办《新建设》，创刊号于1949年9月8日出版。1958年秋，中共中央宣传部决定将《新建设》划归中国科学院哲学社会科学学部领导，成为由党领导的我国第一个哲学社会科学综合性杂志，直到1966年“文化大革命”期间被迫停刊。

在政治经济学研究方面，我国著名的经济学家如薛暮桥、于光远、许涤新、王亚南、千家驹、骆耕漠、管大同等都在《新建设》发表过学术理论文章，还有一大批年青一代的研究人员如吴敬琏、董辅仁等，对价值规律作用问题、商品生产问题、国民经济有计划按比例的发展问题等，发表了很多见解新颖的理论观点。

（三）《教学与研究》

《教学与研究》是教育部委托中国人民大学主办的综合性学术理论刊物。办刊宗旨是为高校马克思主义理论教学和研究服务，同时兼顾相关领域的人文社会科学研究。《教学与研究》创刊于1953年5月。《教学与研究》为20世纪50年代和60年代前期高校马克思主义思想政治理论课程体系的建立和课程建设、教材建设，起到了积极的推动作用。《教学与研究》在当时还组织并刊发了一系列产生重大学术影响和社会影响的学术论文，如关于“逻辑”问题的大讨论，就引起了毛泽东的高度重视和赞赏。《教学与研究》在1964～1978年停刊，从1979年开始复刊。1980年，教育部确定《教学与研究》为教育部委托中国人民大学主办的为高校马克思主义理论教学和研究服务的综合性学术理论刊物。

（四）《经济研究》

《经济研究》创办于1955年，由中国社会科学院经济研究所主办，中国社会科学院主管。《经济研究》是国内最早的综合经济理论期刊之一，与其他哲学社会科学刊物不同，《经济研究》主要定位为经济类学术研究成果的发表平台，即使在初创时期，每期刊登的论文篇数也比较少，且基本上属于篇幅较大、分析深入的经济学研究论文。在这一时期，《经济研究》刊登了很多经济学名家的作品，特别是中国社会科学院经济研究所（当时为中国科学院哲学社会科学学部）研究人员的作品，譬如孙冶方的《把计划和统计放在价值规律的基础上》和顾准的《试论社会主义制度下的商品生产和价值规律》分别刊登在《经济研究》1956 年第 6 期和 1957 年第 3 期，此外，1957 年第 5 期《经济研究》刊登了“经济学界反右派斗争专辑”，针对陈振汉的观点进行了批判，这是反右倾运动在经济学界的标志性事件。

（五）《计划经济》

《计划经济》是由东北人民政府计划委员会（后改为东北人民政府经济计划委员会）在新中国成立初期主办的一本刊物，当时的主要任务是翻译苏联国民经济管理和计划工作的政策文件和研究论文。1955 年 1 月划归计划统计杂志社主办，刊载国内经济学者和计划工作人员的工作动态、研究报告、经济资料和学术研究论文，直至 1958 年停刊。《计划经济》杂志的特点是既刊登有关计划经济理论的学术探讨性论文，也发表一些具体的计划工作文章，停刊后，前者主要由《经济研究》刊载，后者主要由《计划与统计》刊载。

三　政治经济学理论研究的主要成果

在这一时期，由于社会主义政治经济学研究还处在学习苏联范式阶段，结合中国国情进行深入探讨的学术专著总量上还不算多，研究的主题普遍比较宏大，专题性的研究较少。主要分为以下几类。

一是围绕《资本论》及其他马克思主义经典著作的研究成果。如王思华《〈资本论〉解说》①、沈志远《研习〈资本论〉的准备》②、郭大力《关于马克思的〈资本论〉》③、范若愚《列宁论国家资本主义》④、陶大墉《斯大林关于资本主义体系总危机的理论》⑤ 等。

二是围绕生产力、生产关系等政治经济学概念进行介绍和研究的专

① 王思华：《〈资本论〉解说》，生活·读书·新知三联书店，1951。

② 沈志远：《研习〈资本论〉的准备》，生活·读书·新知三联书店，1954。

③ 郭大力：《关于马克思的〈资本论〉》，中共中央党校出版社，1956。

④ 范若愚：《列宁论国家资本主义》，湖北人民出版社，1955。

⑤ 陶大镛：《斯大林关于资本主义体系总危机的理论》，中国青年出版社，1954。

著，如张先辰《什么是生产力和生产关系》[①]、吴承禧《生产力与生产关系》[②]、陶大镛《怎样学习政治经济学》[③]、王学文《政治经济学方法论的几个问题》[④]、吴海若《关于马克思的再生产理论》[⑤] 等。

三是围绕社会主义特定的政治经济学范畴展开研究。如伍丹戈《社会主义制度下的劳动和工资》[⑥]、苏绍智和胡鉴美《社会主义社会的国民收入》[⑦]、柯良京《社会主义再生产》[⑧]、吴景超《有计划按比例的发展国民经济》[⑨]、苏星《社会主义基本经济规律》[⑩]、孙怀仁《社会主义再生产》[⑪] 等。

四是结合我国特定历史时期的社会主义政治经济学展开分析。如王亚南《马克思主义的人口理论与中国人口问题》[⑫]、关梦觉《毛泽东主席在农业合作化问题上对于马克思列宁主义政治经济学的创造性贡献》[⑬]、会文经《中国的社会主义工业化》[⑭]、朱剑农《我国过渡时期的生产资料所有制》[⑮]、张承宗《国民经济有计划按比例发展的法则》[⑯]。

第二节 政治经济学教学体系建设

新中国成立后，在苏联政治经济学专家的指导下，中国人民大学成立了直属校部的政治经济学教研室，为全国高校的政治经济学教学体系建设提供了示范标杆，这也开启了我国马克思主义政治经济学专业化进程。通

① 张先辰：《什么是生产力和生产关系》，湖北人民出版社，1957。
② 吴承禧：《生产力与生产关系》，华东人民出版社，1954。
③ 陶大镛：《怎样学习政治经济学》，上海人民出版社，1955。
④ 王学文：《政治经济学方法论的几个问题》，湖北人民出版社，1956。
⑤ 吴海若：《关于马克思的再生产理论》，湖北人民出版社，1955。
⑥ 伍丹戈：《社会主义制度下的劳动和工资》，上海人民出版社，1956。
⑦ 苏绍智、胡鉴美：《社会主义社会的国民收入》，上海人民出版社，1956。
⑧ 柯良京：《社会主义再生产》，人民出版社，1956。
⑨ 吴景超：《有计划按比例的发展国民经济》，中国青年出版社，1954。
⑩ 苏星：《社会主义基本经济规律》，上海人民出版社，1955。
⑪ 孙怀仁：《社会主义再生产》，上海人民出版社，1956。
⑫ 王亚南：《马克思主义的人口理论与中国人口问题》，科学出版社，1956。
⑬ 关梦觉：《毛泽东主席在农业合作化问题上对于马克思列宁主义政治经济学的创造性贡献》，新知识出版社，1956。
⑭ 会文经：《中国的社会主义工业化》，人民出版社，1957。
⑮ 朱剑农：《我国过渡时期的生产资料所有制》，湖北人民出版社，1955。
⑯ 张承宗：《国民经济有计划按比例发展的法则》，华东人民出版社，1954。

过培养政治经济学师资，建立以集体主义为运作逻辑的教学研究体制，大大加速了马克思主义政治经济学在我国的传播发展，为中国社会主义政治经济学的形成奠定了重要的人才基础。

一　教学组织方式的初步成型

1949～1957 年，依托苏联专家及中国人民大学学习苏联政治经济学的教育经验，各高等学校普遍开设了政治经济学课程。该课程起初作为一门马列主义政治理论课，以后逐渐成为高校经济学专业的主干课程。

1949 年 11 月 4 日，教育部高等教育司政治经济学教学座谈会决定成立由王学文、王亚南等 9 人组成的政治经济学教学委员会，各高校增设政治经济学理论课程，并号召旧中国的经济学教员学习和教授马克思主义政治经济学。在全面学习苏联的形势下，中共中央及教育部决定以中国人民大学作为试点单位，先行探索包括政治理论课在内的高校教学改革。在这一时期，高校教育工作者普遍提出，政治经济学教学要研究新中国的五种经济形态和经济发展政策，学会应用马列主义理论参加新民主主义建设。因此，各高校 1949～1950 学年所使用的政治经济学讲授提纲虽然参照了列昂节夫的《政治经济学》，但已融入了新民主主义经济理论。从 1952 年开始，综合性大学及财经、艺术等学院的二年级学生统一开设学时为一年的政治经济学课程①。不过，在新中国刚成立的最初两三年中，除中国人民大学外，各校讲授政治经济学的内容主要是资本主义部分，采用的教材是苏联列昂节夫所著的《政治经济学》，这本教材的内容只到帝国主义为止。

在教学组织方式上，新中国成立初期，高校的教学体制主要是延续根据地高校的组织经验。华北高等教育委员会先后于 1949 年 8 月 10 日和 16 日召开相关会议，决定文法学院增加政治经济学为必修课，并要求各高校把讲授政治、经济、法律、历史哲学等学科而对马列主义的理论有研究兴趣的教授、讲师、助教组织起来，成立新哲学、新民主主义论、政治经济学三个研究组。在教学方法上，运用群众路线的方法，由教员先做启发报告，然后由小组讨论，提出问题，再作解答；采用民主评卷（自报公议）的考核方式，“接受了华大、革大的经验，集体讨论，自学互助辅导，使

① 教育部社会科学司组编：《普通高校思想政治理论课文献选编（1949～2008）》，中国人民大学出版社，2008。

理论与实践相结合，以达到改造思想的目的”[①]。

1950 年 7 月，中国人民大学成立了直属校部的政治经济学教研室，并将政治经济学设为公共必修课。在苏联专家的指导下，中国人民大学政治经济学教研室建立了以集体主义为运作逻辑的教学科研体制，这一体制主要由基本教学组织（教研室）与一体化的教学环节（讲授—课堂讨论—辅导—口试）构成。在这一时期，中国人民大学政治经济学教研室在课程建设方面开展了大量工作，取得了一系列成果。

从 1952 年开始，随着全国高校普遍成立马克思列宁主义基础理论课教研室或教研组，政治经济学教学工作取得了很大进展。从这个时候起，高校政治经济学教学开始把政治经济学部分纳入体系，而且一般要占到教学总课时的三分之一到二分之一。蒋学模的记录是：政治经济学社会主义部分的教学内容主要包括三大块，一是从资本主义到社会主义的过渡时期，二是社会主义生产方式，三是从社会主义逐步向共产主义过渡。在社会主义生产方式部分，教学内容涉及社会主义所有制，社会主义物质生产基础，国民经济计划化，社会主义制度下的商品生产、价值规律与货币，社会主义的按劳分配，经济核算，社会主义的农业、商业、信用、银行、货币流通和国家预算，社会主义再生产，等等[②]。

二 政治经济学课程建设成果

在课程建设方面，这一时期的主要工作集中在教学大纲、讲义和教科书的编写方面。早在 1951 年，中国人民大学政治经济学教研室就组织翻译了苏联经济学家奥斯特罗维强诺夫的《政治经济学研究提纲》，供高等学校、高等司法学校使用，这是现存最早的新中国政治经济学教学大纲[③]。在之后的一段时间内，各校又编写了一些政治经济学教学大纲，如中国人民大学宋涛、胡钧、陈秋梅，四川大学周春，中山大学张志铮等联合编写了《政治经济学教学大纲》（136 小时，见表 20 - 1）[④]。

此外，在这一时期，其他层次学校的政治经济学教学也取得了长足的

---

① 参见陈泓《北京各大学的课程改革工作》，《人民日报》1949 年 10 月 17 日第 4 版，转引自吴起民、耿化敏《苏联专家与中国人民大学政治经济学理论课程的建立（1949 ~ 1957 年）》，《当代中国史研究》2017 年第 4 期。

② 蒋学模：《政治经济学社会主义部分在我国的传播》，《学术月刊》1959 年第 10 期。

③ 〔苏〕奥斯特罗维强诺夫：《政治经济学研究提纲》，中国人民大学政治经济学教研室译，中国人民大学印制，1951。

④ 编写组：《政治经济学教学大纲》，中国人民大学出版社，1956。

发展，如高等教育部下发了供财经类中专学校使用的《中等专业学校政治经济学教学大纲》（260 小时，见表 20 – 2）。

表 20 – 1　**《政治经济学教学大纲》时间分配表（1956 年 11 月）**

题次	题目	授课时数（小时）	讨论时数（小时）
1	政治经济学的对象	2	
2	原始公社的生产方式	2	
3	奴隶占有制的生产方式	2	
4	封建主义的生产方式	2	
5	商品生产。商品和货币	6	
6	资本和剩余价值。资本主义的基本经济规律	6	
7	工资	2	
8	资本积累和资产阶级贫困化	4	2
9	资本的循环和周转	2	4
10	平均利润和生产价格	4	
11	商业资本和商业利润	2	2
12	借贷资本和信用	2	
13	地租。资本主义制度下的土地关系	4	
14	社会资本的再生产和经济危机	6	
15	帝国主义是资本主义的最高阶段	6	
16	帝国主义的历史地位	2	
17	资本主义总危机	4	2
18	从资本主义到社会主义的过渡时期	10	
19	生产资料公有制是社会主义生产关系的基础	3	4
20	社会主义的基本经济规律	6	
21	国民经济有计划发展的规律	3	4
22	社会主义制度下的商品生产、价值规律和货币	4	
23	按劳分配的经济规律。社会主义制度下的工资	4	2
24	经济核算和盈利。成本和价格	4	2
25	社会主义的农业体系	4	2
26	社会主义制度下的商业	2	2
27	社会主义制度下的信用	2	
28	社会主义再生产	4	2
29	从社会主义逐步过渡到共产主义	2	
30	社会主义世界经济体系的形成和发展	2	
	总计	108 小时	28 小时

可以发现，这一阶段政治经济学课程内容基本上是借鉴《苏联政治经济学教科书》展开的，具有以下几个特点。一是内容覆盖从原始社会到共产主义社会的各个社会经济形态，体现出“广义政治经济学”的框架思路。二是以生产方式作为政治经济学研究对象，特别强调了资本主义生产方式向社会主义生产方式过渡、社会主义生产方式向共产主义生产方式过渡两部分内容。三是注重从生产目的和手段的统一来界定“基本经济规律”，并提出“国民经济有计划发展的规律”是社会主义基本经济规律。

表 20－2 财经类《中等专业学校政治经济学教学大纲》(课程总时数 260 小时)

题序	题目名称	总时数	其中	
			讲授小时时数	复习小时时数
1	2	3	4	5
1	政治经济学的对象	8	6	2
2	原始公社的生产方式	4	4	
3	奴隶占有制的生产方式	4	4	
4	封建主义的生产方式	6	6	
5	商品生产。商品和货币	14	12	2
6	资本主义生产在工业中发展的三阶段	6	6	
7	资本和剩余价值。资本主义的基本经济规律	10	8	2
8	工资	4	4	
9	资本积累和无产阶级贫困化	6	6	
10	资本的循环和周转	4	4	
11	平均利润和生产价格	6	6	
12	商业资本	4	4	
13	借贷资本与信用	6	6	
14	地租。资本主义制度下的土地关系	6	6	
15	资本主义制度下的国民收入	2	2	
16	社会资本的再生产	6	6	
17	经济危机	6	4	2
18	生产聚集和垄断 垄断资本主义的基本经济规律	6	6	
19	财政资本与财政寡头	4	4	
20	资本输出	4	4	
21	世界在经济上、领土上的瓜分及为重新分割世界而斗争。帝国主义的殖民制度	8	6	
22	帝国主义的历史地位	6	6	
23	资本主义总危机	10	8	
24	从资本主义到社会主义的过渡时期的基本特点		8	
25	社会主义工业化和农业集体化	20	8	2
26	社会主义在苏联的胜利		2	

续表

题序	题目名称	总时数	其中	
			讲授小时时数	复习小时时数
27	社会主义的物资生产基础 生产资料公有制——社会主义生产关系的基础	10	8	2
28	社会主义的基本经济规律		6	
29	国民经济有计划（按比例）发展的规律	16	8	2
30	社会主义制度下的社会劳动		6	
31	社会主义制度下的商品生产、价值规律和货币	14	6	2
32	社会主义制度下的工资	3	3	
33	经济核算和盈利。成本和价格	7	7	
34	社会主义的农业体系	8	8	
35	社会主义制度下的商品流转	6	6	
36	社会主义制度下的国民收入	2	2	
37	社会主义制度下的国家预算、信贷和货币流通	6	6	
38	社会主义再生产	8	6	2
39	从社会主义逐步过渡到共产主义	6	6	
40	欧洲各人民民主国家的经济制度	6	6	
41	中华人民共和国的经济制度	8	6	2
	共计	260 小时	236 小时	24 小时

注：本大纲是 1955 年 8 月由中华人民共和国高等教育部批准的。

三　教学研究工作及其取得的成果

（一）中国人民大学政治经济学教研室的教学研究工作

随着新中国建设事业的全面展开，我国政治经济学教学和研究也掀起了第一波热潮。这一时期，政治经济学在教学研究方面取得了不少成果。以中国人民大学政治经济学教研室为例，其授课教师围绕教学过程中的一些疑难问题开展教学研究，发表了一批有质量、有见地的教学研究论文。

新中国成立初期至 20 世纪 60 年代初，国内的综合性学术刊物，特别是服务于高校马克思主义理论教学的专业刊物十分稀缺。相应地，这一阶段有关政治经济学课程教学的文章也较少，而其中多数出自中国人民大学政治经济学教研室的宋涛、徐禾、卫兴华、俞明仁等学者之手。这一时期，教研室成员围绕政治经济学的课程教学问题在《教学与研究》等刊物上发表了系列论文，内容主要是针对政治经济学课程体系、内容和结构的思考，以及学习苏联政治经济学的心得体会。

当时，全国高等院校陆续开设了“政治经济学”课程作为必修课，但是在教学过程中普遍存在空谈理论、照本宣科的问题。在此背景下，宋涛强调了联系党在过渡时期的总路线开展教学的必要性，并且明确提出：“教学中结合党在过渡时期的总路线，从政治经济学这门科学来说，也就是理论联系实际问题。”① 苏星也批判了政治经济学教学工作存在的教条主义问题，他从教学内容、教学方法、教学过程三个方面提炼了政治经济学教学工作的发展方向，并着重强调了政治经济学社会主义部分的教学要以中国实际问题为中心、加强社会主义思想教育②。此外，围绕政治经济学课程的教学方法，徐禾发表了《政治经济学讲授方法的基本要求》《怎样组织和领导政治经济学的课堂讨论》两篇文章，详细分析了讲授、自学、辅导、课堂讨论等教学形式在政治经济学课堂中的具体运用和组合搭配③。

20 世纪 50 年代中后期，出于配合课程教学的需要，教研室围绕政治经济学的经典理论内容撰写了系列的学习文章。其中，比较典型的是卫兴华、胡钧等学者针对《政治经济学教科书》第二十四章至第二十九章撰写的“学习体会”系列，这些文章在《教学与研究》1959 年第 8 期至第 12 期连续刊载。此外，《前线》杂志于 1959 ~ 1961 年组织刊发了“社会主义、资本主义经济问题学习纲要”系列论文，主要阐释政治经济学的基本理论问题，在当时也产生了较大的学术影响。教研室的俞明仁、李云等学者都参与了编写，并围绕社会主义生产关系的基本特点、资本积累和无产阶级贫困化等多个主题发表了文章。上述教学研究成果为全国高校政治经济学教学体系和课程体系的建立提供了丰富的借鉴经验，对于吸收、借鉴苏联政治经济学，并实现其与中国高校马克思主义理论教学的有机结合，具有重要的理论意义。

（二）上海高等学校政治经济学社会主义部分的教学创新

蒋学模总结概括了新中国成立后上海高等学校政治经济学社会主义部分教学的创新举措，这主要包括两个方面的内容，一是教学体系结构上的

① 宋涛：《在社会主义政治经济学的教学中怎样联系党在过渡时期的总路线（初稿）》，《教学与研究》1954 年第 8 期。

② 苏星：《政治经济学教研室教学工作的初步改革》，《教学与研究》1958 年第 6 期。

③ 徐禾：《政治经济学讲授方法的基本要求》，《教学与研究》1956 年第 3 期；徐禾：《怎样组织和领导政治经济学的课堂讨论》，《教学与研究》1956 年第 5 期。

创新，二是教学内容和讲授观点上的创新[1]。

从第一个部分来看，主要做法有：（一）在资本主义到社会主义的过渡时期部分，在“个体经济的社会主义改造”后增讲“资本主义工商业在过渡时期消灭的历史必然性”。（二）根据我国整风运动和反右派斗争的经验，根据毛泽东同志关于社会基本矛盾的理论，在“资本主义工商业的社会主义改造”之后，增讲“思想战线、政治战线上的社会主义革命”。（三）根据我国社会主义革命发展的历史进程，把“社会主义工业化”放到“思想战线、政治战线上的社会主义革命”后面。（四）在社会主义国民经济体系部分，在“社会主义所有制。社会主义生产关系的性质”后面增讲“集体所有制的发展、我国农村人民公社制度”。（五）不单独讲授部门经济，而是按照生产、流通、分配、消费四个环节对内容进行分解，分别在相应章节进行讲解。譬如，对于社会主义农业体系部分，在“国民经济有计划按比例发展的规律”中讲解农村集体所有制中实施经济计划的特点；在“社会主义制度下的社会劳动”中阐述农业生产合作社和农村人民公社中的劳动协作和提高劳动生产率的特点；在“经济核算”中阐述农业生产合作社和农村人民公社中的经济核算问题；在“按劳分配的经济规律”中阐述农业生产合作社和农村人民公社中的分配制度；等等。这种处理方式，对于今天我们正确处理政治经济学与部门经济学、应用经济学之间的关系，具有非常重要和十分直接的指导意义。

第二是教学内容和讲授观点上的创新。除了在框架体系结构上的调整优化，这一时期的政治经济学社会主义部分教学在内容上也进行了不少创新举措。譬如，运用社会主义条件下社会生产与社会需要的矛盾，论证社会主义生产高速度发展的必然性；依据毛泽东同志关于社会主义经济发展过程中从不平衡到新的平衡的原理，以及党的建设社会主义总路线中一套两条腿走路的方针，来深化对国民经济有计划按比例发展规律的论证；依据毛泽东同志有关人民内部矛盾的学说以及我国党和政府在处理工人、农民、知识分子生活水平改善方面的经验，论证按劳分配规律对于工人、农民、知识分子的收入水平的对比关系的影响；把党和政府在处理积累和消费的关系、积累基金内部各个构成部分的关系、消费基金内部各个构成部分的关系等方面的经验和方针，提高到理论上来加以阐述。

---

① 蒋学模：《学习毛主席“关于正确处理人民内部矛盾的问题”，改进政治经济学社会主义部分的教学和科学研究工作》，《学术月刊》1958 年第 4 期；蒋学模：《政治经济学社会主义部分在我国的传播》，《学术月刊》1959 年第 10 期。

第三节 苏联政治经济学理论体系的引进和学习

20 世纪 50 年代，《苏联社会主义经济问题》和《政治经济学教科书》的翻译和出版，在我国掀起了学习和研究社会主义政治经济学的热潮。这两部书的出版发行，不仅是具有科学意义的事件，而且是具有重大政治意义的事件。在理论上，这两部书是对马克思主义政治经济学在社会主义社会的进一步发展，并作出了系统性叙述。在政治上，适应了当时各社会主义国家开展经济建设的理论诉求，特别是在世界两大阵营对立条件下，增强了社会主义阵营的团结和自信。

一 苏联政治经济学理论体系的代表作

斯大林的《苏联社会主义经济问题》和苏联科学院经济研究所的《政治经济学教科书》构成了苏联政治经济学理论体系的主体，奠定了社会主义政治经济学的基本面貌，对政治经济学发展影响深远。

（一）《苏联社会主义经济问题》

斯大林于 1952 年发表的《苏联社会主义经济问题》是第一部以社会主义经济为研究对象的理论著作，全面系统地总结了苏联三十多年社会主义经济建设的经验。这部著作是斯大林对 1951 年 11 月政治经济学教科书未定稿讨论会有关问题的意见统编。斯大林在正文中探讨了社会主义制度下经济规律的性质，对商品生产、价值规律、消灭三大差别、世界资本主义体系及其战争等重大理论和现实问题进行了较为详细的阐述，对苏联三十多年社会主义建设的经验和战后资本主义的发展进行了理论概括，为构建“苏联范式”政治经济学理论体系明确了方向并确立了纲领。其中，对我国政治经济学发展和体系构建影响较大的论述主要包括下列几个问题。

1. 社会主义制度下经济规律的客观性

斯大林批评了那种认为社会主义国家及其领导人可以制定新规律、创造新规律的观点，指出他们将科学规律和政策法律混为一谈。斯大林强调：“经济发展规律是反映不以人们的意志为转移的经济发展过程的客观规律。人们能发现这些规律，认识它们，依靠它们，利用它们以利于社会，把某些规律的破坏作用引导到另一方向，限制它们发生作用的范围，给予其他正在为自己开辟道路的规律以发生作用的广阔场所。但是人们不能消灭这些规律或创造新的经济规律。”[①] 进一步地，斯大林探讨和阐述了生产关系一定要适合生产力性质、国民经济有计划（按比例）发展、价值规律等经济规律问题。

2. 社会主义制度下还存在商品生产

斯大林指出：“商品生产和商品流通，目前在我国，也象大约三十年以前当列宁宣布必须以全力扩展商品流通时一样，仍是必要的东西。”[②] 这是因为在所有制结构上，存在着全民所有制和集体所有制两种公有制形式，它们相互之间仍需要进行交换。但斯大林认为，商品生产的范围只限于个人消费品，生产资料并不是商品。

3. 社会主义制度下价值规律的作用

斯大林强调，在社会主义制度下，价值规律“是存在的，是发生作用的。在有商品和商品生产的地方，是不能没有价值规律的”[③]。他认为，价值规律发生作用的范围主要是对商品流通中个人消费品进行调节，它也影响着生产，但并没有调节的意义，并不是“比例的调节者”[④]。这种影响主要是要抵偿生产过程中劳动力的耗费所需要的消费品。因此，经济工作者在生产中仍然要重视价值规律的作用，但其作用范围被生产资料公有制基础上的国民经济有计划发展规律的作用限制着。

4. 社会主义基本经济规律

斯大林指出，资本主义的基本经济规律是剩余价值规律，现代资本主义的各种变化只是不断变换了这一规律的表现形式。同样，社会主义基本经济规律也是存在的，即“用在高度技术基础上使社会主义生产不断增长和不断完善的办法，来保证最大限度地满足整个社会经常增长的物质和文化的需要”[⑤]。他还批判了尔·德·雅罗申柯关于社会主义基本经济规律的观点，指出“人们不是为生产而生产，而是为满足自己的需要而生产。他忘记了，跟满足社会需要脱节的生产是会衰退和灭亡的”[⑥]。

5. 社会主义政治经济学的研究对象

斯大林提出：“政治经济学的对象是人们的生产关系，即经济关系。这里包括：（一）生产资料的所有制形式；（二）由此产生的各种不同社

① 斯大林：《苏联社会主义经济问题》（中译本），人民出版社，1952，第3页。
② 斯大林：《苏联社会主义经济问题》（中译本），人民出版社，1952，第12页。
③ 斯大林：《苏联社会主义经济问题》（中译本），人民出版社，1952，第14页。
④ 斯大林：《苏联社会主义经济问题》（中译本），人民出版社，1952，第19页。
⑤ 斯大林：《苏联社会主义经济问题》（中译本），人民出版社，1952，第31页。
⑥ 斯大林：《苏联社会主义经济问题》（中译本），人民出版社，1952，第60~61页。

会集团在生产中的地位以及它们的相互关系，或如马克思说的，'互相交换其活动'；（三）完全以它们为转移的产品分配形式。"[①] 他指出，生产资料的所有制形式是生产关系的基础，同时，斯大林还批判了雅罗申柯把"社会主义政治经济学问题归结为生产力合理组织的问题，归结为国民经济计划化的问题等等"[②] 的观点。

从20世纪50年代起，随着对斯大林《苏联社会主义经济问题》的引进和学习，有关政治经济学研究对象的讨论成为我国经济理论界争论的热点话题，有关一些问题如生产关系内涵和外延的争论甚至延续至今。

（二）《政治经济学教科书》

1954年，苏联科学院经济研究所编写的《政治经济学教科书》出版，1955年由人民出版社翻译引进。自从了解到苏联的经济学家正在集体编写《政治经济学教科书》，我国经济理论界就密切关注教科书的编写工作，中译本的发行在我国掀起学习政治经济学的热潮[③]。王亚南评价该书的出版是马克思主义政治经济学研究上的一个新纪元[④]。

这部教科书根据斯大林《苏联社会主义经济问题》的有关理论和纲领进行编写。全书共三篇四十二章，分别研究了资本主义前、资本主义和社会主义的生产方式，结构比较完整，内容较为充实。其不仅是第一部包含社会主义政治经济学的教科书，也是第一部广义政治经济学教科书，使政治经济学理论体系更加完整。这部教科书阐述了马克思列宁主义基本原理，对苏联建成社会主义社会和各人民民主国家进行社会主义建设的实践经验进行了总结，提炼并概括了若干经济规律。其中对我国政治经济学学习和研究产生深远影响的包括下列几个问题。

1. 政治经济学的研究对象

这部教科书在导言中提出"政治经济学是一门社会科学。它研究人类社会各个发展阶段上社会的物质资料生产和分配的规律"[⑤]。政治经济学要研究生产的社会方面，即人们的社会生产关系即经济关系。对生产关系的研究要从生产力和生产关系的相互作用方面来进行。教科书指出，生

---

① 斯大林：《苏联社会主义经济问题》（中译本），人民出版社，1952，第58页。

② 斯大林：《苏联社会主义经济问题》（中译本），人民出版社，1952，第57~58页。

③ 陈可焜：《马克思列宁主义政治经济学教科书》，《厦门大学学报》（社会科学版）1955年第2期。

④ 王亚南：《马克思主义政治经济学研究上的一个新纪元》，《厦门大学学报》（社会科学版）1955年第2期。

⑤ 苏联科学院经济研究所：《政治经济学教科书》，人民出版社，1955，第1页。

产关系的性质取决于生产资料所有制形式，并据此划分了人类历史上五种基本的生产关系类型，即原始公社制度、奴隶占有制度、封建主义、资本主义、社会主义。进一步地，教科书指出经济规律能够表现经济现象和经济过程的本质，五种社会经济形态有共同的经济规律，每种社会经济形态各有自己特有的经济规律和基本经济规律。政治经济学作为一种历史科学，研究这些社会经济形态所固有的经济规律，研究社会生产怎样由低级阶段发展到高级阶段，表明全部历史发展进程如何为无产阶级革命和社会主义胜利做好准备，并研究社会主义产生及其过渡到共产主义的规律。

2. 广义政治经济学

苏联政治经济学教科书根据恩格斯研究广义政治经济学的倡议，研究并阐述了人类历史上已知的五种社会经济形态的发展规律，第一次构建了广义政治经济学理论体系。第一篇“资本主义前的生产方式”，阐明了原始公社制度、奴隶占有制度、封建主义三种生产方式产生的历史条件和它们的经济关系，表明了它们从低级向高级发展的规律性。第二篇“资本主义的生产方式”，阐述了资本主义社会的基本经济规律和主要矛盾，指出资本主义生产关系已经不能与社会生产力相适应，必须让位给新的社会主义生产方式。第三篇“社会主义的生产方式”，全面论述了从资本主义到社会主义的过渡时期和社会主义的国民经济体系及其发展规律，并论述了人民民主国家的社会主义建设。

3. 社会主义政治经济学

苏联《政治经济学教科书》第一次建立了社会主义政治经济学体系，“社会主义的生产方式”占全书篇幅的一半，总结概括了苏联建成社会主义社会和各人民民主国家进行社会主义建设的实践经验，叙述了社会主义生产方式的发生和发展规律。全篇分为三部分：第一部分是从资本主义到社会主义的过渡时期，论述了实现社会主义的途径和方法，揭示了过渡时期阶级斗争的规律和社会主义经济规律的产生；第二部分是社会主义的国民经济体系，阐明了大机器生产是社会主义的物质生产基础，生产资料公有制及其两种形式是社会主义生产关系的基础，论述了依据社会发展的经济规律进行社会主义建设和社会主义改造；第三部分是各人民民主国家的社会主义建设，论述了包括中国和东欧国家的经济制度及社会主义建设成就，并阐明了世界民主市场的产生和社会主义阵营各国间的新型经济关系。

此后，根据最新的教学和研究成果，以及苏联及各社会主义国家的最新实践经验，苏联科学院经济研究所于 1955 年、1958 年陆续出版了《政治经济学教科书》增订第二版和第三版。苏联《政治经济学教科书》和斯大林《苏联社会主义经济问题》一道，成为政治经济学教材的“模板”，在各个社会主义国家广为流传、影响深远[①]，是一部名副其实的国际教科书。

二 掀起学习苏联政治经济学著作的高潮

随着《苏联社会主义经济问题》和《政治经济学教科书》的引进，全国掀起了一场学习政治经济学的热潮。我国经济学界反响强烈，编辑出版了大量学习介绍性辅导材料，并结合我国社会主义建设实践对一些概念进行了初步的研究。经济理论界的积极努力推动了全国范围的政治经济学理论的学习、研究和普及。

（一）书评推介

在学习《苏联社会主义经济问题》和《政治经济学教科书》的过程中，中国学者写作了大量书评来介绍这两本著作。王亚南认为《政治经济学教科书》改变了以往教科书以论述资本主义经济体系为主的论述方法，将研究主体转换为社会主义政治经济学[②]。《政治经济学教科书》对社会主义经济体系和资本主义经济体系作了系统性说明，详细阐述了二者的关联，并严格区分了在经济范畴和规律上的差异，这是该书不同于一般教科书的显著特征和优势。

张仲实认为《政治经济学教科书》不仅深入浅出地阐明马列主义的一些基本原理，还根据苏联建成社会主义社会和各人民民主国家进行社会主义建设的实际经验，对现阶段社会主义建设、各国人民争取和平和社会主义的实践所提出的一些问题从理论上作了解答，这标志着经济科学发展进入了新阶段[③]。《政治经济学教科书》对于政治经济学的定义、广义政治经济学的建立、根据历史唯物主义的原则、对帝国主义和资本主义总危机问题的研究等都有重大理论和现实意义。陈可焜在肯定《政治经济学教科书》出版的科学或教学意义的同时，也强调了该书的重大政治意义[④]。一方面《政治经济学教科书》是马克思主义政治经济学理论百余年

---

① 周绍东、王松：《“政治经济学”教材改革：历程、争议与共识》，《中国大学教学》2016年第8期。

② 王亚南：《〈政治经济学教科书〉的杰出贡献》，《新建设》1955年第5期；王亚南：《“政治经济学教科书”的出版是马克思主义政治经济学研究上的一个新纪元》，《厦门大学学报》（社会科学版）1955年第2期。

③ 张仲实：《“政治经济学教科书”的优点》，《经济研究》1955年第3期。

④ 陈可焜：《马克思列宁主义政治经济学教科书》，《厦门大学学报》（社会科学版）1955年第2期。

来发展的系统叙述，另一方面也适应了两大阵营对立斗争的时代背景下，全世界劳动人民渴望了解、学习马列主义真理的客观需要，为我国的社会主义建设提供理论依据。吴忠观认为马克思主义政治经济学是马克思主义的重要组成部分，以历史唯物主义和辩证唯物主义为基础，凭着完全的科学性揭示了社会发展的客观规律，揭露了资本主义制度必然被社会主义制度取代的必然性。是全世界工人阶级为推翻资本主义建设先进共产主义制度的强大思想武器①。

（二）学习笔记

在这一时期，很多理论工作者结合学习《苏联社会主义经济问题》和《政治经济学教科书》的心得体会，撰写了大量学习笔记，这也成为中国政治经济学学习苏联经验的宝贵历史记录。在两本著作出版之前，王亚南就从政治经济学教学的角度出发，系统性地列举了当时政治经济学学习过程中存在的问题，对马克思主义政治经济学和资产阶级政治经济学所代表的阶级立场、持有的观点以及研究方法上的差异性进行了探讨，提出坚持唯物主义和唯物史观，学好马克思主义哲学是学好马克思主义政治经济学的前提②。

陶大镛结合《苏联社会主义经济问题》，重点讨论了有关生产力与生产关系的理论，社会生产具有两个不可分割的方面，即生产力和生产关系，二者是辩证统一的关系。这种法则适用于一切社会形态，生产关系一定要适应生产力的性质③。千家驹通过学习《苏联社会主义经济问题》，重点阐述了书中关于社会主义经济法则的内容，认为本书明确了资本主义与社会主义的经济法则，使我们更好地了解一定社会制度下的生产方式的本质④。

沈志远引用斯大林的话，社会主义的基本经济法则的特点和要求可表述为“用在高度技术基础上使社会主义生产不断增长和不断完善的办法，来保证最大限度地满足整个社会经常增长的物质和文化的需要”。结合《苏联社会主义经济问题》，重点阐述了社会主义制度下的经济法则问题，系统性地概括了社会主义社会物质财富的生产和分配，论述了国民经济有

① 吴忠观：《马克思主义的产生是政治经济学中伟大的革命》，《新建设》1955 年第 6 期。

② 王亚南：《马克思主义政治经济学与资产阶级政治经济学》，《新建设》1952 年第 11 期。

③ 陶大镛：《马克思主义关于生产力和生产关系的理论——学习〈苏联社会主义经济问题〉笔记》，《新建设》1952 年第 12 期。

④ 千家驹：《关于社会主义基本经济法则——学习〈苏联社会主义经济问题〉笔记》，《新建设》1952 年第 12 期。

计划（按比例）发展的法则、社会主义商品生产的特征和价值法则的作用，以及从社会主义社会过渡到共产主义社会的具体途径，同时也对那个时期资本主义体系危机作了马克思主义的科学分析①。

丁守和、荣敬本的学习体会是，《政治经济学教科书》系统叙述了马克思列宁主义经济理论的基本原理，说明了人类各个社会的发展历程，详细阐述了社会主义生产方式的发展规律，制定了社会主义政治经济学的概念和范畴的科学体系。对建设社会主义经济基础、社会主义工业化、社会形态演进等问题作了梳理，强调了国民经济计划化和提高劳动生产率对于建设和巩固无产阶级专政的重要作用。他们提出，在我国的过渡时期，生产力水平尚未达到“各尽所能，各取所需”的程度，实行劳动者从物质利益上关心劳动成果的原则依然是必要的②。

（三）大众化解读

出于配合全国高校学习、运用苏联《政治经济学教科书》的需要，1995年9月由中国人民大学政治经济学教研室徐禾牵头，由卫兴华、庄次彭、李宗正等人共同组成了编写小组，开始在《教学与研究》上连载苏联《政治经济学教科书》中的主要名词简释③。

“名词简释”系列共计26篇，在1955年至1959年间连载，几经中断。1957年12月，受到政治风波的影响，“名词简释”第一次连载中断。连载期间，编写小组以“计斋”为名，在《教学与研究》上发表《“政治经济学教科书”名词简释》合计22篇，范围涵盖了苏联《政治经济学教科书》第一章至第二十二章的主要名词。1958年11月，毛泽东带头学习了《政治经济学教科书》，再次掀起了一波政治经济学的学习热潮。在此背景下，中断了近一年的“名词简释”系列又于1959年在《教学与研究》上重新刊登，由当时下放农场劳动的卫兴华撰写了4篇，分别在1959年第8、9、11和12期以实名刊出。此后，由于中苏两党的思想分歧逐步走向公开化，全国高校随之纷纷停用了苏联的《政治经济学教科书》，与之配套的“名词简释”系列也就因此彻底停止刊发了。此外，1956~1959年，编写小组还以“计斋”的名义发表了《“政治经济学教科书”名词简释》的六个分册，作为“教学与研究”丛书由中国人民大

① 沈志远：《关于苏联社会主义的经济法则——学习〈苏联社会主义经济问题〉笔记》，《新建设》1953年第1期。

② 丁守和、荣敬本：《学习“政治经济学教科书”，推进我国的社会主义建设》，《新建设》1955年第7期。

③ 卫兴华：《我与〈教学与研究〉60年的学术交往》，《教学与研究》2012年第8期。

学出版社出版，发行量很大。资料显示，第一分册在 1956 年 3 月第一次印刷时发行量达 30 余万册，5 月又第二次加印了 35 余万册，1959 年第二版又印刷了 20 余万册①。由此可见，中国人民大学政治经济学教研室编写的“名词简释”系列受众广泛，产生了重大的学术影响，为 20 世纪 50 年代和 60 年代前期高校政治经济学的课程建设和教材建设起到了积极的推动作用。

通过梳理“名词简释”的系列文章可以发现，其在内容和编排的设计上都十分考究。首先，在编排顺序上遵循历史与逻辑相统一。苏联《政治经济学教科书》全书共三篇四十二章，分别研究了资本主义前、资本主义和社会主义的生产方式，名词简释的顺序按照教科书的章节顺序和各名词出现的先后顺序进行编排，选取范围是政治经济学中常见的主要名词。同时，出于兼顾学习进度和学习者理解程度的考虑，名词简释在主要采取历史叙述方法的同时，也注重介绍其在特定经济制度下所具有的基本含义和基本内容②。其次，在编写方法上坚持理论阐释、苏联经验与中国实际相结合。其中，特别是社会主义部分的名词简释，这一特点体现得尤为明显。从进入社会主义部分的名词简释“续十四”开始，一直到连载中断前的最后一篇“续二一”，除了内容为“新经济政策”等苏联相关词条的“续十八”，每篇文章都有结合我国经济社会特点阐释的词条，着重联系了党在过渡时期的总路线分析其在我国当下社会历史条件下的具体运用和实际情况（见表 20－3）。

表 20－3　　**体现理论阐释与中国实际相联系的词条范例**

文章序号	词条（页码）	原文	期号
续十四	从资本主义到社会主义的过渡时期（341）	“由此可见，与苏联当时相比，我国过渡时期有一个重要特点，即先完成社会主义改造，实行生产关系中的革命，后完成社会主义工业化和技术的革命。”	1956 年第 12 期
续十五	对外贸易垄断制（348）	“在我国过渡时期，对外贸易的基本政策是：在平等互利的基础上与各国的政府和人民发展通商贸易关系并实行对外贸易管制与保护贸易的政策。”	1957 年第 1 期

① 卫兴华：《我与〈教学与研究〉60 年的学术交往》，《教学与研究》2012 年第 8 期。

② 计斋：《〈政治经济学教科书〉名词简释（初稿）》，《教学与研究》1955 年第 Z1 期～1957 年第 12 期。

续表

文章序号	词条（页码）	原文	期号
续十六	国家资本主义（349）	“我国的国家资本主义，不仅是用来发展整个国民经济和生产力的重要力量，而且是通过和平手段来改造资本主义工商业的阶梯和道路，是消灭资本主义的过渡步骤。”	1957 年第 2 期
续十七	过渡时期经济的基本矛盾（352）	“社会主义同资本主义的这一主要矛盾的解决，并不意味着过渡时期的结束……也正因为这样，我国过渡时期现阶段的主要矛盾，便转化为先进的社会主义制度同落后的社会生产力之间的矛盾。”	1957 年第 3 期
续十九	社会主义工业化（364）	“社会主义工业化的任务，也是我国过渡时期总路线的主体……解放后的中国人民必须在最短时间内克服我国的经济落后状态，使我国成为一个强大的工业国家。”	1957 年第 5 期
续二十	农业集体化（377）	“在我国过渡时期，党和政府即将对小农经济实行社会主义改造规定为建设社会主义的总路线总任务的重要组成部分。”	1957 年第 6 期
续二一	农业劳动组合章程（388）	“我国农业生产合作社章程具体地表现了党的合作化政策，集中地表现了农民在党的领导下走社会主义道路的意志，成为我国建设社会主义农业的有力武器。”	1957 年第 12 期

注：原文部分引自《教学与研究》1956 年、1957 年刊发的《“政治经济学教科书”名词简释》（续十四—续二一）。

此外，在这一时期，政治经济学学者根据《政治经济学教科书》，编著出版了多部学习辅导材料，并结合自身学习的心得体会提出了自己的见解。陶大镛编著了《怎样学习政治经济学》①，阐述了政治经济学的研究对象、方法论、性质和重要意义，并介绍了学习方法，以及入门书、写笔记、理论联系实际和深入钻研等具体问题。他提出要用辩证法学习政治经济学，从事物的普遍联系、运动发展、量变到质变、矛盾上去看问题，从

① 陶大镛：《怎样学习政治经济学》，人民出版社，1955。

而认清中国的基本问题和国际局势，并更好地推进社会主义革命和建设，加速完成国家在过渡时期的总任务。他强调这本教科书是初学者必备的优秀入门书。千家驹、冯和法编著了《学习〈政治经济学教科书〉》[①]，引用了大量马克思主义经典著作和教科书原文，对主要内容进行解读。吴承喜[②]、张先辰针对生产力、生产关系等重要概念进行了解读[③]。

（四）模仿苏联教材编写的政治经济学教科书

早在解放前，一些马克思主义政治经济学教科书已在我国出版发行，如李达的《经济学大纲》[④]、沈志远的《新经济学大纲》[⑤]、薛暮桥的《政治经济学》[⑥] 等。新中国成立之初，我国一些学者开始尝试编写政治经济学教科书，主要采用广义政治经济学的篇章，并初步分析了我国的社会主义经济建设。其中影响力较大的有：王思华的《政治经济学教程》[⑦]，包括资本主义以前社会的经济、资本主义经济、帝国主义与资本主义总危机、中国经济和社会主义经济共五篇；蒋学模编著的《政治经济学讲话》[⑧] 分为四篇 15 章，是我国第一本比较详细分析社会主义经济关系的广义政治经济学；许涤新的《广义政治经济学》[⑨] 第三册，阐述了新民主主义经济和我国过渡时期的经济问题，对社会主义经济制度本身没有论述。此外，还有王亚南的《政治经济学史大纲》[⑩]、王学文的《政治经济学教程绪论》[⑪] 等等。

引进苏联《政治经济学教科书》后，我国各大专院校几乎全将其当作教材。我国学者编写的政治经济学教材均以此为模板，1953 ~ 1954 年复旦大学政治经济学教研室编写了《政治经济学讲义》（上、下册），全面吸收了《苏联社会主义经济问题》中斯大林的观点，其中下册 12 讲，主要讲述社会主义部分的有关问题。1954 年陈思哲根据苏联文化部高等教育司所编的《政治经济学提纲初稿》编译了《政治经济学提纲》[⑫]，

---

① 千家驹、冯和法：《学习〈政治经济学教科书〉》，新知识出版社，1955。

② 吴承禧：《生产力与生产关系》，华东人民出版社，1954。

③ 张先辰：《什么是生产力和生产关系》，湖北人民出版社，1957。

④ 李达：《经济学大纲》，北平法商学院印行，1935。

⑤ 沈志远：《新经济学大纲》，生活·读书·新知三联书店，1949。

⑥ 薛暮桥：《政治经济学》，新华书店，1949。

⑦ 王思华：《政治经济学教程》，生活·读书·新知三联书店，1950。

⑧ 蒋学模：《政治经济学讲话》，开明书店，1952。

⑨ 许涤新：《广义政治经济学》，生活·读书·新知三联书店，1954。

⑩ 王亚南：《政治经济学史大纲》，中华书局，1950。

⑪ 王学文：《政治经济学教程绪论》，新华书店，1950。

⑫ 陈思哲：《政治经济学提纲》，生活·读书·新知三联书店，1954。

1955 年蒋学模修订了《政治经济学讲话》[①]，这两本著作对社会主义经济制度的阐述基本上沿用了苏联《政治经济学教科书》的体系。

不过，值得一提的是，1955 年，中共中央宣传部委托孙冶方、薛暮桥、于光远分别牵头编写社会主义政治经济学教科书，三人接到任务后，按照不同的视角和写作框架开展了工作。由于国内政治形势发生了变化，该项工作一直持续到20 世纪80 年代。其中，孙冶方完成了《社会主义经济论稿》，薛暮桥出版了《中国社会主义经济问题研究》，于光远的最终成果为《政治经济学社会主义部分探索》七卷。

三　苏联专家在我国政治经济学教学中的贡献

苏联专家作为苏联经验最主要的输送者，成为影响新中国高校建设的重要群体。在师资队伍建设上，1950～1951 年，中国人民大学举办了针对高校教师的政治经济学研究生班，主要由苏联专家授课。从 1952 年秋季开始，苏联专家为马列主义研究班特别是政治经济学分班授课，为全国高校培养政治经济学教员，中国人民大学成为新中国最早开设经济学说史课程的高校（见表 20－4）。

表 20－4　　**中国人民大学政治经济学教研室苏联专家统计表（1950～1957 年）**

姓名	在校时间	基本情况
阿尔马佐夫	1950 年 6 月至 1953 年 5 月	负责给教员、校外进修教员以及研究生讲课，编写《政治经济学（资本主义部分）讲稿》（内部）
耶里莫诺维奇	1950 年 7 月至 1951 年 6 月	负责给研究生以及夜大学生讲课
然明	1951 年 3 月至 1954 年 7 月	负责给教研室二年级研究生讲授政治经济学、经济学说史，给夜大学二年级讲课，编写《政治经济学（社会主义部分）讲义》（内部）、《经济学说史讲义》（公开发行）和《〈资本论〉二、三卷结构讲稿》（公开发行）
焦莫什金	1951 年 10 月至 1953 年 6 月	负责给全校研究生、马列主义研究班政治经济学分班和夜大学讲课，1953 年 6 月续聘后调至北京师范大学

① 蒋学模：《政治经济学讲话》，中国青年出版社，1955。

续表

姓名	在校时间	基本情况
诺沃肖洛夫	1952 年 10 月至 1953 年 7 月	负责给马列主义研究班哲学分班和夜大学讲课，编写《政治经济学（资本主义讲稿）》（内部）和《（资本论）第一卷结构讲稿》（公开发行）
卡拉达耶夫	1955 年 12 月至 1956 年 6 月	负责给教员、进修教员以及研究生讲课，编写《（经济学说史讲义）》上册（公开发行）
斯巴诺夫斯基	1955 年 8 月至 1957 年 6 月	学校顾问兼任政治经济学专家，负责给研究生讲课

1954 年以后，苏联专家给教员和研究生的讲授方法由系统讲授转为专题讲授、讲解经典著作和系统辅导，如苏联专家讲授了《社会主义制度下价值规律的作用》《〈资本论〉二、三卷的结构》等专题，此外，苏联专家还与中国人民大学政治经济学教研室尝试结合中国情况对政治经济学理论课程进行一些内容上的调整。

苏联政治经济学专家在中国人民大学构建了马列主义政治经济学知识体系，这一体系主要由政治经济学理论课程和经济学说史课程构成，前者是阐述马克思主义关于人类社会各个发展阶段物质资料生产和分配规律的科学认识；后者是按照历史唯物主义原则论述“一切社会形态下的各阶级的学说产生、形成、发展、斗争和更替的历史过程”。相对于新中国成立前后各种版本的政治经济学教材，苏联专家增强了政治经济学知识体系的社会主义部分，补充了经济学说史基础，吸收了斯大林关于社会主义经济的最新表述，确立了苏联马列主义政治经济学知识体系的权威。

第四节　社会主义政治经济学理论体系研究的发端

新中国成立后，社会主义建设实践对政治经济学理论的需要更加强烈，特别是《苏联社会主义经济问题》和《政治经济学教科书》的引进，使经济理论界正式了解和学习了成体系的社会主义政治经济学。随着我国社会主义建设实践的深入，过渡时期总任务提前顺利完成，特别是从苏共二十大后，我国开始探索自主建设社会主义的道路。在这一背景下，编写一本反映我国实际情况的社会主义政治经济学教科书开始变得日益重要和迫切。1955 年，中共中央宣传部邀请孙冶方、薛暮桥、于光远分别牵头组织编写组，开始着手编写中国版社会主义政治经济学教科书，这标志着我国社会主义政治经济学理论体系研究的发端。

一 社会主义政治经济学的研究对象

关于论述社会主义经济发展的政治经济学该如何命名的问题，是构建理论体系、编写教科书的重要争论话题。于光远提出，将政治经济学分为“资本主义部分”和“社会主义部分”。他指出，政治经济学的资本主义部分是社会主义学说体系的一部分，不能称为“资本主义政治经济学”，因此，也不能叫“社会主义政治经济学”，而是“政治经济学社会主义部分”。这一提法也得到了苏联经济学家的认同，后来成为我国政治经济学“二分法”体系的发端。

我国经济理论界对政治经济学对象的研究起步较早，新中国成立初期，一些经济学家就展开了讨论。王学文在《政治经济学教程绪论》的第一章生产方式中提出：“政治经济学以生产方式为研究对象。生产方式是生产力与生产关系的统一。”[①] 许涤新、沈志远都认为政治经济学要研究人类社会史一定时代的生产关系，并将生产力包含在研究范围之内[②]。沈志远指出，“政治经济学研究生产关系的运动法则，同时也就是研究生产力本身的社会形式的运动法则。我们要正确解答经济学的研究对象的问题，就必须正确地理解生产力与生产关系之实在关系”[③]。

1952 年，《苏联社会主义经济问题》发行后，我国经济学界基本接受了斯大林关于政治经济学对象的新定义，即生产关系。特别是 1954 年苏联《政治经济学教科书》出版以后，我国经济学界在研究对象、生产关系等概念上都按照斯大林的定义表述。斯大林逝世后，苏联和东欧的一些经济学家对这一定义提出质疑，认为忽视了生产力问题。我国理论界也开始有人提出重视生产力研究，比如，陶大镛指出政治经济学是研究人们的生产关系发展规律的科学，生产关系的基础是生产资料所有制的形式，同

---

① 王学文：《政治经济学教程绪论》，《人民日报》1949 年 10 月 9 日 ~ 1959 年 1 月 3 日第 5 版。

② 许涤新：《研究政治经济学的目的任务与方法》，《经济周报》1949 年第 20 期。

③ 沈志远：《新经济学大纲》（修订解放版），生活·读书·新知三联书店，1949，第 10 页。

时也要研究生产力的问题[1]。围绕着政治经济学的对象是否包括生产力问题的探讨，结合我国“过渡时期”的实践，在这一时期开始酝酿发酵，到20世纪50年代末60年代初形成了一次热烈讨论。

二　社会主义政治经济学的研究起点

苏联《政治经济学教科书》对“社会主义生产方式”的论述以社会主义公有制为起点，认为首先要阐述社会主义经济制度产生和建立的过程，才能对社会主义经济发展规律进行分析，这就必须以分析生产资料公有制是如何建立起来的作为起点。20世纪50年代，我国学者编写的教科书都秉承了这一观点，譬如陈思哲《政治经济学提纲》和蒋学模《政治经济学讲话》的社会主义部分。

到1957年，林子力、马家驹、戴钟珩、朱声绂等提出异议[2]，他们认为，从资本主义到社会主义过渡的历史是社会主义的“史前形态”，应当放到全部研究的个别场合来阐述。而对社会主义公有制等问题的具体研究，也应当放在分析完社会主义经济制度之后。林子力等提出，政治经济学社会主义部分必须从产品开始，将公有制和按劳分配作为既定前提条件，分析产品的社会主义生产过程和流通过程，揭示产品中体现的人与人之间的关系。

三　社会主义政治经济学的“红线”和框架结构

20世纪50年代，关于社会主义政治经济学的红线问题开始进入我国经济理论界的研究视野。仲津（于光远）主张以社会主义基本经济规律为红线。他指出，政治经济学社会主义部分中心问题要能够体现社会主义生产目的，即最大限度地满足社会需要，这是贯穿在整个社会主义生产中的一条红线[3]。贾开基提出可以将社会主义社会的基本矛盾当作红线。他认为社会主义社会的基本经济矛盾是人们平等地从事劳动与在经济上还没有完全消除差别的矛盾，这是由生产关系的本质和生产力发展水平不平衡引起的。他还指出，社会主义社会的基本经济矛盾和基本经济规律并不冲

---

① 陶大镛：《怎样学习政治经济学》，人民出版社，1955。

② 林子力、马家驹、戴钟珩、朱声绂：《对社会主义经济的分析从哪里着手?》，《经济研究》1957年第3期。

③ 仲津：《最大限度地满足社会需要是政治经济学社会主义部分的一个中心问题》，《学习》1956年第11期。

突，二者相结合而成为社会主义部分的红线①。关于红线的探讨一直延续到20世纪60年代。实际上，基本经济规律和基本经济矛盾都从根本上体现了社会主义生产目的，这一中心问题基本上在后来教科书的编写中体现出来，并沿用至今。

在社会主义政治经济学的框架结构方面，仲津认为，政治经济学研究应当全面考察社会主义生产关系的内部和外部矛盾。他指出，在社会主义制度的条件下，生产关系的实质已经不再被掩盖，能够直接体现出来，应当在此基础上，从各个方面深入研究社会主义的经济活动、经济运动和发展的过程。社会主义经济的复杂性主要是社会主义生产关系中的内部和外部矛盾。进一步地，他提出政治经济学社会主义部分的体系结构应是：(1) 社会主义生产关系内部的关系：第一，社会与个人间的关系；第二，社会主义的国营经济与社会主义合作经济间的关系；第三，国营经济内部的关系，国家与企业、企业与企业间的关系国民经济各部门间的关系，各地区间的关系。(2) 社会主义生产关系和生产力的关系，社会主义经济和社会主义国家上层建筑的关系：第一，社会主义制度下生产力与生产关系的关系；第二，社会主义国家的社会主义经济基础与上层建筑的关系。(3) 社会主义国家同别的国家的经济关系②。

林子力等提出“过程法”，运用《资本论》的抽象到具体的方法，按照其体系结构，从社会产品开始，分析社会主义的直接生产过程、流通过程、总过程，最后考察国际经济关系，揭示社会主义生产方式的运动和发展规律。他们将生产过程分为两部分：一是先丢开公有制的两种形式或商品生产本身的分析，把研究对象暂时作为一个抽象的以公有制为基础的社会来分析；二是再把公有制的两种形式加进来，分析由此而产生的比较复杂的关系。第一部分为三段阐述：第一段落分析社会产品，揭示体现在产品中的人们之间的相互关系和劳动的社会性质；第二段落进一步考察在这个社会中推动生产发展的基本动力和提高生产的途径；第三段落把生产作为一个连续不断的再生产过程，在再生产的运动中来考察前面分析过的人们的相互关系是怎样得到展开的③。

这两种体系结构安排的方法逐渐发展成熟，形成“历史和逻辑相统

① 贾开基：《关于社会主义基本经济矛盾和政治经济学社会主义部分理论体系问题的一点意见》，《解放日报》1957年4月4日第4版。

② 仲津：《政治经济学社会主义部分研究什么》，《学习》1956年第8期。

③ 林子力、马家驹、戴钟珩、朱声绂：《对社会主义经济的分析从哪里着手?》，《经济研究》1957年第3期。

一”、“抽象到具体”两种叙述方法的教科书体系，这在日后各类社会主义政治经济学教科书中都有所反映。

四　社会主义政治经济学的方法论

由于社会主义政治经济学的研究对象是社会主义经济建设实践，因此，在方法论上也与资本主义政治经济学和广义政治经济学存在差异。在这一时期，理论界普遍从《苏联社会主义经济问题》中挖掘社会主义政治经济学的方法论原则，但也注意到了中苏社会主义经济建设具有差异性，而对于这种相似性和差异性的认识，很多是从马克思主义哲学经典著作中所汲取的营养，较有代表性的研究有以下几种。

王学文连续撰文探讨政治经济学方法论问题，他认为政治经济学的方法论应充分参考《资本论》《政治经济学批判导言》《反杜林论》，斯大林的《辩证唯物论与历史唯物论》《苏联社会主义经济问题》以及毛泽东的《矛盾论》等著作①。具体来看：第一，参考马克思研究资本主义经济从最简单、最普遍、最常见的经济因素出发的逻辑，研究中国过渡时期的经济，必须综合考虑农业、国营经济、资本主义经济、合作社经济等因素的地位、作用和相关关系。第二，研究政治经济学须在统一联系性上看待问题，即生产力与生产关系的辩证统一。第三，国民经济各部门之间和各地区之间都有广泛的内在联系，它们之间内在联系的运动形成相互间和前后间的关系。因此，需要在运动的过程上看待问题。第四，还需要从质和量之间的转变与内在矛盾（发展动力）来考察经济问题。

沈志远专门论述了从《矛盾论》中提炼经济科学方法论的问题②。他指出，毛泽东的《矛盾论》结合了中国革命实践的丰富经验，以唯物辩证法的一般原理为基础，认为对立统一法则是唯物辩证法的核心，也是事物发展的最根本法则。人类社会的发展史，实际上就是对立物的斗争和统一的发展史，矛盾不仅具有普遍性，具体事物的矛盾还有其相应的特殊性。只有抓住其中的主要矛盾，认识了它的特殊性，在处理事务的过程中才能对症下药地出台政策，正确地处理经济问题。

王亚南比较系统地阐述了政治经济学理论如何联系实际问题③。他认

---

① 王学文：《关于政治经济学方法论的几个问题》，《新建设》1953 年第 11 期；（续）1953 年第 12 期；（续完）1954 年第 1 期。

② 沈志远：《〈矛盾论〉与经济科学》，《新建设》1952 年第 8 期。

③ 王亚南：《大家来学政治经济学》，《中国经济问题》1959 年第 8 期。

为，理论联系实际的过程实际上分为两个步骤，一是要弄清楚经济范畴、原则、规律的历史实际，必须借助于直接的实地调查、社会生活经验和革命导师作出各种概括或结论所依据的大量材料。第二个步骤才是把经济范畴、原则、规律应用到我们的实际中来，特别是对于我国过渡时期而言，资本主义政治经济学和社会主义政治经济学都不是完全适用于我国实际的。譬如，他指出，对于一个已经确立了新政权但是还没有全面建立起新的社会生产关系的过渡社会，国家政权在经济上的作用是异常重要和巨大的。

特别值得注意的是，伴随我国经济学界研究的深入，从方法论上逐步由分析经济理论的“一般性”、“特殊性”这些基础性探讨，深入对“苏联范式”和“教条主义”的反思。譬如，林子力等提出，在把《苏联社会主义经济问题》作为重要的启示、研究方向和线索的同时，不能认为《苏联社会主义经济问题》已经把所有的政治经济学的研究工作都完成了，科学研究在社会主义经济关系中还有广阔的余地①。尤为难能可贵的是陈振汉等的观点②，他们鲜明地提出，我国的财经政策有不少是盲目搬用苏联成例，我国的社会主义建设经济实践显然是和经济科学理论相脱节的，经济科学并未起到指导实践的作用。我国经济科学中存在的问题主要表现在三个方面。第一，应批判接受资产阶级经济学，一些诸如乘数论、边际理论、常态曲线、事件数列等理论，同样可以用来分析中国的经济现象。第二，理性对待经典著作，学习的目的在于懂得经济学家们的思想、观点和方法，而不是单纯的字句和文本，需要重视的是著作中本质的东西，而非枝叶。第三，应创造性地发展马列主义，在划清与修正主义的界限的同时，防止经济科学研究上的教条主义。这些观点，即使放在今天来看，都是具有很强现实意义的，应当说，陈振汉等的认识，代表了这一时期我国政治经济学方法论研究的较高水平。也可以认为，尽管这一时期本身较短，但中国政治经济学在方法论上的研究取得了长足的进步。

---

① 林子力、马家驹、戴钟珩、朱声绂：《关于政治经济学社会主义部分的方法问题》，《新建设》1957 年第 6 期。

② 陈振汉等：《我们对于当前经济科学工作的一些意见》，《经济研究》1957 年第 5 期。这篇文章发表后，很快就受到了经济学界的批判和围攻，陈振汉本人也被打成经济学界的右派分子。

本章小结

总的来看，在这一时期，以“苏联范式”为核心的政治经济学体系成为标准理论，在我国经济学界取得了支配地位，对日后的经济理论研究和政治经济学体系建构产生了深远的影响。但是，在生产方式发生系统性变化的过程中，围绕着计划经济体制与中国国情的结合、商品货币关系存在必要性以及多种所有制成分等问题，从党和国家领导人到经济理论工作者，都日益体会到不能完全从苏联范式出发解决中国问题，可以说，这个命题不仅在革命战争时期是成立的，在社会主义经济建设过程中也是正确的，这实际上已经提出了构建中国特色社会主义政治经济学的历史任务。

第二十一章　主要领导人学习苏联政治经济学教材

“大跃进”对国民经济造成了冲击，由此也在理论上提出了加强政治经济学研究的需要，毛泽东号召认真读书并率先垂范，1959 年冬到 1960 年，毛泽东、刘少奇、周恩来等党和国家领导人分别组织读书小组，认真研读了苏联科学院经济研究所编写的《政治经济学教科书》（社会主义部分）等多部理论著作，并逐章逐节加以讨论，阐发了许多重要的经济思想。

第一节　主要领导人读苏联《政治经济学教科书》的历史背景

1958 年 11 月 9 日，毛泽东在郑州会议期间给各级领导同志发送了《关于读书的建议信》，他建议各级领导同志读两本书：一本是斯大林的《苏联社会主义经济问题》，另一本是《马克思、恩格斯、列宁、斯大林论共产主义社会》，并提出“要联系中国社会主义经济革命和经济建设去读这两本书，使自己获得一个清醒的头脑，以利指导我们伟大的经济工作”。他指出：“现在很多人有一大堆混乱思想……他们在读马克思列宁主义的政治经济学的时候是马克思主义者，临到目前经济实践中某些具体问题，他们的马克思主义就打了折扣了。”因此，他建议读这两本书。毛泽东在信中还提议：“将来有时间，可以再读一本，就是苏联同志们编的那本《政治经济学教科书》。”“大跃进和人民公社时期，读这类书最有兴趣。”① 11 月 21 日，毛泽东进一步强调要注意研究一下《政治经济学教

---

① 《毛泽东文集》第 7 卷，人民出版社，1999，第 432～433 页。

科书》中的社会主义经济规律问题，特别是要结合中国的实际情况来研究政治经济学，这“比平素我们离开实际专门看书要好得多”，“在目前，研究这个问题有很大的理论意义和现实意义”①。

1958 年 12 月，在八届六中全会作出了《关于人民公社若干问题的决议》，深入阐述了人民公社的性质、任务、前途及存在问题。会上，毛泽东又重申了读书要求。之后，毛泽东继续调查农村问题，看到有很多政策问题仍需进一步解决。1959 年 3 月，召开第二次郑州会议，进一步解决人民公社内部的三级所有制，指出从三级所有制到公社所有制是一个过渡，划清了社会主义集体所有、全民所有的界限，划清了社会主义、共产主义的界限，又进一步划清了大集体和小集体的界限。5～6 月，上海会议根据第二次郑州会议对大集体、小集体的划分，制定了农村人民公社十八条。7 月，庐山会议召开时，毛泽东拟定讨论的十八个问题中第一个问题就是“读书”。他在 7 月 2 日的中央政治局常委扩大会议上明确指出：“有鉴于去年许多领导同志，县、社干部，对于社会主义经济问题还不大了解，不懂得经济发展规律，有鉴于现在工作中还有事务主义，所以应当好好读书。”“学习苏联，要读《政治经济学教科书》，教科书有缺点，但比较完整。”② 据邓力群回忆，本来毛泽东准备在庐山会议上领导大家读书，结合我们的实际，总结我们的经验，进一步讨论制定各项政策，但却因议程变化而未能开展。此后，毛泽东一直关心怎么把已有经验进行总结，强调要写出根据我国社会主义建设实践的政治经济学。

1959 年 12 月初，即发出读书建议信一年后，毛泽东率先实行了读书计划，开始逐章逐节研读苏联《政治经济学教科书》并进行讨论，随后，刘少奇、周恩来等也组织了读书小组。

第二节　毛泽东关于苏联《政治经济学教科书》的谈话

从 1959 年 12 月 10 日到 1960 年 2 月 9 日，毛泽东组织了一个读书小组，集中时间读苏联《政治经济学教科书》（第三版）。这个读书小组的成员包括胡绳、邓力群、田家英、陈伯达等，读书小组先是在杭州，然后

① 龚育之、逄先知、石仲泉：《毛泽东的读书生活》，生活·读书·新知三联书店，2010，第 173 页。

② 《毛泽东文集》第 8 卷，人民出版社，1999，第 75～76 页。

又来到上海和广州。在这个读书过程中，毛泽东采取边读边议的方法，分析了教科书及其反映的苏联经验，肯定了应该肯定的，批判了需要批判的。同时结合我国实际，对怎么搞社会主义革命，怎么搞社会主义建设，发表了很多颇具创造性的具体意见，总结了正反两方面的经验，并对怎样发展哲学社会科学，怎样编写中国社会主义政治经济学教科书，作出了许多具体指导。

一 社会主义革命和无产阶级专政

第二次世界大战前后，许多国家完成民族民主革命，走上社会主义道路，建立了无产阶级专政的国家政权。苏联《政治经济学教科书》总结概述了俄国、东欧、中国等国家从资本主义走向社会主义的客观必然性和革命实践经验。这与马克思主义经典作家所认为的西欧率先革命论形成反差。毛泽东指出："革命为什么不首先在西方那些资本主义生产水平很高，无产阶级人数很多的国家成功，而首先在东方那些资本主义水平比较低，无产阶级人数比较少的国家成功，例如俄国和中国，这个问题值得研究。"① 他认同教科书中无产阶级要"把一切劳动者团结在自己周围，来消灭资本主义"的提法，并进一步指出要夺取政权。同时，毛泽东在这里与修正主义分子划清了界限。他认为："在资本主义社会里，社会主义成分的合作经济和国营经济根本不能产生，当然也说不上成长，这是我们同修正主义的主要分歧。修正主义者说，在资本主义社会中，像城市的公用事业是社会主义因素，说资本主义可以和平长入社会主义，这是对马克思主义的严重歪曲。"② 毛泽东指出，社会主义要代替资本主义是不可避免的，具有客观必然性，不以人们的意志为转移。各国无产阶级革命具有共同性，也有特殊性。要承认十月革命的榜样，承认任何国家无产阶级革命的基本内容是一样的，这就和修正主义对立起来了。同时要将普遍规律和各国革命的具体特点结合起来。但毛泽东并不完全认同教科书所谓的在先进社会主义国家帮助下实现社会主义革命。他指出，这是一个重要条件，但并不具有决定性，只能影响我们走向社会主义道路以后前进的快慢。"所谓帮助，包括他们经济上的援助，同时也包括我们对他们成功和

① 毛泽东：《毛主席读〈政治经济学教科书〉（第三版）社会主义部分的笔记》，郑州大学文化革命联络委员会材料室，1967，第1页。

② 毛泽东：《毛主席读〈政治经济学教科书〉（第三版）社会主义部分的笔记》，郑州大学文化革命联络委员会材料室，1967，第2页。

失败的正面和反面的经验的学习。"[①] 在革命手段和途径方面，毛泽东指出，中国和俄国的历史经验证明，要取得革命的胜利，有一个成熟的党，是一个很重要的条件。"每一个国家的共产党和革命力量都要准备两手，一手是和平方法取得胜利，一手是暴力取得政权，缺一不可。"[②] 他指出，中华人民共和国的建立标志着新民主主义革命阶段的基本结束和社会主义革命阶段的开始，还要附带完成民主革命遗留下来的没收官僚资本、全国土地改革等任务。并提出过渡时期包括哪些阶段要好好研究。

毛泽东将教科书内容与我国实践相结合，从生产力和生产关系两个角度，阐述了无产阶级专政怎样建立和怎样运行、过渡时期怎样发展和社会主义革命怎样进行等一系列重大现实问题和理论问题。毛泽东认为，暴力是无产阶级专政必不可少的手段。在革命中，剥削阶级必然会暴力镇压革命人民。他还指出，国家的本质是阶级镇压的机器，而这里的敌对阶级不仅包括国内的反动分子，也包括国外敌对势力。因此，国家的阶级镇压性质并没有变。

毛泽东为无产阶级革命总结出一条具有规律性的道路，这就是首先在上层建筑领域发动革命，夺取政权，然后在经济基础领域进行所有制改造，把生产力从旧有的生产关系束缚中解放出来。在革命胜利后，无产阶级政权建立起来，就进入过渡时期，开始建立社会主义即共产主义的第一阶段。毛泽东指出，在政权运行中，劳动者有管理国家、企业、文化教育的权力，而不是只能在某些人的管理下面享受劳动、教育、社会保险等权利。他赞同教科书所说的，在过渡时期，要进行一切社会关系的根本改造。并进一步指出，"所谓一切社会关系，应该包括生产关系和上层建筑，包括经济、政治、思想、文化等各方面的关系"[③]。我们要"在三条战线上即政治、经济、思想的战线上都要进行彻底的社会主义革命"[④]。

二　生产关系改造和所有制变革

生产关系与生产力是相互作用的，在社会主义制度下二者仍然存在矛

---

① 毛泽东：《毛主席读〈政治经济学教科书〉（第三版）社会主义部分的笔记》，郑州大学文化革命联络委员会材料室，1967，第6页。

② 毛泽东：《毛主席读〈政治经济学教科书〉（第三版）社会主义部分的笔记》，郑州大学文化革命联络委员会材料室，1967，第6页。

③ 毛泽东：《毛主席读〈政治经济学教科书〉（第三版）社会主义部分的笔记》，郑州大学文化革命联络委员会材料室，1967，第2页。

④ 毛泽东：《毛主席读〈政治经济学教科书〉（第三版）社会主义部分的笔记》，郑州大学文化革命联络委员会材料室，1967，第14页。

盾。“社会主义革命的目的是为了解放生产力”①，而生产关系改造是社会主义的前提。毛泽东从世界历史出发，指出“生产关系的革命，是生产力的一定发展所引起的。但是，生产力的大发展，总是在生产关系改变以后”②。毛泽东结合我国实践强调，先要改变生产关系，然后才有可能大大发展社会生产力，这是普遍规律，也就是说，可以先解决所有制问题，然后再推动工业化的实现。东欧、苏联都是这样的，资产阶级革命也是如此。

毛泽东还对我国所有制变革的方式、过程和前途进行了总结概括和科学分析。在城市，通过加工订货、统购统销、公私合营三个步骤完成对资本主义工商业的改造，实现对资产阶级的“和平赎买”。在农村，土地是最重要的生产资料，而围绕土地的所有制改革是分两步走的。首先是剥夺地主阶级的全部土地，分配富农的多余土地，按农村人口平均分配土地，建立起土地的个人所有制。国民经济恢复时期结束后，再通过广泛的合作化运动，把这种土地个人所有制引导转向土地集体所有制。

毛泽东运用矛盾分析法，指出两种公有制实际上是工农的矛盾，不能长期共存，因此，要适合生产力的发展，引导农村集体所有制逐步过渡到全民所有制是一个必然要求，具体而言，就是把农业生产资料所有权由农村集体所有变成国有，把农民变成工人。这实际上提出了大力发展人民公社的要求。他还指出，建立新制度总要对旧制度有所破坏，就会引起一部分人的抵触。要注意生产关系变革、人民公社发展中，既得利益集团的问题。毛泽东认为，生产关系包括生产资料所有制、劳动中人与人之间的关系、分配制度这三个方面。所有制方面的革命可以说是有底的，到整个国民经济变成了单一所有制以后，如何管理全民所有制企业，实行不实行中央与地方分权，仍然存在生产关系的矛盾需要解决。人与人的相互关系和分配关系更是要不断改进，这方面很难说有什么底。这是因为公有制的时间很长，但是人们在劳动过程中的相互关系却有很多变化。

三 社会主义建设和发展

在研读教科书的过程中，毛泽东将苏联经验和我国的社会主义建设实践相结合，深入阐述了社会主义建设中企业管理和群众路线、比例和速度、计划和规律、目标和阶段等重大理论问题和现实问题。

① 《毛泽东文集》第7卷，人民出版社，1999，第1页。

② 《毛泽东文集》第8卷，人民出版社，1999，第132页。

企业是社会主义建设的主体。毛泽东指出，所有制的问题解决以后，最重要的问题是管理问题，即全民所有制的企业如何管理的问题，集体所有制的企业如何管理的问题，这也就是一定所有制下的人与人的关系问题。他强调，党委领导下的厂长负责制是社会主义企业管理的原则。对于工人，要发挥工会的群众运动功能，工会的主要任务是发展生产，要加强政治教育。不能以为在社会主义制度下，不用做工作，自然会出现劳动者和企业领导人员的创造性的合作。所以，我们对全民所有制的企业的管理，采用集中领导和群众运动相结合，党的领导、工人群众和技术人员相结合，干部参加劳动、工人参加管理，不断改变不合理的规章制度等措施。

毛泽东论述了经济结构比例和发展速度的关系。他赞同教科书所说的，生产资料要优先增长。并强调要农轻重并举，高速向前发展，保证在迅速发展工业的同时，适当地改善人民的生活。在谈及工业和农业的关系时，毛泽东强调，工业的发展快于农业，但是提法要适当，不能把工业强调到不适当的地位，否则一定会发生问题。他指出，工业化并不是农业集体化的前提，社会主义制度本身允许出现工业化高速度。因此，我们的提法是在优先发展重工业的条件下，发展工业和发展农业同时并举。在建设中，要做到土洋并举、大中小并举，目的是高速度发展。中小企业、落后技术、土办法在一定时期一定范围内仍然可以有效发挥作用。片面追求新技术、新机器，追求大规模、高标准，并不利于经济建设。此外，毛泽东还谈及城乡关系、区域关系等结构比例问题。他认为，要消灭城市和农村的差别，将来的城市可以不要那么大，要把大城市居民分散到农村去，建设许多小城市，在原子战争的条件下，这样也比较有利。他指出，各省之间发展不平衡是必然的，不能盲目追求均衡。但是要提倡各省自力更生，全面发展，不说每个省份不必生产能靠其他省份供应来满足需要的产品，我们要各省尽量发展各种生产，只要不妨碍全局。

要实现比例协调和高速发展，就要按照客观规律开展计划工作。计划是意识形态，意识是实际的反映，又对实际起反作用。毛泽东指出，“不以规律为计划的依据，就不能使有计划按比例发展的规律的作用发挥出来”①。他特别强调正确处理价值规律和计划的关系。消灭了私有制，可以有计划地组织经济，所以就有可能自觉地掌握和利用不平衡是绝对的、平衡是相对的这一客观规律，社会主义国家的经济能够有计划按比例地发

① 《毛泽东文集》第8卷，人民出版社，1999，第119页。

展。毛泽东强调，“社会主义经济发展过程中，经常出现不按比例、不平衡的情况，要求我们按比例和综合平衡”①。按比例和不按比例、平衡和不平衡的矛盾永远存在，我们任何时候都不要满足。

在谈及我国社会主义建设目标和发展阶段时，毛泽东赞同苏联教科书关于中国建设社会主义期限的提法，该书认为，还要十年或十五年把中国变成强大的社会主义国家。他在这里提出了“四个现代化”的思想，要求到1969年基本实现。他指出：“建设社会主义，原来要求是工业现代化，农业现代化，科学文化现代化，现在要加上国防现代化。在我们这样的国家，完成社会主义建设是一个艰巨任务，建成社会主义不要讲得过早了。”② 考虑到这一点，毛泽东明确提出社会主义社会分阶段的构想。他指出：“进到共产主义时代了，又一定会有很多很多的发展阶段。”③ 这些理论构想为后来社会主义初级阶段理论的形成奠定了基础。

四 社会主义流通和收入分配

由于存在全民所有制、集体所有制两种所有制形式，因而两种所有制之间还存在商品流通和交换。毛泽东指出，生产过程和流通过程的综合，就是我们所说的经济。产品要进入流通过程，首先需要运输包装。没有运输包装，生产过程就没有完成，不能送到消费者手中，这样价值虽然生产出来了，但还没有最终实现，整个经济过程就没有完成。因此，运输包装所用的劳动是社会必要劳动的一部分。同样地，商业工作人员的劳动也是社会必要劳动，没有他们的劳动，生产就不能转为消费。毛泽东强调，商品流通中价格是最关键的，他根据我国经济的现实情况，提出了关于商品价格的两个问题，即消费品的价格问题、重工业品和轻工业品的价格问题。对于消费品的价格问题。我们的办法是稳定物价，一般不涨也不降。究竟是不断降低物价好，还是不涨不降好，这是值得研究的问题。此外，重工业品和轻工业品的比价问题也是需要深入研究的。

消费品中一部分是个人财产，另一部分是公共财产。这里既有社会消费，也有个人消费，要处理好积累和消费的关系，解决好消费品的分配问题。毛泽东提出生产资料的分配决定消费品的分配，还特别强调在分配问题上要注意物质刺激和精神鼓励相结合。他指出，苏联教科书的缺点是没

① 《毛泽东文集》第8卷，人民出版社，1999，第119页。

② 《毛泽东文集》第8卷，人民出版社，1999，第116页。

③ 《毛泽东文集》第7卷，人民出版社，1999，第352页。

有讲政治，而过分强调物质（个人）利益，把物质刺激片面化、绝对化，不大注意集体利益，这样强调下去，一定会走到自己的反面。他认为，主要问题是生产大发展，只要生产增加了，积累比重大一点，还是可以改善人民生活的。结合我国实践经验，毛泽东指出，我们是计时工资为主，计件工资为辅。片面强调计件工资会造成新老工人之间、强弱劳动之间的矛盾，助长部分工人中“为挣大件而斗争”的心理，不是首先关心集体事业，而是首先关心个人收入。我们从来讲公私兼顾，没有什么大公无私，又说先公后私，个人是集体的一分子，集体利益增加了，个人利益也随着改善了。他认为，勤勉积极取决于政治觉悟，应当把提高觉悟放在重要地位。把个人物质利益的关心绝对化只会带来发展个人主义的危险。因此，党组织不挂帅，要在当地充分动员一切积极力量是不行的。不能认为历史是计划工作者创造的，而不是群众创造的。不能片面地讲物质鼓励。所以，毛泽东提出，在教科书中，关于产品分配，要重新再写，换一种写法，应该强调艰苦奋斗，强调扩大再生产，强调共产主义前途远景，不能强调个人物质利益。

五　社会主义各国和世界两大阵营

毛泽东研判了当时的世界经济形势，阐述了社会主义各国的经济关系，以及社会主义阵营和资本主义阵营之间的关系。他探讨了社会主义各国建立经济体系的问题，还批判了教科书所谓的社会主义各国的经济文化发展总水平可以逐渐拉平的观点。

在两大阵营的经济关系上，教科书提出，社会主义阵营与资本主义阵营已经建立并形成了“和平发展”的经济关系，毛泽东对此作出了批评。他认为，社会主义阵营与资本主义阵营，实际上是两个具有很大差异的世界市场，而教科书把两个世界市场看作统一的世界市场内部的两个子体系，这实际上是从斯大林观点往后倒退了。因为，在社会主义阵营的经济体系和资本主义阵营的经济体系之间，不仅仅存在着竞赛，更多的是激烈的斗争，而教科书回避了这种斗争。但是战争的威胁始终存在。只有消灭了阶级，才能永远消灭战争。

六　哲学与政治经济学的关系

毛泽东在批判苏联教科书观点和总结我国社会主义革命与建设的实践经验中，运用并阐发了诸多马克思主义哲学原理和政治经济学原理。他深入阐释了哲学的功能定位是什么、政治经济学的研究对象和方法论是什么等问题，揭示了哲学与政治经济学之间的关系，为中国的社会主义政治经济学教科书编写提供了很多有益的启示。

通过批判苏联政治经济学教科书，毛泽东着重阐发了基本矛盾、认识规律、部分质变等哲学思想。他认为这本书最大的缺点就是缺少辩证法。具体表现为，它不从分析矛盾出发，“不从生产力和生产关系的矛盾、经济基础和上层建筑的矛盾出发来研究问题，不从历史的叙述和分析开始自然得出结论，而是从规律出发，进行演绎”①。对此，毛泽东提出以基本矛盾为纲的思想。他指出，社会主义的技术发展也有不平衡，经济发展也是这样。生产力、生产关系、上层建筑也有不平衡。毛泽东在谈论认识规律问题时指出，意识形态成为系统，总是在事物运动的后面，因为思想认识是物质运动的反映。规律是在事物运动中反复出现的东西，不是偶然出现的东西，事物反复出现，才成为规律，才能够被人认识。他进一步指出，认识规律要有一个过程，要经历实践过程和学习过程，从少数人到多数人，从不认识到认识。毛泽东还结合我国的社会主义建设过程和所有制变革等实践，阐发了“在总的量变过程中许多部分的质变”② 的思想，并将其作为我们的一种工作方法。关于哲学的功能定位，毛泽东指出哲学要为当前政治服务。他强调，现在我们已经进入社会主义时代，出现了新的一系列的问题，如果不适应新的需要，写出新的著作，形成新的理论，也是不行的。

在哲学方法论的基础上，毛泽东指出了苏联教科书的很多缺点，特别是就社会主义政治经济学的研究对象、研究方法、写作方法、起点和重点等作了很多阐述。正是由于教科书并没有把握生产力与生产关系的矛盾、经济基础与上层建筑的矛盾，毛泽东才认为，“写法不好，不从生产力和生产关系的矛盾、经济基础和上层建筑的矛盾出发，来研究问题，不从历史的叙述和分析开始自然得出结论，而是从规律出发，进行演绎”③。通过批判教科书存在的缺点，毛泽东进一步提出了政治经济学的研究方法。他认为，当作一门科学，就应当从矛盾分析出发。研究问题要从人们看得见、摸得着的现象出发，来研究隐藏在现象后面的本质，从而揭露客观事物的本质的矛盾。大前提应当是研究问题的结果，必须经过具体分析，才

---

① 《毛泽东文集》第8卷，人民出版社，1999，第138页。

② 《毛泽东文集》第7卷，人民出版社，1999，第352~353页。

③ 《毛泽东文集》第8卷，人民出版社，1999，第138页。

能够发现和证明原则原理。他称赞了苏联经济学家格·科兹洛夫在《论社会主义经济的科学》一文中提出的从分析社会主义生产过程来说明规律的观点。在政治经济学理论体系的起点问题上，毛泽东提出了可以从所有制出发的观点。之所以与《资本论》以商品作为起点不同，是因为社会主义生产资料公有制的建立，价值范畴本身发生了很大变化，商品两重性也因此发生变化，人与人之间的关系已经不再被商品这种物与物之间的关系掩盖，因此，如果还是从商品出发研究问题，从商品的两重性出发来研究社会主义经济，可能会把问题模糊起来，使人不容易了解。因此，一种可行的做法是：从所有制出发，先写生产资料私有制度改为生产资料公有制，然后再写两种社会主义公有制的矛盾、社会主义集体所有制如何过渡到社会主义全民所有制。同时也要写全民所有制本身的变革，如下放体制、分级管理、企业自治权等。总之，在读苏联《政治经济学教科书》的过程中，毛泽东所阐发的观点和意见为编写中国社会主义政治经济学教科书提供了许多有益的指导。不仅如此，围绕一个确定的主题，组织读书小组进行讨论研读的方式，也为我们提供了关于怎样学习马克思主义经典著作的启示。直至今日，毛泽东读《政治经济学教科书》仍是社会主义政治经济学发展史上浓墨重彩的一笔。

第三节　其他主要领导人关于苏联《政治经济学教科书》的谈话

1959 年底到 1960 年初，刘少奇、周恩来等党和国家领导人先后在海南、广东从化组织了读书小组，通读了苏联《政治经济学教科书》（第三版），学习了毛泽东关于教科书的谈话，并加强互相学习，结合我国社会主义建设实践，就社会主义社会矛盾、建设目标、经济体制、发展阶段等问题进行了阐述。

一　刘少奇在读书小组谈话的主要思想

1959 年 11 月初，刘少奇在海南岛组成读书小组，成员有广东省委的负责同志，著名经济学家王学文、薛暮桥等，率先开始学习苏联《政治经济学教科书》，得到了毛泽东的肯定。刘少奇在学习过程中，结合我国的社会主义建设实践，阐发了社会主义国家性质、基本矛盾、过渡时期、商品经济、经济管理等思想，强调不能把苏联经验当作最完整的经验，要努力创造新经验①。

刘少奇首先阐发了如何界定国家的社会主义性质，如何认识和对待社会主义社会的矛盾等重大理论问题。他不认同教科书所说的“所有制是社会主义的，就是社会主义性质的国家”的观点，认为这一提法违背了列宁的讲法，并指出：“国家性质的主要标志，看国家政权掌握在什么人手里，主要的标志还不是所有制。政权掌握在修正主义者手里，政权可以改变所有制，所有制并不能变更政权。没有社会主义所有制，只要马克思主义者掌握了政权，就可改变所有制。”关于社会主义的矛盾。刘少奇认为要研究经济中的主要矛盾即生产关系与生产力的矛盾，要根据生产力水平不断调整生产关系。除此之外，刘少奇指出：还应认识到，在全民所有制经济和集体所有制经济内部，也仍然存在矛盾。他指出：“先进的生产关系与落后的生产力的矛盾，这一提法是不对的。生产关系跑到生产力的前头，没有基础了，就会破坏生产力。”刘少奇认为，现阶段的社会基本矛盾是生产能力不足与社会物质产品需要之间的矛盾，此外，新兴的社会主义制度与旧社会的制度残余之间也存在矛盾。但两种矛盾的相对重要程度会发生变化，前一种矛盾的重要性将不断提高。刘少奇还指出：无产阶级专政要区分敌我矛盾和人民内部矛盾，人民内部矛盾的根本性质是非对抗性的，对此要分清专政和民主的方法。他不同意教科书中所说的无产阶级专政的实质是组织群众和教育群众，强调专政只能对付反革命，而不能对付人民群众。刘少奇指出：“从国家职能的发展趋势来看，专政的作用越来越少，组织教育的职能越来越多。国家专政对内的作用越来越缩小，组织教育群众的职能一万年也有。”

刘少奇结合《哥达纲领批判》、苏联教科书等著作，阐发了社会主义社会的过渡性，提出过渡时期分阶段的思想。刘少奇认为，社会主义是共产主义的低级阶段，不是独立的、固定的社会经济形态。这个阶段只有几十年或者更长些，其中又分成若干小阶段。它的特点是过渡性。他指出：“社会主义诞生于资本主义，又区别于资本主义；它向着共产主义发展，又区别于共产主义。”他认为，社会主义在本质上是共产主义，但“又保留了资本主义社会的许多痕迹，例如货币、商品、国家、银行等。社会主

---

① 本节根据《刘少奇在〈政治经济学教科书〉学习讨论会上的发言》（1959 年 11 月）和石仲泉的《刘少奇读苏联〈政治经济学（教科书）〉》（《浙江学刊》1988 年第 2 期）、曾成贵的《刘少奇研读苏联〈政治经济学（教科书）〉始末》（《湖北文史资料》1999 年第 4 期）整理。

义要使这些痕迹逐步消失”，要经过一个相当长的时期。刘少奇指出，如果不把社会主义当作过渡阶段，就容易把社会主义定型化，出现巩固社会主义秩序的说法。他强调：“不要把一些范畴（如八级工资制等）长期巩固起来，而是现在不能不搞，有条件可以不搞时，就不搞了了。商品、货币等旧的形式保留，但内容变了。……我们只是为了利用它，不是长期巩固它，而是发展到一定程度抛弃它。”刘少奇认为，过渡时期包含两个过渡，一次是从资本主义到社会主义，另一次是从社会主义到共产主义。在第一个阶段要夺取政权，实现工业化和三大改造，建立社会主义经济体系，建成社会主义。第二个阶段有多种过渡方法，“首先是集体所有制过渡到全民所有制，人民公社变为全民所有制后，是否也要保留一部分自留地？两种所有制的差别消灭后，还可能是按劳分配，如果全民都是一样的工资，那是按需分配的共产主义了。将来的过渡办法，或者缩小高低工资的差别；或者不缩小工资差别，增加集体福利，逐渐过渡到以按需分配为主”。

刘少奇的谈话内容还对社会主义商品经济进行了论证，并着重阐述了社会主义建设的结构比例、发展速度、经济管理、按劳分配等重大现实问题。关于社会主义商品经济，刘少奇论述了商品经济存在的依据、性质、特点等内容。他认为两种所有制并存和按劳分配原则是商品生产存在的理由，“将来两种所有制不存在了，只要仍实行按劳分配的原则，消费品的分配，势必采取价值的形式，生产资料也要按价值计算，大体上说，商品还会存在”。他指出，社会主义制度下还保留商品生产，为无产阶级建设社会主义服务。社会主义商品的特点是为满足需要而生产，不是为了追求价值。刘少奇还谈到“劳动力的本质不是商品，也还是采取了商品的形式。剩余价值是有的，但不是个人占有，是社会占有，或劳动者集体占有”。刘少奇吸取了苏联经验教训，强调我国经济建设要比例协调、合理布局。他指出：“社会主义工业化，苏联从重工业开始，对农业的发展，注意不够，我们也有这个问题。所以现在提出农、轻、重，以农业为基础，发展轻工业，同时发展重工业的方针，免得发生长期性的工农比例、轻重比例失调。”关于高速度和按比例的关系，刘少奇认为，高速度与按比例是矛盾的统一，并指出“苏联、东欧社会主义国家和我们的经验证明，国民经济高速度发展，是可以按比例的”。但是，“既要高速度，又要按比例，这其中有许多矛盾。工业要高速度发展，人民消费就要减少，这是一个矛盾。矛盾不只一对，还有积累和消费的矛盾、工业和农业的矛盾、重工业和轻工业的矛盾等等。要提高速度，就要多积累，这又影响到人民的消费。工业搞得过多，工人增加得很快”。刘少奇提出：“现在，要想一个办法即能高速度，多积累些，又能改善人民生活，两全其美。这里有一个发展农业的问题，以发展农业为基础，能解决这个问题。”他强调按比例发展规律是客观的，“有计划”发展是在社会主义社会才出现的，通过“有计划”来实现国民经济的按比例发展，因此加强计划管理和经济核算显得十分重要。他还提出经济工作中要用成本、劳动生产率、净产值等指标进行全面的经济分析，并指出“如果以为有政治挂帅就不要算帐那是错误的，大帐小帐都要处算”。在消费品分配问题上，刘少奇强调物质刺激与政治挂帅相结合。他认为：“按劳分配是社会主义的分配原则，是符合客观规律的，一定要搞按劳分配。物质刺激是必要的，单有物质刺激还不够，还要加上一个政治挂帅。不能靠物质刺激来解决问题，必须是政治加技术，正确的提法是：政治驾驭技术。”他进一步指出：“如何对待个人利益与集体利益、暂时利益与长远利益的问题是个道德水平问题，应强调树立共产主义道德，为社会主义、共产主义而努力工作。”

二　周恩来在读书小组谈话的主要思想

1960 年 2 月中旬到 3 月初，周恩来在广东从化与国务院部分部委和中南局的领导同志组成读书小组，参加这个读书小组的领导同志包括李富春、吕正操、陶铸、宋任穷等，学者有许涤新、胡绳、薛暮桥等。读书小组通读了《政治经济学教科书》的社会主义部分。胡绳还在会上宣讲了“毛泽东读《政治经济学教科书》下册的笔记”。周恩来将苏联经验和中国实际相结合，认真反思和总结，努力探索我国社会主义建设的道路①。

周恩来分析和反思了我国社会主义过渡时期的问题，围绕社会主义总路线、社会主义建设目标、过渡期限等进行了理论阐述。他强调要认真贯彻“鼓足干劲、力争上游、多快好省地建设社会主义”的总路线。并进一步阐释了落实总路线的方法，他认为，“上游”就是一个更好的局面，那么如何做到力争上游呢？这就要求我们鼓足干劲，充分发挥人民群众的主观能动性。“多快好省”实际上是一种推动发展的理念，要做到多快好省，就必须实现有计划按比例地发展。他批评苏联的教科书具有片面性，忽视矛盾的对立统一，不注意“两条腿走路”的问题。周恩来强调社会

---

① 本节根据《周恩来在从化学习班上的谈话记录》（1960 年 2 月 23 日）和金冲及主编的《周恩来传》（第 4 卷，中央文献出版社，1998，第 2034～2043 页）整理。

主义建设和发展要逐步消灭“三大差别”，目标是实现“四个现代化”，即工业、农业、科学、国防四个现代化。周恩来指出，新中国成立以来的经济建设经验表明，从资本主义到共产主义的过渡时期将是一个很长的过渡时期。

周恩来阐述了社会主义革命的主要内容，批评教科书没有充分重视人的能动性。他将过渡时期的社会主义革命概括为“五大革命”，除了经济方面对资本主义工商业、农村个体经济和手工业的三大改造，还包括政治革命、技术革命、文化革命以及所有制方面的革命。“在生产关系革命，也就是经济革命的同时，要不断进行上层建筑的革命，也就是通常说的思想意识的革命。思想意识的革命常常是居先的，只有思想先变革了，才能变革所有制。”在这里，周恩来强调充分发挥人的思想的能动作用。他认为，“先驱者的作用，就是在事物还处在萌芽状态，甚至还在胚胎之中就能认识它，并推动人们去认识它，实现它。马克思、列宁的作用就在于此。所以，我们要认识思想意识的领先和落后两个侧面。有时思想就是认识了，但事物在不断发展，一时认识了，一时又不认识，这个问题认识了，那个问题又落后了”。对此，应当“不断认识”，“学到老，做到老”。

周恩来强调了学习和运用毛泽东思想的重要性，着重阐述了毛泽东思想和马克思列宁主义的关系。他指出，毛泽东思想是在不断探索和认识符合我国国情的社会主义建设道路过程中形成的思想体系。“把毛泽东思想学好一点，我们批判教科书、写论文才有武器。”但是“不能把毛泽东思想说成是个人的，更不能和马克思主义割裂开。我们把毛泽东思想说过了不好，毛主席也不会同意的”。周恩来指出：“中国是个大国，革命又在发展，必然生长出自己的理论家。毛泽东同志创造性地发展了马列主义，是有他的历史条件的，有他的发展背景的。毛泽东思想是有他的根的，这个根当然首先是人民革命运动，理论基础还是马列主义，是马克思主义理论与中国革命实践的结合。这个结合不仅是运用了马克思主义，而且发展了马列主义。”

本章小结

以读书会、读书小组的形式开展学习活动，这是党的第一代领导人的一大创举。新中国成立后，特别是社会主义改造基本完成后，全国上下掀起了学习马克思列宁主义经典著作的运动。在这场学习活动中，最典型同时也是留下比较丰富的历史资料和思想成果的，当数围绕《苏联政治经济学教科书》展开的读书活动。20 世纪 50 年代末 60 年代初的这场读书活动，揭开了新中国成立以来社会主义政治经济学发展的第一次高潮的序幕，同时也标志着中国社会主义政治经济学开始反思政治经济学的苏联范式，从而真正走出一条中国道路。

第二十二章　社会主义政治经济学理论体系的接续探索

从1959年开始，中国社会主义政治经济学迎来了新中国成立以来第一次发展高潮。无论是在学术研究、学科建设还是专业教学等方面，社会主义政治经济学都取得了长足进步。其中，又特别以理论体系的构建作为标志，本章从该历史时期的社会主义政治经济学文献着手，梳理理论体系构建的探索过程。

第一节　1959～1976年的社会主义政治经济学文献

一　1959～1963年政治经济学研究高潮期间的教科书

1959年11月，中共中央宣传部召开了各省市政治经济学社会主义部分教材编写会议，布置编写以中国社会主义建设道路为主要内容的社会主义政治经济学教科书。在此背景下，全国出现了编写社会主义政治经济学教科书的高潮，几乎各个省、主要大专院校、科研单位都编写（或出版）了自己的社会主义政治经济学教科书，这一高潮一直持续到1963年农村社会主义教育运动（“四清”运动）才告结束。在此期间，具有代表性的教科书（或专著）有以下几类。

（一）“人民大学本”和“中科院武汉哲社本”

1960年3月，中国人民大学经济系和中国科学院武汉哲学社会科学研究所（今湖北省社会科学院的前身）各自编写了社会主义政治经济学教材。中国人民大学经济系编写的是《政治经济学》（社会主义部分），中国科学院武汉哲学社会科学研究所编写的是《大众政治经济学》（社会主义部分），两本教材均未正式出版。

《政治经济学》（社会主义部分）包括绪论和十五章内容。从结构上看，从社会主义社会的性质出发，指出社会主义社会并不是一个独立的社会形态，而是从资本主义到共产主义的过渡阶段。接下来，阐述社会主义社会生产关系的基本特征，分析了社会主义建设总路线的合理性，探讨了重工业与轻工业之间的关系、中央工业与地方工业的关系，由此对国民经济有计划按比例发展进行了总结。此外，还分析了农业、商品生产和商业发展、分配制度、财政、国家建设与人民生活等几个专题，最后落脚到社会主义阵营的国际主义合作。

《政治经济学》（社会主义部分）具有以下几个方面的特点。第一，全书强调问题导向，很多章节是从经济生活现实出发进行了理论阐述，深入浅出。譬如，在分析经济核算、劳动生产率和劳动竞赛等问题时，并未使用生产组织方式、经营管理等专有名词，而是以"增产节约、勤俭建国"作为章节标题。第二，把社会主义基本矛盾作为贯穿全书的红线。该书着重从社会主义和资本主义、无产阶级和资产阶级、先进力量和落后力量的矛盾和斗争中阐明共产主义生产方式的产生和发展过程。第三，比较好地处理了宏观理论和微观主体之间的关系。该书能够在阐述政治经济学基本原理和宏观原则的同时，有针对性地探讨微观经济主体的行为模式，将生产关系研究建立在生产方式的分析上。譬如，在阐述社会主义农业发展问题时，以"人民公社经济"作为核心概念展开分析，探讨了这种特殊生产方式的经营和组织方式，提炼总结了人民公社在分配和经济激励方面的优势所在，理论比较新颖。

《大众政治经济学》（社会主义部分）的主要作者有朱剑农、黄永轼、李昌瀛、高映轸、姜启渭、余家祚、李凝康、黄礼先、张德美、吴启朗、饶克武、李世清等。全书包括导言和十章内容。该书最大的特点是：尽管开篇就阐明了社会主义政治经济学研究对象是社会主义社会的生产关系，但全书又是以生产方式作为主线进行阐述的，并且该书将"生产方式"理解为生产力和生产关系的统一，这在当时的政治经济学研究中是难能可贵的。从结构上看，该书从社会主义生产方式的基本特征出发，阐述了社会主义国民经济计划化的必要性和可行性，分章论述了社会主义工业、农业、商业和商品货币的关系、财政和信用工作。紧接着，在微观层面，分章阐述了社会主义企业管理原则、劳动协作、劳动竞赛、社会主义再生产和国民收入分配，最后落脚到社会主义向共产主义的过渡和世界社会主义经济体系。与《政治经济学》（社会主义部分）相比，该书的体系逻辑性较强，主线更为清晰。

（二）上海版《政治经济学》（社会主义部分）教材

1961 年，上海社会科学院经济研究所组织人员编写出版了《政治经济学教材》（社会主义部分），并于 1963 年出版了修订本。尽管两个版本的教材都标明为“试用本”，但仍然是作为正式出版的教材来使用的，并且形成了较大的影响力①。

该书共包括十二章内容。主要特点是：第一，明确提出社会主义经济产生的前提是无产阶级革命和无产阶级专政，认为社会主义社会是共产主义的第一个阶段。第二，以社会主义生产关系作为叙述起点，着重阐述了社会主义生产资料公有制的优越性和主要形式。第三，按照“生产—交换—分配—消费”的顺序安排章节，最后落脚到共产主义在全世界的胜利。

（三）孙冶方与《社会主义经济论》

中国科学院经济研究所孙冶方主持编写的《社会主义经济论》，是这一时期社会主义政治经济学探索的典型代表之一，这本书虽未出版，但其主要观点已公之于众。《社会主义经济论》是从 1959 年 11 月开始写作的，当时的中国科学院哲学社会科学学部经济研究所近百人参加了书稿写作。第一部初稿于 1961 年 2 月完成，1961～1963 年，《社会主义经济论》经历了多次修改，但最终因政治形势的变化而未能完稿②。

1961 年《社会主义经济论》第一稿的结构安排如下。全书共分为七篇，第一篇以社会主义生产关系的建立过程为基本内容，第二篇以社会主义经济的直接生产过程为基本内容，第三篇阐述生产企业资金循环和周转，以及独立核算企业间合理组织供销关系问题，第四篇以社会再生产中两大部类之间、各部类各地区之间的相互关系为基本内容，第五篇以社会总产品和国民收入的分配、再分配和使用为主题，第六篇阐述社会主义向共产主义的过渡，第七篇主要探讨社会主义国家对外经济关系。

需要特别指出的是，孙冶方反复强调，《社会主义经济论》贯穿全书的红线是“以最少的社会劳动消耗，有计划地生产最多的满足社会需

---

① 根据我们掌握的版本信息，该教材先后被印刷多次，发行量超过二十万本。参见编写组《政治经济学教材》（社会主义部分），上海人民出版社，1961；编写组《政治经济学教材》（社会主义部分），上海人民出版社，1963。

② 改革开放后，刘国光、张卓元、林青松、冒天启、旷建伟五位经济学者根据孙冶方的临终嘱托，将《社会主义经济论》文稿以及孙冶方其他几篇文稿进行了整理汇编，形成了《社会主义经济论稿》一书。

要的产品”。孙冶方认为，这条红线能够最为准确地反映社会主义生产目的[①]。正如马克思所说的：“时间的节约，以及劳动时间在不同的生产部门之间有计划的分配，在共同生产的基础上仍然是首要的经济规律。”[②]

二 1966～1976年的社会主义政治经济学文献

(一) 概况

1966～1976年，社会主义政治经济学教科书编著工作受到影响，但也未完全中断。从1973年开始，为响应毛泽东“学点政治经济学”的号召，全国上下掀起了一次学习政治经济学的高潮，在这一过程中，各高校纷纷组织力量编写体系化的政治经济学教科书。根据我们掌握的材料，具有代表性的有两类。

第一类是由高等院校主导编写的教材。在本书编写组的搜集范围内，这类教材有以下四种。一是北京大学经济系组织编写的《政治经济学》(社会主义部分)（征求意见稿），该教材未正式出版。该教材1973年4月编写，1975年4月对部分章节进行修改后重印。二是南开大学政治经济学系和经济研究所于1976年4月共同编写的《政治经济学》（社会主义部分），该教材未正式出版。三是厦门大学经济系政治经济学教研室1973年5月编写的《政治经济学》（社会主义部分），该教材未正式出版。四是吉林大学经济系和吉林热电厂工人理论组联合编写的《政治经济学》(社会主义部分)，该教材未正式出版。

第二类是由中央文革小组主导编写的教科书。这类教科书的代表是上海版《社会主义政治经济学》（以下简称上海版教材）[③]。1971年编写工作启动到1976年9月为止，上海版教材共写出了讨论稿、征求意见稿、未定稿、未定稿第二版（征求意见用）和未定稿第二版讨论稿五个版本，可统计的印刷或发行数量达到160700册（见表22－1）。上海版教材由张春桥、姚文元指导，上海市委书记马天水、徐景贤，上海市委写作组朱永嘉直接领导，由上海市委写作组所属经济组负责具体编写工作。

---

① 孙冶方：《对〈社会主义经济论〉初稿的总的意见》，《经济研究》1983年第6期。

② 《马克思恩格斯全集》第46卷上，人民出版社，1979，第120页。

③ 以下有关上海版《社会主义政治经济学》的编写情况参见王珏《中国社会主义政治经济学四十年》第3卷，中国经济出版社，1991，第47～60页。

表 22－1 上海版《社会主义政治经济学》编写和发行情况

稿次或版次	稿名或版名	印刷或出版时间	印刷或发行数量（册）	流行范围
1	讨论稿	1972 年 5 月	100	编写人员、参加讨论者
2	征求意见稿	1972 年 9 月	20000	上海市各大学、部分机关、国务院有关部委
3	未定稿	1973 年 7 月	90000	上海市各大学、部分机关、国务院有关部委
4	未定稿第二版，征求意见用	1975 年 6 月	50000	上海市部分机关、大学和工厂
5	未定稿第二版讨论稿	1976 年 5 月	600	未广为分发

资料来源：王珏：《中国社会主义政治经济学四十年》（第 3 卷），中国经济出版社，1991，第 48 页。

（二）1966～1976 年的高等院校社会主义政治经济学教材

如前所述，1966～1976 年，高等院校也编著了一些社会主义政治经济学教材，这些教材在体系框架上较为统一，普遍采取“无产阶级专政—生产资料公有制（生产关系）—社会主义生产过程—社会主义流通和分配过程—社会主义生产总过程（再生产过程）—社会主义向共产主义的过渡”这一六段式的章节排列，体现了这一历史时期注重社会形态演进由上层建筑和生产关系变革启动“第二条路径”的鲜明特点。

当然，不同教材在一些个别章节细节的处理上仍然存在差异，譬如，南开大学《政治经济学》（社会主义部分）将生产资料公有制的建立也纳入社会主义生产过程中处理；吉林热电厂工人理论组和吉林大学联合编写的《政治经济学》（社会主义部分）将产品分配过程直接纳入生产关系，并没有将其安排在流通过程后阐述；厦门大学《政治经济学》（社会主义部分）在所有制部分单列了社会主义劳动群众集体所有制。

北京版《政治经济学》（试用稿）教材在这一时期的政治经济学教材中比较独特①，这本教材既包括经典的资本主义政治经济学部分，同时也

① 北京版《政治经济学》（试用稿）署名为北京市高等学校政治课政治经济学教材编写组，1975 年 8 月出版。在此之前，北京大学经济系也编写了《政治经济学》（社会主义部分）（征求意见稿），并于 1975 年 4 月重印。两本教材在篇章结构上有很多相似之处，其作者群体应有重合。

涵盖了社会主义部分，作为两部分的联结，这本教材使用了 4 章（教材总共 17 章）篇幅阐述了帝国主义问题，甚至提出了“社会帝国主义”这一新概念，专指苏联的大国沙文主义。这在一般政治经济学教材中是不多见的。

（三）上海版《社会主义政治经济学》的体系框架和逻辑思路

上海版《社会主义政治经济学》的编写历时数年，形成了多个版本，考虑到分析的统一性，我们以 1976 年 9 月的最后一稿（未定稿第二版讨论稿）为讨论对象，分析该教科书的体系框架和逻辑思路。总的来说，上海版《社会主义政治经济学》的主线是社会主义生产关系，基本基调是：社会主义生产关系既有生长着的共产主义因素，又有衰亡着的表现为资产阶级法权的资本主义传统或痕迹，因此社会主义生产关系是具有二重性特征的。而这种二重性，则是我们认识社会主义条件下新的资产阶级，特别是党内资产阶级形成的前提。

在这个基础上，该教科书认为，社会主义政治经济学的任务，是依据马克思主义、列宁主义、毛泽东思想的基本理论，联系生产力和上层建筑，分析社会主义生产关系的产生、发展和转变为共产主义生产关系的运动规律，分析新资产阶级特别是党内资产阶级形成、发展和灭亡的过程，阐明无产阶级专政下阶级斗争的规律和特点，帮助干部从资产阶级影响、修正主义影响下解放出来，从民主革命进行社会主义革命。

（四）1966～1976 年的政治经济学学习教育资料

在这一时期，全国各地出版或编印了大量政治经济学学习教育资料，这些资料具有的共同点是将理论与生产实践结合起来，帮助广大群众在生产实践中理解理论，在理论学习中推动实践发展，发挥了很好的理论教育作用，体现出这一历史时期独具特色的理论发展路径。总的来看，这些学习教育资料可以分为以下几类。

第一，“学点政治经济学”系列资料。1973 年，上海人民出版社将 1972 年 7 月至 11 月发表在《文汇报》上“学点政治经济学”专栏的文章进行了汇编，出版了《学点政治经济学》，这些文章的作者来自上海织袜四厂工人学政治经济学小组、复旦大学政治经济学系和上海市五·七干校六连经济组。之后，全国很多单位翻印了该书，成为当时政治经济学学习教育的重要资料①。

此外，除上海版《学点政治经济学》外，各地也出现了一些以“社

① 翻印时也有单位将书名改为《学一点政治经济学》。

会主义政治经济学”为主题的文章汇编读本，譬如 1973 年 6 月，武汉大学政治经济学系将发表在《湖北日报》和《长江日报》上的“学一点政治经济学”专栏文章和名词解释进行汇编，形成了《社会主义政治经济学》讲话一书。这只是限于我们掌握的材料，实际上，在这一历史时期，类似的读本还有很多。

值得一提的是，部分单位还根据特定群体的需要，编写了具有针对性的《学点政治经济学》，如武汉大学政治经济学系七一级工农兵学员编写了专门面向农村和农业的《学点政治经济学》，与一般的政治经济学读物不同，该书增加了农业机械化、农村人民公社的经营管理等内容，别具一格，具有很强的针对性，适合农民学习①。

第二，体系化的政治经济学学习资料。1975 ~ 1976 年，在前期全国掀起理论学习热潮的基础上，北京、上海等地均组织高校和基层单位联合编写新的政治经济学学习资料，与前期相比，这些资料体系化有所增强，不仅包括具体的现实问题，也呈现出清晰的理论脉络，具有较强的参考价值。如上海人民出版社，1976 年 6 月出版的《学习社会主义政治经济学》、人民出版社，1976 年 6 月出版的《政治经济学讲话》（社会主义部分）和《政治经济学问题解答》、黑龙江人民出版社，1976 年 5 月出版的《社会主义政治经济学若干问题》。

以《社会主义政治经济学若干问题》（以下简称《问题》）为例，该著作由黑龙江省哈尔滨市方正县林业局学习政治经济学理论小组编写，并由黑龙江大学政治经济学专业教师指导。《问题》一书在开篇说明中指出，编写这本书的目的就是使政治经济学从少数人的书斋里和课堂中解放出来，变成广大劳动人民手里的锐利思想武器。我们认为，这是“文化大革命”时期政治经济学著作编著的重要特征，与劳动人民的具体实践紧密结合，也成为这类著作的显著优点。《问题》一书共分为八章，除政治经济学基本理论问题外，还结合林业局内部的管理工作和劳动过程，探讨了社会主义企业内部的相互关系、“鞍钢宪法”的运用、企业计划工作、提高劳动力生产率、经济核算等内容。

值得一提的是，《问题》一书中提出要在生产实践中灵活运用政治经济学原理的要求。黑龙江省方正县林业局下属某农场，由于没有认识到采伐和育林的比例关系，盲目采伐，“吃祖宗的饭，造子孙的孽”，后来，

---

① 参见编写组《学点政治经济学》（社会主义部分），湖北人民出版社，1974。该书出版后，农村读物出版社、云南人民出版社等多家出版单位进行了重印。

该农场总结了经验教训，改变了掠夺式的、流寇式的采伐方法，贯彻执行了毛主席关于“坚持合理采伐”的指示，正确处理了采伐和育林的关系，提出“青山常在、永续利用”，实现“以场定居、以场轮伐”，林场面貌大为改观，这就说明了社会主义国民经济有计划按比例发展的客观必然性，同时也蕴含了“可持续发展”的思想，既深刻又生动。

第二节 构建社会主义政治经济学理论体系的多方面努力

在本书涉及的历史时期，社会主义政治经济学理论体系的探索进一步展开。由于逻辑主线问题在这一时期的教材介绍中已经进行了梳理，因此，本节主要回顾社会主义政治经济学研究对象和框架结构等问题的研究。

一 社会主义政治经济学的研究对象

在这一时期，出现了政治经济学研究对象的争论，特别是围绕着政治经济学研究对象是生产方式还是生产关系展开了争论。出现争论的根本原因，在于研究者们对“生产关系”和“生产方式”的理解有所不同，而争论的文本根源在于马克思的《资本论》第一版序言中的这样一段话：“我要在本书研究的，是资本主义生产方式及其与之相应的生产关系和交换关系。”

从20世纪50年代末开始，有关政治经济学研究对象的争论不断出现[①]。从表面上来看，不同的研究者提出了生产关系说、生产力—生产关系矛盾说、生产方式说等多种观点。与其整理这些观点的差异，笔者反而认为，有关政治经济学研究对象的争论在某种意义上并不是根本上的“分歧”，而是在对政治经济学研究对象进行分析的过程中凝练理论共识的过程。主要达成的共识有这样几个方面。

首先，政治经济学研究生产关系，必须联系生产力，甚至要联系上层建筑来研究生产关系。如田光认为，政治经济学的对象是从生产关系的角度研究各种社会形态中生产关系和生产力的矛盾、上层建筑和经济基础的

① 需要指出的是，这里的讨论大都是指政治经济学而非“社会主义政治经济学”的研究对象，当然，一般性中蕴藏着特殊性的分析，社会主义政治经济学的研究对象可以被看作政治经济学研究对象在社会主义部分的体现。

矛盾。在"上层建筑—经济基础—生产力"的相互关系中，政治经济学的对象是抓住"中间"，联系"两头"，三者是缺一不可的。中间是政治经济学的立足点和基础，"两头"又是政治经济学必然联系的方面。脱离生产力去研究生产关系就会使政治经济学唯心主义化；脱离上层建筑来研究生产关系就会使政治经济学变成干巴巴的缺乏主观能动性的东西。只有抓住"中间"，联系"两头"才是在"上层建筑—生产关系—生产力"的活生生的矛盾运动中研究生产关系的辩证运动，才能揭示出生产关系运动的规律性①。李志远提出的研究对象更为广泛，政治经济学不仅要研究生产关系内部各方面的关系或矛盾，还应研究生产关系同生产力之间的关系或矛盾，以及作为经济基础的生产关系同上层建筑之间的关系或矛盾②。作为一个总结性的研究，张闻天主张，政治经济学研究的生产关系不是脱离生产力而单纯研究生产关系，而是要在研究生产关系中研究生产力和生产关系的内在矛盾，即两者的对立统一关系③。

在政治经济学的研究上，不正确地看待生产关系与生产力的关系，以为社会主义生产关系一经建立起来就再也用不着什么改革，因而就把政治经济学的研究对象转向或偏向生产力，那显然是对政治经济学的性质及其研究方法论的曲解。王亚南认为，一定的生产关系总是把一定的物质生产条件或生产力作为它的前提的。生产方式只不过是结合一定社会生产力来说明生产关系。一方面表明生产关系也并不是离开生产力的社会物质条件而存在发展的，同时也表明生产力只是在特定的生产关系下才有可能发展。但是无论如何，即使把社会生产方式作为政治经济学的研究对象，它的侧重点也只能是生产关系④。

讨论达成的第二点共识在于，即使政治经济学的研究对象包括生产力，也必须谨慎地对待"生产力"概念。方文明确提出政治经济学的研究对象是社会生产方式，这里的"社会生产方式"是指生产力和生产关系的矛盾统一体，由于明确地将"生产方式"作为政治经济学研究对象

---

① 田光：《从马克思列宁主义政治经济学史来看政治经济学的对象》，《经济研究》1961 年第 4 期。

② 李志远：《马克思在政治经济学研究对象和方法上所完成的革命——学习〈政治经济学批判〉序言和导言的体会》，《经济研究》1961 年第 10 期。

③ 张闻天：《关于生产关系的两重性问题》，《经济研究》1979 年第 10 期。张闻天这篇著名论文实际定稿于 1963 年，张闻天当时担任中国科学院哲学社会科学学部经济研究所特约研究员。

④ 王亚南：《关于应用〈资本论〉体系来研究政治经济学社会主义部分的问题》，《经济研究》1961 年第 5 期。

的观点相对比较少，因此这篇论文在当时引起了比较大的争议①，谷书堂、刘诗白、孙尚清、李志远、宋承先等都撰文参加了讨论。

宋承先的观点是，政治经济学研究的生产力是有社会属性的②。他认为对生产力是否有社会属性问题有不同答案，归根结底在于：主张生产力有社会属性的人是把生产力作为生产方式的一个侧面，即联系生产关系来考察生产力的特点，而否认生产力有社会属性的人则是抽象地孤立地考察生产力的特点，这样就不可能看到在不同生产方式下人与物之间的物质技术关系所特有的社会历史特点。明确地揭示和阐明特定生产方式下生产力所具有的特定社会属性，比如生产力有以存在和发展的动因和界限、生产力发展变化的具体表现等等，正是马克思主义政治经济学区别于资产阶级政治经济学的主要特点之一。

谷书堂反对把生产方式作为政治经济学研究对象，理由是生产力和生产关系的关系是历史唯物主义的研究对象之一，如果将生产方式作为政治经济学的研究对象，则混淆了两者的关系③。孙尚清则更为细致地剖析了“生产力”的概念，提出劳动协作和分工中的生产关系问题，生产力组织和管理中的生产关系问题以及制约生产力发展规律的生产关系问题都是政治经济学的研究对象。而生产力和生产关系之间的关系、生产力的水平和性质、劳动协作和分工本身以及生产力组织管理、生产力规律问题并不构成政治经济学这门科学的研究对象④。

讨论达成的第三点共识事关生产关系的具体内容。斯大林在《苏联社会主义经济问题》中明确地将生产关系归纳为三个方面：（甲）生产资料的所有制形式；（乙）由此产生的各种不同的社会集团在生产中的地位以及它们的相互关系；（丙）完全以甲、乙两项为转移的产品分配形式。骆耕漠把生产关系归纳为所有制、生产过程中人与人的相互关系、交换关

---

① 方文：《马克思列宁主义政治经济学的对象是社会生产方式》，《经济研究》1961 年第 7 期。

② 宋承先：《也谈我对生产力问题的两点认识》，《经济研究》1962 年第 8 期。

③ 谷书堂：《政治经济学的对象和生产关系》，《新建设》1962 年第 8 期。

④ 孙尚清：《论研究生产力在政治经济学中的地位》，《经济研究》1961 年第 12 期。孙尚清文的意义不仅在于政治经济学研究对象的探讨，尤其可贵的是，他提出了要建立一门“生产力组织学”的建议，这里的生产力组织学包括两方面内容，一是企业内部劳动协作和分工的科学，二是生产力配置的学说，这主要有生产力合理布局、经济资源的合理利用以及建立合理的国民经济体系等方面内容。笔者认为，这实际上就是指微观和中观层面的生产关系研究。只不过孙尚清认为还要进一步区分为生产力组织学本身以及与生产力组织相关的生产关系两个方面，实际上，这两个方面是难以区分清楚的。

系和分配关系四个方面①。在讨论生产关系内部具体内容方面，张闻天的研究别具一格。他提出，生产力和生产关系的矛盾不在于生产关系的外部，而存在于生产关系的内部。生产关系具有两重性，具有表现生产力的生产关系方面和所有关系方面。表现生产力的生产关系是指人与人在生产中分工和协作的关系。它直接反映出生产社会化的程度和社会的生产力水平。所有关系包括生产、分配、交换、消费四个方面。所有关系的暂时性和相对稳定性与生产关系一般的永久性和易变性相对立，表现出生产关系的内在矛盾。生产关系的这种内在矛盾实际上就是生产力和生产关系矛盾的具体表现。生产力和生产关系的矛盾具体表现在生产关系的一个方面同生产关系的另一个方面的矛盾，也只能在生产关系的内部矛盾中表现出来。因此，政治经济学的对象是生产关系，是生产关系内在矛盾的规律，即表现生产力的生产关系和所有关系的对立统一规律。

讨论的第四点共识在于，必须妥善处理政治经济学与其他经济学科的关系。在本书涉及的历史时期，政治经济学基本上相当于经济学的同义词，政治经济学在高等教育的学科和专业体系中都占据着指导性地位。但即便如此，也还存在着如何处理政治经济学与其他经济学科门类的关系问题，这个问题实际上是所谓研究对象问题在学科和专业上的反映。譬如，方静文梳理了我国经济学界在当时有关部门经济学研究对象的探讨，当时，对于部门经济学与政治经济学之间的关系有不同看法，有些意见认为部门经济学是从政治经济学中分化出来的，也有意见认为，部门经济学和政治经济学的研究对象不同，它主要研究某一具体部门的经济规律，如工业经济、农业、运输经济。还有学者认为，部门经济学与政治经济学一样，都是研究生产关系的，不研究生产技术问题，但也有学者提出，部门经济学不仅要研究生产关系，也要研究生产力②。政治经济学与部门经济学之间的关系从表面上来看是学科层面的讨论，背后隐藏的实际上是政治经济学研究对象和学科覆盖范围的复杂问题，而这一问题始终困扰着政治经济学的发展，并且这个问题一直持续到改革开放后，为政治经济学特别是社会主义政治经济学遭遇巨大的发展困境埋下了隐忧。

---

① 骆耕漠：《关于生产关系的内涵和三个“交叉”关系的研究》，《新建设》1962 年第 1 期。

② 方静文：《我国经济学界关于部门经济学对象问题的讨论》，《经济学动态》1964 年第 Z1 期。

二 社会主义政治经济学教科书的框架结构

与学科本身的研究过程不同，教科书的框架结构涉及叙述方法问题。如果说研究过程是一个从具体到抽象、从特殊到一般的过程，那么叙述过程则是一个从抽象到具体、从一般到特殊的过程。在这一时期，主要的社会主义政治经济学教科书呈现出两种截然不同的构建思路，一是以马克思主义经典著作为蓝本创作社会主义政治经济学，二是反对模拟经典著作创作思路的做法，提出要构建社会主义政治经济学独特的教科书理论体系。

第一种思路认为，社会主义政治经济学也可以仿照马克思的“四分法”或《资本论》“三过程”作为体系框架。持有这种观点的有孙冶方、林子力和何建章等。林子力（1957）提出，可以从分析社会产品开始，建立以生产过程、流通过程和社会生产总过程为骨骼的社会主义政治经济学框架结构，类似的还有何建章（1961）的框架设想。孙冶方在《社会主义经济论》腹稿的提纲中，明确提出了“四篇结构”，也即生产过程篇、流通过程篇、全社会的总生产过程篇和消费篇①。

第二种思路反对这种完全按照经典著作的框架来设计社会主义政治经济学理论体系的做法，其中，王亚南的观点比较有代表性。他提出，无论是根据“四分法”还是“三分法”来设计社会主义政治经济学教科书，都存在很多问题。在王亚南看来，马克思按照生产、交换、分配与消费四个部分来立论，其目的是批判那些资产阶级学者不分主从、互相独立地用形式主义的罗列方法来研究经济学。同样地，《资本论》的“三分法”结构也是为了突出强调交换（流通）在资本主义商品经济中的重要地位而设计的，在社会主义制度下，交换基本上是被视为分配服务的，是作为分配的补助手段的，因此，他主张社会主义政治经济学先讲生产、再讲分配，把流通和消费放在第三部分统一阐述②。

第三节 学科交叉与学科融合

在政治经济学研究对象部分的探讨中，我们已经指出，政治经济学与

---

① 孙冶方：《社会主义经济论稿》，中国大百科全书出版社，2009，第 368 ~ 369 页。

② 王亚南：《关于应用〈资本论〉体系来研究政治经济学社会主义部分的问题》，《经济研究》1961 年第 5 期。

部门经济学的关系、部门经济学的研究对象，一直是这个时期讨论的热点问题之一。但是，无论部门经济学是以生产力还是生产关系作为研究对象，或是以生产力和生产关系作为共同研究对象，在这一时期，各种部门经济学都取得了长足的发展。在这个过程中，政治经济学发挥了重要的引领作用。

一　政治经济学与部门经济学的关系问题

社会主义的生产关系可以使技术和人们的劳动获得无限的发挥，然而这并不是说社会主义社会生产力和生产关系之间、经济基础和上层建筑之间不再有矛盾，这种矛盾仍然存在，并会阻碍生产力的发展，需要及时调整。政治经济学研究的是一般性的生产力与生产关系的关系问题，而部门经济学则着眼于特定部门生产关系的调整。因此，这一时期对部门经济的研究，都是以特定部门的经济关系及其运动发展规律作为对象的。譬如，宋海文对部门经济学的研究对象问题作出了四点判断。第一，部门经济学既要研究一般经济规律在部门中的表现，也要研究部门的特殊规律，两者是统一的。第二，部门经济学的对象是生产关系，建立在一定生产力基础上的生产关系。虽部门经济学相比于政治经济学是更具体的经济科学，但仍是从经济上研究生产，不以生产力为对象。第三，部门经济学以经济规律为对象，同时也研究经济政策。第四，部门经济学和企业组织与计划是统一的科学，它们应该合并成为一门课程或应该分开，要由教学需要来决定①。

在这一时期，由于部门经济问题往往被纳入政治经济学理论体系（如工业生产、商业资本、流通过程、货币运动等）进行分析研究，因此，由我国学界自行编著且体系结构比较完整的部门经济学教科书并不多见。其中有两个方面的典型代表。一是在农业经济学方面，1959 年，中国人民大学农业经济教研室编著了《社会主义农业经济学》，1961 年，中国农业大学编著了《中国社会主义农业经济学》。二是在流通经济学和物资经济学方面，1978 年，北京经济学院组织人员编著了《物资经济学概论》。

以两本农业经济学教科书为例，《社会主义农业经济学》提出，社会主义农业经济学是研究社会主义农业部门的经济关系的学科。由于经济学研究经济关系都必须从其与生产力的相互作用中来进行，因此，农业经济

① 宋海文：《部门经济学的对象》，湖北人民出版社，1957，第 31 页。在这里，部门经济学实际上与目前经济学界所称的“产业经济学”比较接近。

学更需要与生产实践相结合，从人们的关系、共同活动与生产力的相互依存、相互影响来进行研究。其研究对象是：社会主义农业发生与发展的规律，一般的客观经济规律在农业部门的作用、表现以及如何正确地运用客观经济规律来实现党和国家关于发展农业任务的途径和方法。其主要内容包括土地问题，农业的社会主义改造、社会主义农业体系的建立、巩固与发展问题，农业生产计划问题，农业劳动问题，土地利用问题，农业的技术改革问题，农产品的交换与价格问题，农业的资金、核算与盈利问题，分配问题，党和国家对农业的领导问题，等等①。

二 数理学科与政治经济学的关系问题

在这一时期，统计学、数理经济学、经济计量学逐步引入国内，也引起了政治经济学与这些学科关系的讨论。以统计学为例，杨坚白认为：统计学要根据政治经济学所提供的理论和原则，以它所特有的方法，历史地、具体地、真实地反映社会经济的发展水平、发展速度和各种各样的比例关系。同时统计搜集并综合实际生活中的各种事实，阐明它们之间的相互关系和规律性，论证或解释政治经济学上这些理论结论和原理，同时也可以指示出社会经济发展中的新的特点、新的发展趋势，这样，统计也就有可能以新的事实来充实政治经济学的内容。当然，统计学对于政治经济学而言也有重要意义，一方面，从认识开始于经验的根本观点来看，政治经济学在许多方面不能不借助于统计。另一方面，客观的经济规律虽然已经被发现了，但还必须进一步研究它在不同的时间、地点条件下的具体表现。因此，如果经济规律要通过综合数字来表明的话，就必须借助于统计②。

1965 年，商务印书馆出版了由王治柱著的《数理学派和数理经济学》③。该书运用马克思主义政治经济学的分析方法，系统地介绍了西方数理经济学、经济计量学（或称计量经济学）的主要内容，对资产阶级数理经济学的反科学性质进行了深入批判。严格来说，数理经济学不属于部门经济学范畴，其主要提供的是一种经济学研究方法。但作为经济学的分支，数理经济学的作用又是十分重要的。正如王治柱在该书结论中所指

① 中国人民大学农业经济教研室：《社会主义农业经济学》，农业出版社，1959。

② 杨坚白：《统计学与政治经济学的关系》，《统计工作通讯》1955 年第 12 期。

③ 王治柱（1922～2005），湖北黄陂人。1941 年考入武汉大学经济系，1945 年进入南开大学经济研究所学习。1947 年进入武汉大学经济系任教，1953 年在中国人民大学教师研究班进修统计学，此后一直在武汉大学经济系任教，历任副教授、教授。参见王治柱《数理学派和数理经济学》，商务印书馆，1965。

出的：在社会主义条件下，数学方法和统计方法在经济理论和经济问题的研究中也起着重要的作用，并且有着广泛的用途。在分析现实经济问题时，只有广泛地运用各种有关科学（包括数学和统计学在内）的知识，才能对所研究的问题产生更全面、更深刻、更具体的认识，并用以促进社会主义建设和整个国民经济的高速度和按比例发展。但是，这种研究无论在研究的目的任务上、在理论基础上、在研究方法上，以及在统计方法和统计资料的应用上，都与资产阶级数理经济学、经济计量学有着根本的区别。这是我们应用数学方法、统计方法和利用统计资料研究经济问题时必须注意到的①。

本章小结

综观这一时期社会主义政治经济学理论体系的探索，一方面，由于受到苏联政治经济学教科书的影响，仍然不可避免地保留着“苏联范式”的痕迹。譬如在起点范畴上，这一时期大部分教科书仍然是以社会主义经济制度和生产关系的建立（主要是社会主义公有制的建立）作为叙述起点的。再例如，在论述商品经济关系时，大部分教科书仍然是从全民所有制和集体所有制两种公有制形式的并存中寻找原因的。另一方面，这一历史时期的政治经济学理论体系，又试图摆脱“苏联范式”的窠臼，独立开辟马克思主义政治经济学中国化道路。主要体现在：第一，回到《资本论》等经典著作探索社会主义政治经济学理论体系，不少学者力图从《资本论》《政治经济学批判（1857～1858 年手稿）》等经典著作中汲取营养，探讨政治经济学社会主义部分的体系框架。第二，强调理论与实践相结合。这一历史时期特别是 1966～1976 年这一时期的社会主义政治经济学注重从生产实践中提炼理论经验，很多教科书在编写过程中组织工人、农民参加书稿编写和讨论，取得了很好的效果，也为社会主义政治经济学理论体系探索积累了宝贵的实践经验。第三，准确把握社会主义生产关系的二重性。这一历史时期的政治经济学教科书，能够从社会主义社会作为向共产主义社会过渡时期的宏观历史定位出发，准确把握社会主义生产关系具备的二重性，从而做到从生产力与生产关系的互动中研究生产关系，从经济基础与上层建筑的互动中研究经济基础。

① 王治柱：《数理学派与数理经济学》，商务印书馆，1965，第 112～113 页。

结语　中国特色社会主义政治经济学重要的“理论准备”

在本部分，我们拟对 1949～1978 年这一历史时期的社会主义政治经济学发展史进行一个总体评价。任何一项评价工作，首先要明确的是评价标准问题，以什么样的尺度和标准来评价“前三十年”的社会主义政治经济学所取得的成果，是我们要思考的首要问题。从经济社会发展本身来看，既不能用改革开放前的历史来否定改革开放后的历史，也不能用改革开放后的历史来否定改革开放前的历史，这个原则对于反映社会主义经济建设实践的经验总结——社会主义政治经济学来说，也同样是适用的。一方面，我们不应用“前三十年”的经典马克思主义政治经济学和苏联范式政治经济学来否定改革开放后经济学的大发展；另一方面，我们也不应该使用改革开放后社会主义政治经济学的新发展和西方经济学的普遍引入来否定“前三十年”的社会主义政治经济学。“两个不能否定”为我们的评价提供了最基本的原则。

新中国成立后的“前三十年”，我国“虽然经历了严重曲折，但党在社会主义革命和建设中取得的独创性理论成果和巨大成就，为在新的历史时期开创中国特色社会主义提供了宝贵经验、理论准备、物质基础”①。作为哲学社会科学的重要组成部分，“前三十年”的社会主义政治经济学为改革开放后政治经济学的大跨步发展提供了重要的理论准备。这主要体现在以下几个方面。

---

① 习近平：《在庆祝改革开放 40 周年大会上的讲话》，人民出版社，2018，第 5 页。

一　为准确理解和把握社会主义社会矛盾问题提供了重要线索

作为政治经济学的重要研究对象（甚至可能是唯一的研究对象），生产关系的本质是人与人在生产中所结成的关系，以及由此而形成的人与人之间在生产中的相对地位。如何理解社会主义生产关系，其核心就在于如何理解社会主义社会矛盾。在这一方面，马克思主义哲学和政治经济学提供了“基本矛盾—主要矛盾”的分析框架，生产力与生产关系、经济基础与上层建筑，构成了所有社会形态的基本矛盾，而社会主要矛盾则是基本矛盾在不同社会经济形态中的特殊表现。毛泽东在《关于正确处理人民内部矛盾的问题》中更多地强调了社会主义主要矛盾的特殊性，也即社会主义矛盾可以分为敌我矛盾和人民内部矛盾两个层面。而1956年党的八大作出的社会主义主要矛盾判断，更多地强调了社会基本矛盾的一般性。

需要注意的是，有关社会主义主要矛盾的以上两种观点并不冲突，要准确把握社会主义主要矛盾，恰恰就是要求我们将“一般”和“特殊”统一起来理解。也就是说，既要从生产力水平和经济基础的“一般”特征出发，注重人民群众的物质文化需要，又要从如何调整生产关系以促进生产力发展、如何调整上层建筑以促进经济基础演进的“特殊”层面把握社会主义主要矛盾，这实际上也就是“抓革命、促生产”的内在含义。应当说，这一历史时期对社会主义主要矛盾问题的研究和争论，为改革开放后我们坚持、调整有关社会主义主要矛盾的认识提供了重要线索和有益借鉴。

二　围绕社会主义改造的历史地位进行了重新审视

从1953年到1957年，我国在比较短的时间内，在农业、手工业和资本主义工商业建立起社会主义的生产资料公有制。回顾这段历史，理论界对于实行社会主义改造的时机是否成熟甚至是否必要，一直存在着争论。有不少观点认为：中国不应该急于进入社会主义社会，应该按照《共同纲领》再干一二十年，待生产力发展起来之后再向社会主义过渡。甚至有人认为社会主义初级阶段就是新民主主义社会，所以“早知今日，何必当初”。

有关以上问题，改革开放以来已有很多文献进行了深入分析。本书通过应用“生产力—生产方式—生产关系”这一唯物史观分析框架，对生产资料所有制改造的速度和力度问题进行了重新审视。我们认为，如果孤立地看待生产关系改造，那么过渡时期的改造速度的确过快，工作方式也存在过于粗线条等问题。但是，过渡时期把生产关系改造作为首要历史任务是建立在深刻把握唯物史观的基础上的。这是因为，生产关系的改造与生产方式转变是紧密联系在一起的，一方面，生产方式的类型对生产关系性质提出了根本要求，作为当时建立起来的生产方式，计划体制决定了生产关系的性质。另一方面，生产关系变革必须符合生产方式变革的要求，并在两者的关系中发挥反作用，引领生产方式变革。“令行禁止”的计划经济体制必须建立在公有制经济的基础上，否则国家计划根本无法调动微观经济主体。再例如，我国过渡时期的农业社会主义改造，重要目的之一就是配合工业化运动，只有农业通过合作化、集体化实现规模经营，较快地提高农产品产量，工业才能获得所必须的农业原材料，并且，工业产品特别是农业机械才能够有销售市场。也正是在这个意义上，无产阶级可以通过在上层建筑领域掌握政权，进而开展生产资料的公有制改造，引领生产方式朝着计划体制转变，这有别于生产力推动生产方式和生产关系变革，是经济社会发展的“第二条路径”。这也就回答了为什么我国必须在比较短的时间内开展社会主义改造，从而迅速建立起计划经济体制，实现生产力水平的“赶超”；这也就回答了社会主义初级阶段与新民主主义社会在经济基础上的根本差别，换言之，只有公有制经济在国民经济中占据主体地位，生产关系才能够引领生产方式发生根本性的变迁，这与新民主主义社会“多种所有制共同发展”的生产关系结构在本质上是不同的。

三 围绕计划产品经济体制的信息和激励问题开展了先导研究

计划和市场是生产方式在宏观层面的两种备选模式，计划采用行政指令和政府调控的方式配置劳动力和生产资料并完成生产活动，市场则采用商品交易和价格机制配置劳动力和生产资料并完成生产活动。计划体制必须以生产资料公有制为先决条件。在我国过渡时期，通过将生产资料所有制转变为全民所有制和集体所有制两种形式，为计划经济体制的实施提供了可行性基础。但是，过渡时期的计划经济体制一经运行，就遇到了很多问题，其中最突出也最具有代表意义的是“信息”和“激励”两方面的难题。前者是指计划经济体制是否能够收集、传递和处理经济核算所需要的各类信息，后者是指计划体制如何为微观经济主体（包括企业和劳动者个人）提供有效的物质和精神激励。

一方面，由于计划经济体制刚刚建立起来，信息技术还很不发达，过渡时期的计划传达存在着较为严重的信息缺陷，计划编制和执行的精确度较低，存在时间滞后，生产部门往往忙于编制计划、修订计划，计划丧失了对生产活动的指导意义。此外，条条部门和块块部门缺乏在计划上的衔接和配合，生产、流通、分配等环节缺乏统筹的计划安排。另一方面，国家通过各种指标控制经济活动，不可避免地抑制了微观主体的发展动力，特别体现在企业开发新产品缺乏动力，地方政府缺乏推动本地经济发展的动力。本书认为，信息问题的解决，要依靠生产力水平的极大发展，特别是信息技术的高度发展。激励问题的解决，要依赖于生产资料私有制完全转变为公有制。也就是说，过渡时期计划经济体制的完善，要依靠社会形态（生产力—生产方式—生产关系）的完全转变才能实现。

在本书涉及的历史时期，在信息问题上，国家经济管理的组织架构、国民经济计划的编制和执行方式，都进行了多次调整优化，尽管还存在着一些体制僵化的因素，但总体上来看，国民经济计划体制较好地完成了国家工业化的任务，体现了社会主义集中力量办大事的制度优势。在激励问题上，在城市的工商业企业内部，出现了以鞍钢宪法与工业学大庆、农业学大寨等为代表的劳动组织方式，这些经营管理模式具有鲜明的中国特色，是在生产中贯彻群众路线的典型体现。在农村的人民公社中，也涌现出大寨模式和创新工分等新的劳动组织方式，较好地处理了国家、单位与劳动者个人三者之间的利益关系。总之，这一历史时期有关计划经济体制的讨论，一方面，为日后社会主义国家宏观调控体系的建立积累了宝贵的经验；另一方面，也为改革开放后农村家庭联产承包责任制改革和国有企业改革提供了微观层面的理论先导。

四　多角度论证了社会主义存在商品经济关系的历史必然性

以人类解放的历史形态作为划分依据，人类社会经历了人与人之间的依赖、以物的依赖性为基础的人的独立性和自由人联合体三个历史阶段，从生产方式角度来看，这三个历史阶段分别也是自然经济、商品经济和产品经济三大社会经济形态。正如自然经济经历了漫长的历史演进一样，商品经济同样是人类社会发展不可逾越的阶段，特别是对于刚刚从半殖民地半封建转变而来的中国而言，商品经济的发展将是一个十分漫长的历史阶段，不可能也不需要急于消灭和限制商品经济的发展，甚至在相当长的一段时间内，还需要推动商品经济的发展来促进生产力水平的提高。

生产资料公有制的建立，也只是为商品经济向产品经济的过渡提供了一个“必要条件”而非“充要条件”。与私有制向公有制转变的“小过渡”相比，商品经济形态向产品经济形态转变是一个“大过渡”，是一个长期的自然历史进程，是生产力、生产方式、生产关系发生系统性变迁的过程，也是经济社会发展的“第一条路径”。但是，这一时期的政治经济学并未区分这两种过渡，在推动所有制转变的同时，急于启动商品经济形态向产品经济形态的转变，由此引发了很多问题。针对商品经济与产品经济两者的关系，毛泽东曾在1958年郑州会议上指出，消灭商品经济必须以生产资料公有制作为前提条件，“现在我们的全民所有是一小部分，只占有生产资料和社会产品的一小部分。只有把一切生产资料都占有了，才能废除商业。我们的经济学家似乎没有懂得这一点”①。如果将“小过渡”称为“经济的社会形态”演进，那么“大过渡”就是指“社会形态”的演进，显然，从商品经济形态过渡到产品经济形态，在时间维度上应是远远超过我国“过渡时期”的。要在短短几年时间内消灭商品经济形态，在理论和实践上都是不切实际的，只有当人类进入产品经济形态，才真正结束了人类的“史前史”，从而进入真正的文明历史。

进入20世纪60年代后，从党和国家领导人到政治经济学理论界，已经逐步形成了站在历史发展规律高度理解商品经济的能力。当然，社会主义具有继续保留和发展商品经济的必要性，并不意味着社会主义商品经济与一般性的商品经济，特别是与资本主义商品经济在性质上是完全相同的。在这一历史时期，理论界和实务界都注意到应从生产关系角度特别是两种生产资料所有制（全民所有制和集体所有制）之间的关系来分析社会主义商品经济存在的必然性，这同时也就揭示了社会主义商品经济的特殊属性，相应地，要防止商品经济产生两极分化和剥削问题，就必须把它的发展限制在一定范围内，让商品经济和市场调节在国家管控的“笼子”中运行。因此，这一历史时期对社会主义商品经济的研究，已经为改革开

① 《毛泽东文集》第7卷，人民出版社，1999，第438页。

放后发展社会主义市场经济奠定了总基调，并为市场经济和商品货币关系的国家调控政策提供了重要的理论支撑。

五　国民经济综合平衡的探索有效拓展了政治经济学的研究领域

在这一时期，国民经济有计划按比例发展被视为社会主义基本经济规律，在这一规律的指导下，国民经济着力在高速度增长的基础上实现综合平衡。国民经济综合平衡是社会主义计划经济体制的根本要求和总体目标，这一思路在我国国民经济管理的实践中产生了深远的影响，改革开放以来，我国经济体制改革在妥善处理改革、发展和稳定三者关系的基础上，通过整体配套、稳步渐进式的改革，在体制转换和平稳发展之间取得了平衡，这也成为社会主义宏观调控的鲜明特征和社会主义制度优越性的显著体现。

特别值得一提的是，这一历史时期政治经济学的研究范围十分广泛，要实现国民经济综合平衡，就必然涉及部门经济关系、区域经济关系、城乡关系、中央—地方关系、国内外经济关系等多方面经济关系的总体协调。尽管在当时，对这些领域的研究都是在政治经济学的大框架下展开的，但实际上也已经衍生出一些特定的经济学理论分支和研究方法，譬如技术经济学、部门经济学、区域经济学、国际经济学和财政学等，这为改革开放后政治经济学乃至整个经济学的发展提供了重要的理论积累。从某种意义上来说，“前三十年”政治经济学实际上扮演了改革开放后各种经济学门类“工作母机”的角色。

六　围绕中央—地方政府关系问题进行了开拓性的探索和研究

中央和地方关系问题早在革命战争时期就已经存在，各根据地的经济在很大程度上实行分散经营，这就使得在加强中央集权的同时，必须向各根据地分权。在这个意义上，中国计划经济模式的典型特点，与其说是“照搬照抄”苏联模式，倒不如说继承了革命战争时期就已经形成的独特的中央和地方关系。以毛泽东《论十大关系》为发端，党和国家领导集体、政治经济学学界围绕中央政府和地方政府的关系问题展开了很多有益的研究，特别是在中央和地方的集权分权领域形成了不少具有积极意义的成果。“大跃进”时期，地方经济权力的过度膨胀，一定程度上造成了国民经济的剧烈波动，引发了经济过热、通货膨胀等不良后果。20 世纪 60 年代，也正是在吸收“大跃进”经验教训的基础上，党的领导人在处理中央—地方分权问题上作了很多阐述，进行了多种形式的努力和尝试，形成了要在经济建设过程中充分发挥中央、地方两个积极性的重要经验。一方面，通过向地方下放经济自主权，经济决策中的信息传递层级有所减少，管理费用也有所减少，计划经济体制中的信息难题得到一定程度的解决。另一方面，地方经济自主权的加强，也有利于地区之间加深横向经济联系，无论地区之间展开竞争还是合作，都有利于改善条条管理体制的僵化局面。从某种意义上来说，“文化大革命”时期经济建设之所以仍然取得了一些成就，与经济权力向地方下放、地方灵活决策能力得到提高是不无关系的。更为重要的是，“前三十年”所形成的“中央—地方”分权模式，成为改革开放后地方政府经济发展“锦标赛”的雏形，这也是市场经济体制建立起来后我国经济能够取得高速发展的重要政策体制因素之一。

七 在把握社会主义发展阶段特征的基础上提出了处理按劳分配和按需分配关系的基本原则

早在《哥达纲领批判》中，马克思就对社会主义分配问题进行了理论预测，马克思提出，尽管按劳分配在表面上实现了劳动者之间的平等，但完全按照劳动者投入的劳动量进行产品分配，从本质上来讲仍然贯彻的是商品经济的等价交换原则，奉行的是“资产阶级法权”。在本书涉及的历史时期，政治经济学理论界注意到了按劳分配的“资产阶级法权”性质，但又不恰当地夸大了这一性质，未能认识到社会主义社会实施按劳分配是由生产力水平以及个人劳动尚不能直接转化为社会劳动这一客观事实决定的，按劳分配是社会主义社会必须长期坚持的分配原则。与此同时，作为从商品经济向产品经济过渡的历史阶段，社会主义社会又已经萌发了按需分配的生长点，在公有制经济内部，部分地按照劳动者的劳动力再生产需要提供消费品，在公共品供给方面，大力加强对社会基础设施、医疗、教育和社会保障等方面的投入，这些都是把按劳分配和按需分配结合起来的具体做法。应当说，“前三十年”在产品分配上的多元化实践及其理论提炼，为改革开放后正确处理国家、企业和个人的物质利益关系、塑造社会主义分配关系作出了重要的理论准备。

新中国成立以来，中国政治经济学研究先后出现了两次高潮，目前正在迎来第三次研究高潮。第一次研究高潮是在20世纪50年代社会主义改造的时代背景下形成的，研究主题是新中国如何快速实现工业化，可称之为“站起来”的政治经济学。第二次研究高潮是在20世纪80年代改革开放的时代背景下形成的，研究主题是社会主义基本经济制度与市场经济体制的结合问题，可称之为“富起来”的政治经济学。第三次研究高潮始于党的十八大，习近平总书记把马克思主义政治经济学的基本原理同中国特色社会主义实践相结合，提出一系列新思想新论断，丰富和发展了中国特色社会主义政治经济学理论体系，可称之为“强起来”的政治经济学。

新中国成立后，在经济建设的理论指导层面，摆在我们面前的是《苏联社会主义经济问题》和《苏联政治经济学教科书》，它们对中国社会主义政治经济学的影响是巨大而深远的。早在20世纪50年代末60年代初，以毛泽东为代表的党的第一代领导集体，就曾组织过学习小组专门学习苏联政治经济学教科书，而毛泽东本人曾就苏联政治经济学的理论体系和论证观点提出了很多具有重要意义的看法。通过领导层与理论界的积极互动，“前三十年”的中国社会主义政治经济学把马克思主义政治经济学原理同中国实践有机结合起来，在创作上认真贯彻群众路线，吸收借鉴苏联政治经济学中的有益成分，同时，对其不符合中国实践的内容进行了积极扬弃，掀起了“中国社会主义政治经济学”第一次研究热潮，形成了一系列具有深远影响的理论成果，为改革开放后社会主义政治经济学繁荣发展和新热潮的掀起奠定了重要的基础。因此，“前三十年”的中国社会主义政治经济学与中国特色社会主义政治经济学在思想上是一脉相承的，在方法上是一以贯之的，在内容上是一气呵成的，任何割裂两者内在联系的做法，都是不符合历史事实的。

以史为鉴，面向未来。对“前三十年”取得的成就和遭受的挫折进行客观评价，一方面，能够为我们加深对历史唯物主义原理（特别是“生产力一元论”）的理解提供“实证性”资料，这不仅有助于我们厘清思想界如何看待商品经济形态和产品经济形态两者的关系，也有利于更好地理解生产资料所有制的演进规律。另一方面，社会主义三大改造的实施为当前我国进一步深化改革提供了重要的理论启示。社会主义市场经济体制改革，长期以来其着力点在于改革资源配置方式，这实际上是要从宏观上改变劳动力与生产资料的组合和搭配方式，因此，社会主义市场经济体制改革的主要功能是生产方式调整。但是，生产关系改造特别是生产资料所有制改造同样能够引领社会形态演进。目前，我国改革进入深水区，很多深层次的经济社会问题逐步暴露出来，究其原因，这与公有制经济被严重削弱、私人资本势力日益强大存在着很大关系，这就迫切需要尽快调整社会主义生产关系，发展壮大公有制经济和国有企业，以此引导非公有制经济的发展。这是我们从“前三十年”政治经济学史的回顾中得出的重要现实结论。

人事有代谢，往来成古今。习近平总书记在致第二十二届国际历史科学大会的贺信中提出：“历史研究是一切社会科学的基础，承担着‘究天人之际，通古今之变’的使命。世界的今天是从世界的昨天发展而来的。今天世界遇到的很多事情可以在历史上找到影子，历史上发生的很多事情也可以作为今天的镜鉴。重视历史、研究历史、借鉴历史，可以给人类带来很多了解昨天、把握今天、开创明天的智慧。”在 1960 年初读完苏联《政治经济学教科书》后，毛泽东同志指出：“写出一本社会主义共产主义政治经济学教科书，现在说来，还是一件困难的事情。有英国这样一个资本主义发展成熟的典型，马克思才能写出《资本论》。社会主义社会的历史，至今还不过四十多年，社会主义社会的发展还不成熟，离共产主义的高级阶段还很远，现在就要写出一本成熟的社会主义共产主义政治经济学教科书，还受到社会实践的一定限制。”① 如今，五十多年过去了，全世界范围内的社会主义事业发展，既取得了巨大成就，也遭受了重大挫折。我国社会主义发展过程中积累的经验和教训，一方面为构建中国社会主义政治经济学理论体系提供了坚实的实践基础，另一方面也为创作一部反映新中国成立七十年、中国共产党成立一百年以来中国社会主义经济建设经验的政治经济学思想史提供了丰富的理论资料和宝贵的历史沉淀。开展这项工作，需要经济史学界和政治经济学界携起手来，共同努力，打造凝聚中国气质、彰显中国风格、饱含中国智慧的“中国特色社会主义政治经济学”和“中国特色社会主义政治经济学通史”，而本书的创作，既是这项宏大任务的组成部分，同时也是其准备工作之一。

---

① 《毛泽东文集》第 8 卷，人民出版社，1999，第 137 页。

参考文献

一　经典文献

《马克思恩格斯全集》第 19 卷，人民出版社，1963。

《马克思恩格斯全集》第 23 卷，人民出版社，1972。

《马克思恩格斯全集》第 46 卷上，人民出版社，1979。

《马克思恩格斯选集》第 1 卷，人民出版社，2012。

《马克思恩格斯选集》第 2 卷，人民出版社，2012。

《列宁选集》第 3 卷，人民出版社，1972。

《列宁全集》第 29 卷，人民出版社，1985。

《斯大林选集》下卷，人民出版社，1979。

《毛泽东读社会政治经济学批注和谈话》（简本），中华人民共和国国史学会 1998。

《毛泽东书信集》，人民出版社，1983。

《毛泽东文集》第 6 卷，人民出版社，1999。

《毛泽东文集》第 7 卷，人民出版社，1999。

《毛泽东文集》第 8 卷，人民出版社，1999。

《毛泽东选集》第 4 卷，人民出版社，1991。

二　中文专著

《陈云文选》第 2 卷，人民出版社，1984。

《关于农业合作化问题的决议》，人民出版社，1955。

《经济研究》编辑部：《建国以来社会主义经济理论问题争鸣（1949 ~ 1984）》，中国财政经济出版社，1985。

《经济译丛》编辑部：《政治经济学社会主义部分参考资料》，科学出版社，1961。

《论国家工业化与联共（布）党内的右倾》，人民出版社，1953。

《中国共产党第八次全国代表大会文献》，人民出版社，1957。
《中国农业年鉴（1980）》，农业出版社，1981。
《中华人民共和国发展国民经济的第一个五年计划（1953～1957）》，人民出版社，1955。
《中华人民共和国宪法》，人民出版社，1954。
编写组：《当代中国的农业》，当代中国出版社，1992。
编写组：《共和国走过的路——建国以来重要文献专题选集（1953～1956）》，中央文献出版社，1991。
编写组：《关于发展国民经济的第一个五年（1953～1957年）计划执行结果的公报》，中国统计出版社，1959。
编写组：《两类社会矛盾学说对政治经济学的重大贡献》，上海人民出版社，1958。
编写组：《普通高校思想政治理论课文献选编（1949～2008）》，中国人民大学出版社，2008。
编写组：《政治经济学教材（社会主义部分）试用本》，上海人民出版社，1961。
编写组：《中华人民共和国史稿（简明读本）》，学习出版社，2015。
曹国兴：《半社会主义性质的农业生产合作社如何过渡到完全性质的农业生产合作社》，财政经济出版社，1955。
陈思哲：《政治经济学提纲》，生活·读书·新知三联书店，1954。
董志凯：《中华人民共和国经济史（上）》，社会科学文献出版社，2011。
董志凯：《中华人民共和国经济史（下）》，社会科学文献出版社，2011。
龚关：《中华人民共和国经济史》，经济管理出版社，2010。
顾龙生：《中国共产党经济思想史（1921～2011）》，山西经济出版社，2014。
关梦觉：《毛泽东主席在农业合作化问题上对于马克思列宁主义政治经济学的创造性贡献》，新知识出版社，1956。
郭大力：《关于马克思的〈资本论〉》，中共中央党校出版社，1956。
国家统计局：《1949～1952中华人民共和国经济档案选编（交通通讯卷）》，中国物资出版社，1996。
国家统计局：《建国三十年全国农业统计资料》，中国统计出版社，1980。
国家统计局：《伟大的十年》，人民出版社，1959。
国家统计局：《新中国60年统计资料汇编》，中国统计出版社，2010。
国家统计局：《中国统计年鉴（1981）》，中国统计出版社，1982。

国家统计局：《中国统计年鉴（1984）》，中国统计出版社，1985。
洪文达、周有光：《商品生产和货币》，新知识出版社，1956。
胡寄窗、谈敏：《新中国经济思想史纲要（1949～1989）》，上海财经大学出版社，1997。
胡希宁、张锦铨主编：《二十世纪中国经济思想简史：马克思主义经济学在中国》，中共中央党校出版社，1999。
湖北大学政治经济学教研室：《社会主义制度下的财政和商业》，湖北人民出版社，1960。
华中工学院政治经济学教研室：《社会主义生产关系的基本特征》，湖北人民出版社，1959。
江苏人民出版社编写组：《政治经济学社会主义部分的学习文件汇编》，江苏人民出版社，1960。
蒋学模：《政治经济学讲话》，中国青年出版社，1955。
蒋学模：《政治经济学常识》，学习杂志社，1956。
蒋学模：《政治经济学讲话》，开明书店，1952。
蒋学模：《政治经济学教材》，上海人民出版社，1980。
柯良京：《社会主义再生产》，人民出版社，1956。
李毅弘：《社会主义的国民经济体系学习笔记（一）》，甘肃人民出版社，1957。
李占才：《当代中国经济思想史》，河南大学出版社，1999。
刘德华：《毛泽东同志“关于农业合作化问题”的报告对政治经济学的贡献》，江苏人民出版社，1957。
刘及辰：《政治经济学的研究对象和方法》，十月出版社，1951。
刘少奇：《关于土地问题的报告》，《刘少奇选集》，人民出版社，1981。
柳随年、吴敢群：《中国社会主义经济简史（1949～1983）》，黑龙江人民出版社，1985。
骆耕漠：《社会主义制度下的商品和价值问题》，科学出版社，1957。
骆耕漠：《我国过渡时期商品生产的特点和价值法则的作用》，财政经济出版社，1954。
毛泽东：《关于农业合作化问题（1955 年 7 月 31 日在省委、市委和区委书记会议上的报告）》，人民出版社，1955。
毛泽东：《关于正确处理人民内部矛盾的问题》，人民出版社，1957。
孟光：《政治经济学学习提要》，广东人民出版社，1956。
孟捷：《历史唯物论与马克思主义经济学》，社会科学文献出版社，2016。

农业部计划局：《第一个五年计划期间农业统计资料汇编》，中国统计出版社，1994。
诺思：《经济史上的结构与变迁》，商务印书馆，1993。
漆琪生：《资本的循环和周转》，新知识出版社，1956。
千家驹：《谈谈商品》，人民出版社，1958。
千家驹、冯和法：《学习〈政治经济学教科书〉》，新知识出版社，1955。
沈阳市哲学学会筹委会、沈阳市政治经济学学会筹委会、沈阳市时事政治学习筹委会：《三面红旗万岁》，辽宁人民出版社，1960。
沈志远：《论政治经济学的性质、对象和任务》，新华书店，1950。
沈志远：《新经济学大纲》（修订解放版），生活·读书·新知三联书店，1949。
沈志远：《研习〈资本论〉的准备》，生活·读书·新知三联书店，1954。
沈志远：《政治经济学大纲》上册，生活·读书·新知三联书店，1953。
苏联科学院经济研究所：《政治经济学教科书》，人民出版社，1955。
苏绍智、胡鉴美：《社会主义社会的国民收入》，上海人民出版社，1956。
苏星：《社会主义基本经济规律》，上海人民出版社，1955。
孙怀仁：《社会主义再生产》，上海人民出版社，1956。
陶大镛：《斯大林关于资本主义体系总危机的理论》，中国青年出版社，1954。
陶大镛：《怎样学习政治经济学》，人民出版社，1955。
王珏：《中国社会主义政治经济学四十年》，中国经济出版社，1991。
王思华：《〈资本论〉解说》，生活·读书·新知三联书店，1951。
王思华：《政治经济学教程》，生活·读书·新知三联书店，1950。
王学文：《马克思主义政治经济学的特点》，科学出版社，1958。
王学文：《政治经济学方法论的几个问题》，湖北人民出版社，1956。
王学文：《政治经济学教程绪论》，新华书店，1950。
王亚南：《马克思主义的人口理论与中国人口问题》，科学出版社，1956。
王亚南：《政治经济学论文选集》，福建人民出版社，1957。
王亚南：《政治经济学史大纲》，中华书局 1950。
王亚南：《中国社会经济改造思想研究》，中华书局 1950。
王毅武：《中国社会主义经济思想史》，青海人民出版社，1987。
王毅武：《中国社会主义经济思想史简编》，青海人民出版社，1987。
王毅武：《中国社会主义经济思想史研究》，青海人民出版社，1991。
吴承禧：《生产力与生产关系》，华东人民出版社，1954。
吴海若：《关于马克思的再生产理论》，湖北人民出版社，1955。

吴景超：《有计划按比例的发展国民经济》，中国青年出版社，1954。
吴忠观：《马克思主义的产生是政治经济学中伟大的革命》，上海人民出版社，1956。
伍丹戈：《社会主义制度下的劳动和工资》，上海人民出版社，1956。
西南政法学院政治经济学教研室：《我国社会主义经济建设参考资料》，重庆人民出版社，1957。
萧国亮、隋福民：《中华人民共和国经济史（1949～2010）》，北京大学出版社，2011。
许涤新：《广义政治经济学（一、二、三卷）》，生活·读书·新知三联书店，1951。
许涤新：《广义政治经济学》，生活·读书·新知三联书店，1954。
薛暮桥：《政治经济学》，东北书店，1946。
薛暮桥：《政治经济学》，新华书店，1949。
杨秋：《工农联盟和农业的社会主义改造》，通俗读物出版社，1956。
杨永华：《社会主义政治经济学史——从非商品经济论到商品经济论的发展史》，广东人民出版社，1992。
于连坤等：《当代中国特色社会主义经济学思想研究》，人民出版社，2005。
岳邦珣：《研究与讲授政治经济学的几个基本问题》，陕西人民出版社，1957。
曾文经：《中国的社会主义工业化》，人民出版社，1957。
张承宗：《国民经济有计划按比例发展的法则》，华东人民出版社，1954。
张问敏：《中国政治经济学史大纲（1899～1992）》，中共中央党校出版社，1994。
张先辰：《什么是生产力和生产关系》，湖北人民出版社，1957。
赵德馨：《中华人民共和国经济专题大事记：1949～1984》，河南人民出版社，1989。
赵晓雷主编：《中国现代经济思想的发展》（顾海良、洪银兴主编《新编经济思想史》第十卷），经济科学出版社，2016。
郑有贵：《中华人民共和国经济史（1949～2012）》，当代中国出版社，2015。
知识书店编辑部：《怎样学习政治经济学》，知识书店，1950。
中共安徽省委中级党校政治经济学教研室：《马克思主义者论提高劳动生产率》，安徽人民出版社，1960。
中共中央文献研究室：《刘少奇论新中国经济建设》，中央文献出版社，1993。

中共中央文献研究室、中央档案馆：《共和国走过的路——建国以来重要文献专题选集（1953～1956）》，中央文献出版社，1991。

中共中央文献研究室编：《建国以来重要文献选编》第4册，中央文献出版社，1993。

中国机械工程学会：《中国机械史通史卷（下）》，中国科学技术出版社，2015。

中国科学院经济研究所政治经济学组：《在经济工作中学习正确处理人民内部矛盾》，人民出版社，1958。

中国社会科学院、中央档案馆：《1953～1957年中华人民共和国经济档案资料选编·工业卷》，中国物价出版社，1998。

中国社会科学院、中央档案馆：《1953～1957年中华人民共和国经济档案资料选编·商业卷》，中国物价出版社，2000。

仲津：《政治经济学社会主义部分探索》，学习杂志社，1958。

周鸿：《中华人民共和国国史通鉴（第一卷1949～1956）》，红旗出版社，1993。

周绍东、钱书法、王昌盛：《分工与创新：发展经济学的马克思主义复兴》，经济科学出版社，2015。

朱剑农：《我国过渡时期的生产资料所有制》，湖北人民出版社，1955。

三 中文译著

〔法〕涂尔干：《社会分工论》（中译本），渠东译，生活·读书·新知三联书店2013。

〔美〕伯尔曼·奥尔曼主编：《市场社会主义——社会主义者之间的争论》（中译本），段忠桥译，新华出版社，2000。

〔美〕斯塔夫里阿诺斯：《全球通史：从史前史到21世纪》（中译本），吴象婴等译，北京大学出版社，2016。

〔美〕西里尔·布莱克：《日本和俄国的现代化》（中译本），周师铭等译，商务印书馆，1984。

〔南〕普·弗兰尼茨基：《马克思主义史（上、下）》，徐致敬等译，生活·读书·新知三联书店，1963。

〔日〕副岛种典：《社会主义政治经济学研究——〈政治经济学教科书〉批判》，孙尚清等译，生活·读书·新知三联书店，1963。

〔苏〕A. 列昂节夫：《论社会主义政治经济学》，张醒石等译，新华书店，1950。

〔苏〕卢森贝：《政治经济学史（一、二、三卷）》，李侠公译，生活·读书·新知三联书店，1959。

〔英〕柯亨：《卡尔·马克思的历史理论：一个辩护》（中译本第2版），岳长龄译，重庆出版社，1989。

马克思：《政治经济学批判》，郭沫若译，群益出版社，1949。

斯大林：《苏联社会主义经济问题》（中译本），人民出版社，1952。

斯大林：《问题与答复》（中译本），人民出版社，1954。

四　中文期刊

艾思奇：《努力研究社会主义社会的矛盾规律》，《哲学研究》1958年第7期。

鲍志效：《论中苏两国第一个五年计划的相似性》，《湘潭大学学报》（社会科学版）1990年第4期。

编辑部：《1956年劳动工资的情况》，《计划经济》1957年第3期。

陈大伦：《关于工业企业计划管理体制的改进问题》，《计划经济》1958年第1期。

陈可焜：《马克思列宁主义政治经济学教科书》，《厦门大学学报》（社会科学版）1955年第2期。

陈秋梅、卫兴华、宁玉山、赵之农：《关于初级农业生产合作社的地租形态和土地报酬问题》，《教学与研究》1956年第10期。

陈振汉等：《我们对于当前经济科学工作的一些意见》，《经济研究》1957年第5期。

程卓如：《对“基本经济法则”的一点体会》，《学习》1954年第11期（专辑）。

狄超白：《我国过渡时期社会主义经济的发展和经济规律》，《经济研究》1956年第4期。

丁守和、荣敬本：《学习“政治经济学教科书”，推进我国的社会主义建设》，《新建设》1955年第7期。

杜向光：《实现国家的社会主义工业化必须贯彻经济核算制——学习〈联共（布）党史〉和我国过渡时期总任务的体会》，《学习》1955年第6期。

樊弘：《论社会主义制度下的商品生产和价值规律》，《北京大学学报》（人文科学版）1957年第3期。

范若一：《再论重工业产品的价格政策》，《经济研究》1957年第3期。

冯大麟：《论我国过渡时期的国民经济有计划发展的法则》，《新建设》1954年第4期。

甘柏：《有关技术问题的一些认识》，《学习》1957年第5期。

顾海良：《中国特色社会主义政治经济学的始创及理论结晶——毛泽东〈论十大关系〉和〈关于正确处理人民内部矛盾的问题〉研究》，《毛泽东研究》2016年第5期。

顾海良：《中国特色社会主义政治经济学的序篇——纪念毛泽东〈论十大关系〉发表60周年》，《毛泽东邓小平理论研究》2016年第3期。

顾准：《试论社会主义制度下的商品生产和价值规律》，《经济研究》1957年第3期。

关水心：《新中国农业经济建设中的几个问题》，《新建设》1949年第4期。

郭季青：《中苏经济合作与社会主义工业化——为庆祝十月革命三十六周年而作》，《新建设》1953年第11期。

郭克生：《学习政治经济学怎样联系实际?》，《学习》1956年第1期。

何均：《论农业生产合作社内部的分配关系》，《学习》1953年第2期。

贺吉元：《梁漱溟受毛泽东严厉批评的历史公案真相》，《世纪风采》2008年第9期。

贺卓：《国家预算的阶级内容》，《学习》1955年第8期。

胡昌暖：《关于国民经济计划的编制方法》，《教学与研究》1953年第6期。

胡兆量：《不应该把经济地理学的对象局限在生产力范围内》，《教学与研究》1956年第4期。

湖南计划委员会：《湖南省编制1956年度计划的情况》，《计划经济》1956年第2期。

华恕：《我国社会主义的国营农业经济》，《学习》1954年第3期。

华学忠：《社会主义制度下商品生产的必然性是由按劳分配的经济规律决定的》，《学习》1957年第2期。

黄汉强、黄炘昌：《初级农业社的土地报酬是反映了作为土地私有者的社员与社员集体间的关系吗?——与陈秋梅等四位同志的商榷》，《教学与研究》1956年第12期。

黄克：《如何解决1958年社会购买力同商品供应量的不平衡》，《计划经济》1957年第11期。

霍波：《对社会主义生产分布原则的一些体会》，《学习》1956年第8期。

集思：《对“对自由市场性质问题的初步分析”一文的几点意见》，《教学与研究》1957年第6期。

集思：《计划经济和国民经济计划化》，《学习》1956年第5期。

计斋：《“政治经济学教科书”名词简释（初稿）》，《教学与研究》1955年第Z1期～1957年第12期。

季云：《什么是国民经济计划》，《学习》1952年第7期。

江诗永：《关于定息的性质问题》，《经济研究》1957年第1期。

江诗永：《论社会生产发展的比例规律》，《新建设》1957年第7期。

蒋学模：《论新民主主义条件下的经济法则——为纪念〈苏联社会主义经济问题〉发表一周年而作》，《新建设》1953年第9期。

蒋一华：《技术进步对于提高工业劳动生产率的作用》，《学习》1956年第5期。

靳文法：《我国自由市场的性质基本上是社会主义性质吗?》，《教学与研究》1957年第6期。

菊农：《关于优先发展重工业的理论根据问题》，《学习》1957年第9期。

课题组：《争取钢材、水泥的供需平衡》，《计划经济》1956年第5期。

李富春：《不断地提高计划工作的水平》，《计划经济》1955年第1期。

李富春：《关于发展国民经济的第一个五年计划的报告——在一九五五年七月五日至六日的第一届全国人民代表大会第二次会议上》，《计划经济》1955年第7期。

李富春：《为了社会主义道路、加强全国的计划工作》，《新华半月刊》1956年第21期。

李远岑：《现阶段我国农业中的剩余劳动力问题》，《教学与研究》1957年第2期。

丽石：《价值规律对社会主义农业生产不起调节作用》，《理论与实践》1958年专刊。

林青：《关于我国小商小贩社会主义改造的几个问题》，《经济研究》1958年第4期。

林铮：《社会主义经济内部的矛盾与商品生产的关系》，《经济研究》1957年第3期。

林子力、马家驹、戴钟珩、朱声绂：《对社会主义经济的分析从哪里着手?》，《经济研究》1957年第3期。

林子力、马家驹、戴钟珩、朱声绂：《关于政治经济学社会主义部分的方法问题》，《新建设》1957年第6期。

刘成瑞、洪燧之、杨臻、唐作武、葛玲萍：《论工业企业中计件工资制的矛盾》，《教学与研究》1958 年第 8 期。

刘再兴：《我国第一个五年计划的工业地区分布问题》，《新建设》1955 年第 11 期。

骆耕漠：《关于我国过渡时期基本经济法则问题》，《经济研究》1955 年第 1 期。

骆耕漠：《论社会主义商品生产的必要性和它的“消亡”过程》，《经济研究》1956 年第 5 期。

骆耕漠：《重工业产品的周转税问题——关于“生产生产资料的部门的产品价格照例不包含周转税”的研究》，《经济研究》1956 年第 3 期。

马纪孔：《国民经济计划的基本原则》，《教学与研究》1953 年第 6 期。

马纪孔等：《驳斥资产阶级右派对计划经济的污蔑》，《计划经济》1957 年第 10 期。

马家驹、蔺子荣：《生产方式和政治经济学的研究对象》，《中国社会科学》1981 年第 6 期。

马梅初、林定恕：《对“生产管理、劳动组织属于生产力范畴还是生产关系范畴”一文的意见》，《学习》1956 年第 10 期。

马乃庶：《社会主义工业化和出口任务》，《学习》1954 年第 8 期。

马寅初：《我国资本主义工业的社会主义改造》，《北京大学学报》（哲学社会科学版）1957 年第 3 期。

孟振虎：《对自由市场性质问题的初步分析》，《教学与研究》1957 年第 5 期。

南冰、索真：《论生产资料价格问题——和骆耕漠、范若一同志商榷》，《经济研究》1957 年第 2 期。

牛中黄：《关于劳动生产率的计算和工资水平的确定问题》，《学习》1957 年第 9 期。

千家驹：《关于社会主义基本经济法则——学习〈苏联社会主义经济问题〉笔记》，《新建设》1952 年第 12 期。

千家驹：《为自己的劳动和为社会的劳动》，《经济研究》1955 年第 5 期。

申复：《生产管理和劳动组织具有生产力和生产关系的两重性质》，《学习》1957 年第 5 期。

沈经农：《论财政和经济的相互依存关系》，《财政》1957 年第 3 期。

沈志远：《〈矛盾论〉与经济科学》，《新建设》1952 年第 8 期。

沈志远：《关于苏联社会主义的经济法则——学习〈苏联社会主义经济问

题〉笔记》，《新建设》1953 年第 1 期。
沈志远：《论生产力与生产关系诸问题》，《新建设》1950 年第 6 期。
宋平：《略论按劳分配规律》，《计划经济》1957 年第 5 期。
宋平：《谈劳动力就业问题》，《学习》1957 年第 12 期。
宋平：《为什么要实行合理的低工资制？》，《学习》1957 年第 23 期。
宋则行：《论定息是剩余价值的特殊形态》，《经济研究》1957 年第 1 期。
苏星：《社会主义基本法则在我国过渡时期的作用问题》，《学习》1954 年第 4 期。
苏星：《为什么说劳动生产率归根到底是保证新社会制度胜利最主要的条件》，《学习》1956 年第 10 期。
孙敬之：《论经济地理学的科学性质》，《教学与研究》1956 年第 11 期。
孙晓邨、萧鸿麟、曹锡光：《我国农业的社会主义改造的若干政策的客观依据问题》，《经济研究》1955 年第 1 期。
孙冶方：《试论我国过渡时期的价值法则与价值政策》，《经济研究》1956 年第 6 期。
陶大镛：《马克思主义关于生产力和生产关系的理论——学习〈苏联社会主义经济问题〉笔记》，《新建设》1952 年第 12 期。
万典武：《商业部系统计划制度的重大改革》，《计划经济》1958 年第 1 期。
万典武、刘显培：《国营商业的季度计划改由省（市）审批以后》，《计划经济》1956 年第 8 期。
王兵：《向“瓜皮帽、水烟袋”学习思考战略性问题——陈云反复强调和倡导的一个领导方法有感》，《新湘评论》2012 年第 9 期。
王传纶：《在预算赤字问题上的两种根本不同的态度》，《教学与研究》1958 年第 5 期。
王傅骥：《中国革命中的富农问题》，《新建设》1956 年第 7 期。
王光伟：《国家计划委员会的工作任务》，《计划经济》1956 年第 2 期。
王沛霖：《农村信用合作在农业社会主义改造中的作用》，《学习》1954 年第 6 期。
王沛云：《关于物资分配几个问题的理论与实践的商榷》，《经济研究》1957 年第 2 期。
王思华：《关于我国过渡时期国家工业化与农业合作化的相互适应问题》，《经济研究》1956 年第 1 期。
王惟中：《经济战线上的社会主义革命——手工业的社会主义改造》，《财经研究》1958 年第 7 期。
王学文:《关于我国过渡时期的经济法则问题》,《学习》1954 年第 7 期。
王学文:《关于政治经济学方法论的几个问题》,《新建设》1953 年第 11 期;(续)1953 年第 12 期;(续完)1954 年第 1 期。
王亚南:《〈政治经济学教科书〉的杰出贡献》,《新建设》1955 年第 5 期。
王亚南:《马克思主义政治经济学研究上的一个新纪元》,《厦门大学学报》(社会科学版)1955 年第 2 期。
王亚南:《马克思主义政治经济学与资产阶级政治经济学》,《新建设》1952 年第 11 期。
王亚南:《政治经济学的理论联系实际问题》,《学习》1956 年第 9 期。
王仲毅:《编制和执行新产品试制计划应当注意的几个问题》,《计划经济》1956 年第 3 期。
未易:《建立完整的工业体系和加强国际间的经济合作》,《学习》1957 年第 5 期。
吴江:《从资本主义经济转变到国家资本主义经济》,《经济研究》1956 年第 2 期。
吴起民、耿化敏:《苏联专家与中国人民大学政治经济学理论课程的建立(1949 ~ 1957 年)》,《当代中国史研究》2017 年第 4 期。
吴忠观:《马克思主义的产生是政治经济学中伟大的革命》,《新建设》1955 年第 6 期。
武士国:《印度的计划工作》,《计划经济研究》1983 年第 4 期。
徐禾:《关于在我国过渡时期经济领域内的基本经济法则问题——对王学文同志有关经济法则的两篇文章的意见》,《学习》1954 年第 9 期。
许涤新:《论国民经济有计划发展规律在我国过渡时期的作用》,《经济研究》1955 年第 4 期。
许涤新:《论价值规律在我国过渡时期的作用》,《学术月刊》1957 年第 7 期。
许涤新:《研究政治经济学的目的任务与方法》,《经济周报》1949 年第20 期。
薛暮桥:《再论计划经济和价值规律》,《计划经济》1957 年第 2 期。
严北溟:《论我国过渡时期生产力与生产关系的辩证关系》,《新建设》1956 年第 5 期。
杨波:《计划收购计划供应与国家的社会主义建设》,《经济研究》1956

年第1期。
杨波：《试论我国国民收入的分配问题》，《经济研究》1957年第6期。
杨坚白：《我国第一个五年计划和苏联第一个五年计划的比较分析》，《统计工作通讯》1955年5月号。
杨英杰：《对于计划经济和价值规律的研究》，《计划经济》1957年第6期。
叶钧：《改变我国农业计划制度的商榷》，《计划经济》1957年第2期。
翼飞：《美国学者论信息技术与实行社会主义计划管理的可行性》，《国外理论动态》1998年第4期。
应成旺：《试论社会生产按比例发展规律的特点与要求》，《新建设》1957年第10期。
于光远：《论劳动者的个人利益与社会公共利益的结合》，《学习》1954年第12期。
于光远、林子力、马家驹：《论半社会主义的农业生产合作社的产品分配》，《经济研究》1955年第2期。
袁方：《我国劳动生产率增长与工资增长的比例关系》，《新建设》1956年第12期。
张锡昌：《关于国家领导下的自由市场问题答读者问》，《学习》1956年第11期。
张旭昆：《大数据时代的计划乌托邦——兼与马云先生商榷》，《探索与争鸣》2017年第10期。
张有萱：《当前在机器制造工业生产计划中应当抓住的两个主要环节》，《计划经济》1955年第5期。
张仲实：《“政治经济学教科书”的优点》，《经济研究》1955年第3期。
赵承信：《我国过渡时期人口再生产和国民经济再生产相适应的问题》，《教学与研究》1957年第4期。
赵辉：《关于提高工业生产计划准确性的初步意见》，《计划经济》1956年第7期。
赵靖：《社会主义条件下价值规律对生产有无调节作用》，《新建设》1956年第12期。
赵履宽：《略论我国自由市场的性质》，《教学与研究》1957年第5期。
赵履宽：《实现农业合作化和开放自由市场以后农产品采购工作中的几个问题》，《教学与研究》1957年第4期。
郑康宁：《总结1956年的经验 改进劳动工资计划工作》，《计划经济》

1957 年第 8 期。
仲津:《对“按劳分配的一些看法”》,《学习》1957 年第 2 期。
仲津:《社会主义经济的有计划发展规律》,《学习》1957 年第 1 期。
仲津:《社会主义制度下的商品》,《学习》1957 年第 4 期。
仲津:《社会主义制度下价值规律的作用问题》,《经济研究》1958 年第 2 期。
仲津:《也来谈谈按劳分配和工农收入对比》,《新建设》1957 年第 9 期。
仲津:《再来谈谈“按劳分配”问题》,《学习》1957 年第 6 期。
仲津:《政治经济学社会主义部分研究什么》,《学习》1956 年第 8 期。
仲津:《最大限度地满足社会需要是政治经济学社会主义部分的一个中心问题》,《学习》1956 年第 11 期。
周勤淑:《生产管理、劳动组织属于生产力范畴还是生产关系范畴》,《学习》1956 年第 8 期。
周绍东、王松:《“政治经济学”教材改革:历程、争议与共识》,《中国大学教学》2016 年第 8 期。
朱澄平:《关于国民收入若干问题的商榷》,《经济研究》1957 年第 3 期。
朱镕基:《充分地利用沿海地区的工业》,《计划经济》1956 年第 6 期。
子思:《生产资料和重工业产品这两个概念不应混同》,《学习》1957 年第 3 期。

五　报纸文章

编辑部:《魏和给编辑部的信》,《山西日报》1954 年 9 月 23 日(版次不详)。
程钊生:《分清两种不平等 关于资产阶级法权问题的讨论》,《人民日报》1958 年 12 月 3 日第 7 版。
胡乔木:《中国共产党的三十年》,《人民日报》1951 年 6 月 22 日第 5、6、8 版。
贾开基:《关于社会主义基本经济矛盾和政治经济学社会主义部分理论体系问题的一点意见》,《解放日报》1957 年 4 月 4 日第 4 版。
蒋学模:《怎样认识按劳分配同资产阶级法权的关系?》,《文汇报》1961 年 8 月 10 日第 3 版。
李云河:《“专管制”和“包产到户”是解决社内主要矛盾的好办法》,《浙江日报》1957 年 1 月 27 日第 2 版。
马寅初:《联系中国实际来谈谈综合平衡理论和按比例发展规律》,《人民日报》1956 年 12 月 28 ~29 日第 7 版。
陶继侃:《论价值规律在我国经济生活中的作用》,《人民日报》1957 年 3 月 8 日第 7 版。
薛暮桥:《社会主义社会的按劳分配制度》,《人民日报》1959 年 10 月 23 日第 7 版。
喻良新:《试论社会主义社会存在商品生产的原因》,《大公报》1957 年 1 月 27 日第 1 版。
赵履宽:《社会主义制度下的商品生产由什么决定?——和喻良新、华学忠等同志商榷》,《大公报》1957 年 3 月 29 日第 3 版。
朱佳木:《陈云在中国社会主义工业化起步过程中的重大贡献》,《人民日报》1995 年 6 月 29 日第 9 版。

后　记

中国社会主义政治经济学，是对新中国成立以来社会主义经济建设的经验总结和理论升华，也是当代中国的马克思主义政治经济学。系统地梳理了70多年来社会主义政治经济学的发展历程，是一个庞大的研究计划，本书正是这个研究计划的阶段性成果。一般认为，中国特色社会主义政治经济学是改革开放后逐渐成型的学科，从这个意义上来说，本书对新中国成立后“前三十年”政治经济学的研究，也可以被视为中国特色社会主义政治经济学的“前史”或理论准备。

在本书创作的过程中，中国社会科学院哲学研究所党委书记、副所长王立胜研究员，中央马克思主义理论研究和建设工程项目首席专家、武汉大学颜鹏飞教授均给予了悉心指导，王雷、余畅、陈艺丹、潘璐、王松、刘伟杰、蒋敏、邹赛等同志提供了大量协助，深表感谢。

本书有幸获批2019年度国家社科基金后期资助项目，中国社会科学出版社的刘艳编辑为本书的出版提供了优质服务，在此致谢。

这本书是我调入武汉大学工作以来的第二本专著，它的问世与马克思主义学院的领导和同事们对我的关心和支持是分不开的。我的家人们一直是我从事科研和教学工作的坚强后盾，本书也是献给他们的一份礼物。

周绍东

2022年8月于武汉云轩